社会保险标准化工作指南

人力资源和社会保障部社会保险事业管理中心
全国社会保险标准化技术委员会秘书处　组织编写

主　　编　孟昭喜　唐霁松
副 主 编　聂明隽
执行主编　王发运

中国劳动社会保障出版社

图书在版编目(CIP)数据

社会保险标准化工作指南/人力资源和社会保障部社会保险事业管理中心，全国社会保险标准化技术委员会秘书处组织编写．—北京：中国劳动社会保障出版社，2012

ISBN 978-7-5045-9983-4

Ⅰ.①社… Ⅱ.①人…②全… Ⅲ.①社会保险-保险管理-标准化管理-中国-指南 Ⅳ.①F842.61-62

中国版本图书馆 CIP 数据核字(2012)第 214345 号

中国劳动社会保障出版社出版发行

(北京市惠新东街 1 号 邮政编码：100029)

出 版 人：张梦欣

*

保定市中画美凯印刷有限公司印刷装订 新华书店经销

880 毫米×1230 毫米 32 开本 13.5 印张 355 千字

2012 年 9 月第 1 版 2015 年 9 月第 4 次印刷

定价：40.00 元

读者服务部电话：010-64929211/64921644/84643933

发行部电话：010-64961894

出版社网址：http://www.class.com.cn

社会保险标准化工作指南

编　委　会

序

我国社会保险事业经历了60多年的历程，已经取得突破性进展，制度框架基本形成，覆盖群体迅速扩大，待遇水平稳步提高，抵御风险能力显著增强，管理服务网络日益完善。在此基础上，为适应新形势、应对新情况、满足新需求，我国社会保障体系建设开始向“统筹城乡、全面覆盖、综合配套、统一管理”这一目标全力迈进。实现这一目标，社会保险工作必须以强化管理来凸显服务理念，以标准化推进经办服务的规范化。可以说，推动社会保险标准化工作意义重大，应将其摆在今后社会保障体系建设的重要位置。

推动社会保险标准化，是依法行政、依规管理的要求。2011年实施的社会保险法，不仅确立了我国社会保险制度建设的总体框架、基本方针、基本原则和基本制度，而且对社会保险的覆盖范围、筹资渠道、参保人权益、行政管理体制、基金管理和监督，以及经办服务等做出了明确规定；与此相配套，国务院、有关部门和地方已经制定并将继续出台一系列法规、规章以及相应的操作规程、技术规范等。社会保险全面进入法制化的轨道，产生了两方面交互影响的需求：一方面，法律法规的刚性原则要求社会保险服务更加统一规范，尽快实现标准化作业，以落实依法行政、依规管理；另一方面，制定有关“底层”的操作规程、技术规范和地方规则也必须有统一的标准指引，防止各行其是。因此，社会保险标准体系建设必然摆上更加重要而紧迫的工作日程。

推动社会保险标准化，是推进基本公共服务均等化的要求。城乡之间、地区之间发展差异大，是我国现阶段的基本国情。但包括社会保险在内的政府基本公共服务，应力求缩小差别，实现均等化。特别是随着城乡基本养老和基本医疗保险制度的普及和逐步对全体人民的全覆盖，通过加快社会保险标准化建设，提高这项基本公共服务的可及性和均等程度，是促进社会和谐稳定、提升政府公信力的重要举措。

推动社会保险标准化，是满足人民群众日益增长的社会保险需求。近几年社会保障体系建设的加速推进，逐步解决了制度缺失问题，许多参保群众关注的重点已从有没有基本保障转到保障水平和服务是否方便快捷等方面。这既对社会保险服务标准化提出了新要求，又为推动标准化提供了发展空间。社会保险系统应当抓住契机，以标准化为基础，推动提高社会保险服务的规范化、信息化水平，为广大人民群众提供“统一的、可追溯的和可检验的”服务，真正实现对参保人员“记录一生、保障一生、服务一生”的目标。

推动社会保险标准化，是提高社保经办管理效率的必由之路。我国社会保险的管理服务体系建设，随着制度改革与事业发展，走过了近30年的长路。大体的历程是从分散到集中，从粗放到集约，现在提出了精确的管理目标。这首先要求从以往的经验型服务转变为以人为本的标准化服务，着力解决过去和现在存在的操作随意、信息失范、服务缺失与冗余并存等问题，更有效地利用稀缺的公共服务资源，不断提高管理效率。其次，标准化又是整合管理服务资源、从整体上提高社会保险运行效率的必然路径。由于历史原因，很多地方社会保险经办是按险种分别设置，管理标准各异，有的连名称也不统一，对社会管理来说，实际上是增加了不必要的“摩擦成本”。此外，城乡分治的格局也不可持续。解决这类问题，理顺管理体制，要下大决心；而推进标准化是下决心的有力支撑。最后，标准化还是全社会督促提高管理服务效率的有效工具。标准化提供了公开透明的社会保险服务评价尺度，使社会各界都能据此评价社会保险工作绩效，把内部考核与外部制约结合起来，从而促使经办水平、服务质量和管理绩效不断提高，使有限的资源更好地服务于人民群众。

人力资源和社会保障部对标准化工作高度重视，于2009年7月经批准成立了全国社会保险标准化技术委员会，拉开了全国统一的社会保险标准化建设的序幕。经过历时两年多的努力，2011年12月30日，国家标准化管理委员会发布中华人民共和国国家标准2011年第23号公告，正式批准《社会保险服务　总则》（GB/T 27768—2011）和《社会保障服务中心设施设备要求》（GB/T 27769—2011）两项国家标准，填补了国家标准体系在社会保险方面的空白，对于社会保险标准化工作乃至社会保险事业具有重要的推动作用，这也是全国社会保险标准化技术委员会成立后最初的重大成果，具有标志性的意义。尹蔚民部长在有关社保两项国标制定发布情况报告上的批示："可以此为范例，推动我部相关标准制定工作"，将这两项国家标准提到推动全系统工作的层面来认识和部署，是对推动标准化工作的充分肯定和巨大鼓舞。

目前，在全系统的共同努力下，我国社会保险标准化建设初步完成了总体的基础布局，建立了体系框架，设置了相应的组织机构，培养了部分专业队伍，逐渐形成了东中西并进、全国统筹协调的局面。下一步，要形成以国家标准为引领，以行业标准为重点，以地方标准为补充的社会保险标准体系格局。应在五个方面下工夫：一是加快进度，重点解决标准少，标准"缺失"的问题。二是创新模式，探索标准制定的工作方法。三是整合资源，充分利用系统内部和外部资源，营造"心往一处想，劲往一处使"的氛围，以良性工作机制促进标准化工作又好又快发展。四是创造条件，把对标准化工作的重视落实到在组织机构、人员编制、专业培训、经费保障等方面提供支持的具体措施上。五是抓好试点，带动和辐射周边、全地区乃至全国，为大家提供能够直观地学习标准、理解标准、执行标准的平台和载体。

社会保险标准化建设已取得初步成果，但应当看到，这项工作在社会保险系统是新事物，起步时间不长，要使全系统、全社会、全体参保对象正确理解和认知，直至深入人心，全面推动，还需要一个长期的过程。从这个意义上讲，普及标准化基本知识，培养标准化人才，任务还很重。针对社会保险系统内存在的认识不充分、理解不到位、知识不全面等问题，适应事业发展的需要，全国社会保险标准化技术委员会秘书处组织编写了本书，力求以最简洁和直观的文字，帮助社会保险工作机构的同志了解、掌握、理解标准化以及与社会保险标准化相关的基础知识，促使全系统加大力度，加快进度，力争在较短时间内开创社会保险经办标准化服务的新局面。

胡晓义

2012年9月12日

目　　录

第一章 绪 论

进入21世纪，标准化成为国际市场竞争的重要工具，标准化水平成为展现一国经济和社会发展水平的标志之一。我国政府高度重视标准化工作，在逐步建立健全标准化法律体系的同时，按照国民经济发展战略和现实情况，适时启动各行业领域的标准化工作，并取得了一系列重大成就。

我国的社会保险标准化工作尚处在初创阶段，但已迈出可喜的步伐。确定了发展目标、推进原则、标准体系和方式方法，并按照国家的总体规划，进入有序发展、可持续发展的轨道，开始为社会保险事业的健康发展，特别是加快建立健全覆盖城乡居民的社会保障体系、推进基本公共服务均等化，提供应有的技术支撑。

第一节 社会保险标准化的时代背景

社会保险作为当今社会最为广泛关注的一项社会保障事业，其产生、发展与壮大有着特定的时代背景。在我国经济社会突飞猛进及社会保障快速发展的今日，党和国家对社会保险发展提出了更高的要求，人民群众有着更深切的希望。而社会保险标准化工作与我国完善社会管理和加快基本公共服务均等化进程都有着密切联系，是社会保险经办管理服务走上科学化之路的现实选择。

一、党中央加强社会管理的要求

当前，我国既处于发展的重要战略机遇期，又处于社会矛盾凸显期，社会管理任务格外艰巨繁重。我国经济实力和综合国力不断增强，为不断满足人民日益增长的物质文化需要、解决社会管理领域存在的问题奠定了重要的物质基础。同时，我国仍处于并将长期处于社会主义初级阶段的基本国情没有变，人民日益增长的物质文化需要同落后的社会生产之间这一社会主要矛盾没有变。随着实际情况的变化，我国社会管理在理念思路、体制机制、法律政策、方法手段等方面还存在很多不适应的地方，解决社会管理领域存在的问题既十分紧迫又需要长期努力。同时，我国社会保险体系建设作为社会管理的一项重要内容，虽取得跨越式发展，但管理体制不顺、经办能力不足、服务效率不高、服务手段落后等问题仍然存在，亟须按照党和国家对社会管理的要求采取措施加以改进和完善，社会保险标准化则是其中一种有效途径。

（一）推动社会保险标准化，有利于丰富加强和创新社会管理的内涵

胡锦涛总书记指出，加强和创新社会管理，是继续抓住和用好我国发展重要战略机遇期、推进党和国家事业发展的必然要求，是构建社会主义和谐社会的必然要求，是维护最广大人民根本利益的必然要求，是提高党的执政能力和巩固党的执政地位的必然要求，对实现全面建设小康社会宏伟目标、实现党和国家长治久安具有重大战略意义。社会管理的基本任务包括协调社会关系、规范社会行为、解决社会问题、化解社会矛盾、促进社会公正、应对社会风险、保持社会稳定等方面。社会保险体系直接面对广大人民群众进行管理和提供服务，事关百姓的切身利益。通过开展社会保险标准化，规范和统一社会保险管理服务的方式、行为和手段，最大限度地保障广大人民群众的社会保险权益，满足他们的社会保险需求，有利于维护党和国家的形象，提高政府的公信力，维护社会稳定。

（二）推动社会保险标准化，有利于体现加强和创新社会管理的理念

社会管理是对人的管理和服务，涉及广大人民群众切身利益。加

强和创新社会管理，必须始终坚持以人为本、执政为民，切实贯彻党的全心全意为人民服务的根本宗旨，不断实现好、维护好、发展好最广大人民的根本利益。要坚持思想上尊重群众、感情上贴近群众、工作上依靠群众，把群众满意不满意作为加强和创新社会管理的出发点和落脚点。要以人民群众利益为重、以人民群众期盼为念，着力解决好人民最关心最直接最现实的利益问题，始终保持党同人民群众的血肉联系。推动社会保险标准化，其出发点就是保障于民、服务于民。在社会保障领域，通过标准化这一技术手段，为广大人民群众提供方便、高效、快捷的社会保险参保登记、申报缴费、政策查询、业务咨询、享受待遇、档案管理、退休人员管理等事务服务，使得他们的社会保险问题都能够在常态中加以解决，不再需要通过上访、协商等特殊管渠维护权益，最大限度消除他们在养老、医疗、失业等方面的后顾之忧，这是为民服务理念的最直观的体现。由此，推进社会保险标准化也是加强和创新社会管理的必由之路。

（三）推动社会保险标准化，有利于完成加强和创新社会管理的任务

胡锦涛总书记指出，社会管理要搞好，必须加快推进以保障和改善民生为重点的社会建设，必须加快推进覆盖城乡居民的社会保障体系建设。国民经济和社会发展第十二个五年规划纲要（以下简称“十二五”规划）提出，加强和创新社会管理，要按照健全党委领导、政府负责、社会协同、公众参与的社会管理格局的要求，加强社会管理法律、体制、能力建设。社会保险施行标准化管理，对化解制度分立、机构分设、城乡分割、人员分离、基金分散等体制问题，解决社会保险关系转移接续、服务网络建设、异地就医、社会保障卡发行、协助待遇领取资格认证等管理和服务难题，有着积极的促进作用，进而有效加快推进我国覆盖城乡居民的社会保障体系建设。同时，社会保险标准化建设进程的加快，也必将带动相关部门、相关行业、相关领域标准化的步伐。从这个意义上讲，推动社会保险标准化，势必成为完成加强和创新社会管理任务的一个必备手段。

二、实现基本公共服务均等化的要求

党的十六届六中全会通过的《中共中央关于构建社会主义和谐社会若干重大问题的决定》明确提出，要“完善公共财政制度，逐步实现基本公共服务均等化”，指明了我国公共财政建设的目标和任务。“十二五”规划明确将基本公共服务均等化作为国家政策目标，提出“着力保障和改善民生，必须逐步完善符合国情、比较完整、覆盖城乡、可持续的基本公共服务体系，提高政府保障能力，推进基本公共服务均等化”。胡锦涛总书记在庆祝中国共产党成立 90 周年大会上的讲话指出，加快完善教育、社会保障、医药卫生、保障性住房等各项社会事业，推进基本公共服务均等化，加大收入分配调节力度，坚定不移走共同富裕道路，努力使全体人民学有所教、劳有所得、病有所医、老有所养、住有所居。目前，我国首部基本公共服务领域的国家专项规划《国家基本公共服务体系规划（2011—2015 年）》正在紧锣密鼓征求意见。其将基本公共服务的范围和重点概括为 9 个方面，分别是：公共教育、就业服务、社会保障、医疗卫生、人口计生、住房保障、公共文化、基础设施及环境保护。在此形势下，推动社会保险标准化，对于促进社会保险基本公共服务均等化有着重要作用。

（一）推动社会保险标准化，可有效缓解社会保险基本公共服务的差异性

现实生活中，广大参保对象对于社会保险服务差异性的反映屡见不鲜。如制度设计分立使得机关、事业和企业，城镇和乡村在养老待遇方面产生差异；又如不同城市或区域因管理服务规定不同而造成服务标准和服务质量的差异；还如因服务规范不够明确而造成不同工作人员提供服务的程序和质量产生差异。当前，随着社会保险工作任务日趋繁重，越来越多的事务性工作已经或将要委托社会服务机构来完成，这更需要建立一个良好的运行机制来保障社会保险服务的高效、精确和优质。社会保险标准化是在制度框架内实施的一项工作措施，虽然对于制度原因造成的社会保险公共服务差异性只能产生积极的影响，起不到决定作用，但在落实政策的运行层面上，其对于缓解公共

服务差异性的贡献是巨大的。应当通过加强标准化建设，在某一地域乃至全国范围内，统一服务设施设备、统一人员配备、统一业务流程、统一业务术语、统一服务标准等，以最大限度地保证社会保险基本公共服务均等化。

（二）推动社会保险标准化，可有效提高社会保险基本公共服务均等化水平

标准化是均等化的基础，没有标准化，服务评价也就没有了尺度。社会保险工作是政府公共服务的重要组成部分，要不断改善服务水平和质量，提升服务绩效和公信力，就必须实现由经验型服务向标准化服务的转变。在既有的制度框架下，面向广大参保对象提供社会保险服务是一个系统工程，需要设计一套规范严密的流程来完成。这一流程是否科学合理，将直接影响到服务水平和服务质量。标准化工作是提升流程设计科学性与合理性的根本技术手段之一，可以有效地保障以最短的路径、最快的时间、最便捷的方式提供服务。同时，通过制定社会保险标准，开展社会保险标准化建设，还能更好地评价社会保险工作的绩效，支持科学决策，推进社会保险事业科学发展，普遍提升社会保险基本公共服务水平。

第二节　社会保险标准化的工作基础

当前，我国的社会保险事业取得了跨越式发展，制度建设、运行机制和评价体系基本建立并得到不断完善。社会保险经办管理服务体系内在建设不断加强，规范化、专业化、信息化建设取得了明显的成效，广大人民群众对于社会保险精确管理的要求不断得到满足，这些因素构成了推动社会保险标准化建设的工作基础。可以说，社会保险标准化建设不仅非常必要、非常紧迫，而且条件具备，正逢其时。

一、制度体系和经办规程逐步健全

我国社会保险制度改革历程已近30年，逐步建立健全了基本养

老、基本医疗、工伤、失业、生育保险等制度，并选择性地采取了适应现状和兼顾未来发展需要的制度模式。同时，补充性养老保险制度和补充性医疗保险制度也得到不断完善。有了这些制度，社会保险标准化工作才有了生根、发芽、成长、结果的基础。可见，制度基础必不可少。随着制度的不断完善，社会保险经办管理服务体系和运行机制也得到持续发展。在发展的过程中，规范管理的理念始终贯穿其中。如先后制定了基本养老保险、基本医疗保险、失业保险和工伤保险经办业务规程，设立了基本养老保险联网监测体系和医疗保险运行分析指标体系，实行了对定点医疗服务机构和定点药店的协议管理，建立了诚信等级制度，完善了医疗保险费用结算办法等。特别是各地区正在按照中央要求，提高社会保险统筹层次，高度分散管理的格局正在发生改变。社会保险经办管理服务体系的不断完善，构成了全面推进标准化的机制基础。同时，在不断加强规范管理的探索中，社会保险系统内部从上至下对推进社会保险标准化的认识越来越清晰，共识正在逐步加深。标准化是社会保险事业发展的必由之路，必须立足全局，着眼长远，坚定不移，勇于开拓，扎实推进，实现标准化建设的目标和任务。有了这一认识，全面推进社会保险标准化建设就有了坚实的思想基础。而全国社会保险标准化技术委员会的成立，建立起开展标准化工作的平台，国家标准制定工作从此有了依托。此外，部分地区正在对标准化建设进行积极探索，并已出台部分地方标准，也为社会保险标准化的发展奠定了较好的实践基础。

二、“三化”建设取得成就

2005年，《国务院关于完善企业职工基本养老保险制度的决定》（国发［2005］38号）对社会保险经办机构提出“规范化、信息化、专业化”（以下简称“三化”）建设的目标和要求。2006年下发《关于印发加强社会保险经办能力建设意见的通知》（劳社部发［2006］10号）明确加快实现“三化”建设的步伐，并确定在部分中心城市进行“三化”试点。

几年来，各地经办机构重视“三化”建设，整体提高了执行力。

在规范化建设方面，普遍建立起管理制度、工作制度、业务规程，形成“岗位有职责、操作有制度、过程有监督、工作有评价、事后有考核”的管理体系；在信息化建设方面，各地在统一规划下，以“金保工程”为契机，紧密将信息技术与社会保险经办业务相结合，不断完善信息管理系统，提高了经办管理效率和服务水平；在专业化建设方面，各级注重经办队伍的专业培训工作，利用一切资源分期分批、分层分类的对不同职级的干部和专业人员进行轮训或专题培训。其中，2006—2011 年，人力资源和社会保障部利用中欧社会保障合作项目举办了 11 期全国地市级以上经办机构负责人培训班，已有近 1 000 人参加了不少于 3 个月的集中学习。

推进“三化”建设，促进经办机构提升执行力，更好地为城乡居民提供优质、高效的社会保险服务奠定了基础，也为推进社会保险管理服务标准化奠定了基础。但整体看，“三化”建设发展缓慢且不平衡。如在规范化建设方面，一些地区即是在一个险种的一个统筹层次范围内，各层级经办机构的业务流程、操作规程等都不统一。上级经办机构指导下级经办机构开展业务往往要通过一个个打“补丁式”的文件来实现，规范化进程举步维艰。又如在信息化建设发面，“金保工程”核心平台中的应用系统功能不经过本地化就无法实际使用，反过来各地又层层搞本地化，导致重复投资，造成严重的资源浪费。

推进标准化可以促进解决“三化”进程中遇到的不统一的技术障碍，引导“三化”建设沿着既定的轨道发展。包括为各类社会保险事务的规范化管理提供强有力的支撑，统一各险种经办业务规程，统一服务设施、服务标准、服务内容和评价标准等，完善内部和全系统上下级机构之间的控制制度，建立社会保险信用评价以及社会保险诚信体系等。规范专业化发展，引导建立布局合理、职能清晰、定编定岗科学的经办管理体系。建立科学有效的经办管理人才选聘、录用、晋升、淘汰、培训、评价和激励制度，促进优化经办队伍整体结构。

在手工操作情况下，有些不符合标准的做法或许还可以通过人为调整来解决。但对于高度自动化的信息系统来讲，一切都要按既定程序运行，任何不符合标准的做法，都将难以操作或带来后患。标准化建设将极大促进社会保险全面实现信息化管理，有助于实现业务经办系统、基金监管系统、公共服务系统和决策支持系统等功能的完善；有助于实现业务协同办理，共享信息资源；有助于实现“网上社保”，本地与异地业务处理、数据采集、信息传递、查询服务等计算机管理。

三、经办发展方式向精确管理转变

“十二五”规划提出，加强社会保障信息网络建设，推进社会保障卡应用，实现精确管理。精确管理概念最先出现在20世纪90年代企事业单位管理领域，是为了控制和防范组织中的基础管理风险，而将互联网技术、计算机技术、特定管理目标和特定文化价值取向融合起来的系统解决方案。党中央在“十二五”规划中提出精确管理，显然大大超出了原有的组织内部管理的范围，是宏观与微观层面相结合、静态控制与动态管理相结合的新理念；特别是直接针对社会保障提出实现精确管理，是对社会保障工作规律性的深化认识和新的目标要求，也蕴涵着为各级政府更好履行社会管理和公共服务职能探索途径的意义。社会保险经办机构应按照中央的精神，把实现精确管理作为今后一个时期推动经办管理服务工作上档次、上水平的基本目标，竭尽所能为各类参保单位和广大参保人员提供更加优质、便捷、高效的公共服务。实现社会保险的精确管理，需要社会保险经办机构在实践中不断加深理解和积累经验，重点抓好人本、量化、网络、标准、资源和文化6个关键方面。标准化是精确管理的要旨所在，对社会保险经办而言，标准化管理不仅是解决个体随意现象、无用信息冗余、整体效率不高等弊端的有效途径，也是让广大服务对象在不同时间、不同地区享受同质公共服务的客观要求。因此，通过推进标准化建设，大力推行规范的工作流程，开发统一的业务软件，制定各项管理服务标准；在部分领域引入专门技术和设计，把单调、琐碎、重复性的工作交给系统、机器、处理软件去完成，可以进一步解放人的智力和体力，使人能有精力从事更多的创造性工作。

第三节　社会保险标准化的现实状况

经过两年多的发展，我国社会保险标准化建设工作取得了良好的开端。实践中注意处理好统一性与差异性、目标与现实、总结与创新、内部与外部四个方面的关系。明确了指导思想和标准化管理体制的目标要求，取得了一定的工作经验和工作成果，对今后尤其是“十二五”期间标准化工作的方向和主要内容做出了规划。

一、社会保险标准化的总体情况

总体上看，在两年多的实践和探索中，我国社会保险标准化工作完成了布局、建立了体系、设置了机构、取得了实效，逐渐形成了全国统筹协调、东中西并进、南北并举、不断燃起星星之火的态势。

一是科学合理布局。为扎实有效地推进社会保险标准化工作，紧密结合我国社会保险事业发展的实际情况，2010 年人力资源和社会保障部印发了《关于开展社会保险标准化工作的指导意见》（人社厅发［2010］41 号），明确了开展社会保险标准化工作的指导思想和“以人为本、急用先立、上下联动、试点先行”的基本原则；提出到 2020 年基本建立起结构合理、层次分明、重点突出、科学适用的社会保险国家标准体系等总体目标；对开展地方标准制定工作，加强标准化组织领导等提出要求。该指导意见的出台，是在结合社会保险发展现状，充分考虑标准化工作技术性强和涉及面广等特点的基础上，对社会保险标准化工作的发展方向和推动方针所提出的科学合理的战略布局。

二是研究制定体系。2010 年 7 月，人力资源和社会保障部印发《关于印发人力资源和社会保障标准体系的通知》（人社部发［2010］53 号）。随后，人力资源和社会保障部社会保险事业管理中心印发《关于印发社会保险标准体系的通知》（人社险中心函［2010］86

号）。明确了全国社会保险标准体系基本框架，以及社会保险标准体系所涵盖的内容。在 66 项标准中有国家标准 31 项、行业标准 35 项。对分体系、子体系、细目、标准名称、标准级别、标准性质、标准类别、标准状态等做出了详细的说明。

三是明确职能机构。2009 年，国家标准化管理委员会印发《关于成立全国社会保险标准化技术委员会（SAT/TC474）的复函》（国标委综合函［2009］28 号），正式批准成立全国社会保险标准化技术委员会。随后，各地成立了标准化建设工作领导小组，有的成立了标准化技术委员会。吉林省人力资源和社会保障厅对标准化工作十分重视，除了成立社会保险标准化技术委员会外，还在省社会保险事业管理局增设了服务标准处，专门负责与全国社会保险标准化技术委员会的沟通和开展地方标准制定的组织协调工作。

四是取得初步实效。国家标准建立取得突破。2011 年 1 月，《社会保险服务　总则》和《社会保障服务中心设施设备要求》两项国家标准，通过全国社会保险标准化技术委员会的技术审查，经国家标准化管理委员会批准于 2012 年 2 月 1 日发布实施。各地在标准化工作中也取得了较大的成绩。陕西省养老保险经办服务标准化试点通过国家标准化管理委员会的验收，颁布了 4 项城镇企业职工基本养老保险地方标准；吉林省社会保险事业管理局和上海市医疗保险事务管理中心入选为国家级服务业标准化试点项目；无锡市人力资源和社会保障局开展了“五险合一”模式下社会保险经办机制创新和标准化研究工作；天津市社会保险基金管理中心制定了《服务管理体系规范》；江苏省淮安市社会保险事业管理中心等开展了 ISO 9001—2000 质量管理体系认证工作。

全国社会保险标准化工作刚刚起步，在推动过程中还有很多阻碍其发展的诸多问题，例如，人才储备不足等。全国社会保险标准化技术委员会先后举办了两期标准化工作人员培训班，在全国范围内培训了约 111 名标准化专业人员。但从工作发展需要的角度看，培训面偏窄、培训时间偏短、专业性偏弱。与建立起一支业务精干、具有专业素养的标准化人才队伍的目标相距甚远。又如，开展标准化工作的经验不足。虽然充分利用地方资源制定标准的方式是当前形势下的一条有效途径，但是从整体上看，可借鉴和效仿的经验和模式还不多，需要在探索和实践中不断加以完善；还有，标准化工作发展很不平衡。

经过两年多的宣传和发动，各地社会保险经办机构对社会保险标准化工作的认识和开展社会保险标准化工作的积极性，有了大幅度的提高，部分地区也取得了一些积极进展，但一些地方还存在重视程度不够、对要求落实不到位、未明确专门机构和人员加以推进等问题，阻碍了社会保险标准化工作的推进步伐。

二、加快推进社会保险标准化的总体安排

今后一段时期，尤其是在“十二五”期间，我国社会保险标准化工作主要在以下几个方面进行推进：

一是制定落实社会保险标准化发展规划。按照《人力资源和社会保障标准化规划（2011—2015 年）》的总体要求，尽快完善社会保险标准化发展规划，明确发展目标和标准化工作发展方向，并通过标准化工作组织体系抓好落实。

二是按时保质完成标准制定任务。“十二五”期间，按照《社会保险标准体系》的要求，计划研究制定有关社会保险的标准 36 项，其中国家标准 13 项，行业标准 23 项。精心组织标准起草工作组，充分发挥地方经办机构和标准化专业技术力量的作用，有序制定相关标准。

三是培养专业队伍。在制定国家标准的同时，培养出一批社会保险标准化工作的行家里手，锻炼出一批骨干，为全面启动社会保险标准化工作做好人才和干部储备。

四是做好国家标准的宣贯执行工作。2012 年应认真宣贯《社会保险服务　总则》和《社会保障服务中心设施设备要求》两项国家标准。随着更多国家标准、行业标准的陆续发布实施，宣贯工作成为经常性任务。全国社会保险标准化技术委员会与地方上下联动，指导开展标准的宣贯活动。

五是指导地方开展标准化试点。按照《关于开展社会保险标准化工作的指导意见》和《关于印发社会保险标准体系的通知》的要求，省级社会保险经办机构要成立标准化工作领导小组，明确负责机构，开展地方社会保险标准研究和制定工作。社会保险标准化技术委员会将继续跟踪各地标准化工作开展情况，指导地方自行开展试点以及标准的宣贯工作。

六是进一步探索标准化工作新模式。总结全国以及各地与标准化专业机构的合作模式，探索加强与其他科研机构合作的新模式。充分利用社会资源，尤其是系统外资源，取长补短，形成实用、适用的社会保险标准化工作模式。

第二章　标准及标准化概述

标准化属于管理科学的范畴，是研究如何就人类社会实践中共同使用和重复使用条款的活动达到最佳秩序、最优目标的理论和方法的一门科学。标准则是标准化活动的产物。标准化的目的和作用，都要通过制定和实施具体的标准得到体现。在经济全球化加速发展的今天，标准和标准化的地位日益重要，并已经扩展到经济社会的各个领域，发挥着日趋显著的作用。

第一节　标　　准

一、标准的定义、特征与作用

（一）标准的定义

标准是个外来语，英文是 standard。stand 是站立的意思，ard 是地点，连在一起就是基石、基地、旗帜、旗杆的意思。近百年来，各国的专家学者和机构都力图对标准的定义进行科学的表述。在专家学者中，比较有代表性的有盖拉德定义①和桑德斯定义②。在机构中，

---

①　盖拉德，美国学者。1934 年盖拉德在《工业标准化原理与应用》中定义“标准”为：“标准是对计量单位或基准、物体、动作、程序、方式、常用方法、能力、职能、办法、设置、状态、义务、权限、责任、行为、态度、概念和构思的某些特性给出定义、做出规定和详细说明。”

②　桑德斯，英国学者。1972 年桑德斯在《标准化的目的与原理》中定义“标准”为：“标准是经公认的权威机构批准的一个个标准化工作成果。它可以采用以下形式：（1）文件形式，内容是记述一系列必须达到的要求；（2）规定基本单位或物理常数，如安培、米、绝对零度等。”

比较有代表性的是世界贸易组织（WTO）和国际标准化组织（ISO）的定义。

WTO 给“标准”所下的定义为：

“标准是被公认机构批准的、非强制性的、为了通用或反复使用的目的，为产品或其加工或生产方法提供规则、指南或特性的文件。”

ISO 给“标准”所下的定义为：

“为了在一定范围内获得最佳秩序，经协商一致制定并由公认机构批准，共同使用和重复使用的一种规范性文件。”

“注：标准宜以科学、技术的综合成果为基础，以促进最佳的共同效益为目的。”

ISO 的上述定义，被许多国家采用。我国国家标准 GB/T 20000.1—2002《标准化工作指南第 1 部分：标准化和相关活动的通用词汇》即等同采用了这一定义。

（二）标准的特征

根据 ISO 给出的定义，标准的特征归纳起来主要有以下几点：

1. 从标准化对象看，标准必须具备“共同使用和重复使用”的特点。

这里所说的“重复”，指的是同一事物反复多次出现的性质。例如，成批大量生产的产品在生产过程中的重复投入、重复加工、重复检验、重复出产；同一类技术活动（如某零件的设计）在不同地点、不同对象上同时或相继发生；某一种概念、方法、符号被许多人反复应用，等等。标准是实践经验的总结，具有重复性特征的事物，才能把以往的经验加以积累，标准就是这种积累的一种方式。事物具有重复出现的特性，标准才能重复使用，才有制定标准的必要。

2. 从制定标准的出发点看，必须“获得最佳秩序”，以便“促进最佳共同效益”。

这里所说的“最佳秩序”，指的是通过制定和实施标准，使标准化对象的有序化程度达到最佳状态；这里所说的“最佳共同效益”，指的是相关方的共同效益，而不是仅仅追求某一方的效益，这是作为

"公共资源"的国际标准、国家标准所必须做到的。这里"最佳"的含义，一是努力方向、奋斗目标，要在现有条件下尽最大努力争取做到，二是要有整体观念、局部服从整体，追求整体最佳。"建立最佳秩序""取得最佳公共效益"集中地概括了标准的作用和制定标准的目的，同时又是衡量标准化活动、评价标准的重要依据。

3. 从标准产生的基础看，每制定一项标准，既要反映最新的科学技术成果，又必须做到协商一致。

将科学研究的成就、技术进步的新成果同实践中积累的先进经验相互结合，纳入标准，是奠定标准科学性的基础。同时，标准中所反映的不应是局部的片面的经验，也不能仅仅反映局部的利益，不能凭少数人的主观意志，而应该同有关人员、有关方面（如用户、生产方、政府、科研及其他利益相关方）进行认真的讨论，充分地协商一致，最后从共同利益出发做出规定。这样制定的标准才能既体现出它的科学性，又体现出它的民主性和公正性。

4. 从制定标准的程序看，制定标准需要有规范化的程序，并最终由公认的权威机构批准发布。

国际标准、区域性标准以及各国的国家标准，是社会生活和经济技术活动的重要依据，是人民群众、广大消费者以及标准各相关方利益的体现，并且是一种公共资源，它必须由能代表各方面利益，并为社会所公认的权威机构批准，方能为各方所接受。

（三）标准的作用

在现代社会，标准像水和空气一样，与我们的生活息息相关，发挥着基础性的重要作用。正如第 38 届世界标准日祝词中描述的："没有标准，世界的运行将戛然而止：运输与贸易将中断，互联网也会停止工作，成千上万依靠信息和通信技术运行的系统将变得缓慢甚至终止。机械安全标准为我们的工作和娱乐提供保护，标准使家用电器能连接到国家电力网络，并确保冰箱、空调符合环保要求，防止全球变暖……"

下面以国际标准为例，简单概括一下标准的作用：

1. 获得最佳秩序，促进最佳的共同效益。人类社会之所以达成共识，共同制定并遵守国际标准，是由于人们从实践中认识到秩序是社会存在和发展的基础。标准以科学合理的规定，为人们提供一种最佳选择，使它不仅能被广泛认同，成为规范人们行为的准则，而且达到促进最佳社会效益的目的。

2. 消除和减少贸易壁垒，营造公平、高效的市场环境。经济全球化、全球市场的建立、产品的全球生产、商品的全球流通，都要求全球标准的支持。国际标准成为现代国际贸易的基本因素，标准基础上的合格评定是建立买卖双方信用的基础，“一个标准，一次检验，全球接受”是建立公平、高效市场环境的理想目标。

3. 为技术发展提供平台，促进技术交流。国际标准不仅具有一定的先进性而且具有广泛适用性和国际权威性。它既是各国共同遵守的技术规则，又是增进相互理解的统一的符号系统。世界各国都可借助这个平台与全球进行沟通，共享标准化成果，提升自己的技术水平。

4. 缩短跨越“数字分水岭”的时间。在信息社会，信息通信技术（ICTs）对社会发展的每一方面，直至减少贫困都有直接影响。“数字技术分水岭”把国家分为享有 ICTs 的“富国”和不享有的“穷国”。广泛参与国际标准化是跨越和消除分水岭，把 ICTs 的富国和穷国连接起来的必要条件。

二、标准的分类

世界各国标准种类繁多，分类方法不尽统一。根据我国标准分类的现行做法，同时参照国际上普遍使用的标准分类方法，本书对标准种类进行如下划分。

（一）按制定主体划分

按标准制定的主体，标准分为国际标准、区域标准、国家标准、行业标准、地方标准和企业标准。

1. 国际标准

国际标准是指国际标准化组织（ISO）、国际电工委员会（IEC）

和国际电信联盟（ITU）制定的标准，以及国际标准化组织确认并公布的其他国际组织制定的标准。即国际标准包括两大部分：第一部分是三大国际标准化机构制定的标准，分别称为ISO标准、IEC标准和ITU标准；第二部分是其他国际组织制定的标准。

所谓“国际标准化组织确认并公布的其他国际组织制定的标准”有两方面含义：第一，可以制定国际标准的“其他国际组织”必须经过ISO认可并公布；第二，并非这些组织制定的标准都是国际标准，只有经过ISO确认并列入ISO国际标准年度目录中的标准才是国际标准。

2. 区域标准

区域标准是指由区域标准化组织或区域标准组织通过并公开发布的标准。

区域标准的种类通常按制定区域标准的组织进行划分。目前有影响的区域标准主要有：欧洲标准化委员会（CEN）标准，欧洲电工标准化委员会（CENELEC）标准，欧洲电信标准学会（ETSI）标准，欧洲广播联盟（EBU）标准，独联体跨国标准化、计量与认证委员会（EASC）标准，太平洋地区标准会议（PASC）标准，亚太经济合作组织/贸易与投资委员会/标准与合格评定分委员会（APEC/CTI/SCSC）标准，东盟标准与质量咨询委员会（ACCSQ）标准，泛美标准委员会（COPANT）标准，非洲地区标准化组织（ARSO）标准，阿拉伯标准化与计量组织（ASMO）标准等。

3. 国家标准

国家标准是指由国家标准机构通过并公开发布的标准。

我国的国家标准是指对在全国范围内需要统一的技术要求，由国务院标准化行政主管部门制定并在全国范围内实施的标准。

各国的国家标准有自己不同的分类方法，其中比较普遍使用的方法是按专业划分标准种类，我国国家标准的种类采用了按专业划分的方法。

4. 行业标准

行业标准是指由行业组织通过并公开发布的标准。

工业发达国家的行业协会属于民间组织，它们制定的标准种类繁多、数量庞大，通常称为行业协会标准。

我国的行业标准是指由国家有关行业行政主管部门公开发布的标准。根据我国现行标准化法的规定，对没有国家标准而又需要在全国某个行业范围内统一的技术要求，可以制定行业标准；行业标准由国务院有关行政主管部门制定。

5. 地方标准

地方标准是在国家的某个地区通过并公开发布的标准。

我国的地方标准是指由省、自治区、直辖市标准化行政主管部门公开发布的标准。根据我国现行标准化法的规定，对没有国家标准和行业标准而又需要在省、自治区、直辖市范围内统一的工业产品的安全、卫生要求，可以制定地方标准。

6. 企业标准

企业标准是由企业制定并由企业法人代表或其授权人批准、发布的标准。企业标准与国家标准有着本质的区别，首先，企业标准是企业独占的无形资产；其次，企业标准如何制定，在遵守法律的前提下，完全由企业自己决定；最后，企业标准采取什么形式、规定什么内容，以及标准制定的时机等，完全依据企业本身的需要和市场及客户的要求，由企业自己决定。

（二）按基本属性划分

按标准化对象的基本属性，标准分为技术标准、管理标准和工作标准。

1. 技术标准

技术标准是指对标准化领域中需要协调统一的技术事项所制定的标准。

技术标准的形式可以是标准、技术规范、规程等文件，以及标准样品实物。

技术标准是标准体系的主体，量大、面广、种类繁多，其中主要的有：

（1）基础标准。基础标准是具有广泛的适用范围或包含一个特定领域的通用条款的标准。基础标准可直接应用，也可作为其他标准的基础。

（2）产品标准。产品标准是规定产品应满足的要求以确保其适用性的标准。

产品标准除了包括适用性的要求外，还可直接或通过引用间接的包括诸如术语、抽样、测试、包装和标签等方面的要求，有时还可包括工艺要求。

产品标准可以是一个标准，也可以由若干个标准组成［如产品技术条件（要求）、产品检验标准、产品包装标准等］。一个完整的产品标准在内容上应包括产品分类（型式、尺寸、参数）、质量特性及技术要求、试验方法及合格判定准则、产品标志、包装、运输、储存、使用等方面的要求。

（3）设计标准。设计标准是指为保证与提高产品设计质量而制定的技术标准。

设计标准在企业里通常列为基础标准，为表明其重要，这里单列一项。

设计的质量从根本上决定产品的质量。设计标准通过规定设计的过程、程序、方法、技术手段，保证设计的质量。

（4）工艺标准。工艺标准是指依据产品标准要求，对产品实现过程中原材料、零部件、元器件进行加工、制造、装配的方法，以及有关技术要求的标准。

工艺标准的主要作用在于规定正确的产品生产、加工、装配方法，使用适宜的设备和工艺装备，使生产过程固定、稳定，以生产出符合规定要求的产品。

（5）检验和试验标准。检验是指通过观察和判断，适当结合测量、试验所进行的符合性评价。检验的目的是判断是否合格。针对不同的检验对象，检验标准分为进货检验标准、工序检验标准、产品检验标准、设备安装交付验收标准、工程竣工验收标准等。

（6）信息标志、包装、搬运、储存、安装、交付、维修、服务标准。

（7）设备和工艺装备标准。设备和工艺装备标准是指对产品制造过程中所使用的通用设备、专用工艺装备（包括刀具、夹具、模具、工位器具）、工具及其他生产器具的要求制定的技术标准。

（8）基础设施和能源标准。这类标准是指对生产经营活动和产品质量特性起重要作用的基础设施，包括生产厂房、供电、供热、供水、供压缩空气、产品运输及储存设施等制定的技术标准。基础设施和能源标准的主要作用是保证生产技术条件、环境和能源满足产品生产的质量要求。

（9）医药卫生和职业健康标准。医药卫生与人类健康直接相关，这方面的标准是标准化的重点内容，其中主要的有药品、医疗器械、环境卫生、劳动卫生、食品卫生、营养卫生、卫生检疫、药品生产以及各种疾病诊断标准等。职业健康标准是指为消除、限制或预防职业活动中危害人身健康的因素而制定的标准，其目的和作用是保护劳动者的健康，预防职业病。职业健康标准包括作业场所粉尘、污染物等有毒有害物质的浓度限量标准，噪声与振动控制标准，辐射防护标准，气温异常防护标准，生物危险防护标准等。

（10）安全标准。安全标准是指为消除、限制或预防产品生产、运输、储存、使用或服务提供中潜在的危险因素，避免人身伤害和财产损失而制定的标准。

（11）环境标准。按环境范围不同，可分为社会环境与企业环境。社会环境标准是个庞大的标准体系，总的可分为基础标准、环境质量标准、污染物排放标准和分析测试方法标准等；企业环境标准分为工作场所环境（小环境）标准和企业周围环境（大环境）标准。环境标准的目的和作用是保证产品质量，保护工作场所内工作人员的职业健康安全，以及履行企业的社会责任。

2. 管理标准

管理标准是指对标准化领域中需要协调统一的管理事项所制定的标准。管理标准与技术标准的区别只是相对的，一方面管理标准也会涉及技术事项，另一方面技术标准也是用于管理。管理标准总的可分为：管理基础标准、技术管理标准、经济管理标准、行政管理标准等，这其中的每一类又可细分为更具体的内容。随着管理的现代化、信息化，这方面的标准有快速发展的趋势。

通常，企业中的管理标准种类和数量都很多，其中与管理现代化，特别是与企业信息化建设关系最密切的标准，主要有管理体系标准、管理程序标准、定额标准和期量标准。

（1）管理体系标准。管理体系标准通常是指 ISO 9000 质量管理体系标准、ISO 14000 环境管理体系标准、OHSAS 18000 职业健康安全管理体系标准，以及其他管理体系标准。

（2）管理程序标准。管理程序标准通常是在管理体系标准的框架结构下，对具体管理事务（事项）的过程、流程、活动、顺序、环节、路径、方法的规定，是对管理体系标准的具体展开。

（3）定额标准。定额标准指在一定时间、一定条件下，对生产某种产品或进行某项工作消耗的劳动、物化劳动、成本或费用所规定的数量限额标准。定额标准是进行生产管理和经济核算的基础。定额标准通常分为劳动定额标准和物资消耗定额标准两大类。

（4）期量标准。期量标准是生产管理中关于期限和数量方面的标准。在生产期限方面，主要有流水线节拍、节奏，生产周期、生产间隔期、生产提前期等标准；在生产数量方面，主要有批量、在制品定额等标准。

3. 工作标准

工作标准是为实现整个工作过程的协调，提高工作质量和工作效率，对工作岗位所制定的标准。

通常，企业中的工作岗位大体上可以分为生产岗位（操作岗位）和管理岗位两大类。工作标准也可分为如下两类：

（1）管理工作标准。主要规定工作岗位的工作内容、工作职责和权限，本岗位与组织内部其他岗位纵向和横向的联系，本岗位与外部的联系，岗位工作员工的能力和资格要求等。

（2）作业标准。作业标准的核心内容是规定作业程序和方法。在有的企业里，这类标准常以作业指导书或操作规程的形式存在。

作业指导书的主要内容是规定各具体岗位的工作内容和作业方法，包括岗位环境、位置、设施、设备、工具，生产、加工或装配的对象，工作顺序、操作方法、作业动作，对加工产品或工作结果的检查，以及合格判定准则等。岗位作业指导书的目的和作用是告诉人们怎样正确地做好一个岗位上的工作。操作规程的主要内容是规定各专业工种的通用操作程序和方法，如电工操作规程、电焊工操作规程等。操作规程的目的和作用是告诉人们怎样正确地做好一项专业技术操作工作。

（三）按约束力度划分

按标准实施的约束力，我国标准分为“强制性标准”“推荐性标准”和“标准化指导性技术文件”。

1. 强制性标准

根据我国标准化法的规定，强制性标准是指国家标准和行业标准中保障人体健康和人身、财产安全的标准，以及法律、行政法规规定强制执行的标准。我国强制性国家标准的代号是 GB。此外，由省、自治区、直辖市标准化行政主管部门制定的工业产品的安全和卫生要求的地方标准，在本行政区域内是强制性标准。

2. 推荐性标准

推荐性标准是倡导性、指导性、自愿性的标准。我国推荐性国家标准的代号是 GB/T 。通常，国家和行业主管部门积极向企业推荐采用这类标准，企业则完全按自愿原则自主决定是否采用。有些情况下，国家和行业主管部门会制定某种优惠措施鼓励企业采用。企业采用推荐性标准的自愿性和积极性，一方面来自于市场需要和顾客要求，另一方面来自于企业发展和竞争的需要。企业一旦采用了某推荐性标准作为产品出厂标准，或与顾客商定将某推荐性标准作为合同条款，那么该推荐性标准就具有了相应的约束力。

3. 标准化指导性技术文件

指导性技术文件，是为仍处于技术发展过程中（如变化快的技术领域）的标准化工作提供指南或信息，供科研、设计、生产、使用和管理等有关人员参考使用而制定的标准文件。我国指导性技术文件的代号是 GB/Z 。指导性技术文件通常有两种情况：一是技术尚在发展中，需要有相应的标准文件引导其发展或具有标准化价值，尚不能制定为标准的项目；二是采用国际标准化组织、国际电工委员会及其他国际组织（包括区域性国际组织）的技术报告的项目。

（四）按信息载体划分

按标准信息载体，标准分为标准文件和标准样品。标准文件的作用主要是提出要求或做出规定，作为某一领域的共同准则；标准样品的作用主要是提供实物，作为质量检验、鉴定的对比依据，测量设备检定、校准的依据，以及作为判断测试数据准确性和精确度的依据。

1. 标准文件

标准文件有不同的形式，包括标准、技术规范、规程，以及技术报告、指南等。其中：

（1）标准，是最基本的规范性文件形式，主要内容是对产品、过程、方法、概念等作出统一规定，作为共同使用和重复使用的准则。

（2）技术规范，指规定产品、过程或服务应满足的技术要求的文件。适宜时，技术规范宜指明可以判定其要求是否得到满足的程序。技术规范可以是标准、标准的一个部分或与标准无关的文件。

（3）规程，指为设备、构件或产品的设计、制造、安装、维护或使用而推荐惯例或程序的文件。规程可以是标准、标准的一部分或与标准无关的文件。

（4）指南，其特点是文件的内容不作为某一领域共同遵守的准则，而是作为一种专业或行业的指南、指导、倡导或参考，或作为企业（组织）内部的一种技术工具或管理工具。

（5）技术报告，其特点是对产品、过程等对象作出详尽的描述，特别是对有关特性给出各项技术数据。在国际贸易中，技术报告可以成为某一行业、区域内共同遵守的准则，可以作为双方、多方一致同意的合同条款，也可以仅仅是一种规范性的技术说明作为顾客在市场上知情选择的依据。

我国国家标准中的“国家标准化指导性技术文件”，就其文件形式而言，与技术报告类似。

2. 标准样品

标准样品是具有足够均匀的一种或多种化学的、物理的、生物学的、工程技术的或感官的等性能特征，经过技术鉴定，并附有说明有关性能数据证书的一批样品。

标准样品作为实物形式的标准，按其权威性和适用范围分为内部标准样品①和有证标准样品②。

三、标准的编写规则

编写标准是一项技术性较强的工作。标准的基本特性之一是以技术文件的形式发布，因而，标准有作为文件形式的规范性要求，也就是说要遵循一定的编写规则。

世界标准化组织和发达国家，都很重视标准的编写规则，制定了关于编写标准的标准，并形成了体系。我国也很重视这一工作，专门成立了全国标准化原理与方法技术委员会，制定了相关基础标准，建立了我国的标准化工作导则、指南和编写规则的国家标准体系。

我国关于标准编写规则的国家标准体系由3个标准组成，每个标准又分成若干部分。

1. GB/T 1　标准化工作导则

GB/T 1.1—2009　标准化工作导则　第1部分：标准的结构和

---

① 内部标准样品是在企业、事业单位或其他组织内部使用的标准样品，其性质是一种实物形式的企业内控标准。

② 有证标准样品是具有一种或多种性能特征，经过技术鉴定附有说明上述性能特征的证书，并经国家标准化管理机构批准的标准样品。

编写

GB/T 1.2　标准化工作导则　第 2 部分：标准制定程序①

2. GB/T 20000　标准化工作指南

GB/T 20000.1—2002　标准化工作指南　第 1 部分：标准化和相关活动的通用词汇

GB/T 20000.2—2009　标准化工作指南　第 2 部分：采用国际标准

GB/T 20000.3—2003　标准化工作指南　第 3 部分：引用文件

GB/T 20000.4—2003　标准化工作指南　第 4 部分：标准中涉及安全的内容

GB/T 20000.5—2004　标准化工作指南　第 5 部分：产品标准中涉及环境的内容

GB/T 20000.6—2006　标准化工作指南　第 6 部分：标准化良好行为规范

GB/T 20000.7—2006　标准化工作指南　第 7 部分：　管理体系标准的论证和制定

3. GB/T 20001　标准编写规则

GB/T 20001.1—2001　标准编写规则　第 1 部分：术语

GB/T 20001.2—2001　标准编写规则　第 2 部分：符号

GB/T 20001.3—2001　标准编写规则　第 3 部分：信息分类编码

GB/T 20001.4—2001　标准编写规则　第 4 部分：化学分析方法

上述标准还在不断完善中。

四、标准与技术法规的关系

（一）技术法规的含义

“技术法规”（Technical Regulation）一词来源于 WTO/TBT 协

① 该标准正在制定过程中。

定，是我国翻译成中文的习惯性叫法。在我国的现行法律、法规体系中，没有技术法规这个名词，但根据 WTO/TBT 协定中技术法规的属性，我国的很多法律、法规和各部门、地方发布的规章以及我国的强制性国家标准、强制性行业标准和强制性地方标准等强制性要求是与之相类似的。

WTO/TBT 协定规定，技术法规是“规定强制执行的产品特性或其相关工艺和生产方法，包括适用的管理规定在内的文件。该文件还可包括适用于产品、工艺或生产方法的专门术语、符号、包装、标志或标签要求”。“就本协定而言，技术法规被定义为强制性文件。”同时，WTO/TBT 协定明确技术法规的制定范围仅限于国家安全、防止欺诈行为、保护人类健康或安全、保护动物或植物的生命或健康及保护环境五个合法目标，并要求可能对国际贸易有重大影响的技术法规，必须通报。

从以上规定我们可以看出，WTO/TBT 协定框架下的技术法规有五个主要特征。第一，它具有强制执行力；第二，它规定的是产品特性、工艺、生产方法、管理等技术内容；第三，它的制定是基于国家安全，防止欺诈行为，保护人类健康或安全，保护动物或植物的生命或健康及保护环境等目标；第四，它的表现形式为政府制定的文件；第五，它仅指与贸易有关的技术法规。

（二）技术法规与标准的区别

1. 技术法规和标准的制定主体不同，因而其法律效力也不同。一般来讲，技术法规是由立法机构、政府部门或其授权的其他机构制定并强制执行的文件，既可以是国家法律、政府法令，也可以是部门规章或其他强制性文件。技术法规虽然不是国家法律法规体系中的一个独立层次，却是其重要组成部分。而标准则是由标准化机构自行或组织制定的，是经公认机构批准，供通用或重复使用的非强制执行文件。我国强制性标准可以被看做是一种特殊形式的“技术法规”。

2. 与标准相比，技术法规除了关于产品特性或其相关过程和生产方法的规定之外，还包括适用的管理规定。随着世界经济的不断发展，各经济体的科学技术水平也在不断提高，特别是自东京回合鼓励各缔约方采用国际标准作为其自行制定的标准的基础以来，标准在国际贸易中的壁垒作用被逐渐弱化。与此同时，各经济体以安全、健康、环保为目标，以强制性技术要求为手段制定出形式多样的技术法规，通过一些复杂的管理程式对其他经济体的货物贸易构成壁垒。因此，在 WTO/TBT 协定的文本中将标准与技术法规拆分开来，着重对技术法规壁垒作用的限制，而将对标准的约束放到附件中。

3. 技术法规和标准的出发点不同。制定技术法规的出发点是“人本”主义的，技术法规对产品的要求主要是为了保护人身安全健康，出于安全、健康、环保等考虑；而标准的制定则是“物本”主义的，其对产品的技术要求往往是为了提高劳动生产率、提高产品兼容性、保证产品质量等。

4. 技术法规和标准对国际贸易的影响不同。技术法规管辖范围内的产品必须符合技术法规的相关要求，否则禁止进口及在市场上销售；而不符合标准的产品可以进口或在市场上销售，只是由于与标准不符，难以得到消费者的认同，可能影响其销量。

5. 标准具有相对统一的、固定的特性，在理论上是可协调的，在实践上也能达到一定程度的一致，如欧洲协调标准、国际标准化机构和区域标准化机构的标准都是在协调一致的基础上产生的。而技术法规缺乏这种统一的、固定的特性，常常因国家与文化特性的差异而不同，而且涉及国家主权问题。因此，追求国家之间技术法规的一致性难度极大，除非国家之间出于政治目的需要联合，如欧洲各国组成的欧洲联盟。

6. 标准一般只针对某种产品、某项工艺，而技术法规不仅可针对某种产品，还可覆盖某一行业和领域。

（三）技术法规与标准的协调配合

1. 利用标准制定技术法规的优点

法规起草者在起草技术法规时由于受专业技术知识的限制往往会遇到困难，而在法规中引用标准可以减轻法规起草者的负担，使他们不用再去考虑各个技术细节，也避免了法规和标准制定中重复工作造成的技术、时间和费用上的浪费。同时，法律条文可以避免复杂和过于详尽的规定，使得法规更加简单明了。在法规中引用标准还有另外一些益处，例如，如果法规引用标准采取不注日期的引用方式，即新版标准自动适用于法规，使法规的内容因适应技术最新发展而变得更加灵活。

2. 技术法规与标准协调配套的良好机制

建立和维持技术法规与标准协调配套的前提条件是法规制定机构和标准机构的紧密配合。这需要有如下措施作为保障：(1) 法规制定机构在制定技术法规涉及具体技术要求时，应考虑有无现行的标准适用，如果有，则引用这些标准，或将标准中的有关内容写入技术法规中；如果没有，可以委托法规机构认可的标准机构制定相应的标准，然后在技术法规中引用这些标准。(2) 法规制定机构和标准机构应通过协议等方式保持稳固的联系，法规机构在制定法规时应就引用的标准通知有关标准机构，有关标准机构则有义务就法规所引用的标准的随后的修订及时通知法规机构，便于法规制定机构掌握相关标准的最新情况，以及时作出反应。

第二节　标　准　化

一、标准化的含义

国家标准 GB/T 20000.1—2002《标准化工作指南　第 1 部分：标准化和相关活动的通用词汇》对“标准化”给出了如下定义：

为在一定范围内获得最佳秩序，对现实问题或潜在问题制定共同使用和重复使用的条款的活动。

注 1：上述活动主要包括编制、发布和实施标准的过程。

注 2：标准化的主要作用在于为了其预期目的改进产品过程或服

务的适用性，防止贸易壁垒，并促进技术合作。

该定义是等同采用 ISO/IEC 第 2 号指南的定义，所以这也可以说是 ISO/IEC 给出的“标准化”定义。

上述定义揭示了“标准化”这一概念的如下含义：

1. 标准化是个活动过程

标准化不是一个孤立的事物，而是一个活动过程，主要是制定标准、实施标准进而修订标准的过程。这个过程也不是一次就完结了的，而是一个不断循环、螺旋式上升的运动过程。每完成一个循环，标准的水平就提高一步。

标准是标准化活动的产物。标准化的目的和作用，都是要通过制定和实施具体的标准来体现的。所以，标准化活动不能脱离制定、修订和实施标准，这是标准化的基本任务和主要内容。标准化的效果只有当标准在社会实践中实施以后，才能表现出来。因此，在标准化的“全部活动”中，实施标准是个不容忽视的环节。

2. 标准化是一项有目的的活动

标准化可以有一个或更多特定的目的，以使产品、过程或服务具有适用性。这样的目的可能包括品种控制、可用性、兼容性、互换性、健康、安全、环境保护、产品防护、相互理解、经济效益、贸易等。一般来说，标准化的主要作用，除了为达到预期目的改进产品、过程或服务的适用性之外，还包括防止贸易壁垒、促进技术合作等。

3. 标准化活动是建立规范的活动

定义中所说的“条款”，即规范性文件内容的表述方式。标准化活动所建立的规范具有共同使用和重复使用的特征。条款或规范不仅针对当前存在的问题，而且针对潜在的问题，这是信息时代标准化的一个重大变化和显著特点。

二、标准化的内容

标准化是一个活动过程。这个过程是由一系列互相关联的活动组成的。其中的每一项活动又可能是由一系列更具体的活动组成的过程。为了把握这个过程，借助形象化的模式对其做进一步的展开。

（一）标准化三角形

标准化的基本过程模式，反映的是标准化的基本过程。所谓基本过程是指标准从制定、实施到信息反馈的一次循环过程，这三个环节，即是由一系列活动组成的三个子过程。它们之间的关系以及它们各自的地位、作用可以用一个等边三角形来表示（如图 2—1 所示）。

图 2—1 中，三角形的三个边连接在一起，形成一个信息传递（转换）的闭环通道。AB 是标准信息的生成过程，BC 是标准信息的传递（转换）过程，CA 是信息反馈过程。标准化过程实际上就是由标准信息的生成、传递、转化、反馈等环节组成的连续过程。其中的任何一个环节发生缺失或功能不足都会对整个过程的效果产生直接影响；如果个别环节发生中断（如缺少信息反馈），则整个过程便会中断，闭环变成开环，反馈过程变成无反馈的失控过程。标准化过程中发生的许多不良反应，都可通过对这个三角形的解析找到原因。三角形的三个子过程，是标准化过程最基本的结构要素。它们中的每一个又都是由一系列更具体的活动组成的子过程。

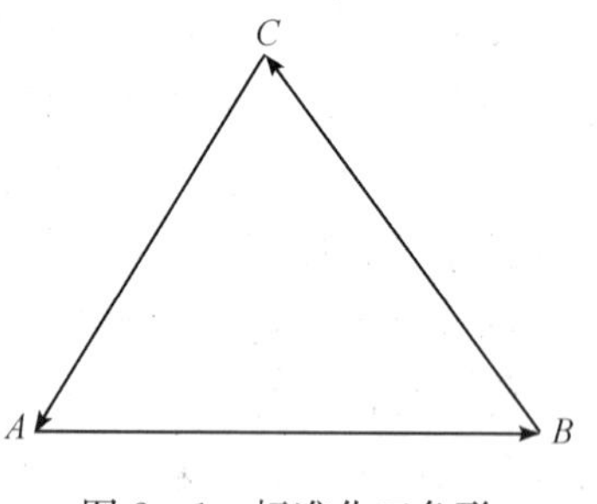

图 2—1　标准化三角形

（二）标准的制定

标准的产生过程同时又是标准信息的生成过程。由于标准化对象不同，这个过程所包含的活动内容也会有所不同，尤其企业标准与国家标准、国际标准产生的过程差别更为显著。尽管如此，过程内容大体包括下述相互关联的一系列活动：

1. 标准需求调查。明确制定标准的目的和应满足的要求。
2. 试验研究论证。根据需要对有关问题进行必要的试验、论证。
3. 起草标准并反复征求意见。必要时补充调查或试验。
4. 编写送审稿并组织审查。

5. 编写报批稿并经主管机构复核、审批、发布。

上述的每一项活动，又都是一个过程，其中也包含一系列互相关联的更具体的活动。

为了规范国际标准的产生过程，ISO 和 IEC 发布了专门的导则性文件。我国还依据该导则制定了相应的国家标准以规范国家标准的制定程序。

（三）标准的实施

标准化是一项有目的的活动。标准化的目的只有通过标准的实施才能达到。标准是实践经验的总结并用以指导实践的统一规定。这个规定是否科学、合理，也只有通过实施才能得到验证。

标准不仅需要通过实施来验证其正确性，而且标准的改进和发展的动力也来自于实施。标准实施，具体可包括如下活动：

1. 实施过程策划。明确目标、责任、程序、进度、措施。

2. 实施准备。组织准备、物资准备、技术资料准备、人员培训。

3. 实施过程管理。更改文件、执行标准、原始记录、问题处置。

4. 总结和改进。效果评价、提出改进意见、必要时修订标准。

目前我国标准的实施方式包括市场准入制度（如生产许可证管理等)、质量监督抽查制度、认证认可制度等，具体实施还可能通过如下形式：技术法规引用、政府采购、契约合同、企业自我声明等。工业发达国家的标准都是自愿采用的，其实施的动力，一方面来自标准本身的科学性、公正性产生的信任，另一方面通过产品认证。

（四）标准信息反馈

标准是由人制定的，在制定与审查过程中尽管遵守规定的程序，并通过征求意见等活动，力求消除标准的缺陷和不足，但是，由于客观实际的复杂性和人的知识的局限性，标准与实际脱离的事常常是难免的。标准中的问题在实施过程中都会暴露出来。能否在实施过程及时把握这方面的信息，向有关组织及时反馈信息，并利用这些信息对标准做必要的调整或采取某些补救措施，是防止标准负面影响扩大、降低标准化风险必不可少的过程。

信息反馈过程的活动内容和活动方式会因标准不同而有很大差别。企业标准是企业自己制定的，实施范围也仅仅在本企业内部，发现问题和纠正都较为方便。如果是国家标准，情况就大不一样了，标准所覆盖的企业越多、范围越广，表现出来的问题越多、越复杂。它不仅要求企业要及时地反馈信息，而且要建立起畅通的信息渠道，确立接收信息、分析研究信息、处理信息的专门职能。就整个国家的标准化而言，这个信息反馈过程，实际上是要形成一个覆盖全国的信息沟通网络。

三、标准化的原理

在 20 世纪学科林立的知识宝库里，标准化作为一门新兴的交叉学科，有着它自己的丰富的理论体系和专门方法。标准化原理研究是标准化理论研究中的一项热门课题。所谓标准化原理是指以标准化实践工作为基础，经总结、概括和提炼出的具有普遍指导意义的标准化活动客观规律，并为标准化实践所验证。

近百年来，世界各国对标准化活动基本规律的探索和研究从未停止过，出版了许多有关标准化原理与方法的专著和出版物①。

我国于 1979 年开始标准化原理的学术探讨，在研究国内外标准化原理的基础上，提出以“简化、统一、协调、选优”为主要原理。这对当时标准化工作有一定的指导意义，推动了我国标准化工作的发展。30 多年来，随着经济建设和高新技术的发展，使标准化在深度上不断延伸，在广度上不断扩展。人们在归结标准化原理的同时，也在建立健全标准化学科的全面而系统的基础理论知识。

---

① 在 20 世纪 30 年代就有人涉足标准化基本概念、原理和方法的研究。美国标准化协会的约翰·盖拉德（John Gailard）在 1934 年就出版了《工业标准化原理与应用》。60 年代国际标准化组织（ISO）即成立了标准化原理常设研究委员会。70 年代桑德斯的著作《标准化的目的与原理》的问世，引起了许多专家在这方面的进一步探讨。很多国家都出版了一些有关标准化基础理论的专著，如日本政法大学松浦四郎教授 1973 年出版了《工业标准化原理》等，都在不同时期对标准化理论的不同方面研究作出了贡献。

（一）简化原理

简化就是在一定范围内，精简标准化对象（事物或概念）的类型数目，以合理的数目类型来满足一般需要。市场竞争必然带来商品多样性泛滥，而商品多样性泛滥反过来必然会破坏社会和市场，因而，需要用标准来控制和调节。标准的功能和作用之一就是通过简化，发挥控制和调节功能来获得“最佳秩序”。

简化当然不是随便乱简化，而是当其多样性的发展规模超出了必要范围时才实行简化，简化的目的是要使结构精练、合理，使总体功能最佳。

（二）统一原理

统一就是把同类事物两种以上的表现形式统一归并为一种，或限定在一个范围内的标准化形式。统一原则也称为一致性原则，即统一是为了获得一致。简化着眼于精练，而统一着眼于一致性。当然，通过统一往往也可以实现简化。统一可带来生产力的大发展，而标准化就是实现统一的手段。比如，铁路路轨，新中国成立前轨距不统一，新中国成立后统一为 1 435 mm；电力电压和频率，新中国成立前各地也各不相同，新中国成立后统一为 220 V 和 50 Hz。如果没有这些统一，就不会有现代化。

统一的目的是消除不必要的过程多样化而造成的混乱或浪费。在实施统一时，必须遵循适时、适度、等效三项原则。

（三）协调原理

标准涉及方方面面，要解决好各方面的关系，必须靠协调，标准本身就是协调的产物。在标准制定和实施的过程中，协调主要体现在三方面：

一是标准内各要素之间的协调。以产品标准为例，一个产品的标准往往涉及许多方面的要素，在功能和质量要求方面往往涉及多个参数。这些参数要确定在什么质量水平上，应该进行协调，如果没有协调好，有些参数的要求定得很高，有些定得很低，这就必然产生“破桶效应”和“质量过剩”，造成浪费，即使大部分参数体现的质量水平很好，但某个参数又很低，这就使整体功能和质量水平受到严重影响，所以，各要素之间要协调。

二是相关标准之间的协调。产品与产品之间，往往都有联系而且各有标准，这些标准之间便有紧密联系，这就要注意协调。比如，一辆汽车由上万个零部件组成，这些零部件都各有标准，这些标准如果不协调，接口不对，汽车就装配不起来。产品有关标准的协调，一般应从最终产品的质量标准出发，依其相关因素的内容和影响程度，对各相关环节规定必须达到的质量指标，从而保证整个产品的整体功能最佳。

三是标准体系之间的协调。随着生产活动的开展和社会分工的细密化，各个部门之间、各个系统之间互相关联越来越多，如果各搞各的，就会造成标准之间互相矛盾，互不适应，所以也要加强协调。

（四）优化原理

标准化的最终目的是要取得最佳效益，因此在标准制定和实施过程中需要优化。没有优化，就没有标准化。但作为技术标准来说，也并非越优越好。这就是先进性和合理性的关系问题。既要优化，有先进性，如果没有先进性，没有优化，制定出来的标准质量技术指标落后，随便就能达到，这样的标准客观上起到保护落后甚至伪劣的作用；但也要合理，因为实现产品的某项质量指标必须付出一定的费用，往往技术指标越高，付出的成本费用就越大，这就必然要带来价格的提高，就可能影响产品在市场上的竞争力。或者质量技术指标高不可攀，很难达到，这样的标准脱离实际，没有可操作性，也行不通。这就要把握好一个度。

四、标准化的意义和作用

我国学者从不同角度对标准化的意义和作用进行了阐述，概括起来，标准化的意义和作用如下：

（一）标准化是现代化大生产的必要条件

社会化大生产必定要以技术上高度的统一与广泛协调为前提，而标准恰是实现这种统一与协调的手段。标准化可以规范社会的生产活动，规范市场行为，引领经济社会发展，推动建立最佳秩序，促进相关产品在技术上的相互协调和配合。随着科学技术的发展，生产的社会化程度越来越高，技术要求越来越复杂，生产协作越来越广泛。许多工业产品和工程建设，往往涉及几十个、几百个甚至上万个企业，协作点遍布世界各地。这样一个复杂的生产组合，客观上要求必须在技术上使生产活动保持高度的统一和协调一致。这就必须通过制定和执行许许多多的技术标准、工作标准和管理标准，使各生产部门和企业内部各生产环节有机地联系起来，以保证生产有条不紊地进行。

（二）标准化是实行科学管理和现代化管理的基础

标准化在现代化管理中的地位和作用日益重要，其主要表现如下：（1）标准为管理提供目标和依据。产品标准是企业管理目标在质量方面的具体化和定量化；各种期量标准是生产经营活动在时间和数量方面的规律性的反映。有了这些标准，便可为企业编制计划、设计和制造产品提供科学依据。（2）在企业内各子系统之间，通过制定各种技术标准和管理标准建立生产技术上的统一性，以保证企业整个管理系统功能的发挥。（3）标准化使企业管理系统与企业外部约束条件相协调，不仅有利于企业解决原材料、配套产品、外购件等的供应问题，而且可以使企业具有适应市场变化的应变能力，并为企业实行精益生产方式、供应链管理等先进管理模式创造条件。

（三）标准化有利于先进的生产组织和制造技术的推广

专业化协作生产具有很突出的优越性，开展标准化对巩固和发展专业化协作有着非常重要的意义。（1）专业化要以协作为前提，专业化越发展，协作越广泛，企业之间技术上的衔接协调问题越复杂，如果处理不好，专业化协作就难以巩固和发展。实践证明，标准化恰是解决这类问题的理想措施。（2）标准化（如模块化）产品是充分利用成熟技术和标准的、可批量预制的，大幅度地减少企业内部的多样化，创造较大的批量，保持批量生产的效率优势，从而可以根据客户的特殊需求实现定制式服务，使大规模定制生产和先进制造技术的应用成为可能。

（四）标准化是消除浪费、节约活劳动和物化劳动的有效手段

标准化对象的重要特征之一是重复性。标准化的重要功能就是对重复发生的事物尽量减少或消除不必要的重复，并且促使以往的劳动成果的重复利用。标准化的任何一种形式，都会产生这种类型的节约。这种节约的效果明显且意义重大，但却常常不被人们所注意。

（五）标准化是促进科学技术转化成生产力的平台

科学技术是第一生产力，但是在科学技术没有走出试验室之前，只在科学技术领域产生影响和作用，是潜在的生产力，还不是现实的生产力。只有通过技术标准提供的统一平台，才能使科学技术迅速快捷地过渡到生产领域，向现实的生产力转化，从而产生应有的经济效益和社会效益。标准化与科技进步有着十分密切的关系，两者相辅相成、互相促进。标准化是科技成果转化为生产力的重要“桥梁”，先进的科技成果可以通过标准化手段，转化为生产力，推动社会的进步。

（六）标准化是推动贸易发展的桥梁和纽带

标准化可以增强世界各国的相互沟通和理解，消除技术壁垒，促进国际间的经贸发展和科学、技术、文化交流与合作。当前世界已经被高度发达的信息和贸易联成一体，贸易全球化、市场一体化的趋势不可阻挡，而真正能够在各个国家和各个地区之间起到联结作用的桥梁和纽带就是技术标准。只有全球按照同一标准组织生产和贸易，市场行为才能够在更大的范围和更广阔的领域发挥应有的作用，人类创造的物质财富和精神财富才有可能在全世界范围内为人类所共享。

（七）标准化有利于提高产品质量，保护资源、环境和安全

标准的水平标志着产品质量水平，没有高水平的标准，就没有高质量的产品。技术标准不仅对产品性能做出具体的规定，而且还对产品的规格、检验方法及包装、储运条件等相应地做出明确规定，严格地按标准进行生产，按标准进行检验、包装、运输和储存，产品质量就能得到保证。

在国内资源能源短缺和全球排放空间有限的大背景下，加强节能

减排标准化工作，是顺应当今世界发展趋势的客观要求，对推进资源节约型、环境友好型社会建设，化解资源环境瓶颈制约，保障能源供应安全，实现可持续发展具有重要意义。标准化工作还有利于保护人体健康，保障人身和财产安全，维护消费者权益。

第三节　服务业标准化

进入21世纪以来，主要发达国家的产业结构呈现出由“工业型经济”向“服务型经济”转变的趋势。服务业的发展水平已成为衡量现代社会经济发达程度和国家经济结构优化水平的重要标志。本节主要对服务与服务业的基本概念、服务业分类、服务标准化的范围与内容等问题进行系统介绍。

一、服务和服务业

（一）服务的概念

1. 服务的定义

理论界对“服务”定义的研究由来已久，学者们从不同角度对“服务”给出过定义。从“营销学”角度，“服务”是指用以直接销售或配合货物销售所提供的各种活动、利益与满足。从“管理学”角度，“服务”是指一种或一系列活动，它是在顾客与服务提供者或者设备的互动过程中完成的，并使顾客满意。从“经济学”角度，“服务”是指具有交换价值的无形交易品，其使用价值可以是瞬间的（比如娱乐）、重复使用的（比如信息）或可变的（比如专业化服务咨询）。

另外，ISO最新发布的76号指南——ISO/IEC Guide 76：2008《服务标准制定——考虑消费者需求的建议》也对“服务”做出了界定，即：“服务提供者与顾客接触过程中所产生的一系列活动的过程及其结果，其结果通常是无形的。”这一界定对于广大服务标准化工作者来说具有很大的借鉴意义。

结合以上定义，我们认为“服务”是为满足顾客的需要，由供方凭借体力、智力和技能，借助一定的工具、设施和手段，通过与顾客之间接触的活动以及供方内部活动所产生的结果。包括供方为顾客提供人员劳务活动完成的结果、供方为顾客提供通过人员对实物付出劳务活动完成的结果、供方为顾客提供实物使用活动完成的结果。

“服务”的中心是顾客，服务是针对顾客的需要来说的，目的是为了满足顾客的需要，这是服务的基本内涵。其中，“顾客”是指接受服务产品的组织或个人，可以是提供服务的组织内部的，也可以是外部的；“顾客的需要”是指顾客的社会需要，这种需要通常包括在服务的技术标准或服务规范中，有时也指顾客的具体需要。顾客的需要包括在组织内的有关规定中，也包括在服务提供过程中。

“服务”的条件是必须与顾客接触。这种供方与顾客之间的接触，可以是人员的，也可以是设施的。

“服务”的内容是供方的一种活动。服务是产生于人、机器、设备与顾客之间互动关系的有机联系，并由此形成一定的活动过程。

“服务”的结果通常是无形的。但是，我们不能仅以有形或无形作为区别“服务”的尺度。例如快餐业尽管被划分为服务业，但它仍有许多有形部分像食物、包装等；汽车制造业尽管被划分为制造业，但也提供许多无形产品如交通运输。

2.“服务”的特性

“服务”具有以下四种特性：（1）无形性，即服务的抽象性、不可知性，购买服务只能从感觉上知其后果。（2）非储存性，例如飞机座位、酒店客房等不能超越能力接待顾客，但若找不到顾客，能力也就闲置了。（3）同时性，即服务提供过程与消费过程并存，服务质量应与所做的承诺一致，服务人员应与顾客协调。（4）主动性，即服务对象是顾客，所以服务提供者要主动满足不同顾客的不同需求。

（二）服务业的概念

1.服务业的定义

服务业是国民经济的重要组成部分，服务业的发展水平是衡量现代社会经济发达程度的重要标志，是一个国家经济发展和经济结构优化水平的重要标志。“服务产业”的概念最早由克拉克（Clark）在1957年提出，在这之前，国际理论界以“第三产业”来称呼“服务产业”。克拉克把国民经济结构明确地分为三大部门，即：第一大部门以农业为主，包括畜牧业等；第二大部门包括制造业、采矿业等；第三大部门是服务业，包括建筑业、运输业、通信业、商业、金融业、专业性服务和个人生活服务、政府行政、律师事务和服务军队等。

迄今为止，对服务业的定义，不论是国内、国外都存在着很大的差异，理论界与实务界均未达成一致。有把服务业直接理解为第三产业的，即除工业、农业以外的所有其他产业的集合；有的把服务产业定义为“生产或提供各种服务的经济部门或企业的集合”；也有人把服务业定义为“利用设备、工具、场所、知识、信息等为国民经济各行各业提供服务的产业”；还有西方国家比较通行的定义，即服务产业是产出无形产品的产业，等等。

综合以上各种文献和研究结论，我们认为服务业的定义为：生产或提供各种服务的经济部门或企业的集合。服务业与其他产业部门的基本区别是，服务业生产的是服务产品，服务产品具有非实物性、不可储存性和生产与消费同时性等特征。服务业生产的基本特征是，以服务形式提供满足社会生产需要和人们消费需要的各种使用价值。

2. 服务与服务业的关系

服务主要存在于服务业，但并不局限于服务业。以制造业为例，现代制造业包含了大量服务内容，以至于出现了所谓制造业与服务业趋同的现象。譬如，机械、电子设备制造企业事实上不再是简单地销售产品，而是在销售产品的同时，提供与该产品配套的包括电子控制、信息系统、软件包、操作程序以及维护服务在内的完整的服务系统，也称为“产品—服务包”。因此，服务应该分为服务业中的服务和非服务业中的服务，后者主要指第一、第二产业中的服务。

（三）服务业分类

服务包罗万象、错综复杂。因此，对服务业的科学分类是比较困难的，至今尚无统一的服务业分类法。目前，国际上比较流行的分类方法主要有辛格曼分类法、联合国统计署国际标准产业分类法（ISIC）、北美产业分类体系（NAICS）、《服务贸易总协定》关于国际服务贸易的分类。而我国目前关于服务业的分类则主要依据《国民经济行业分类》（GB/T 4754—2002）标准进行分类。

《国民经济行业分类》将服务业分为15个门类、47个大类、180个中类、339个小类。包括：交通运输、仓储和邮政业，信息传输、计算机服务和软件业，批发和零售业，住宿和餐饮业，金融业，房地产业，租赁和商务服务业，科学研究、技术服务和地质勘查业，水利、环境和公共设施管理业，居民服务和其他服务业，教育，卫生、社会保障和社会福利业，文化、体育和娱乐业，公共管理和社会组织，国际组织。我国目前的服务业标准体系就是在《国民经济行业分类》的基础上调整构建的。

二、服务和服务业标准化

（一）服务标准化的基本概念

1. 服务标准与服务标准化

服务标准（service standard）是规定服务应满足的要求以确保其适用性的标准。服务标准的制定可以涉及服务业的各个领域，可以在诸如洗衣店、饭店管理、运输、汽车维修、远程通信、保险、银行、律师服务、医疗服务、旅游、文化娱乐、居民社区服务等领域内编制。规范的内容可包括服务组织、服务人员、顾客、合同、支付方式、服务的交付、服务结果、支持服务交付的硬件设备、支持服务交付的环境、补救措施、服务组织和顾客之间的沟通、服务组织内部或该组织与供应商之间的沟通等。

根据GB/T 2000.1—2002《标准化工作指南　第1部分：标准化和相关活动的通用词汇》中对“标准化”的定义，即：“为在一定范围内获得最佳秩序，对现实问题或潜在问题制定共同使用和重复使用的条款的活动，”延伸出“服务标准化”的概念，即服务标准化是通过对服务标准的制定和实施，以及对标准化原则和方法的运用，以达到服务质量目标化、服务方法规范化、服务过程程序化，从而获得优质服务的过程。

由于“服务”本身具有无形性、非存储性等特点，因此，服务领域的标准化不像有形产品那样直接和简单，而是更多地、间接地对提供服务的相关条件提出标准化要求，如对于服务提供者（或供方）的资格或技能、服务设施与环境、服务提供过程及其结果等。

2. 服务标准与技术标准、管理标准、工作标准

从标准类别的角度来看，现有的标准化理论侧重介绍技术标准、管理标准、工作标准，而服务标准是伴随“服务经济”时代而产生的一种新的标准类型，是对现有理论体系的补充。

所谓技术标准，是对标准化领域中需要协调统一的技术事项所制定的标准，其形式可以是标准、技术规范、规程等文件，也可以是标准的样品实物。所谓管理标准，是对标准化领域中需要协调统一的管理事项所制定的标准，例如，企业管理标准涉及经营管理、开发与设计管理、采购管理、生产管理、质量管理、设备与基础设施管理、安全管理、职业健康管理、环境管理、信息管理、人力资源管理、财务管理等众多方面。所谓工作标准，是为实现整个工作过程的协调，提高工作质量和工作效率，对工作岗位所制定的标准。

可以说，虽然服务标准与工作标准、技术标准、管理标准在划分层次上属于同一级别，但在标准外延上存在着交叉，而且这种交叉主要存在于第三产业之中。例如，对服务业从业人员资质的规范性要求属于原理论体系中管理标准的范畴；对支撑服务业活动的技术事项的规范性要求属于原理论体系中技术标准的范畴；服务安全、卫生标准等支持服务交付的标准，则属于原理论体系中管理标准的范畴。

3. 服务标准与服务业标准

我国在20世纪80年代就开始了以“消费品使用说明”为代表的服务标准研制，该系列标准在性质上属于真正的服务标准。在近几

年，我国结合本国的实际情况，开始全面推行服务标准化，但工作的落脚点和出发点却是基于整个服务行业，因此造成了许多人对服务业标准、服务标准等概念的混淆。

服务业标准是按产业层次提出的概念，它的外延非常宽泛，因为服务业中的标准既包括服务标准，也有技术标准、管理标准和工作标准。而服务标准是从标准的性质角度提出的概念，横跨多个产业。相对来说，服务标准主要存在于服务业中，但又不仅限于服务业，最为典型的例子是“农、林、牧、渔服务业”就属于第一产业。所以说，它们二者之间的关系可以概括为：服务业标准涵盖服务标准，服务标准主要存在于服务业之中，但又不仅限于服务业。

（二）服务标准化的范围与内容

我国对服务标准化范围和内容的界定是处在不断深化的进程之中的。早在1995年，国家就颁布了《服务标准化工作指南　第1部分：总则》，该标准于2003年进行了修订。修订后的《服务标准化工作指南　第1部分：总则》将服务标准化的范围概括为六个方面，即：(1) 批发、零售和住宿、餐饮服务；(2) 交通运输、邮政和仓储服务；(3) 金融和房地产服务；(4) 商务、专业技术和科学研究服务；(5) 旅游、文化、娱乐和体育服务；(6) 社会公共服务和其他服务。同时，该标准还对服务标准化的内容进行了概括，分别对服务基础标准、服务管理标准、服务质量标准、服务资质标准、服务设施标准、服务安全卫生标准、服务环境保护标准、保护消费者权益标准8种类型进一步展开，介绍了该类服务标准通常所包含的内容。

伴随服务标准化工作的不断推进以及ISO/IEC 76号指南的正式颁布，全球服务标准化工作有了更好的依托。全国服务标准化技术委员会（SAC/TC 264）作为国家级的专门从事服务标准化工作的技术组织，对ISO/IEC 76号指南进行了采标，目前该标准已经于2009年1月1日起正式实施。转化成的国家标准将为国内服务标准化工作者和广大服务企业开展标准化工作提供有益的指导。

（三）服务标准化与服务差异化

从 20 世纪中叶起，服务行业开始逐渐取代传统的工业和农业，成为支撑全球经济发展的重要产业。与此同时，服务业也出现了如下两种不同的发展趋势：

服务标准化趋势——服务标准化可以使企业节约成本，减少资源浪费，提高服务质量可控性，还可以提高服务的透明度，增加消费者的知情权，有助于企业形象的定位。但是，服务标准化与有形产品的标准化或者说制造业的标准化有着很大的不同。服务标准化并不是简单地追求“统一”，而是结合了顾客期望、企业服务能力以及一定的定量、定性调查因素。

服务差异化趋势——由于消费者需求渐趋多样化和个性化、同类企业竞争加剧等因素，迫使企业对服务要进行创新，实现服务差异化。所谓服务差异化，就是企业为获得更大的商业和社会利益，直接面向顾客的一切活动的改进，这些改进包括向目标顾客提供更高效、更周到、更准确、更满意的以产品为载体的特色服务等，也有人称其为定制化服务（customized service）或个性化服务，其基本原则是“以顾客为核心”。

虽然从表面上看来，服务标准化和服务差异化是相互排斥的，但其实二者之间存在一定的内在关联。服务标准化是服务创新的平台，标准化不仅不会限制创新，而且恰恰为创新准备必要的条件，可以说服务标准化是服务创新的平台。同时，服务创新为服务标准化提供新的动力和活力，在标准中采用自主创新成果，纳入具有自主知识产权的技术，对于提升企业核心竞争力具有十分重要的作用。

第四节　国际标准化发展状况

一、国际标准化发展过程及趋势

（一）国际标准化的产生和活动内容

1. 国际标准化的发展历程

国际标准化是指在国际范围内，由众多国家和组织共同参与的标准化活动。旨在协调各国、各地区标准化活动，研究、制定并推广采用国际标准化，并就标准化有关问题进行交流和研讨，以促进全球经济、技术、贸易的发展，保障人类安全、健康和社会的可持续发展。

国际标准化首先是从材料的使用开始的。

1886 年 9 月，在德国德累斯顿召开了由欧美 10 国代表参加的会议，决定创立国际材料试验协会（IATM）。此举开创了国际标准化的先河。第一次世界大战爆发后 IATM 解体。

1904 年，部分欧美国家在美国圣路易召开了国际电气会议。会议决定建立电工领域负责国际标准化的机构。1906 年 6 月，13 国代表又在伦敦开会，通过了国际电工委员会章程，正式成立国际电工委员会（IEC）。

第一次世界大战后，工业发达国家相继建立了国家标准化机构。1921 年，英、美等 7 国秘书联席会议达成了定期交换标准化情报的协议。1926 年，在纽约会议上决定建立国家标准化协会国际联合会[简称国际标准化协会（ISA）]。1928 年，在布拉格召开了成立大会，20 个国家与会。第二次世界大战爆发后于 1942 年终止。该协会共发布了 32 个公报，均属于机械制造方面的基础标准。

1944 年，中、美、英、法、苏联等 18 个国家成立了联合国协调委员会（UNSCC）。1946 年 10 月 14 日，中、美、英、法、苏联等 25 个国家的 64 名代表在伦敦召开会议，决定建立国际标准化组织

(ISO)，1947 年 2 月，ISO 章程获得 15 国批准而正式成立。1969 年 ISO 理事会决议，将 10 月 14 日定为“世界标准日”。

ISO、IEC 和以后成立的国际电信联盟（ITU）是目前最主要的三个国际标准化机构，共同肩负着推动国际标准化的使命。

2. 国际标准化活动的主要内容

国际标准化活动的主要内容是研究、制定和发布国际标准，通过多种方式，推广应用国际标准。主要有开展“世界标准日”活动，宣传普及国际标准；把国际标准作为 WTO 成员共同遵循的规则；把国际标准与合格评定紧密结合起来；充分发挥国际标准用户联合会的作用；指导和规范各国采用国际标准等。同时，协调 ISO、IEC、ITU 三大国际标准化组织之间，国际标准化组织与其他国际组织之间，国际标准化组织与区域化组织之间的活动；举办各种论坛如全球市场标准行动论坛、标准专项论坛、政策论坛等宣传推广国际标准，讨论专项问题；通过研讨、协调交流有关标准化事宜促使国际组织和国家组织共同面对国际标准化发展；同时也为发展中国家举办相关的培训班。

（二）国际标准化的发展趋势

随着经济全球化进程的加快，国际标准的地位和作用越来越重要，WTO、ISO、EU 等国际性组织和美国、日本等发达国家纷纷加强标准化战略的研究，以确保本组织和本国标准的国际适应性，以及加强自身产业在国际市场上的竞争力，采取快速、灵活的措施，加速制定国际标准，制定的标准战略已成为国家产业政策的重要组成部分。加大参与国际标准化活动的力度，努力使与本国产业相关的技术要求转化为国际标准，争夺竞争的主动权。注重建立区域标准化联盟，选择信息、环保、制造技术等领域作为标准战略重点，强调科技研究开发政策和标准化的协调统一，确保标准的市场适应性等。

国际标准化的领域不断扩展，从最开始的材料工业开始，逐渐扩展到整个工业工程建设。随着经济全球化的快速发展，环境保护标准化、能源标准化国际关注度逐渐提高。如美国、加拿大、日本等国都将健康、安全、环境、贸易、产业等与社会生活相关领域的标准化作为标准化战略的重点领域。安全标准化涵盖范围已从传统的电工、锅炉安全扩展到其他领域。国际标准化活动由侧重传统工业逐渐转向高新技术；服务业标准化在近十年有了长足发展，主要包括：旅游、邮政、金融、通信、医疗、交通运输、维修、水电供给、公共事业等，工作重点为：术语及定义、提供方式、质量评测方法、特性与结果、ISO 9000 标准应用等。

由于标准是最大限度普及和推广应用技术开发成果，是新技术与市场结合的工具，因此，以标准化为目的的研发活动的重要性被世界广泛接受。标准化活动将更紧密地与科技开发过程相统一。大力推广应用国际标准，积极推进国际标准与合格评定相结合，努力实现“一个标准、一次检验、一次合格评定程序、接受一种标志”的目标。争夺国际标准主导权和形成事实上的国际标准，已经成为大多数国家标准化发展战略的选择。科研开发与标准化协调发展，科研成果及时转化为标准，并尽可能提升为国际标准。

二、国际标准化组织情况简介

（一）国际标准化组织（ISO）

国际标准化组织（International Organization for Standardization，ISO）是世界上最大的标准制定组织，是一个全球性的非政府组织，总部设在日内瓦。

国际标准化组织是一个由国家标准化机构组成的世界范围的联合会，现有 150 多个成员国。根据该组织章程，每一个国家只能有一个最有代表性的标准化团体作为其成员，原国家质量技术监督局以 CSBTS 名义代表中国参加 ISO 活动。其宗旨是在世界范围内促进标准化工作的发展，以利于国际物资交流和互助，并扩大知识、科学、技术和经济方面的合作。其工作领域涉及除电工电子以外的所有领域。

ISO 的主要机构有全体大会、理事会、技术管理局和中央秘书处。

全体大会是 ISO 最高权力机构，为非常设机构。ISO 所有成员体、通信成员、注册成员以及与 ISO 有联络关系的国际组织，均可派代表与会，但只有成员国有表决权。

理事会是 ISO 大会闭会期间的常设管理机构。主要任务是：讨论决定 ISO 工作中的重大问题；任命司库、秘书长、政策制定委员会主席；选举技术管理局（TMB）成员，并确定其职权范围；审查通过 ISO 中央秘书处财务预决算。

理事会下设政策制定委员会、理事会常设委员会和特别咨询委员会。

政策制定委员会有合格评定委员会、消费者政策委员会和发展中国家事务委员会。

理事会常设委员会有财务委员会、战略委员会。

特别咨询委员会由对国际标准化非常感兴趣的其他组织的执行官组成。

技术管理局（TMB）是 ISO 技术工作的最高管理和协调机构。它的专门机构有标准物质委员会、技术咨询组和技术委员会。

中央秘书处负责 ISO 的日常事务，编辑出版 ISO 标准及各种出版物，代表 ISO 与其他国际组织联系。

（二）国际电工委员会（IEC）

国际电工委员会（International Electrotechnical Commission，IEC）的起源是 1904 年在美国圣路易召开的一次电气大会上通过一项决议。根据这项决议，1906 年成立了 IEC，它是世界上成立最早的国际性电工标准化机构，是联合国的乙级咨询机构，负责有关电气工程和电子工程领域的国际标准化工作，总部设在瑞士日内瓦。

IEC 的宗旨是通过其成员，促进电气化、电子工程领域的标准化和有关方面的国际合作，例如，根据标准进行合格评定的工作，电气、电子和相关技术方面的合作等，增进国际间的相互了解。

IEC 目前有 60 个成员国，称为 IEC 国家委员会。每个国家只能有一个机构作为其成员。IEC 的成员分为两类，一类是正式成员，一个国家只有一个机构以国家委员会的名义被接纳为 IEC 成员，积极参加 IEC 活动，有投票权；另一类成员是协作成员，由于资源有限，它只参加部分活动，它们可以观察员的身份参加所有的 IEC 会议，但是没有投票权。此外还有一种叫预协作成员，是由 IEC 中央办公室或某邻国的 IEC 国家委员会帮助建立国家委员会的成员，它们在 5 年内可以成为 IEC 的协作成员。

IEC 由其下设的管理机构、执行机构、咨询机构及官员组成主要机构，包括理事会（全体大会）、管理局、总政策委员会和执行委员会。

IEC 的最高权力机关是理事会，每一个成员国都是理事会成员。理事会会议每年一次。IEC 年会是每年一度的综合性大会，轮流在各个成员国中召开。年会期间，还召开各种技术委员会（TC）会议。

我国 1957 年参加 IEC，1988 年起改为以国家技术监督局的名义参加 IEC 的工作。中国现在是 IEC 的 89 个技术委员会和 107 个分委会的 P 成员。现在改为以国家标准化管理委员会的名义参加 IEC 的工作。目前，我国是 IEC 的理事局、执委会和合格评定局的成员。

（三）国际电信联盟（ITU）

国际电信联盟（International Telecommunication Union，ITU）是联合国的一个专门机构，也是联合国机构中历史最长的一个国际组织，简称“国际电联”“电联”。

1865 年 5 月 17 日，法、德、俄等 20 个国家在巴黎召开会议成立的国际组织，定名“国际电报联盟”。

1932 年，70 个国家代表在西班牙马德里召开会议，决议把“国际电报联盟”改为“国际电信联盟”。

1947 年，在美国大西洋城召开国际电信联盟会议，经联合国同意，国际电信联盟成为联合国一个专门机构。总部由瑞士伯尔尼迁至日内瓦。另外，还成立了国际频率登记委员会（IFRB）。

ITU 的宗旨是加强国际合作，改进并合理使用各种电信手段，促进技术设施的发展和应用以提高电信业务效率；研究、制定和出版国际电信标准并促其应用，协调各国电信领域的行为；促进并提供对发展中国家的援助。

ITU 的组织机构主要由全权代表大会、理事会、中央秘书处、国际电信联盟标准化部门（ITU-T）、国际电信联盟无线电通信部门（ITU-R）和国际电信联盟电信发展部门（ITU-D）等组成。

我国于 1920 年加入了国际电报联盟，1932 年派代表参加了马德里国际电信联盟全体代表大会，1947 年在美国大西洋城召开的全权代表大会上被选为行政理事会的理事国和国际频率登记委员会委员，其后中断。1972 年 5 月 30 日在国际电信联盟第 27 届行政理事会上，正式恢复了我国在国际电信联盟的合法权利和席位。国家工业和信息化部代表中国参加国际电信联盟的各项活动。

三、ISO 9000、ISO 14000、ISO 26000 的主要内容

（一）ISO 9000 族标准

ISO 9000 族标准是国际标准化组织（ISO）在 1994 年提出的概念，是指“由 ISO/TC176（国际标准化组织质量管理和质量保证技术委员会）制定的所有国际标准”。该标准族可帮助组织实施并有效运行质量管理体系，是质量管理体系通用的要求或指南。它不受具体的行业或经济部门的限制，可广泛适用于各种类型和规模的组织，在国内和国际贸易中促进相互理解和信任。

ISO 9000 族标准并不是产品的技术标准，而是针对组织的管理结构、人员、技术能力、各项规章制度、技术文件和内部监督机制等一系列体现组织保证产品及服务质量的管理措施的标准。

简单地讲，ISO 9000 族标准在机构、程序、过程和总结四个方面规范质量管理。

ISO 9000 族标准认证，可以理解为质量管理体系注册，就是由国家批准的、公正的第三方机构——认证机构，依据 ISO 9000 族标准，对组织的质量管理体系实施评价，向公众证明该组织的质量管理体系符合 ISO 9000 族标准，提供合格产品，公众可以相信该组织的服务承诺和组织的产品质量的一致性。

ISO 9000 族标准不仅在全部发达国家推行，发展中国家也正在

逐步加入到此行列中来，ISO 已成为一个名副其实的技术上的世界联盟，造成这种状况的原因，除上述它能给组织带来的巨大的实际利益之外，更为深刻的原因在于 ISO 9000 族标准是人类文明发展过程中的必然之物。因此，在一个组织或一个国家实行 ISO 9000 族标准并非是一个外部命令，而是现代组织的本质要求。目前，国际标准化组织（ISO）正式发布的 ISO 9000 族标准 2008 版由核心标准、其他标准和若干技术报告、支持性文件组成。其中核心标准 ISO 9000《质量管理体系　基础和术语》，表达质量管理体系基础知识，并规定质量管理体系术语；ISO 9001 质量管理体系——要求规定质量管理体系要求，用于证实组织具有提供满足顾客要求适用法规要求的产品的能力，目的在于增进顾客满意；ISO 9004 质量管理体系——业绩改进指南，提供考虑质量管理体系的有效性和效率两方面指南，其目的是促进组织业绩改进和使顾客及其他相关方满意。ISO 19011 质量和（或）环境管理体系——审核指南，提供审核质量和环境管理体系的指南。

（二）ISO 14000 系列标准

ISO 14000 系列标准是由 ISO/TC207（国际环境管理技术委员会）负责制定的一个国际通行的环境管理体系标准。它包括环境管理体系、环境审核、环境标志、生命周期分析等国际环境管理领域内的许多焦点问题。

其目的是指导各类组织（企业、公司）取得正确的环境行为。但不包括制定污染物试验方法标准、污染物及污水极限值标准及产品标准等。该标准不仅适用于生命周期分析和加工业，而且适用于建筑、运输、废弃物管理、维修及咨询等服务业。该标准共预留 100 个标准号，共分 7 个系列，其编号为 ISO 14000—14100。其中核心标准 ISO 14001《环境管理体系——要求及使用指南》规定了对用于认证审核和进行自我申明目的的环境管理体系的要求；ISO 19011《质量和（或）环境管理体系——审核指南》为审核原则、审核方案的管理、内部或外部质量管理体系审核和环境管理体系审核的实施以及审核员的能力和评价提供了指南。

ISO 14000 系列标准是为促进全球环境质量的改善而制定的。它是通过一套环境管理的框架文件来加强组织（公司、企业）的环境意识、管理能力和保障措施，从而达到改善环境质量的目的。它目前是组织（公司、企业）自愿采用的标准，是组织（公司、企业）的自觉行为。在我国是采取第三方独立认证来验证组织（公司、企业）对环境因素的管理是否达到改善环境绩效的目的，满足相关方要求的同时，满足社会对环境保护的要求。ISO 14000 的目标是通过建立符合各国的环境保护法律、法规要求的国际标准，在全球范围内推广 ISO 14000 系列标准，达到改善全球环境质量，促进世界贸易，消除贸易壁垒的最终目标。

生命周期思想贯穿着 ISO 14000 系列标准的主题。它要求组织（公司、企业）对产品设计、生产、使用、报废和回收全过程中影响环境的因素加以控制。ISO 14000 基于“环境方针”应体现生命周期思想的思路。TC207 专门成立了生命周期评估技术委员会，用以评价产品在每个生产阶段对环境影响的大小，使组织（公司、企业）能够加以分析改进。

（三）ISO 26000 国际标准

ISO 26000 社会责任指南是国际标准化组织（ISO）制定的、为组织社会责任活动提供相关指南的一项国际标准。该标准于 2010 年 11 月 1 日由 ISO 正式发布，并提供给各国自愿采用。

ISO 26000 的制定目的，是明确社会责任的定义和内涵，统一社会各界对社会责任的理解，为组织履行社会责任提供可参考的指南。制定 ISO 26000 的目的是促进世界可持续发展和公平贸易，反对将 ISO 26000 用作贸易技术壁垒的工具。

ISO 26000 的主要内容包括：（1）与社会责任有关的术语和定义；（2）与社会责任有关的背景情况；（3）与社会责任有关的原则和实践；（4）社会责任核心主题和问题；（5）社会责任的履行；（6）处理利益相关方问题；（7）社会责任相关信息的沟通。

ISO 26000国际标准为自愿性标准，世界各国及各组织可根据自身实际需要自主选择是否采用。

在ISO 26000中，组织履行社会责任需考虑七个方面：组织治理、人权、劳工实践、环境、公平运营实践、消费者问题、社区参与和发展。

在ISO 26000中，组织开展社会责任活动所需遵循的原则是：(1)“应用该标准且遵守国际行为规范时，需充分考虑社会、环境、法律、文化、政治和组织的多样性以及经济条件的差异性。”(2)遵循七项核心原则，包括担责、透明、良好道德行为、尊重利益相关方的关切、尊重法治、尊重国际行为规范、尊重人权等。

ISO 26000明确声明，它“不是管理体系标准，不适用于认证目的”，“任何关于ISO 26000的认证或符合性声明都应视为对该标准的误用”。

第三章　我国标准化现状及管理

我国标准化发展的渊源悠久，在社会进程中得到了持续发展，特别是在中国特色社会主义现代化建设中更得到了蓬勃发展。时至今日，标准化作为国家的发展战略，确立了“政府推动、市场引导、广泛参与、分类指导、国际接轨”的工作方针，国家标准体系进一步完善，标准化领域不断拓展，技术水平大幅度提高，实质性参与国际标准化活动的能力和引导权不断增强，对推动技术进步、规范市场秩序、提高产业和产品竞争力、促进国际贸易发挥了不可替代的重要作用。

第一节　我国标准化工作的发展历程

一、古代中国时期标准化工作

中国是世界四大文明古国之一，作为人类文明成果之一的“标准化”很早就在中国生根发芽。

据考证，夏商代的青铜器以及铜合金铸成的钱币就是一种标准化的成果。

秦始皇统一中国后作出的一系列改革，包括“书同文”“车同轨”“行同论”“统一度量衡”“统一货币”等都是标准化思想在社会生活中的具体实践。在当时，中国不但重视研究和使用标准化，而且更加重视运用法律手段保护和推进标准化工作，例如，当时颁布的《田律》规定了农业标准，《工律》规定了手工业标准，《金布律》规定了布匹的标准。这些标准内容之多、范围之广、形式之新，在当时的世界堪称典范。

中国古代的四大发明之一——活字印刷术，其核心思想就是利用标准化的印刷组件进行重复工作，极大地提高了工作效率，保证了工作质量，这些都体现了“重复性”“互换性”“稳定性”等重要的标准化原理。

同时，宋代的《军器法式》还规范了当时兵器制造方面的标准。

明代李时珍的巨作《本草纲目》，记录了药品制作的规程，这是标准化在药剂生产方面的重要应用。

以上诸多史实表明：中国古代的标准化事业在世界上具有相当高的历史成就和相当突出的历史贡献，这与当时中国的社会经济发展水平和科学技术发展水平是密不可分的。

二、近代中国时期标准化工作

近代中国的标准化事业一直可以追溯到国民政府时期。

1931 年 5 月，中国近代第一部涉及标准化工作的法规——《工业标准委员会简章》由国民政府颁布实施，同年 12 月，成立了工业标准委员会，至此，中国近代的标准化工作开始驶入了快车道。

1940 年，国民政府度量衡局开始兼管全国的标准化工作，正式推行工业标准，成立了“机械”“化工”“电子”和“医药器材” 4 个专业委员会，在收集大量国外标准的同时，自己也编写了 877 个国家标准草案，内容涵盖“农业”“纸业”“纺织”“土木”“机械”和“电子”等领域，为国家经济、社会的发展和抗日战争的胜利提供了标准支持。

1946 年 9 月，国民政府颁布了《标准法》。1947 年 3 月，全国度量衡局与工业标准委员会合并，成立了“中央标准局”，正式形成了统一、独立的全国标准化管理机构。截至 1947 年，已编制标准草案 1 500 多份，收集国内外标准约 20 000 项。

1946 年 10 月，国民政府代表参加了国际标准化组织（International Organization for Standardization，ISO）的成立大会，并与美

国、苏联、英国、法国一起成为常任理事国，但由于国民政府连年拖欠会费，“中华民国”于 1951 年被取消了会籍，1960 年，ISO 理事会在日内瓦举行的会议上决定，台湾不能代表中国。

三、新中国成立以来标准化工作

新中国成立以来，党和政府一贯重视和支持标准化事业的发展。在 1949 年 10 月新中国成立之初，就成立了中央技术管理局，内设标准化规格化处，并在当月就颁布了新中国的第一个标准——“中华人民标准《工程制图》”，在此之后，为配合战后经济恢复和对外贸易，国家有关部门也分别制定了一批冶金、机械、建材、石油、化工产品标准和进出口商品检验标准。

伴随着我国经济逐渐恢复和发展，我国标准化工作的管理体制机制开始逐步建立。《国民经济与社会发展第一个五年计划》提出了设立技术标准的管理机构并逐渐制定统一的国家技术标准的任务。1957 年，国家技术委员会（后改为国家科学技术委员会，下同）设立了标准局，开始统一管理和领导全国的标准化工作。1958 年，《GB 1—58 标准幅面与格式首页、续页与封面要求》由国家技术委员会（后改为国家科学技术委员会）颁布实施。在“一五”期间，各主要工业主管部门也都相继设立了本行业的标准化管理机构，在这一时期，为配合苏联援助我国项目的顺利推进，我国引进了大量的苏联标准，同时也根据自身的情况，制定了一些我国的标准。

20 世纪六七十年代，我国经历了“三年自然灾害”，“国民经济困难”，“文化大革命”和“国家安全形势紧张”等一系列国内外各种风云变幻的洗礼，此时期的标准化工作在困难中前行，在摸索中前进，仍然取得不俗的成绩。

1962 年，国务院颁布了新中国第一部标准化管理法规——《工农业产品和工程建设技术标准管理办法》，明确规定了标准化的各项政策、方针和任务。1963 年 4 月，我国召开了第一次全国标准化工作会议，编制了 1963—1972 年标准化发展规划，为以后的标准化工作指明了方向，并确定了以国家标准为核心，由国家标准、部标准和企业标准组成的三级标准体系，基本反映了当时国内经济发展的需要。1963 年 9 月，国家科委标准化综合研究所成立；同年 12 月，技术标准出版社成立。截至 1966 年，我国已颁布 1 000 多项国家标准，在标准制定机制上采用了“从实践中来，到实践中去”的原则，使标准面向生产第一线，讲究实际应用效果，把标准与生产设计相结合，与生产专业化相结合，与产品质量相结合，同时在制定各种标准指标时做到“宽严适度、繁简相宜”的原则，有力地促进了产品质量和经济效益的提高。

“文革”时期，随着国民经济的破坏，标准化工作也遭遇了前所未有的困难，1966—1976 年仅颁布 400 项国家标准。

“文革”结束以后，伴随着国民经济的恢复，标准化工作逐步开始复苏和重生。

1978 年 5 月，国家标准总局成立，加强了对全国标准化工作的管理。1979 年，第二次全国标准化工作会议召开，大会在总结标准化工作历史经验的同时，适时提出了“加强管理，切实整顿，打好基础，积极发展”的方针；同年 7 月，《中华人民共和国标准化管理条例》（以下简称《管理条例》）由国务院颁布，这个条例是 1962 年《工农业产品和工程建设技术标准管理办法》（以下简称《管理办法》）的发展和延续，进一步明确了我国“国家标准、部（专业）标准和企业标准”的三级标准体制；规定了国家标准和部（专业）标准必须由政府确定的标准化核心机构负责起草，各级标准必须由相应的政府和企业主管部门批准发布；规定了标准一经发布，就是技术法规。与 1962 年的《管理办法》相比，1979 年的《管理条例》是在纠正“文革”给国民经济造成的混乱状态的背景下发布的，是政府旨在加强国家标准化工作的重大行政举措，在形式上采用了更加严格的“行政条例”模式；在内容上，使我国的标准化活动从产品生产领域开始向经济和社会管理领域拓展，积极配合和保证了今后我国经济发展模式的重大转变。

1988 年 7 月，国家技术监督局成立，全国的标准化工作开始纳入其管理范围，同年12月29日，全国人大常委会通过了《中华人民共和国标准化法》（以下简称《标准化法》），作为新中国标准化工作历史上的一个里程碑，《标准化法》的颁布实施标志着我国的标准化工作正式走上了法制的轨道，其工作体制机制也开始向现代化管理模式转变。

区别于以前的三级管理体制，《标准化法》确立了中国“国家标准、行业标准、地方标准和企业标准”的四级标准体制，其中“国家标准、行业标准和地方标准”又分为“强制性标准”和“推荐性标准”两类；《标准化法》还规定了标准化技术委员会的组成和功能，规定了标准的起草、审批和发布等各个环节以及行业、地方标准的备案制度和认证管理。

1990年4月6日，国务院制定颁布了《中华人民共和国标准化法实施条例》（以下简称《标准化法实施条例》），进一步细化了标准化工作的体制机制和标准的制定、修订过程，成为《标准化法》的重要配套法规。

《标准化法》和《标准化法实施条例》对当时的标准化工作起到了重要的推动作用，对我国市场经济的建立和发展产生了积极深远的影响。

进入21世纪以来，我国的标准化事业进入了跨越式发展时期，取得了一系列辉煌的成就。

2001年4月，党中央、国务院决定成立“国家标准化管理委员会”（以下简称“国家标准委”），同年10月11日，国家标准委正式成立，作为国务院授权的主管机构，开始统一管理全国的标准化工作，这是我国标准化工作体制的又一次重大改革，也是我国在加入WTO的新形势下，为融入经济全球化所做出的标准化工作管理机制的重大创新。

国家标准委成立10年以来，逐步形成了“统一管理、分工负责”的标准化管理体制，标准化工作运行体制进一步健全；标准化工作涉及领域进一步广泛；标准化工作的地位和作用进一步突出；标准制修订过程进一步透明；标准化工作的国际影响力进一步提高；全社会关心、支持和促进标准化工作发展的良好氛围已经初步形成。尤其是“十一五”期间，我国标准化工作取得了许多重大的成就，主要表现在：

1. 进一步健全标准化工作的管理机制，新制定一批规范性文件，完善标准质量管理和程序，进一步提高了标准制定、修订的公开性和透明性。

2. 在各有关部门的积极配合和大力支持下，全面落实标准化战略。

3. 进一步优化国家标准体系结构，第一、第二和第三产业标准的数量比例渐趋协调，标准制定、修订周期和标龄进一步缩短，国家标准的国际标准采标率进一步提高。

4. 各类标准化示范工程建设的覆盖面不断拓展，引领和推动各项产业化的发展。

5. 成立了“中国标准化专家委员会”，建成全国标准化技术委员会和分技术委员会 1 148 个，委员超过 40 000 名，国际注册专家 1 300 余人。

6. 大力实施“标准化公益性科研专项”和“关键技术标准推进工程”，广泛开展标准体制建设和重要标准的研究，制定出一批重要的国际标准和国家标准。

7. 我国成功当选为 ISO 的常任理事国，实质性参与国际标准化活动的能力不断增强。

8. 进一步提高标准应急能力，完善标准快速程序，为重特大突发事件的妥善处理提供标准保障。

经过不断发展，我国的标准化工作从无到有，从小到大，从弱到强，走过了一条中国特色的发展壮大之路。至此，我国已初步具备了一套标准制定、修订和标准化管理的工作体制，标准制定、修订速度和质量显著提高，已初步建成了一套适应我国社会经济发展、覆盖各领域的标准体系。

从行业布局上来讲，标准已经逐渐由过去的集中于第一、第二产业的产品技术领域向第三产业的贸易、服务和金融领域过渡，逐步由经济生产领域向公共安全、公共服务和社会管理领域过渡，全社会共同协力促进标准化工作发展的局面已渐露萌芽，并大有星火燎原之势。标准化工作逐步上升到为以建设“和谐社会”为共同目标，推进社会各方面协调发展的更高层次。

从体系建设上来说，我国基本形成了由国家、行业、地方和企业标准组成的中国特色的标准体系，它已经成为我国各行各业法律法规有效运行的重要补充。到目前为止，我国已初步形成了政府推动、市场引导、产学研相结合、市场主体和各相关方共同参与的标准化工作机制，与此同时，我国还制定、实施和推进了标准化战略，较好地调动了全社会各方面的力量和资源，形成了全社会关注、支持和参与标准化工作的良好氛围。

从国际影响上来看，2008 年，我国成为国际标准化组织的常任理事国，实现了历史性的突破，取得了与我国政治经济地位相匹配的国际标准化工作地位，在国际标准化活动中的作用和影响力显著提升，但我国标准化工作的国际化水平还较低，在国际竞争格局中仍处于弱势，实质性参与国际标准化工作的能力和影响力还有待进一步提高。

第二节　我国标准化管理体制

标准化管理体制是国家政治体制和经济体制在标准化活动中的延伸。我国标准化管理体制从新中国成立之初开始逐渐形成，历经改革开放 30 年的发展，逐步形成了适应我国社会主义市场经济发展要求的标准化管理体制。标准化管理体制对保持国民经济持续快速健康发展、促进市场经济有序运行、促进质量整体水平提高、促进企业发展壮大、适应日益激烈的国际化竞争、发展我国标准化事业和更好地发挥标准化在经济和社会发展中的技术基础作用起到了重要保证。

一、我国标准化管理体制的发展历程

新中国成立以来，我国的技术标准管理体制大致经历了三个时期。

第一时期从新中国成立直到 1988 年。这一时期国家政府部门统一管理以产品标准为主的技术标准。1949 年 10 月，政务院财政经济委员会成立中央技术管理局，下设标准规格处；1957 年，中国国家科学技术委员会标准局成立；1972 年，国家标准计量局成立；1978 年 10 月，国家标准总局成立，1982 年改称为国家标准局。其间，国务院颁布了两部标准化法规。1962 年 11 月 10 日，国务院颁布了《工农业产品和工程建设技术标准管理办法》；1979 年 7 月 31 日，国务院颁布了《中华人民共和国标准化管理条例》。其中，《中华人民共和国标准化管理条例》规定我国标准分为国家标准、部（专业）标准和企业标准三级。国家标准由国务院有关部门（或专业标准化技术委员会）提出，分属于有关部门审批和发布；部（专业）标准由主管部门组织制定、审批和发布，并报送国家标准总局备案；企业标准由企业主管部门批准。国家标准总局是主管全国标准化工作的职能部门，负责管理全国的标准化工作。全国专业标准化技术委员会及有关部门的标准化研究所负责标准的科学研究工作，承担相应的标准的制定、修订任务和参与国际标准化活动。各级政府及企业都有机构管理标准化工作，我国技术标准管理体制初步形成。

第二时期从 1988 年至 2000 年。这一时期是由计划经济体制向市场经济体制转型的技术标准管理体制。1988 年 7 月，在国家标准局、国家计量局和国家经济委员会质量管理局基础上组建了国家技术监督局，1998 年改称为国家质量技术监督局。1988 年 12 月，第一部标准化法《标准化法》出台；1990 年 4 月，国务院颁布了《标准化法实施条例》，进一步确定了我国的标准体系、标准化管理体制和运行机制的框架。《标准化法》规定我国标准分为国家标准、行业标准、地方标准和企业标准四级。国家标准、行业标准又分为强制性标准和推荐性标准。我国现行的四级标准管理体制得以确立并稳步运行。国家有计划的发展标准化事业，鼓励企业采用国际标准和国外先进标准，实施推荐性标准，推行产品认证制度。

第三时期从 2001 年以后至今。这一时期标准化机构经过多次改革，于 2001 年 11 月成立了中国国家标准化管理委员会（又称中华人民共和国国家标准化管理局，简称 SAC）。国家标准化管理委员会成为国务院授权履行行政管理职能，统一管理全国标准化工作的主管机构。我国已经形成了由国家标准化管理委员会统一协调管理，相关部委、地方标准化行政主管部门分工管理的标准管理体制，中国标准化研究院、有关部委、地方标准化研究机构构成的标准研究体系，全国专业标准化技术委员会、分技术委员会形成的标准化工作体制，国家标准、行业标准、地方标准、企业标准的四层级标准体制。

二、我国现行标准化管理体制

我国的标准化工作实行统一领导、分级管理和分工负责的管理体制。

按照国务院授权，在国家质量监督检验检疫总局管理下，国家标准化管理委员会统一管理全国标准化工作。

国务院有关行政主管部门和国务院授权的有关行业协会分工管理本部门、本行业的标准化工作。

省、自治区、直辖市标准化行政主管部门统一管理本行政区域的标准化工作。省、自治区、直辖市政府有关行政主管部门分工管理本行政区域内本部门、本行业的标准化工作。

市、县标准化行政主管部门和有关行政主管部门，按照省、自治区、直辖市政府规定的各自的职责，管理本行政区域内的标准化工作。省、市、县各级的标准化行政主管部门为各省市县的技术监督部门。

我国标准分为国家标准、行业标准、地方标准和企业标准四级。

对没有国家标准而又需要在全国某个行业范围内统一的技术要

求，可以制定行业标准。行业标准在相应的国家标准实施后，即行废止。

对没有国家标准和行业标准而又需要在省、自治区、直辖市范围内统一的工业产品的安全、卫生要求，药品、兽药、食品卫生、环境保护、节约能源、种子等法律、法规规定的可以制定地方标准。地方标准在相应的国家标准或行业标准实施后，即行废止。

企业生产的产品没有国家标准、行业标准和地方标准的，应当制定相应的企业标准。对已有国家标准、行业标准或地方标准的，鼓励企业制定严于国家标准、行业标准或地方标准要求的企业标准。

对于技术尚在发展中，需要有相应的标准文件引导其发展或具有标准化价值，尚不能制定为标准的项目，以及采用国际标准化组织、国际电工委员会及其他国际组织的技术报告的项目，制定为国家标准化指导性技术文件。

国家标准、行业标准又分为强制性标准和推荐性标准两类。保障人体健康、人身、财产安全的标准和法律、行政法规规定强制执行的标准是强制性标准，其他标准是推荐性标准。目前我国的强制性国家标准基本控制在 WTO/TBT 要求的范围内，即国家安全，防止欺诈，保护人身健康和安全，保护动植物生命和安全，保护环境。

国家标准的制定程序划分为 9 个阶段，分别为预研阶段、立项阶段、起草阶段、征求意见阶段、审查阶段、批准阶段、出版阶段、复审阶段、废止阶段等。行业标准和地方标准的制定程序的阶段划分参照国家标准的阶段划分执行，比国家标准的阶段划分多一个备案阶段。企业标准的制定程序为编制计划、调查研究、起草标准草案、征求意见、试验验证、审查、批准、编号、发布。

国家标准的批准发布实行公告制度。公告有三种形式：发送至国务院各有关部门、直属 TC 及各省级、计划单列市质量技术监督局；在《中国标准化》杂志上刊登；在国家标准化管理委员会网站上公布。与贸易有关的强制性标准报批稿需要向 WTO 秘书处通报。

截至 2010 年年底，国家标准总数为 26 940 项，其中强制性标准

3 524 项，占 13%；推荐性标准 23 171 项，占 86%；国家标准化指导性技术文件 245 项，占 1%。全国共成立了 1 148 个全国专业标准化技术委员会（TC）、分技术委员会（SC）和标准化工作组（WG）。

三、国家标准化管理机构

中国国家标准化管理委员会（SAC）是国家标准化管理机构，是全国标准化工作的主管机构，SAC 设七个职能部门：办公室、综合业务管理部、国际合作部、农业食品标准部、工业标准一部、工业标准二部、服务业标准部。主要职责为：

——参与起草、修订国家标准化法律、法规的工作；拟定和贯彻执行国家标准化工作的方针、政策；拟定全国标准化管理规章，制定相关制度；组织实施标准化法律、法规和规章、制度。

——负责制定国家标准化事业发展规划，负责组织、协调和编制国家标准（含国家标准样品）的制定、修订计划。

——负责组织国家标准的制定、修订工作，负责国家标准的统一审查、批准、编号和发布。

——统一管理制定、修订国家标准的经费和标准研究、标准化专项经费。

——管理和指导标准化科技工作及有关的宣传、教育、培训工作。

——负责协调和管理全国标准化技术委员会的有关工作。

——协调和指导行业、地方标准化工作，负责行业标准和地方标准的备案工作。

——代表国家参加国际标准化组织（ISO）、国际电工委员会（IEC）和其他国际或区域性标准化组织，负责组织 ISO、IEC 中国国家委员会的工作；负责管理国内各部门、各地区参与国际或区域性标准化组织活动的工作；负责签订并执行标准化国际合作协议，审批和组织实施标准化国际合作与交流项目；负责参与与标准化业务相关的国际活动的审核工作。

——管理全国组织机构代码和商品条码工作。

——负责国家标准的宣传、贯彻和推广工作，监督国家标准的贯彻执行情况。

国务院标准化主管部门统一审批、编号、发布国家标准。国务院卫生主管部门、农业主管部门审批、编号、发布药品、兽药国家标准；国务院卫生主管部门、环境保护主管部门审批食品卫生、环境保护国家标准，国务院标准化行政主管部门统一编号、发布；国务院工程建设主管部门审批工程建设国家标准，国务院标准化主管部门统一编号，国务院标准化主管部门和工程建设主管部门联合发布。

四、行业标准化管理机构

行业标准化管理机构是指国务院有关行政主管部门和国务院授权的有关行业协会，是分工管理本部门、本行业的标准化工作的主要机构。主要职责为：

——贯彻国家标准化工作的法律、法规、方针、政策，并制定在本部门、本行业实施的具体办法。

——制定本部门、本行业的标准化工作规则、计划。

——承担国家下达的草拟国家标准的任务，组织制定行业标准。

——指导省、自治区、直辖市有关行政主管部门的标准化工作。

——组织本部门、本行业实施标准。

——对标准实施情况进行监督检查。

——经国务院标准化行政主管部门授权，分工管理本行业的产品质量认证工作。

行业标准的计划建议由全国专业标准化技术委员会（以下简称TC）或专业标准化技术归口单位（以下简称归口单位）提出，经行业标准归口部门与有关行政主管部门进行协调、分工后，由各有关行政主管部门分别下达实施。组织本行业标准的起草及审查等工作。

行业标准归口部门审批、编号、发布行业标准。行业标准代号由国务院标准化行政主管部门规定，编号由行业标准代号、标准顺序号及年号组成。

行业标准归口部门在行业标准发布后30日内，将已发布的行业标准及编制说明连同发布文件各一份，送国务院标准化行政主管部门备案。

经过国家的体制改革，我国行业标准的管理机构分为三大部分。

管理机构之一：国家工业和信息化部管理被撤销的工业部、委的行业标准。包括机械、纺织、冶金、电力、商业、石油、化工、轻工、煤炭行业以及制药装备、黄金、建材、包装、物资流通、锅炉压力容器、汽车、稀土等。国家工业和信息化部负责管理这几个行业标准的计划、审批、发布，行业标准一般性的、事务性的管理工作授权委托给被撤销工业局后成立的联合会和产业协会。各联合会或产业协会开展对本行业的标准化管理工作。

管理机构之二：国防科学技术工业委员会统一管理由原各工业部、委分解的我国各大集团公司的行业标准，如航空、航天、船舶、核工业、兵器等集团公司的行业标准。

管理机构之三：国务院行政主管部门负责行业标准的部、委机构。如国家林业局、国家烟草专卖局、国土资源部、国家测绘局、中国民航管理局、国家地震局、中国气象局、国家旅游局、国家海洋局、国家体育总局、国家中药管理局、交通部、国防科工委、公安部、国家广电总局、水利部、铁道部、农业部、建设部、教育部、信息产业部、国家安全生产监督局、国家粮食储备局、国家邮政局、国家新闻出版总署。行业标准的管理部门有行业标准的计划、审批、发布等管理权。

五、地方标准化管理机构

地方标准化管理机构是指省、市、县三级标准化行政主管部门，即各地质量技术监督局，是统一管理本行政区域内标准化工作的主要机构。主要职责为：

——贯彻国家标准化工作的法律、法规、方针、政策，制定在本行政区域实施的具体办法。

——制定地方标准化工作规则、计划。

——组织制定地方标准。

——指导本行政区域有关行政主管部门的标准化工作，协调和处理有关标准化工作问题。

——在本行政区域内组织实施标准。

——对标准实施情况进行监督检查。

——受上级标准化主管机构的委托，指导下级标准化主管机构标准化相关工作。

——负责企业标准的备案工作。

省、自治区、直辖市标准化行政主管部门组织审查地方标准的送审稿，或委托同级有关行政主管部门、省辖市标准化行政主管部门组织审查。审查工作可由标准化行政主管部门批准建立的标准化技术委员会或组织生产、使用、经销、科研、检验、标准、学术团体等有关单位的专业技术人员进行审查。审查形式可会审，也可以函审。

省、自治区、直辖市标准化行政主管部门对审查通过的地方标准报批稿，连同附件，包括编制说明、审查会议纪要或函审结论、验证材料、参加审查人员名单进行审批、编号、发布。

药品、兽药地方标准的制定、审批、编号、发布，按法律、法规的规定执行；食品卫生和环境保护地方标准，由法律、法规规定的部门制定、审批，报省、自治区、直辖市标准化行政主管部门统一编号、发布。

省、自治区、直辖市标准化行政主管部门应在地方标准发布后30日内，分别向国务院标准化行政主管部门和有关行政主管部门备案。备案材料包括地方标准批文、地方标准文本及编制说明各一份。当受理备案的部门发现备案的地方标准违反有关法律、法规和强制性标准规定时，由国务院标准化行政主管部门会同国务院有关行政主管部门责成申报备案的部门限期改正或停止实施。

各省、自治区、直辖市标准化行政主管部门规定地方标准的出版、发行办法。

六、企业标准化管理机构

企业标准化管理机构是指企业内部自设的标准化工作的机构，配备的专、兼职标准化人员，负责管理企业标准化工作，对内向企业法定代表人负责。主要职责为：

——贯彻国家的标准化工作方针、政策、法律、法规，编制本企业标准化工作计划。

——组织制定、修订企业标准。

——组织实施国家标准、行业标准、地方标准和企业标准。

——对本企业实施标准的情况，负责监督检查。

——参与研制新产品、改进产品、技术改造和技术引进中的标准化工作，提出标准化要求，进行标准化审查。

——统一归口管理各类标准，建立档案，收集国内外标准化资料。

——企业标准化工作的组织、实施与经验总结。

企业标准化管理机构在企业产品标准发布后办理企业标准的备案。一般按企业的隶属关系报当地政府标准化行政主管部门和有关行政主管部门备案。国务院有关行政主管部门所属企业的企业产品标准，报国务院有关行政主管部门和企业所在省、自治区、直辖市标准化行政主管部门备案。国务院有关行政主管部门和省、自治区、直辖市双重领导的企业，企业产品标准还要报省、自治区、直辖市有关行政主管部门备案。

第三节　我国标准化的主要政策

我国标准化的政策主要包括国家标准化法律法规和国家标准化管理部门制定的规章制度两大类。国家标准化法律法规和政策主要是在宏观上引导国家标准化工作的发展方向，提出标准化工作开展的基本要求。国家标准化管理部门制定的规章制度则对国家标准化相关工作提出具体的要求和规定，以确保工作的有序化开展。

一、国家标准化法律法规及政策

（一）中华人民共和国标准化法

《标准化法》是我国标准化工作的基本法，也是我国的一项重要法律。它规定了我国标准化工作的基本方针、政策、任务和标准化体制等，是国家推行标准化、实施标准化管理和监督的重要依据。

现行的《标准化法》由中华人民共和国第七届全国人民代表大会常务委员会第五次会议于1988年12月29日通过，中华人民共和国主席令第11号颁布，1989年4月1日起实施。

《标准化法》共有五章26条，其主要内容包括：

1. 规定涉及工业产品、环境保护、建设工程、农产品等各个方面需要统一的技术要求应当制定标准。

2. 规定我国标准的层次为四级，分别是国家标准、行业标准、地方标准和企业标准。

3. 规定我国国家标准和行业标准的属性分为强制性和推荐性两种。保障人体健康，人身、财产安全的标准和法律、行政法规规定强制执行的标准是强制性标准，其他标准是推荐性标准。省、自治区、直辖市标准化行政主管部门制定的工业产品的安全、卫生要求的地方标准，在本行政区域内是强制性标准。强制性标准必须执行，推荐性标准，国家鼓励企业自愿采用。

4. 规定了我国标准化工作实行统一领导、分级管理和分工负责的管理体制。

5. 在采用标准方面，国家鼓励积极采用国际标准。

6. 企业对有国家标准或者行业标准的产品，可以向国务院标准化行政主管部门或者国务院标准化行政主管部门授权的部门申请产品质量认证。认证合格的，由认证部门授予认证证书，准许在产品或者其包装上使用规定的认证标志。县级以上政府标准化行政主管部门负责对标准的实施进行监督检查。

7. 规定了对不符合强制性标准的产品、未经认证或认证不合格的产品擅自使用认证标志销售的以及已授予认证证书的产品不符合国家标准或行业标准而使用认证标志销售的，要根据法律和行政法规规定由相关部门依法处理。标准化工作的监督、检验、管理人员违法失职的，也要给以相应的行政处分或追究责任。

（二）中华人民共和国标准化法实施条例

《标准化法实施条例》是 1990 年 4 月 6 日通过国务院第 53 号令发布并实施的，是配套《标准化法》出台的，对我国的标准化工作进行全面、系统的规定，对《标准化法》的有关规定进一步细化，确保《标准化法》的顺利实施。《标准化法实施条例》全文共六章 44 条。其主要内容包括：

1. 强调了标准化的对象，尤其是细化了农业标准化的对象。同时，明确国家除鼓励采用国际标准外，还鼓励采用国外先进标准与积极参与制定国际标准。

2. 明确规定了国务院标准化行政主管部门、国务院有关行政主管部门和省、自治区、直辖市人民政府标准化行政主管部门以及省、自治区、直辖市有关行政主管部门各自的职责和分工。

3. 规定了国家标准、行业标准、地方标准的编制计划、组织草拟、审批与发布分别由国务院标准化行政主管部门、国务院有关行政主管部门和省、自治区、直辖市人民政府标准化行政主管部门负责。同时，行业标准、地方标准和企业标准应按相关规定进行备案。

4. 规定了强制性标准的范围，涉及药品、食品、安全、卫生、质量、环保等方面。

5. 规定标准化技术委员会和标准化技术归口单位负责国家标准、行业标准和地方标准的草拟和参加标准草案的技术审查工作。企业标准由企业自行制定，同时应当充分听取使用单位、科学技术研究机构的意见。

6. 标准的复审周期一般不超过 5 年。

7. 国家标准、行业标准和地方标准的代号、编号办法，由国务院标准化行政主管部门统一规定。企业标准的代号、编号办法，由国务院标准化行政主管部门会同国务院有关行政主管部门规定。标准的出版与办法，由制定标准的部门规定。

8. 规定了国务院标准化行政主管部门统一负责全国标准实施的监督。国务院有关行政主管部门分工负责本部门、本行业的标准实施的监督。省、自治区、直辖市标准化行政主管部门统一负责本行政区域内的标准实施的监督。省、自治区、直辖市人民政府有关行政主管部门分工负责本行政区域内本部门、本行业的标准实施的监督。市、县标准化行政主管部门和有关行政主管部门，按照省、自治区、直辖市人民政府规定的各自的职责，负责本行政区域内的标准实施的监督。

9. 军用标准化管理条例，由国务院、中央军委另行制定。工程建设标准化管理规定，由国务院工程建设主管部门依据《标准化法》和《标准化法实施条例》的有关规定另行制定，报国务院批准后实施。

（三）中华人民共和国标准化法条文解释

《中华人民共和国标准化法条文解释》（以下简称《标准化法条文解释》）是1990年7月23日通过国家技术监督局令第12号发布并实施，是配套《标准化法》的解释性文件，其全面系统地诠释了《标准化法》的各条规定，帮助广大读者和标准化工作者深刻领会和准确理解《标准化法》。

二、标准化管理部门规章制度

（一）国家标准方面

1. 国家标准管理办法

《国家标准管理办法》（以下简称《办法》）是根据《标准化法》和《标准化法实施条例》的有关规定制定，1990年8月14日通过原国家技术监督局10号令发布并实施，共包括六章32条。

《办法》规定了国家标准制定、修订管理中的一些具体内容和要求，指导国家标准制定、修订工作。主要包括以下内容：

（1）国家标准编号

国家标准的代号由大写汉语拼音字母构成。强制性国家标准的代号为“GB”，推荐性国家标准的代号为“GB/T ”。国家标准的编号由国家标准的代号、国家标准发布的顺序号和国家标准发布的年号（即发布年份的后两位数字[①]）构成。

（2）国家标准制定、修订过程

《办法》规定了国家标准计划立项、起草、征求意见、审查、审批、发布、出版和复审等各个阶段的具体要求，包括各项工作原则、承担部门、重点阶段的时间要求等。

立项阶段：每年 6 月国务院标准化行政主管部门提出计划原则要求，各技术委员会或技术归口单位根据要求提出计划建议，经过国务院标准化行政主管部门的审查与协调后，12 月底前批准下达计划。在国家标准计划过程中，必要时可以对计划项目进行调整。《办法》同时规定了计划调整的原则和程序。

起草阶段：各技术委员会或技术归口单位在本阶段要组织起草单位完成标准征求意见稿的起草和编制说明的编写。

征求意见阶段：本阶段主要完成对标准征求意见稿的意见征求，征求的范围主要包括生产、经销、使用、科研、检验等单位及大专院校，时间一般为 2 个月。本阶段完成后要形成标准送审稿和编制说明、征求意见处理汇总表等相关文件。

审查阶段：标准送审稿的审查由技术委员会或技术归口单位组织，参加审查的代表要涵盖生产、经销、使用、科研、检验等单位及大专院校，审查可采用会议审查或函审。关于审查代表的人员以及会审与函审的要求均在《办法》中有明确规定。本阶段完成后要形成标准报批稿、会议纪要或函审结论。

审批阶段：国家标准报批稿由国务院有关行政主管部门或国务院标准化行政主管部门领导与管理的技术委员会，报国家标准审批部门审批，并按《办法》规定提交相关材料。

发布阶段：国家标准由国务院标准化行政主管部门统一审批、编

---

① 年份现已改为四位数字。

号、发布。其中，药品、兽药国家标准，分别由国务院卫生主管部门、农业主管部门审批、编号、发布；食品卫生、环境保护国家标准，分别由国务院卫生主管部门、环境保护主管部门审批，国务院标准化行政主管部门编号、发布；工程建设国家标准由国务院工程建设主管部门审批，国务院标准化行政主管部门统一编号，国务院标准化行政主管部门和工程建设主管部门联合发布。

出版阶段：国家标准由中国标准出版社出版。药品、兽药和工程建设国家标准的出版，由国家标准的审批部门另行安排。

复审阶段：国家标准实施后，应当根据科学技术的发展和经济建设的需要，由该国家标准的主管部门组织有关单位适时进行复审，复审周期一般不超过 5 年。

2. 采用快速程序制定国家标准的管理规定

《采用快速程序制定国家标准的管理规定》（以下简称《快速程序》）是为了适应企业对市场经济快速反应的需要，缩短国家标准制定周期的规定，于 1998 年 1 月 8 日通过原国家技术监督局技监局标发［1998］03 号文件发布并实施。

《快速程序》（代号：FTP）是在正常标准制定程序（程序类别代号：A）的基础上省略起草阶段（程序类别代号：B）或省略起草阶段和征求意见阶段（程序类别代号：C）的简化程序。

3. 关于加强强制性标准管理的若干规定

《关于加强强制性标准管理的若干规定》（以下简称《规定》）是为加强强制性标准的管理，于 2002 年 3 月 24 日由国家标准化管理委员会发布并实施。其主要内容包括：

（1）强制性标准包括要求全文强制执行或部分条文强制执行的强制性国家标准、强制性行业标准和强制性地方标准。

（2）标准化主管部门确定强制性标准项目计划后，应在指定的媒体上通报项目计划的信息。

（3）在提出强制性标准项目提案时，应提供项目草案和“制定、修订强制性标准项目建议书”。

（4）强制性标准的审查必须采用会议审查程序，审查组应由有关的政府机构、生产、贸易、检验、科研机构、消费者及用户等相关的各方代表组成，人数不少于 12 人。强制性标准的复审也要采用会议审查程序。

（5）报批强制性标准时应提供英文摘要和“强制性标准通报表”。

（6）标准化主管部门应将与贸易有关的强制性标准报批稿刊登在有关媒体上，向国内外公开征求意见，期限一般为两个月。

（7）强制性标准的批准、发布实行公告制度，并在指定的媒体上刊登已批准发布的强制性标准的有关信息。

（8）强制性标准的发布和实施日期之间应留出足够的时间。如有必要，可设置强制性标准的实施过渡期。

（二）行业标准和地方标准方面

1. 行业标准管理办法

《行业标准管理办法》（以下简称《行标管理办法》）是根据《标准化法》和《标准化法实施条例》的规定制定，于 1990 年 8 月 24 日通过原国家技术监督局第 11 号令发布并实施，代替 1984 年 3 月 21 日原国家标准局颁发的《专业标准管理办法（试行）》，目的是加强行业标准的管理，确保行业标准的协调、统一。

《行标管理办法》共 21 条，其内容主要包括：

（1）规定了需要在行业范围内统一的技术要求，可以制定行业标准（含标准样品的制作）。行业标准不得与有关国家标准相抵触。有关行业标准之间应保持协调、统一，不得重复。行业标准在相应的国家标准实施后，即行废止。

（2）规定了强制性行业标准的制定范围，主要包括药品、食品卫生、工农业产品的安全和卫生、工程建设的质量等方面。

（3）规定了行业标准由行业标准归口部门统一管理，并明确了具体职责。

（4）行业标准制定、修订程序包括立项、起草、审查、批准、发布、备案和复审等阶段。

行业标准的计划建议由全国专业标准化技术委员会（以下简称技术委员会）或专业标准化技术归口单位（以下简称归口单位）提出，经行业标准归口部门与有关行政主管部门进行协调、分工后，由各有关行政主管部门分别下达实施。组织本行业标准的起草及审查等工作。

技术委员会或专业归口单位组织起草单位编写标准征求意见稿，经征求各有关方面意见后修改为送审稿，送技术委员会或归口单位组织审查。参加审查的人员要涵盖生产、使用、经销、科研和高等院校等，其中使用方面的人员不应少于1/4。审查可分为会议审查和函审两种方式。会议代表的出席率和函审单的回函率应不低于2/3。会议审查需要表决时，必须有不少于出席会议代表人数的3/4同意为通过。函审时，必须有3/4的回函同意为通过。

行业标准由行业标准归口部门审批、编号、发布。行业标准报批时，应提交“标准报批稿”“标准编制说明”“标准审查会议纪要”或“函审结论”及其“函审单”“意见汇总处理表”和其他有关附件。采用国际标准或国外先进标准时，应附有该标准的原文或译文。行业标准代号由国务院标准化行政主管部门规定，编号由行业标准代号、标准顺序号及年号组成。

行业标准归口部门应在行业标准发布后30日内，将已发布的行业标准及编制说明连同发布文件各一份，送国务院标准化行政主管部门备案。

行业标准实施后，应适时进行复审，复审周期一般不超过5年。

2. 地方标准管理办法

《地方标准管理办法》（以下简称《地标管理办法》）是根据《标准化法》和《标准化法实施条例》有关规定制定，于1990年9月6日通过原国家技术监督局第15号令发布并实施，目的是加强地方标准的管理。

《地标管理办法》共16条，其主要内容包括：

（1）规定了对没有国家标准和行业标准而又需要在省、自治区、直辖市范围内统一的要求，可以制定地方标准（含标准样品的制作），包括工业产品的安全和卫生、药品、兽药、食品卫生、环境保护、节约能源、种子等法律、法规规定的要求等。地方标准在相应的国家标准或行业标准实施后，即行废止。

（2）规定了法律、法规规定强制执行的地方标准，为强制性标准。

（3）规定了地方标准由省、自治区、直辖市标准化行政主管部门统一编制计划，组织制定、审批、编号和发布。

（4）规定了地方标准的制定、修订程序。

省、自治区、直辖市标准化行政主管部门，提出制定地方标准的要求，同级有关行政主管部门和省辖市标准化行政主管部门根据要求提出计划建议，经省、自治区、直辖市标准化行政主管部门对计划建议进行协调、审查，制订出年度计划。

省、自治区、直辖市标准化行政主管部门，根据计划组织起草小组或委托同级有关行政主管部门、省辖市标准化行政主管部门负责起草。

起草单位或起草小组编写地方标准征求意见稿与编制说明，经征求意见后编写成标准送审稿，由省、自治区、直辖市标准化行政主管部门组织审查，或委托同级有关行政主管部门、省辖市标准化行政主管部门组织审查。审查可分为会议审查和函审两种方式。

组织起草地方标准的单位将审查通过的地方标准送审稿，修改成报批稿，连同附件，包括编制说明、审查会议纪要或函审结论、验证材料、参加审查人员名单，报送省、自治区、直辖市标准化行政主管部门审批、编号、发布。药品、兽药地方标准的制定、审批、编号、发布，按法律、法规的规定执行；食品卫生和环境保护地方标准，由法律、法规规定的部门制定、审批，报省、自治区、直辖市标准化行政主管部门统一编号、发布。

地方标准的编号，由地方标准代号、地方标准顺序号和年号三部分组成。强制性地方标准的代号由汉语拼音字母“DB”加上省、自治区、直辖市行政区划代码前两位数再加斜线组成。加上“T”，即组成推荐性地方标准代号。

地方标准发布后，省、自治区、直辖市标准化行政主管部门在30日内，应分别向国务院标准化行政主管部门和有关行政主管部门备案。

地方标准的出版、发行办法，由各省、自治区、直辖市标准化行政主管部门规定。

地方标准实施后，应适时进行复审，复审周期一般不超过5年。

（三）企业标准方面

《企业标准管理办法》（以下简称《企标管理办法》）是根据《标准化法》和《标准化法实施条例》及有关规定制定，于1990年8月24日通过原国家技术监督局第13号令发布并实施，代替原国家标准总局以国标发［1981］356号文颁发的《工业企业标准化工作管理办法》，目的是加强企业标准化工作。

《企标管理办法》共六章25条，其主要内容包括：

1. 规定了制定企业标准的对象是对企业范围内需要协调、统一的技术要求、管理要求和工作要求。

2. 规定了制定企业标准的原则和制定、修订程序。

制定企业标准的一般程序是：编制计划、调查研究，起草标准草案、征求意见，对标准草案进行必要的验证，审查、批准、编号、发布。

审查企业标准时，根据需要可邀请企业外有关人员参加。审批企业标准时，一般需备有企业标准草案（报批稿）、企业标准草案编制说明（包括对不同意见的处理情况等）和必要的验证报告等材料。

企业标准的编写和印刷，参照国家标准GB1《标准化工作导则》的规定执行。

企业标准应定期复审，复审周期一般不超过3年。当有相应国家标准、行业标准和地方标准发布实施后，应及时复审。

3. 规定了企业标准的编号方法和备案与实施要求。

4. 规定了企业的标准化管理要求。

（四）采用国际标准方面

1. 采用国际标准管理办法

《采用国际标准管理办法》（以下简称《采标办法》）于 2001 年 12 月 4 日通过国家质量监督检验检疫总局第 10 号令发布并实施，代替原国家质量技术监督局 1993 年 12 月 13 日发布的《采用国际标准和国外先进标准管理办法》。

《采标办法》的主要内容有：

（1）国际标准的定义

国际标准是指国际标准化组织（ISO）、国际电工委员会（IEC）和国际电信联盟（ITU）制定的标准，以及国际标准化组织确认并公布的其他国际组织制定的标准。

（2）采用国际标准的原则

《采标办法》提出了八项采标的原则，其中主要有：

采用国际标准，应当符合我国有关法律、法规，遵循国际惯例。

制定我国标准应当以相应国际标准为基础。对于国际标准中通用的基础性标准、试验方法标准应当优先采用。

采用国际标准时，应当尽可能等同采用国际标准。

我国的一个标准应当尽可能采用一个国际标准。

采用国际标准制定我国标准，应当尽可能与相应国际标准的制定同步，并可以采用标准制定的快速程序。

采用国际标准，应当同我国的技术引进、企业的技术改造、新产品开发、老产品改进相结合。

（3）采标程度

我国标准采用国际标准的程度，分为等同采用和修改采用。等同采用（程度代号：IDT），指与国际标准在技术内容和文本结构上相同，或者与国际标准在技术内容上相同，只存在少量编辑性修改。修改采用（程度代号：MOD），指与国际标准之间存在技术性差异，并清楚地标明这些差异以及解释其产生的原因，允许包含编辑性修改。

等同采用国际标准的我国标准采用双编号的表示方法，如：GB ×××××-××××/ISO ×××××：××××；修改采用国际标准的我国标准，只使用我国标准编号。

我国标准与国际标准的对应关系除等同、修改外，还包括非等效。非等效（代号：NEQ）不属于采用国际标准，只表明我国标准与相应国际标准有对应关系。非等效指与相应国际标准在技术内容和文本结构上不同，它们之间的差异没有被清楚地标明。非等效还包括在我国标准中只保留了少量或者不重要的国际标准条款的情况。

（4）本办法与旧版《采用国际标准和国外先进标准管理办法》的变化

《采标办法》与旧办法相比，其主要变化一是采标的定义只包括采用国际标准，去掉了采用国外先进标准。二是采用程度只包括等同采用和修改采用，而旧办法的采标程度为等同采用、等效采用（eqv 或 EQV）和非等效采用三种。三是等同采用的标准编号采用双编号的表示方法。

2. 采用国际标准产品标志管理办法（试行）

《采用国际标准产品标志管理办法（试行）》是根据《标准化法》“国家鼓励积极采用国际标准”的规定制定，于 1993 年 12 月 3 日通过原国家技术监督局技监局标函［1993］502 号文件发布并实施，目的是为了鼓励企业积极采用国际标准，引导企业将产品推向国内外市场。

本办法共 11 条，其主要内容包括采用国际标准产品标志的定义、使用采标标志产品的条件、备案审查制度等要求。

3. 采用国际标准产品标志管理办法（试行）实施细则

《采用国际标准产品标志管理办法（试行）实施细则》是根据《关于推进采用国际标准和国外先进标准的若干规定》和《采用国际标准产品标志管理办法（试行）》制定，于 1994 年 5 月 10 日通过原国家技术监督局技监局标［1994］第 195 号文件发布并实施。本细则对《采用国际标准产品标志管理办法（试行）》中的一些规定进行了详细的说明。

4. 参加国际标准化组织（ISO）和国际电工委员会（IEC）技术活动的管理办法

《参加国际标准化组织（ISO）和国际电工委员会（IEC）技术活动的管理办法》是根据《标准化法》《标准化法实施条例》以及国家有关外事活动的规定制定，于1992年10月20日通过原国家技术监督局技监局标发［1992］372号文件发布并实施。目的是为了加强对参加国际标准化组织（ISO）和国际电工委员会（IEC）活动的管理。本办法共15条，其主要内容包括我国参加ISO和IEC技术活动的宗旨、管理机构，参加TC/SC活动的身份确认要求以及我国参加与承办国际会议的要求等。

（五）标准化鼓励政策

1. 标准化科学技术进步奖励办法

《标准化科学技术进步奖励办法》是根据《中华人民共和国科学技术进步奖励条例》的规定制定，于1990年5月9日通过原国家技术监督局第5号令发布并实施。目的是为表彰在推动标准促进科学技术进步、提高经济效益和社会效益的创造性劳动中作出重大贡献的集体和个人，以促进社会主义现代化建设。本办法共15条，主要包括奖励对象、奖励范围、奖励等级、申报程序和材料等内容和要求。

2. 中国标准创新贡献奖管理办法

《中国标准创新贡献奖管理办法》是2009年9月14日通过国家质量监督检验检疫总局和国家标准化管理委员会的国质检标联［2009］383号文件发布并实施，目的是调动全国标准化工作者的积极性和创造性，奖励标准项目实施后对经济社会发展作出的重要贡献，促进标准化事业健康发展。本办法共九章30条，主要包括组织机构、奖励范围、奖项设置及评审标准、申报和评审程序等内容。

第四节　我国标准化面临的形势、主要目标和任务

一、“十二五”时期我国标准化工作面临的客观形势

在新的历史时期，我国政府更加重视发展标准化事业，这给标准化工作的发展营造了有利环境，创造了新的机遇；与此同时，国际、国内环境的一些新情况、新问题等，也给标准化工作带来了诸多的困难和挑战。

综合研究判断国际国内各方面的形势，“十二五”时期，我国的发展仍处于可以大有作为的重要战略机遇期。作为保障和促进我国社会经济发展的重要工具和措施，“十一五”时期，我国的标准化工作在社会各界的通力协作下，经过全体标准化工作者坚持不懈的努力，已经结出了丰硕的成果，并且取得了长足的进步，但我们依然要清醒地认识到，“十二五”时期的标准化工作既面临着难得的历史发展机遇，也迎接着诸多的实践考验挑战。

从宏观上看，相对于我国的社会经济发展状况，现有的标准化法律法规相对滞后，标准化体系建设不够协调，标准化工作机制有待完善，标准化管理工作亟待加强，标准化工作理念不够新颖，标准化工作领域需要拓展，标准化人才队伍不够丰富，标准化科学研究急需深入，重要标准的实施效果缺乏有效评估，广大社会公众的标准化意识相对薄弱，各级标准总体水平还不能完全满足经济社会发展的需要，实质性参与国际标准化活动的能力和影响力与发达国家相比还有较大的差距。

“十二五”时期，标准化工作必须树立战略思维与系统思想，做到统筹全局，规划长远，目标实际，措施有效，切实发挥标准化在加快转变经济发展方式、推动产业优化升级、促进科技创新、保障和改

善民生等方面的技术支撑作用；积极拓展标准化工作的范围和领域，使之从生产领域向诸如“社会保障”等民生服务领域不断延伸；努力提高标准化工作的适应性和先进性，使之更加满足人民群众日益增长的各种需求。

“十二五”时期的标准化工作，要不断增强政治意识、大局意识、机遇意识、发展意识、责任意识、创新意识、风险意识和忧患意识，充分认识世界政治经济格局的形态趋势，主动适应我国社会经济发展的环境变化，科学把握标准化工作的自身规律，全面协调社会各方面的综合力量，更加开拓进取地积极推进我国标准化事业的科学发展。

具体来说，标准化工作要坚持“系统管理、重点突破、整体提升”的总体思路，要系统优化标准制定、修订全过程管理，不断促进标准化与科技创新、产业发展紧密结合，继续完善部门、行业、地方、技术委员会、企业等共同参与的标准化协调推进机制，在继承中实现创新发展；要争取国际标准化工作新突破，创新强制性标准管理，加强战略性新兴产业、社会管理和公共服务领域标准化工作，努力实现重点突破；要以重点突破带动标准水平的提升、服务水平的提升和队伍水平的提升，努力实现速度、结构、质量、效益相统一的协调发展。

二、“十二五”时期我国标准化工作的主要目标

根据我国《国民经济和社会发展第十二个五年规划纲要》以及“2011年全国标准化工作会议”精神，充分研究和分析我国标准化工作面临的客观形势和存在的主要问题，综合考虑和把握标准化工作未来发展趋势和方向，“十二五”时期我国标准化工作的主要目标，可以集中归纳为“十个环境”的建设。

修订完成《标准化法》及其相关配套性政策文件，协调理顺《标准化法》与其他法律法规的相互关系，进一步建立有利于我国标准化工作发展的法律环境。

不断健全标准化管理的体制机制，搭建创立标准各利益相关方的沟通协商平台，进一步建立有利于我国标准化工作发展的制度环境。

加强丰富标准化工作的方法模式，开拓创新标准化工作的理念意识，进一步建立有利于我国标准化工作发展的思想环境。

补充完善《国家标准化战略纲要》，尽早出台颁布《纲要》及其具体细化的实施举措，进一步建立有利于我国标准化工作发展的目标环境。

积极顺应社会和市场需求，制定更新各种社会经济发展所需的标准，进一步建立有利于我国标准化工作发展的内容环境。

提高促进各级标准的质量水平，摸索开展重要标准的实施效果评估，进一步建立有利于我国标准化工作发展的监管环境。

培养建设高素质的标准化工作队伍，组织加强系统的标准化学习培训，进一步建立有利于标准化工作发展的人才环境。

深入开展标准化理论和实践研究，主动促进与其他研究领域的沟通和交流，进一步建立有利于我国标准化工作发展的科技环境。

宣传推广标准化工作的作用，培养强化广大企业和公众的标准化意识，进一步建立有利于我国标准化工作发展的舆论环境。

增进扩大标准化国际交流与合作领域，实质掌握国际标准化活动的主动权，进一步建立有利于我国标准化工作发展的国际环境。

三、“十二五”时期我国标准化工作的主要任务

根据我国《国民经济和社会发展第十二个五年规划纲要》以及“2011年全国标准化工作会议”精神，“十二五”时期我国标准化工作主要面临“四大宏观任务”和“九大具体任务”。

（一）四大宏观任务

充分发挥“标准化”作为推动国家经济发展与社会进步的方式手段的支撑作用，为矢志不渝地走科学发展道路，推动促进我国经济的战略性调整和结构性转变做好服务。

积极拓展“标准化”作为推进地区统筹发展与和谐进步的桥梁纽带的沟通作用，为毫不动摇地走合作共赢道路，充分协调我国各个行业和各个地区全面综合发展做好联系。

深入研究“标准化”作为传播人类科学知识与先进理念的方法途

径的载体作用，为锲而不舍地走科教兴国道路，不断加快建设创新型国家和壮大创新型人才队伍做好储备。

切实加强“标准化”作为促进社会全面发展与改善民生的标志指引的保障作用，为坚定不移地走共同富裕道路，有力保障我国改革开放发展成果惠及全体国民做好规范。

（二）九大具体任务

1. 以“标准化”为支撑，进一步夯实农业发展基础，完善农村发展体制

应坚决贯彻和落实国家“十二五”规划中关于“强农惠农，加快社会主义新农村建设”的战略部署，以“标准化”夯实农业发展基础，以“标准化”提升农业产品质量，以“标准化”保障农业食品安全，以“标准化”促进农业全产业链发展，以“标准化”改善农民的日常生活，以“标准化”规范社会主义新农村建设。

不仅应通过“标准化”来完善我国现代化农业产业体系，增强我国自身农产品保障能力，而且还应尝试以“标准”为指导，不断提高我国农副产品的质量品质，努力满足人民对高品质农产品日益增长的需求。与此同时，还应尝试把“标准化”从单纯的农产品生产种植领域，向包括“品种培育、生产加工、物流储备、安全检测、贸易金融、水利气象、农技推广、防疫减灾、环境生态、旅游观光”在内的农产品全产业链进行推广，促进农业生产经营全流程的标准化、产业化、专业化、规模化、集约化和现代化，推进我国农业结构的战略性调整。

努力尝试把“标准化”从农业的生产经营领域，继续向农村的建设、管理和农民生活领域进行拓展。以“标准化”推动农村基础设施建设，以“标准化”提升新农村乡镇管理水平，以“标准化”加强新农村教育、医疗、治安等公共服务。

2. 以“标准化”为方式，进一步推动经济结构调整，加快发展方式转型

“十二五”时期应继续沿着“服务于国家经济结构调整和发展方

式转变”的工作主线，不断推动标准化工作全面的、协调的、可持续的科学发展。应突出明确“标准”作为我国各行业法律法规有效运行重要补充的地位，调整完善原有各产业领域的标准体系，全面开拓新兴产业领域标准体系的建设工作。应尝试以“标准化”提升制造业技术工艺，以“标准化”淘汰制造业落后产能，以“标准化”优化制造业产业布局，以“标准化”加快制造业兼并重组，以“标准化”培育战略性新兴产业健康成长，以“标准化”有序拓展金融服务业，以“标准化”积极促进内需扩大，以“标准化”推进生产型、商业性、生活性和高技术服务业的蓬勃发展，以“标准化”引导经济增长从偏重制造业，向依靠农业、制造业和服务业协调拉动的方向进行转变；从偏重投资与出口，向依靠消费、投资和出口协调拉动的方向进行转变。

3. 以“标准化”为桥梁，进一步促进区域良性互动，统筹城乡协调发展

随着经济的不断发展，我国已经形成了“环渤海”“长三角”和“珠三角”等若干城市带，这些地区内各个城市的经济发展水平大体相当，彼此之间紧密联系，在社会行为习惯、人民生活风俗等方面也有着很多相似之处，这就为区域间的“标准合作”，在合理配置资源、消除市场壁垒和促进经济繁荣等方面提供了可能。可以在今后的地方标准化工作中，尝试着突破传统的、固有的和地理上的那些行政区域局限，向“区域标准化”方向发展进行大胆的探索。今后，可以尝试把某些地方标准推广到相邻地区，再加以不断改进和完善，逐步形成例如“中关村标准”“滨海标准”“浦东标准”和“深圳标准”等标准品牌，建立各个区域自身的标准特色，以“标准化”为契机，进一步消除区域间市场壁垒，进一步促进区域间要素流动，进一步引导区域间产业有序转移，进一步加强和完善区域间经济合作机制。

可以尝试用“标准”的形式，对全国的各个区域进行分类定级，遵循各地区的特色，因地制宜地配套以不同的发展规划和方式，用“标准”实施差别化管理，避免盲目建设、重复建设等问题。

可以尝试用“标准化”规范农村的城镇化进程，不断缩小城乡之间的差距，逐步改变我国现在的“城乡二元”社会结构。应避免现在某些地区出现的盲目快上，不合时宜的粗放型“城镇化”方式，尝试以制定“新农村城镇化标准”为契机，以建设“新农村标准化示范城镇”样板，在规划、征地、拆迁和补偿等农村城镇化矛盾多发领域，协调各方利益，考虑各方诉求，化解各方矛盾，以最合理、最妥善、最科学的方式，认真总结统筹城乡综合配套改革试点经验，积极探索解决农业、农村、农民问题新途径，扎实稳健地推动我国的新农村建设和城市化建设。

4. 以“标准化”为手段，进一步实施节能减排战略，加大环境保护力度

“十二五”时期，我国的标准化工作应始终坚持把建设“资源节约型、环境友好型”社会作为自身工作的重要着眼点和出发点，不断对自身提出了更高的要求和任务。应深刻领悟“节能减排”战略的内涵，加快制定低碳产品和技术标准，积极建立温室气体排放、计量、核算和交易标准，努力推进低碳标准化示范区；大力开展资源节约与循环利用、能源清洁和结构优化、生态保持和环境保护等领域的标准制定、修订工作，建立完善并严格执行主要耗能产品能耗限额和产品能效标准，加大对行业、地区和企业“节能减排”标准化工作的指导力度，推进循环经济标准化试点建设进程，加强节能减排国际标准化交流与合作，进一步促进经济社会可持续发展。

与此同时，还应以“标准化”为平台，以制定、修订“节能减排，环境保护”相关标准为抓手，充分听取和考虑“节能减排，环境保护”工作中各级政府、企事业单位、社会团体和广大国民等各利益相关方的观点和建议，更加科学合理地制定“节能减排，环境保护”的工作目标，更加充分有力地调动“节能减排，环境保护”各相关方的积极性，更加和谐平稳地营造“全民参与节能减排，环境保护”的良好氛围，充分协调，形成合力，共同推进“十二五”时期“节能减排，环境保护”标准化工作的发展。

5. 以“标准化”为对象，进一步增强科技创新能力，培养专业研究人才

在继续深入开展“标准化”本领域理论和实践研究的同时，还应不断扩展新的研究领域，把“标准化”研究与其他学科领域和社会热点问题紧密结合起来，使“标准化”研究向更广更宽的纵深层次发展。尤其应抓紧开展标准实施效果的评价研究，“标准化”与社会、经济发展之间的研究。国际上德国和日本已经在这方面走在了前列，我们应从中国的国情出发，加大投入，迎头赶上，科学系统地研究“标准化”与国家经济、行业经济和地区经济发展的量化关系，尝试建立相应的标准实施效果评价系统，使“标准化”能够更好地为经济发展和社会进步服务。

人才是第一资源，是国家发展的战略资源。今后我国标准化工作的关键在人才，希望也在人才。我们应组织培养各级别、各层次的“标准化”人才，尤其是应把广大青年吸引到“标准化”工作领域中来，关注青年、关心青年、关爱青年，倾听青年心声，鼓励青年成长，充分发挥他们的聪明才智，尽情展现他们的人生价值。

在壮大专业化的“标准化”人才队伍的同时，还应着重培养广大国民的“标准化”意识，普及“标准化”知识，使广大国民，尤其是广大青年积极参与到“标准化”工作中来，为标准化工作的顺利推进打下良好的群众基础。

6. 以“标准化”为保障，进一步提升人民生活质量，健全公共服务体系

国家“十二五”规划指出：坚持民生优先，完善就业、收入分配、社会保障、医疗卫生、住房等保障和改善民生的制度安排，推进基本公共服务均等化，努力使发展成果惠及全体人民，这就要求我国今后的标准化工作应逐步由经济生产领域向社会和民生服务领域过渡，为此，不仅应加紧社会保障、食品安全、公共安全、就业服务、劳资纠纷、收入分配、慈善福利、医疗卫生、住房保障、计划生育、养老助残等领域标准的制定、修订，同时也应加强已有相关标准的宣

传贯彻，特别是应抓好涉及人身健康安全标准的实施与检查，通过“标准化”工作，不断提高政府社会管理水平和公共服务能力，加强应对各种突发事件的响应和处理能力，为广大国民营造一个更加安定、祥和与幸福的工作和生活环境。

7. 以“标准化”为规范，进一步维护社会稳定，加强创新社会管理

当代中国正经历着空前广泛的社会变革，这种变革在给我国发展进步带来巨大活力的同时，也必然带来这样那样的矛盾和问题。应积极尝试用“标准化”的理论和成果，最大限度激发社会活力，最大限度增加和谐因素，最大限度减少不和谐因素，加强和创新社会管理。

具体来说，可以在以下六个方面，尝试运用“标准化”的方法来推动我国社会管理事业的发展：

（1）用“标准化”推动社会管理工作的体制改革

可以制定相关“社会管理标准”，进一步明确政府、市场和公民社会在社会管理中的角色和定位，用“标准”来积极引导各类社会组织进行自身建设、增强服务社会能力，发挥群众参与社会管理的基础作用。

（2）用“标准化”完善社会管理工作的法律体系

可以充分发挥“标准”作为我国法律体系中关键环节的重要补充作用，制定、丰富和完善我国的社会管理标准体系，指引人们更好地做好社会管理工作，使社会管理工作有法可依、有章可循、有据可查、有标评判。

（3）用“标准化”建立社会管理工作的沟通机制

可以通过标准的制定、修订过程，让政府充分了解社会管理其他各方的有关需要；而其他社会管理各方则可以通过向政府表达自身的利益诉求，使自己合法的权益得到充分保障。这种多方的良性互动可以把社会矛盾消灭在萌芽状态，维护好社会的公平公正，保障好社会的祥和稳定。

（4）用“标准化”创新社会管理工作的思维理念

可以通过引入“标准”来对社会事务进行“宏观引导”型的间接管理，一方面能够节约政府的人员、资金和时间等行政资源；另一方面也能够充分调动社会各方的积极性，使他们广泛参与社会管理事业，从而更容易接纳社会管理，来达到事半功倍的管理效果。

（5）用“标准化”规范社会管理工作的方式手段

可以通过引入“社会管理国家标准”的形式，来规范社会管理的“决策过程”“硬件设施”“服务流程”和“评价方法”等关键要素，加强社会管理工作的统一性、程序性和科学性，使社会管理做到“统一指挥，步调一致”。

（6）用“标准化”培养社会管理工作的专业人才

可以采用“标准化”的方法，在培养方式、培养机构、培养教材等方面进行大胆的创新和突破，为社会管理事业进行必要的人才储备。

8. 以“标准化”为载体，进一步提高对外开放水平，深化国际地区合作

“十二五”时期的标准化工作，应主动适应我国对外开放由出口和吸收外资为主，转向进口和出口、吸收外资和对外投资并重的新形势，继续按照市场导向和企业自主决策原则，在做到引进国际先进标准的同时，积极鼓励各种主体研制具有我国自主知识产权的新标准，把我国改革发展的先进成果以“标准”为载体，带出国门，推向世界，以实际行动配合我国的实体和虚拟经济向全球拓展，把中华文明的最新种子播向世界。

我国已经成为世界贸易组织成员国、国际标准化组织（ISO）和国际电工委员会（IEC）的常任理事国，已经并将与一些国家建立“自由贸易区”，作为国际贸易中技术壁垒的重要一环，“标准”在国际竞争中的作用就显得尤为突出，为此，应继续申请成为其他国际标准组织的常任理事国，进一步实质性地参与国际标准制定、修订活动，跟踪、研究和分析国际标准和其他国家的标准，创造性地开展“标准外交”，让“标准化”工作为方便我国更加顺利地参与全球经济

竞争和区域合作，为推动建立均衡、普惠、共赢的世界多边经济贸易体制，为促进国际经济秩序朝着更加公正合理的方向发展作出贡献。

9. 以“标准化”为纽带，进一步加强国防军队建设，推进军民融合发展

无论是战争年代，还是和平时期，人民军队和广大群众之间一直存在着浓厚的感情，始终保持着密切的血肉联系。作为全面拓展“标准化”工作领域的新尝试，可以与有关部门一起研究探讨，从战略的高度，建立军民标准化技术组织融合机制，摸索军民两用标准相互转化的程序方法，形成军民衔接、军民兼容、军民互补、军民共享的标准体系，以军用标准带动民用标准进步，以民用标准促进军用标准发展，推动经济建设和国防建设的互动发展，使人民军队能更好地为改革开放和社会主义现代化建设保驾护航。

第四章　社会保险标准体系

建立社会保险标准体系是社会保险标准化工作的首要任务。在社会保险标准化工作中，标准体系是制定标准的主要依据与基础。根据“国家标准化体系建设工程”的要求，从实现社会保险事业战略目标出发，为了全面、有序开展社会保险标准化工作，必须建设社会保险标准体系，并随着社会保险事业的持续发展不断加以充实和完善。

第一节　社会保险标准体系的含义、特征、作用及意义

一、社会保险标准体系的含义

国家标准 GB/T 13016—2009《标准体系表编制原则和要求》对标准体系的定义是：“一定范围内的标准按其内在联系形成的科学的有机整体。”理解定义，应把握 4 个关键词，即一定范围、标准、内在联系和有机整体。

（一）一定范围

一定范围既可以指国际、区域、国家、行业、地区和企业，也可以指产品、项目、技术和事务范围。不同范围内的标准，形成不同领域、不同层级的标准体系。

社会保险领域即行业，其范围内的标准形成社会保险标准体系。

（二）标准

标准的定义和特征，见本书第二章第一节。

标准是标准体系的核心要素，多个标准才能组成标准体系，标准体系中的标准一般由多种类型的标准组成，例如社会保险标准体系，广义上包括国家标准、行业标准、地方标准、单位（社会保险经办机构）标准。

根据标准的定义，社会保险标准指为使社会保险领域的服务、评价和管理获得最佳效果，对共同使用的概念以及经办活动中重复性事务进行规范，经社会保险利益相关方协商一致并由有关主管部门批准发布的文件。社会保险利益相关方指用人单位和职工、参保个人、相关社会服务机构等。有关部门指社会保险行政主管部门、标准化管理部门等。

（三）内在联系

内在联系是指一个标准体系中的标准，必须是同一个主题的、相互关联的。

社会保险标准体系中的标准，无论涉及服务、评价和管理，都应围绕社会保险这个主题，与社会保险无关的标准，均不能列入社会保险标准体系中。

（四）有机整体

有机整体是指标准体系是一个科学的整体，体系所包括的标准应该具有有机的内在关系。

社会保险标准体系中的标准，虽然涉及社会保险的服务、评价和管理等多个领域，但其核心均旨在规范或支持社会保险经办，这些标准紧密关联，共同组成社会保险标准体系。

根据标准体系的定义和分析，可以确定社会保险标准体系的定义。即社会保险标准体系，是指社会保险领域内的标准按其内在联系形成的科学的有机整体。

二、社会保险标准体系的特征

社会保险标准体系是社会保险标准的有机整体，应该目标明确、全面成套、层次恰当、划分清楚，满足社会保险领域内对标准的总体配置要求。其主要特征如下：

（一）集合性

社会保险标准体系是由相互关联的若干标准集合而成，在功能配置、数量分布、总体发展等各个方面，具有整体与平衡性，而并非简单的累加，在制定或修改任何一项标准时，都要考虑到对整个体系以及体系内其他标准的影响。

（二）目标性

社会保险标准体系的建立目的非常明确，就是使社会保险领域的标准组成科学完整，使社会保险经办工作达到最佳秩序和最佳效果，同时为编制社会保险标准制定、修订计划提供依据。

（三）层次性

社会保险标准体系可分为国家标准体系和省、市社会保险标准体系。其中，省、市社会保险标准体系，由省、市根据实际需要在国家标准体系的基础上细分形成。标准体系的最终细化为某个具体的标准。

（四）动态性

与所有领域内的标准体系一样，社会保险标准体系不是一成不变的，应与经济社会发展环境相适应。根据需要进行补充、删节和调整标准在体系中的位置。

三、社会保险标准体系的作用

社会保险标准体系应当涵盖社会保险领域内现有的以及应该制定的和预计制定的标准。它是开展社会保险标准制定、修订工作的依据，是建立社会保险标准管理机制、实施体系和保障体制的基础。

（一）开展社会保险标准制定、修订工作的依据

在社会保险标准化工作中，要根据社会保险标准体系制定国家标准、行业标准的制定、修订计划，并依此合理确定养老、医疗、工伤、失业等不同险种管理、服务、评价等标准的制定、修订主体，进而保证社会保险标准化工作的顺利开展。此外，国家级社会保险标准体系，也是地方建立当地社会保险标准体系，开展地方标准制定工作的基础。

（二）建立社会保险标准管理机制的基础

国家社会保险标准体系，是社会保险领域国家标准和行业标准项目立项和管理的主要依据。在标准化实践中，各级社会保险行政主管部门依据国家社会保险标准体系，确定所要制定的标准，包括申请立项和实施相关标准化活动等。

（三）建立社会保险标准实施体系的基础

标准化的核心是应用标准。根据社会保险标准体系能实现对社会保险标准化工作的整体判断，建立起社会保险标准贯彻、实施体系，从而保证各工作环节的有效衔接，包括提高社会保险标准的宣传贯彻效率，合理降低标准化工作成本。

（四）建立社会保险标准保障体制的基础

标准化工作离不开人力、物力、财力的投入。各级社会保险标准体系反映制定、修订社会保险标准的任务量，建立或明确标准化组织（含专设和兼管）以及做出资金投入计划等，都需要以社会保险标准化体系为依据。人力资源和社会保障部《关于开展社会保险标准化工作的指导意见》（人社厅发［2010］41号）要求各地组织标准化专门班子，并保障工作经费。

四、建立社会保险标准体系的背景及意义

社会保险标准化是社会保险事业发展的必由之路，开展社会保险标准化工作离不开社会保险标准体系这一总领的引导。同时，随着科学技术的进步以及社会保险事业发展，建立社会保险标准体系的条件已经成熟。

（一）实现社会保险事业战略目标要求尽快建立社会保险标准体系

社会保险是构建社会主义和谐社会的重要基础性工作，为此，党中央、国务院提出“加快建立覆盖城乡居民的社会保障体系，保障人民基本生活”等一系列目标。随着《中华人民共和国社会保险法》的颁布实施，以及相关配套行政法规、地方性法规、部门规章和地方政府规章的出台，社会保险法律体系已基本形成。法律的刚性约束也迫切要求建立与之配套的技术支撑体系。党的十七届五中全会提出，要健全覆盖城乡居民的社会保障体系，推进基本公共服务均等化，要加强社会保障信息网络建设，推进社会保障卡应用，实现精确管理。社会保险标准化，是加强和创新社会管理、进一步提升公共服务水平的重要技术支撑，是推进基本公共服务均等化的前提，是社会保险信息网络建设的基础。

（二）“国家标准化体系建设工程”要求尽快建立社会保险标准体系

2009年年初，国家标准化管理委员会启动了“国家标准化体系建设工程”，力争用三年的时间，建立全面覆盖第一、第二、第三产业和社会事业的国家标准体系框架和标准体系表，同时构建服务经济社会科学发展的标准化技术组织体系、国际标准化工作推进体系和标准化保障体系。基于社会保障事业在民生领域所发挥的重要作用，以及对国家经济和社会发展的积极贡献，“国家标准化体系建设工程”首次明确界定了人力资源标准、社会保障标准在“服务业标准体系”中的位置。按照“国家标准化体系建设工程”的总体部署，建立社会保险标准体系是保证“国家标准化体系建设工程”实现既定目标的重要方面。

（三）全面开展社会保险标准化工作要求尽快建立社会保险标准体系

2009年7月，全国社会保险标准化技术委员会（编号为SAC/TC474）正式成立，以此为标志，我国社会保险标准化工作进入全面启动的新阶段。人力资源和社会保障部副部长、全国社会保险标准化技术委员会主任委员胡晓义同志在成立大会上做了题为《标准化是社会保险事业发展的必由之路》的重要讲话。讲话要求把制定社会保险标准体系作为推进社会保险标准化建设的首要任务。明确认真学习《全国服务业标准2009—2013年发展规划》，在深入分析和研究的基础上，摸清社会保险标准体系的现状，从理论、战略和政策三个层面丰富和完善社会保险标准化发展的实质内涵，提出国家层面的标准体系框架方案，尽快构建一个结构合理、层次分明、重点突出、科学适用的社会保险国家标准体系。

（四）顺利推进社会保险标准化实践与应用要求尽快建立社会保险标准体系

目前，地方社会保险经办机构主要是参考国际、国内三种标准体系模式来建立自己的标准体系，一是经办机构标准化体系，二是服务管理体系，三是直接套用国际标准——质量管理体系（ISO 9001—2000）。虽然可为建设全国社会保险标准体系提供经验，但尚缺乏全面性，体系不明晰，层次性不强。为了确保社会保险标准化工作不走弯路，减少人力、物力和财力的浪费，有必要集中全系统的力量开展社会保险标准化工作。由此，建立国家级社会保险标准体系显得尤为重要。

围绕社会保险标准体系的建立与标准的制定，有关部门和单位已先期开展了标准体系前期研究工作，为社会保险标准体系的建立奠定了基础。如人力资源和社会保障部医疗保险司开展了《医疗保险标准体系》课题研究，中国劳动保障科学研究院在 2007 年开展了“劳动和社会保障标准体系研究”，中国医疗保险研究会开展了《医疗和生育保险管理服务标准》课题研究，广东省工伤康复中心在部工伤保险司的支持下开展了工伤康复标准体系研究。

部分地方根据本地实际积极探索的社会保险标准化建设，也为建立国家层面的社会保险标准体系提供了借鉴。2007 年 10 月，国家标准化管理委员会下发了《关于在陕西省社保局系统开展国家养老保险经办服务标准化试点工作的批复》，陕西省社保局成为国内首家养老保险经办服务标准化试点单位。经过三年的努力，陕西省社保局建立了科学合理的标准体系，共包括 205 项标准，其中收集上级标准 69 项，制定标准 136 项。2006 年，天津市社保中心开展了“以服务对象满意为导向的服务管理体系”研究工作，建立了相对完善的企业视觉识别系统（VIS），制定了《天津社会保险服务规范手册》及 9 项控制流程。上海市医保中心制定与实施了《区县医保中心标准化建设技术规范》《医疗保险服务规范》。江苏省淮安市社保中心将 ISO 9000 管理服务体系引入社会保险经办服务领域，通过了 ISO 9001 管理质量标准认证。江苏省无锡市社保中心开展社会保险经办机制创新和标准化研究工作，初步建立起包括管理标准、工作标准和服务标准的标准体系。

第二节　建立社会保险标准体系的目标、原则与方式

建立社会保险标准体系，是一项对社会保险标准的研究、制定、实施等环节进行优化和完善的系统工程，是社会保险标准化工作的一项基础性科研工作。

一、建立社会保险标准体系的目标

（一）覆盖全面

国家社会保险标准体系，应覆盖社会保险各险种和各类型标准，以及社会保险服务、评价、管理全过程所需要实施的标准。

（二）结构合理

社会保险领域应根据自身的特点，研究建立协调配合、科学合理的标准体系，并能有效运行。

（三）层次分明

社会保险标准分为国家标准、行业标准、地方标准和经办机构标准四个层次。国家标准体系应明确每一项标准的层次、性质以及制定主体等。

二、建立社会保险标准体系的原则

（一）坚持依法实施

建立社会保险标准体系，包括确定标准类型、层级和标准的内容，必须符合国家标准化工作和社会保险的方针政策、法律法规。有

关法律主要有《中华人民共和国标准化法》《中华人民共和国社会保险法》。有关法规主要有《中华人民共和国标准化法实施条例》《失业保险条例》《社会保险费征缴暂行条例》《劳动保障监察条例》《工伤保险条例》。有关部门规章主要有《社会保险稽核办法》《社会保险业务档案管理规定（试行）》《全部经济活动的国际标准产业分类（ISIC Rev. 4）（草案）》《服务标准制定导则　考虑消费者需求》（GB/T 24620—2009）、《国民经济行业分类》（GB/T 4754—2002）。

（二）坚持全面统筹

社会保险经办管理服务工作量大、操作复杂，建立社会保险标准体系必须统筹设计。正确处理各类型、各层级标准之间的关系，正确处理覆盖全面和突出重点的关系，正确处理基础性建设和急用优先的关系；注重合理布局和系统管理，保证国家标准、行业标准和地方标准之间协调配套，将社会保险服务、评价、管理等领域的全过程纳入标准化管理轨道；正确把握各险种社会保险业务的科学分类，保证体系协调、职责协调、管理有序，总体系与子体系之间、子体系与子体系之间、要素与要素之间相互协调，避免交叉与重复。

（三）坚持科学适用

社会保险标准体系中研制的标准，应具有社会保险实践基础，通过了技术性的检验。应基于社会保险事业发展的内在规律，运用标准化基本原理和系统工程理论，建立社会保险标准体系。同时，保持标准体系的开放性和可扩充性，为新的标准项目预留空间，满足未来社会保险事业的发展需要。应在立足当前经济社会发展水平和社会保险工作的现实需求，建立具有可操作性的标准体系的同时，分析经济社会发展和社会保险事业未来趋势，保证标准体系的适度超前。如社会保险国家标准可不受现有的经办模式、管理体制的限制。标准体系内各功能模块配合应得当和各司其职，所有现行标准，应互相配合、互相衔接、互相补充、互相制约。不存在“父子”同级、层次体系界限不清的现象。

三、建立社会保险标准体系的方式

（一）顶层设计

建立社会保险标准体系，是社会保险标准化工作的首要任务。应由社会保险行政主管部门根据国家标准化工作方针、规划和社会保险事业发展的实际需求，以及社会保险标准化工作的目标、规划和要求等进行顶层设计。优先将实现标准化工作目标的相关标准纳入标准体系，保证标准体系具有一定功能和规模。

顶层设计是工程学的一个概念，是指从最高端向最低端、从一般到特殊的系统设计方法。实质是将系统理念贯穿于整个设计之中，核心是强化整体的设计质量。“顶层设计”理念体现科学性，可在包括社会保险在内的众多领域运用。需要强调的是，社会保险是解决人的需求问题，具有广泛性、层次性、动态性等特点，其“顶层设计”的复杂性要远远超过任何一项实体工程。社会保险行政主管部门应从推进社会保险事业发展和经济社会发展水平的实际出发，紧紧围绕建立健全覆盖城乡居民社会保障体系的核心目标，从国家层面到地方层面，从普遍情况到特殊情况，“自上而下”、整体布局、统筹建立社会保险标准体系。

（二）循序渐进

我国社会保险标准化是刚刚起步的新生事物，在建立国家社会保险标准体系方面，即缺乏经验又面临诸多新情况、新任务、新需求的挑战。如因为对社会保险标准对象缺乏足够认识，一时难以确定应当制定多少个标准，以及制定什么类型的标准。由此，建立国家社会保险标准体系不能一蹴而就，只能“摸着石头过河”，像早期工业产品标准化工作那样边设计、边施工，逐步形成标准体系。在社会保险标准化起步阶段，先根据提高社会保险经办管理服务能力和水平的实际需要制定急需的单项标准，再视形势发展和条件成熟情况，如提高各险种统筹层次、理顺经办管理体制、普遍实施“金保工程”等，扩充社会保险经办管理服务通用的基础标准、管理标准等，从而逐步增强标准体系的功能和规模。

（三）集思广益

社会保险标准体系是一定社会保险标准的集合，要保证所制定标准体系符合标准化目标，制定主体应当注意听取有关意见，集思广益。以建立国家社会保险标准体系为例，2009 年 5—6 月，根据人力资源和社会保障部标准化工作的安排，部社会保险事业管理中心起草了《社会保险标准体系（草案）》，之后多方征求意见。

1. 在人力资源和社会保障部社会保险事业管理中心内部征求意见，在此基础上形成了《社会保险标准体系（征求意见稿）》。

2. 2009 年 7 月，利用召开全国社会保险标准化技术委员会成立大会的机会，召开了部分省市社会保险标准化工作座谈会。部分委员、部规划财务司、劳动保障科学研究院、中国标准化研究院以及北京、天津、湖南、广东、杭州、郑州、无锡等省市社会保险经办机构的代表讨论了《社会保险标准体系（征求意见稿）》。会议形成 5 点共识：

（1）理清社会保险标准分类原则。社会保险国家标准不要受现有的经办模式、管理体制的限制，要适应经办流程的再造的需要。在充分分析养老、医疗、工伤、失业、生育保险各自特点的基础上，抽取其共性部分，比如统一征缴分类和支付分类。

（2）界定管理与服务的区别。服务型政府是个总体概念，社会保险经办则是其中一项具体功能，集管理和服务于一体。面向广大人民群众提供地称之为服务，支撑服务地称之为管理。服务是否优质高效，关键问题是理清内部组织之间的关系、岗位之间的关系、流程环节之间的关系。对象明确的标准才是可以真正应用的标准。

（3）理清标准的纵横问题。要分清楚不同管理体制下各级社会保险经办机构的责任，针对不同的责任主体制定出不同的标准。同时要考虑不同经办机构之间，以及与第三方服务机构之间的接口标准。

（4）理清制度标准和操作标准的关系。养老、医疗、工伤、生育、失业等保险的待遇水平标准应该归类为制度标准。社会保障服务作为公共产品，制度就是图纸，经办就是加工。社会保险标准化，就是在现有制度的前提下，都按这个“图纸”生产出合格的产品、提供统一合格的服务。

（5）增加标准内容。比如数据管理标准、内控标准、绩效评价标准、数据对外提供标准。增加行政复议和行政诉讼岗位标准。

人力资源和社会保障部社会保险事业管理中心认真汲取了各方意见，完善了《社会保险标准体系（征求意见稿）》

3. 纳入人力资源和社会保障部标准化规划统一征求意见。2009年8月，由人力资源和社会保障部规划财务司牵头，中国劳动保障科学研究院、中国人事科学研究院、中国标准化研究院、全国劳动定员定额标准化技术委员会、全国人力资源服务标准化技术委员会、全国社会保险标准化技术委员会等单位共同组成《人力资源和社会保障标准体系》课题组，研究制定《人力资源和社会保障标准体系》，并将建立社会保险标准体系纳入规划，统一并广泛征求意见。

（1）为摸清各业务单位对标准化工作的实际需求，课题组走访了22个业务司局（包括国家公务员局的5个司局）、4家事业单位和2个地方部门，与70余人进行座谈，形成访谈和调研纪要24份，得到大量的第一手资料和信息。

（2）征求社会保险行政主管部门意见。《人力资源和社会保障标准体系》初稿形成后，以部规划财务司的名义发文，面向各省（自治区）、直辖市、新疆生产建设兵团、副省级市人社厅（局）、部属各单位及相关专家广泛征求意见，累计征集到有效意见267条。课题组据此对《人力资源和社会保障标准体系》进行修改完善。

（3）征求社会保险经办机构意见。2009年10月，在陕西省宝鸡市召开的全国社会保险标准化工作现场会上，印发了《人力资源和社会保障标准体系（征求意见稿）》，重点征求对社会保险标准体系的意见。要求会议代表认真研究，会后以各省、市、自治区为单位提出修改意见。标准体系全面协调、层次分明、内容科学、结构合理，包括提出应当优先制定的标准。会议之后，各地提交了完善标准体系的修改意见和急需制定的标准。

（4）召开系列专题座谈会。从 2010 年 1 月起，课题组再次与就业促进司、人力资源市场司、工伤保险司、失业保险司、医疗保险司、农民工工作司、社保中心、人事考试中心等单位进行了多轮的沟通协调，最终形成《人力资源和社会保障标准体系结构图》和《人力资源和社会保障标准明细表》。

通过多方征求意见，2010 年 7 月 9 日，人力资源和社会保障部第 46 次部务会议审议通过了《人力资源和社会保障标准体系》（含社会保险标准体系），并于 7 月 21 日发布《关于印发人力资源和社会保障标准体系的通知》（人社部发［2010］53 号）。2010 年 10 月 19 日，部社会保险事业管理中心下发《关于印发社会保险标准体系的通知》（人社险中心函［2010］86 号）。

第三节　社会保险标准体系的总体结构与要求

一、社会保险标准体系的总体结构

（一）标准体系结构划分

标准体系内部标准须按照一定的结构进行逻辑组合。由于标准化对象的复杂性，体系内不同的标准子系统的逻辑结构可能体现出不同的表现形式。标准体系的结构一般可分为层次结构和序列结构。

层次结构是指标准化对象内部上级与下级、共性与个性等关系的表达形式（如图 4—1 所示）。层次结构的层级深度体现对标准化对象的管理精度。标准层次结构的完备性，标志着标准体系的灵活与弹性，是标准体系适应现实多样性的一个重要方面。高层次所在的标准相对低层次所在的标准，更能反映标准化对象的抽象性和共性。低层次所在标准，更多反映事务的具体性和个性。如含多个行业产品的标准体系层次结构（如图 4—2 所示）。

序列结构是指各标准按照过程的内在联系和顺序关系进行结合的

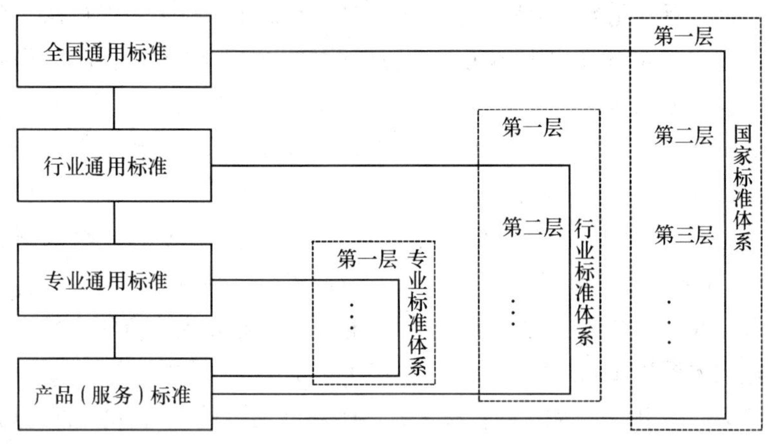

图 4—1　全国、行业、专业标准体系的层次结构

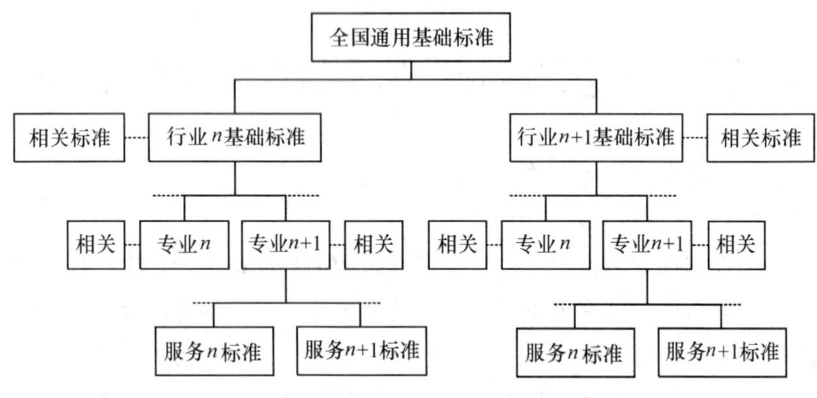

图 4—2　含多个行业产品的标准体系层次结构

形式。序列结构突出了标准化对象在活动流程中的时间性，或者前一阶段的标准是后续阶段标准实施的前提等，如图 4—3 所示。

社会保险标准体系涉及养老保险、失业保险、医疗保险、工伤保险和生育保险多个险种，涉及基础标准、服务标准、管理标准、技术标准、工作标准，主要采用层次结构来表示，并吸收序列结构的核心思想，用于标准体系表的设计。

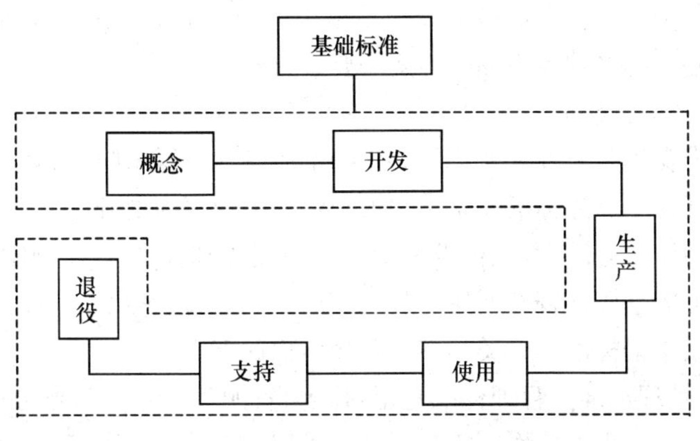

图 4—3　序列结构图

（二）社会保险标准体系结构

社会保险标准体系是人力资源和社会保障标准体系的重要组成部分。人力资源和社会保障标准体系结构模型反映了设计项目应考虑的各种因素及其内在联系，设计社会保险标准体系总体结构模型，可以参照人力资源和社会保障标准体系结构模型进行。

1. 人力资源和社会保障标准体系结构模型（如图 4—4 所示）

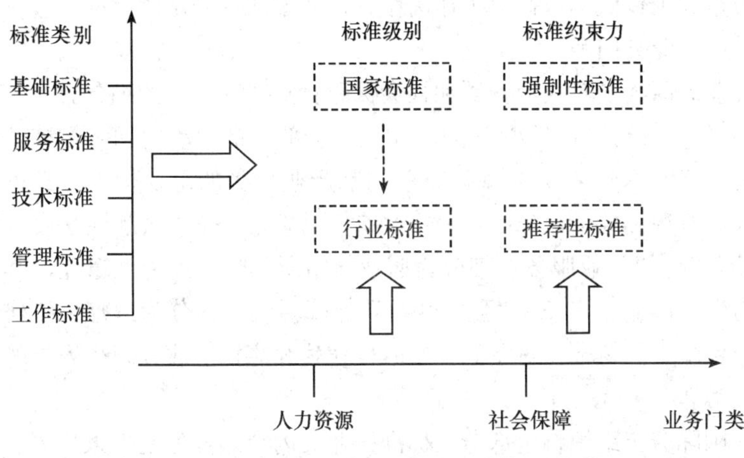

图 4—4　人力资源和社会保障标准体系结构模型

人力资源和社会保障标准体系结构模型由标准类别、业务门类、标准级别、标准约束力四个维度的要素有机构成。

（1）标准类别

标准类别是对标准所规范要素的本质属性进行的归纳和分类。人力资源和社会保障标准体系结构模型将体系内标准划分为5大类。

1）基础标准。基础标准是指在人力资源和社会保障范围内作为其他标准的基础并普遍使用、具有广泛指导意义的标准。通常，基础标准包括术语标准、分类标准、符号标识标准等。

2）管理标准。管理标准是指对人力资源和社会保障业务中需要协调统一的管理事项而制定的标准。管理标准涉及范围广泛，包括行政管理、人事管理、信息管理、业务管理、财务管理、质量管理、安全管理等众多方面。

3）服务标准。服务标准是指针对与服务对象接触面上的各项人力资源和社会保障服务工作而制定的标准。

4）技术标准。技术标准是指针对人力资源和社会保障标准化领域中需要协调统一的技术事项所制定的标准。

5）工作标准。工作标准指为实现整个工作过程的协调、提高工作质量和工作效率，针对工作岗位、作业方法等制定的标准。

（2）业务门类

业务门类是对人力资源和社会保障自身实际工作的细分。

联合国统计署（UNSD）编制的《全部经济活动的国际标准产业分类（ISIC Rev. 4）》是现行有关国际产业分类的重要标准，其中涉及人力资源和社会保障的产业主要有“就业服务”“强制性社会保障活动”等。“就业服务”细分为职业介绍所、临时人力派遣业、其他人力资源供应业三类，“强制性社会保障活动”细分为医疗、工伤和失业保险，养老金，对孕妇、暂时性伤残和寡妇等收入减少人员的救助三类。

国际劳工组织将全部劳工标准按业务内容划分为基本人权类、就业类、社会政策类、劳工行政类、产业关系类、工作条件类、社会保障类、妇女就业类、儿童和未成年人就业类、老年工人类、移民工人类、土著工人和部落人口类、非本部领土工人类、特殊行业和部门类，共计 14 大类。

欧盟在社会保障方面的公约、指南、标准分为 8 个类别，包括工作条件、工作安全、工资收入与工作时限、产业关系、劳工保护、业务经营、社会保障、移民权益保护等。

发达国家中，美国社会保障体系由社会保险和社会救助两大部分构成。具体的劳动标准体系则划分为 9 大类，即就业标准、工作条件标准、劳动关系调整标准、就业与人力资源开发标准、劳动安全卫生标准、社会保险标准、公平就业与职业机会标准、劳动监察标准和企业的人力资源开发与管理标准。英国社会保障体系由社会保险、社会救助、社会津贴三大部分构成。依据这三大类别，英国的社会保障标准主要涵盖了社会福利、养老金与社会安全、就业与工资、健康与安全四类。

目前，我国人力资源和社会保障标准体系分为两大部分。人力资源部分不属于本书讨论范围。社会保障部分中，社会保险标准由基本养老保险、基本医疗保险、工伤保险、失业保险和生育保险标准构成。除此之外，为了适应联网数据集中管理、社会保险关系跨地区转移接续等业务需求，人力资源和社会保障标准体系单独设置了“人力资源和社会保障业务支撑标准”分体系，目的是通过制定相关标准，提高信息共享程度，提升各类业务的协同能力。

(3) 标准级别

标准级别是指人力资源和社会保障标准的适用范围。按照适用范围分类，人力资源和社会保障标准可分成国家标准、行业标准、地方标准和企业标准。

(4) 标准约束力

标准约束力是指人力资源和社会保障标准实施的力度。根据《标准化法》，人力资源和社会保障标准可分成强制性标准和推荐性标准。强制性标准属于技术性法规，必须严格执行，主要是保障人体健康，人身、财产安全的标准。推荐性标准是国家鼓励自愿采用的标准。人力资源和社会保障领域的标准，除法律、行政法规规定强制执行的，都应属于推荐性标准。

2. 社会保险标准体系结构模型

根据人力资源和社会保障标准体系模型，可建立起社会保险标准体系结构模型（如图 4—5 所示）。

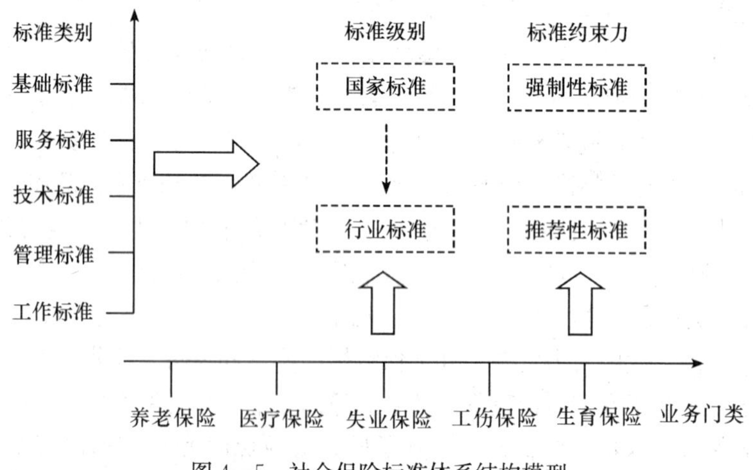

图 4—5　社会保险标准体系结构模型

社会保险标准体系结构模型同样由标准类别、业务门类、标准级别、标准约束力四个维度的要素构成。

（1）标准类别

社会保险标准类别与人力资源和社会保障标准体系的标准类别一致，同样分为基础标准、服务标准、技术标准、管理标准和工作标准，区别在于需要协调统一的事项限制在社会保险领域之内。社会保险基础标准是指在社会保险特定范围内作为其他标准的基础并普遍使用、具有广泛指导意义的标准。

社会保险基础标准（亦称社会保险通用基础标准），内容包括术语标准（与社会保险术语有关的标准，通常带有定义，有时还附有注、图、示例等）、分类标准、符号标识标准等。

社会保险服务标准是指针对与服务对象接触面上的各项社会保险

服务工作而制定的标准，包括基本养老保险服务、基本医疗保险服务、工伤保险服务、失业保险服务和生育保险服务等。

社会保险管理标准是指针对社会保险业务中需要协调统一的管理事项而制定的标准，包括行政管理、人事管理、信息管理、业务管理、财务管理、质量管理、风险管理等。

社会保险技术标准是指针对社会保险标准化领域中需要协调统一的技术事项所制定的标准，包括网络系统标准、数据库系统标准、业务管理应用系统标准（含基本养老保险业务管理子系统标准、基本医疗保险业务管理子系统标准、工伤保险业务管理子系统标准、失业保险业务管理子系统标准、生育保险业务管理子系统标准、补充医疗保险业务管理子系统标准、公共业务子系统标准、财务管理系统标准、业务管理与财务管理接口处理系统标准）、公共服务应用系统标准、基金监管应用系统标准、宏观决策应用系统标准、社会保障卡管理应用系统标准等；社会保险工作标准指为实现社会保险整个工作过程的协调、提高工作质量和工作效率，针对各个工作岗位、作业方法等制定的标准。

社会保险通用基础标准是制定社会保险管理标准、服务标准、技术标准、工作标准的基础。技术标准是管理标准、服务标准、工作标准的直接支撑。管理标准、工作标准是其他标准的保障。

（2）业务门类

根据社会保险制度建设的现实情况，社会保险业务分为基本养老保险、基本医疗保险、工伤保险、失业保险和生育保险 5 大类。根据《社会保险法》和国家建立健全覆盖城乡居民社会保险制度体系的目标要求，基本养老保险又分为城镇职工基本养老保险、新型农村社会养老保险和城镇居民社会养老保险；基本医疗保险分为城镇职工基本医疗保险、新型农村合作医疗和城镇居民基本医疗保险。

（3）标准级别

国家社会保险标准体系结构包括国家标准和行业标准。

（4）标准约束力

社会保险领域内的标准，除法律、行政法规规定强制执行的标准，其余均应属于推荐性国家标准。

二、社会保险标准体系的总体要求

（一）合法依规

标准体系内标准应符合国家有关法律法规要求。有关法律法规见本章第二节“坚持依法实施”的内容。

（二）上层优先

标准体系内的标准应优先采用上层次标准，如国家标准、行业标准和地方标准。

（三）立足应用

应紧密结合社会保险经办管理和事业发展的需要，制定标准和不断完善标准，保证纳入标准体系的标准具有实用性。

（四）相互协调

标准体系内标准既相对独立，满足对个性标准的需求，又不对立和相互矛盾。个性标准是指直接表达一种标准化对象（产品或系列产品、过程、服务或管理）的个性特征的标准。相互矛盾就是标准体系内的标准相互排斥。

（五）技术合规

标准体系内标准应符合国家服务业标准的分类和编写要求。标准体系表编制应符合 GB/T 13016 和 GB/T 13017 的规定。

第四节　社会保险标准体系表

一、社会保险标准体系表的含义与编制原则

（一）社会保险标准体系表的含义

标准体系表是指标准体系的具体形式。国家标准 GB/T 13016—2009《标准体系表编制原则和要求》将标准体系表定义为：“一定范

围内的标准体系内的标准按其内在联系排列起来的图表。”据此定义，社会保险标准体系表是指社会保险领域内标准体系的标准按其内在联系排列起来的图表。其主要作用是：用以表达社会保险标准体系的构思、设想、整体规划和表达标准体系概念的模型。编制标准体系表可以促进社会保险标准化工作范围内的标准组成科学合理。

（二）社会保险标准体系表的编制原则

社会保险标准体系表的编制，须符合 GB/T 13016—2009《标准体系表编制原则和要求》。

1. 目标明确

首先要明确建立标准体系的目标，不同的目标，可以编制出不同的标准体系表。比如，围绕提高社会保险经办管理质量而建立的标准体系，目的是改进社会保险经办机构的质量管理。围绕信息化建设而建立的标准体系，目的是实现社会保险有关数据共享和应用系统集成等目标。

2. 全面成套

要围绕标准体系目标的系统整体性，即体系的子体系及子体系的全面成套和标准明细表，所列标准应全面成套。

3. 层次恰当

列入标准明细表中的每一项标准都应安排在恰当层次上。从一定范围内的若干个标准中，提取共性特征并制定成共性标准。将此共性标准安排在标准体系内的被提取的若干个标准之上，这种提取出来的共性标准构成标准体系中的一个层次。为扩大通用范围，基础标准宜安排在较高层次上。同一个标准不可同时列入两个以上体系或子体系内，防止多个部门重复制定。根据标准的适用范围，恰当地将标准安排在不同层次上。一般要尽量扩大标准的适用范围，或尽量安排在高层次上，这有利于在大范围内协调统一，从而达到体系组成尽量合理简化。

4. 划分清楚

标准体系表内的子体系或类别的划分，应按行业、专业或门类等标准化活动性质的同一性，而不宜按行政机构的管辖范围划分。

二、社会保险标准体系表的格式与要求

根据GB/T 13016—2009《标准体系表编制原则和要求》，社会保险标准体系表一般应由标准体系结构图、标准明细表、标准统计表和编制说明4部分组成。

（一）社会保险标准体系结构图

按照借鉴国际、立足现实、保持兼容的原则，我国人力资源和社会保障标准体系由人力资源标准分体系、社会保障标准分体系和业务支撑标准分体系三部分组成（如图4—6所示）。

其中，人力资源和社会保障业务支撑标准分体系主要是关于人力资源和社会保障信息化建设方面的标准。实施目标是为构建统一、高效、安全的信息系统应用支撑平台，实现各项业务领域之间、各地区之间的信息共享、业务协同和有效衔接，形成统一规范的信息化公共服务体系和科学有效的决策支持体系。人力资源和社会保障信息化建设标准子体系由信息技术基础、信息资源、网络基础设施、信息安全和应用等方面的标准组成，是制定和实施人力资源标准体系、社会保障标准体系不可或缺的重要技术保障（如图4—7所示）。

社会保障标准分体系包括社会保险标准体系、社会救助标准体系、优抚安置标准体系、公益慈善标准体系和住房保障标准体系。根据有关规定，社会保险标准由社会保险行政主管部门即人力资源和社会保障部门负责制定；社会救助标准、优抚安置标准、公益慈善标准和住房保障标准由国务院有关主管部门负责制定。

为表示社会保险标准子体系系统与其他标准子体系系统间的协调配套关系，在标准结构图中用虚线连接表示社会保险标准子体系方框与相关标准子体系间的关联关系。对虽由本体系负责制定的，而应属于其他体系的标准亦作为相关标准用虚线连接（如图4—8所示）。

社会保险标准体系结构图由总结构方框图和若干子方框图组成（如图4—9所示）。

（二）社会保险标准体系明细表

社会保险标准体系明细表是社会保险标准体系中最重要也是最常

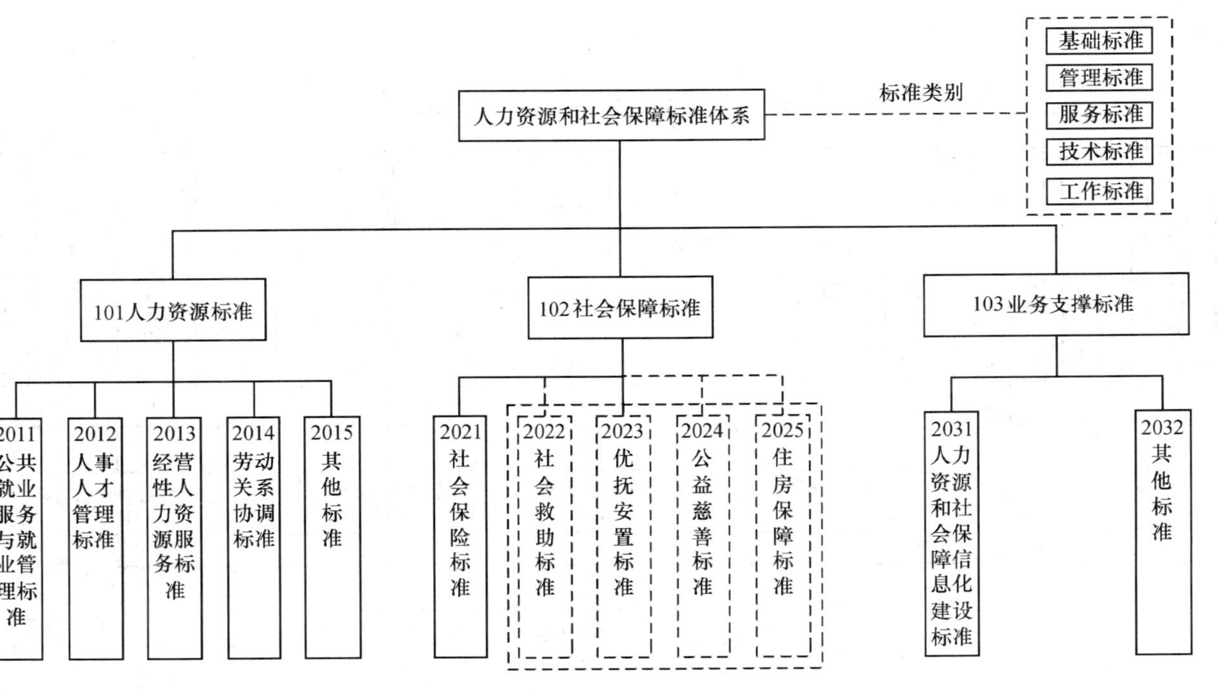

图 4—6　人力资源和社会保障标准体系结构图

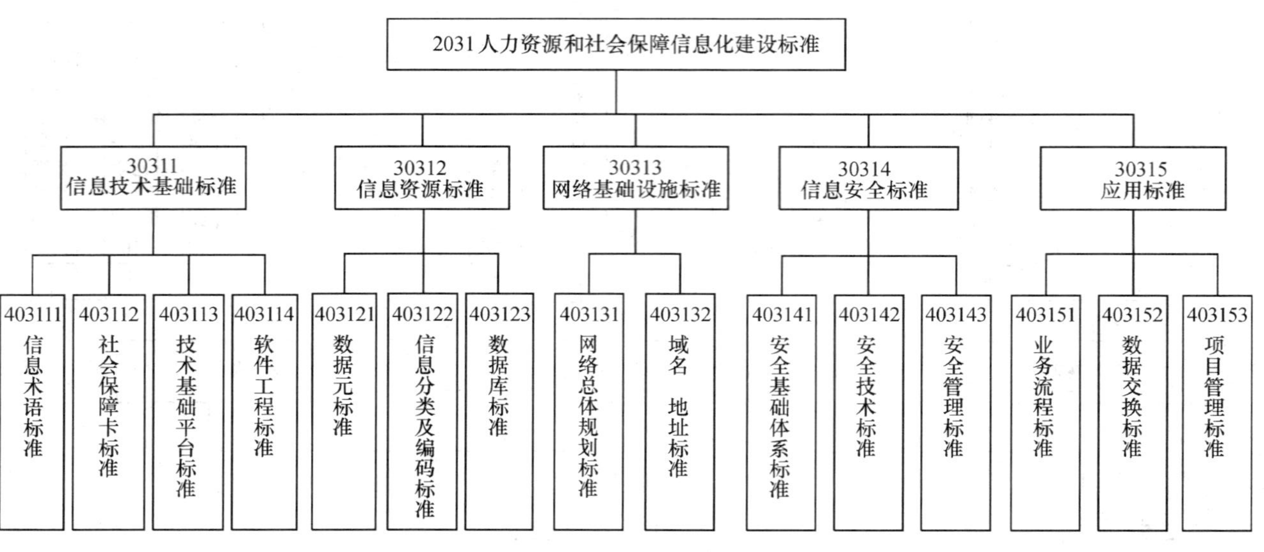

图 4—7　人力资源和社会保障业务支撑标准体系内容结构

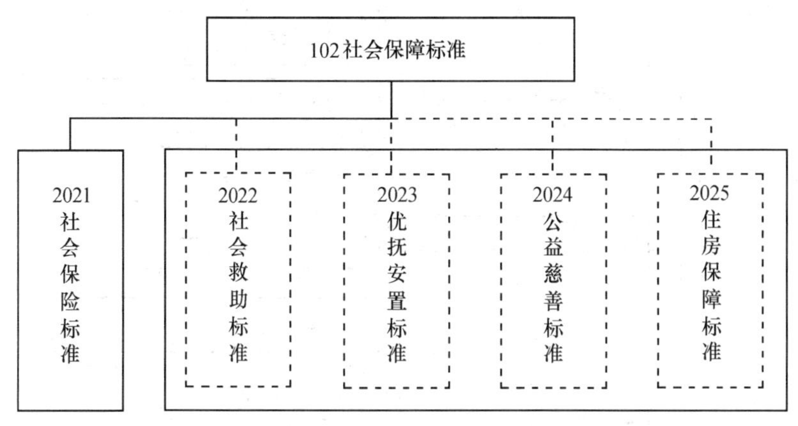

图 4—8　社会保险标准体系与其他社会保障标准体系关系

用的一部分。明细表除设置序号、标准名称这些常用的列表项目外，应明确标出标准的类别，以便于识别，如哪些标准是基础类标准，以及服务、管理、技术和工作类的标准等。标出标准级别项，以便识别哪些标准是国家标准或行业标准。对于近期准备制定的标准，应分别标明标准的主要内容和制定完成年限，方便有意参与社会保险标准制定、修订工作的单位和个人理解标准，掌握参与工作的时间和节奏。备注项用于说明有关情况（见表 4—1）。

该表在《关于印发社会保险标准体系的通知》（人社险中心函［2010］86 号）的基础上，结合《人力资源和社会保障标准化规划（2011—2015 年）》的总体要求，对社会保险标准体系明细表个别条款进行了调整。该表备注项分别标明了截止到本书成稿，该标准是否已经制定完成，以及在国家标准化管理委员会标准立项情况。

（三）社会保险标准体系统计表

社会保险标准体系统计表没有固定形式，可根据统计目的，设置不同的标准类别和统计项。通常，为了简单明了地掌握社会保险标准体系中标准的分布情况，需要对社会保险标准类别、标准约束力、标准级别以及标准数量等要素进行统计。社会保险标准类别分为基础标

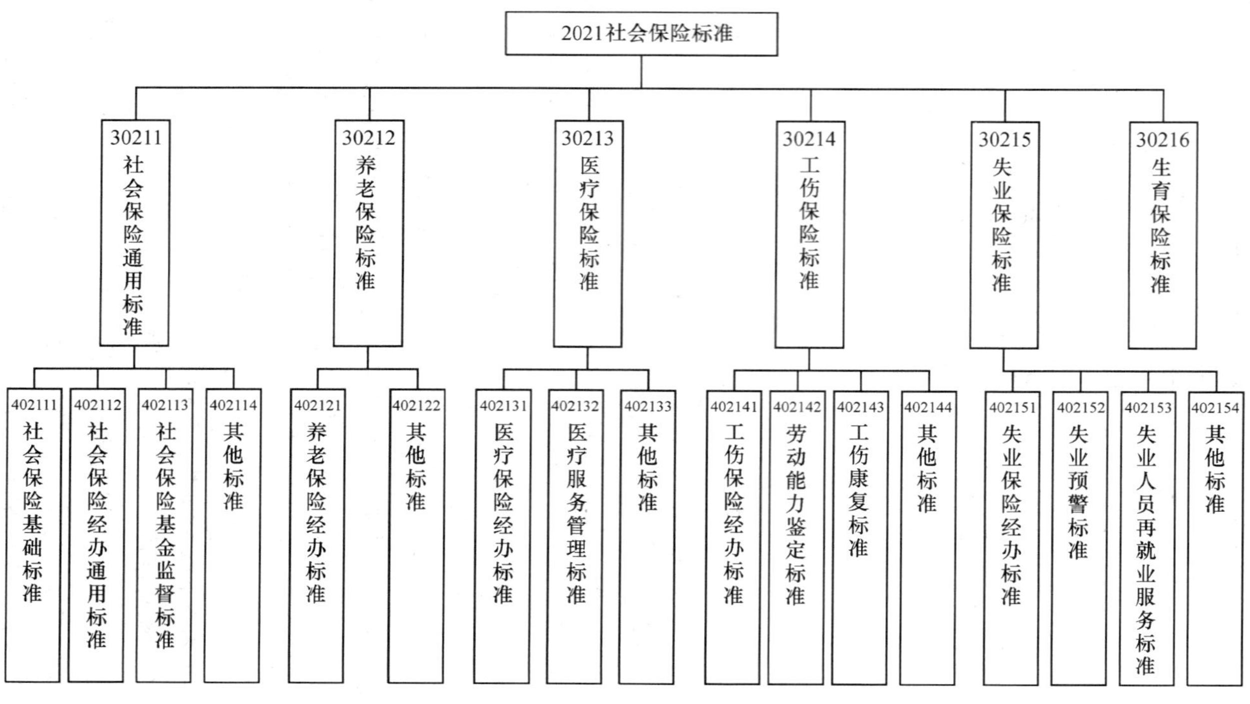

图 4—9　社会保险标准体系结构图

表 4—1　　社会保险标准体系明细表

编号	标准名称	标准类别	标准级别	制定/修订	标准主要内容	制定年限	完成年限	备注
1	社会保险服务总则	基础	国标	制定	规定社会保险服务的基本原则，以及服务体系、服务保障、服务提供、服务监督、评价与改进的基本要求	2010	2010	制定完成
2	社会保障服务中心设施设备要求	管理	国标	制定	规定社会保障服务中心的术语和定义、选址、建筑面积、功能区、服务与办公设施、设备配置及标志要求	2010	2010	制定完成
3	社会保险术语　第1部分：公共基础	基础	国标	制定	规定养老、医疗、失业、工伤、生育保险公共基础术语	2011	2012	项目已批
4	社会保险术语　第3部分：医疗保险	基础	国标	制定	规定医疗保险涉及的相关术语	2011	2012	项目已批
5	社会保险核心业务数据质量规范	管理	国标	制定	社会保险核心业务数据质量标准涉及养老、医疗、工伤、生育等社会保险主要险种的主要业务数据。重点是核心数据指标规范、数据质量标准、数据错误检查技术规范	2011	2012	项目已批

续表

编号	标准名称	标准类别	标准级别	制定/修订	标准主要内容	制定年限	完成年限	备注
6	企业年金基金数据交换规范	管理	国标	制定	该规范的主要技术内容包括：①明确企业年金基金管理需要交换的各种数据项进行分类描述的方式。②对企业年金基金管理交换数据进行分类，定义每类信息包含的数据集，并分别对数据集的定义、用途、约束，数据集代码、传送时点、传送频率、传输方向进行描述	2011	2012	项目已批
7	社会保险术语　第2部分：养老保险	基础	国标	制定	规定养老保险涉及的相关术语	2012	2013	项目已批
8	社会保险术语　第5部分：工伤保险	基础	国标	制定	规定工伤保险涉及的相关术语	2012	2013	项目已批
9	社会保险业务档案管理规范	管理	国标	制定	规定社会保险档案收集、整理、鉴定、统计、保管、利用、保密、清理销毁	2012	2013	项目已批
10	新型农村社会养老保险服务规范	服务	国标	制定	规定新型农村社会养老保险参保登记业务、参保信息变更、保费收缴、个人账户管理、待遇支付、关系转移接续、关系终止	2012	2013	项目已批

续表

编号	标准名称	标准类别	标准级别	制定/修订	标准主要内容	制定年限	完成年限	备注
11	社会保险术语　第4部分：生育保险	基础	国标	制定	规定生育保险涉及的相关术语	2013	2014	
12	社会保险经办机构分等定级规定	管理	国标	制定	规定社会保险经办机构划分条件、评定规则	2013	2014	
13	劳动能力鉴定　职工工伤与职业病致残等级（GB/T 16180—2006）	管理	国标	修订	本标准为工伤、职业病患者于国家社会保险法规所规定的医疗期满后进行医学技术鉴定的准则和依据	2013	2014	
14	劳动能力鉴定　职工工伤与职业病致残等级代码（LD/T 107—2008）	基础	行标	修订		2013	2014	
15	社会保险经办业务流程总则	服务	国标	制定	规范社会保险经办环节	2013	2014	已申报
16	社会保险登记（审核）服务规范	服务	国标	制定	规范单位参保登记、单位变更登记、单位注销登记、单位人员参保登记、单位人员基本信息变更、单位人员增加、单位人员减少、社会人员参保登记、社会人员基本信息变更、社会人员增加、社会人员减少、退休人员基本信息登记。包括受理标准（表、资料清单、填报标准），时限标准，各岗位评价标准	2013	2014	

续表

编号	标准名称	标准类别	标准级别	制定/修订	标准主要内容	制定年限	完成年限	备注
17	社会保险申报缴纳管理规范	服务	国标	制定	规范缴费基数预核定、个人缴费基数变更、正常补征集、调整基数。包括受理标准（表、资料清单、填报标准），时限标准，各岗位评价标准	2014	2015	
18	社会保险征缴服务规范	服务	国标	制定				
19	社会保险征缴稽核业务规范	管理	国标	制定	规范稽核对象选取办法、稽核内容、稽核程序。包括表、资料清单、填报标准，各岗位评价标准	2014	2015	已申报
20	社会保险咨询服务规范	服务	国标	制定	规范服务动作、服务标准、评价标准	2014	2015	
21	社会保障卡（证）管理规范	管理	国标	制定	规范卡（证）制作、发放、使用，挂失、解挂、补换卡（证）。包括受理标准（表、资料清单、填报标准），时限标准，评价标准	2014	2015	
22	社会保险信息披露规范	服务	国标	制定	规范信息披露行为（规范隐私、秘密）	2014	2015	

续表

编号	标准名称	标准类别	标准级别	制定/修订	标准主要内容	制定年限	完成年限	备注
23	社会保险经办绩效评价规范	管理	国标	制定	参照GB/T 19579—2004制定符合社会保险经办服务要求的评价规范	2015	2016	
24	社会保险基金预算管理业务规范	管理	国标	制定	规范基金预算编制范围、编制方法，基金决算方法等	2015	2016	
25	养老保险个人账户管理规范	管理	国标	制定	规范个人账户建立、记账、转入、转出、中断缴费、恢复缴费、终止缴费、对账。包括受理标准(表、资料清单、填报标准)，时限标准，各岗位评价标准	2015	2016	
26	养老保险待遇支付服务规范	服务	国标	制定	离退休人员待遇支付、一次性待遇支付和供养直系亲属待遇支付。包括受理标准(表、资料清单、填报标准)，时限标准，各岗位评价标准	2015	2016	
27	养老保险待遇支付稽核业务规范	管理	国标	制定	规范稽核对象选取办法、稽核内容、稽核程序。包括表、资料清单、填报标准，各岗位评价标准	2015	2016	

续表

编号	标准名称	标准类别	标准级别	制定/修订	标准主要内容	制定年限	完成年限	备注
28	医疗保险待遇享受稽核业务规范	管理	国标	制定	规范稽核对象选取办法、稽核内容、稽核程序。包括表、资料清单、填报标准，各岗位评价标准	2015	2016	
29	社会保险精算业务规范	管理	国标	制定	规范精算工作方案、精算数据采集标准、参数假设标准、精算报告标准	2015	2016	
30	社会保险标识通则	基础	行标	制定	规范中国社会保险标识形状、字体、颜色			
31	社会保险岗位工作系列规范［行政岗位、登记（审核）岗位、征缴岗位、个人账户管理岗位、待遇审核岗位等］	工作	行标	制定	规范岗位人员资格要求、工作内容与要求、责任与权限、纪律要求（工作纪律、经办纪律、保密纪律）、检查与考核			
32	社会保险投诉举报处理规范	服务	国标	制定	参照GB/T 17242—1998投诉处理指南，GB/T 19012—2008质量管理顾客满意组织处理投诉指南，制定符合社会保险经办服务要求的投诉举报处理规范			

续表

编号	标准名称	标准类别	标准级别	制定/修订	标准主要内容	制定年限	完成年限	备注
33	企业年金受托合同规范	管理	行标	制定				
34	企业年金基金账户管理合同规范	管理	行标	制定				
35	企业年金基金投资管理合同规范	管理	行标	制定				
36	企业年金托管合同规范	管理	行标	制定				
37	企业年金基金信息披露基本要求	管理	行标	制定				
38	养老保险待遇审核服务规范	服务	国标	制定	规范企业职工退休待遇核定、领取资格认证、待遇调整、支付结算。包括受理标准（表、资料清单、填报标准），时限标准，评价标准			
39	退休人员社会化管理服务规范	服务	国标	制定				
40	医疗保险个人账户管理规范	管理	国标	制定	规范个人账户资金的转移、提现。包括受理标准（表、资料清单、填报标准），时限标准，评价标准			

续表

编号	标准名称	标准类别	标准级别	制定/修订	标准主要内容	制定年限	完成年限	备注
41	医疗保险待遇享受服务规范	服务	国标	制定	规范住院就医登记、门诊特殊病登记、异地安置登记、转外埠就医登记、医院医疗费申报、药店医疗费申报、个人垫付医疗费申报。包括受理标准（表、资料清单、填报标准），时限标准，评价标准			
42	国家医疗保险服务项目代码	技术	行标	制定				
43	基本医疗保险药品代码	技术	行标	制定				
44	工伤保险待遇支付服务规范	服务	行标	制定	规范工伤事故备案、工伤职工登记、工伤职工保险关系、劳动能力鉴定登记、工伤职工住院登记、转诊转院登记、异地就医登记、外埠就医登记、康复性治疗登记、伤残辅助器具配置更换登记、旧伤复发登记、供养直系亲属登记、工伤康复登记，工伤保险待遇申			

续表

编号	标准名称	标准类别	标准级别	制定/修订	标准主要内容	制定年限	完成年限	备注
44	工伤保险待遇支付服务规范	服务	行标	制定	报（核验单位缴费情况、审核享受待遇资格，工伤医疗费用、工伤康复费用、辅助器具费用、伤残待遇、工亡待遇、劳动能力鉴定费）。包括受理标准（表、资料清单、填报标准），时限标准，评价标准			
45	工伤保险待遇支付稽核业务规范	管理	国标	制定	规范稽核对象选取办法、稽核内容、稽核程序。包括表、资料清单、填报标准，各岗位评价标准			
46	工伤康复综合评价	管理	行标	制定				
47	工伤康复诊疗规范	服务	行标	制定				
48	工伤康复服务项目	服务	行标	制定				
49	失业保险服务规范	服务	国标	制定				
50	失业保险设备设施要求	管理	国标	制定				
51	生育保险待遇支付服务规范	服务	行标	制定	规范生育妊娠登记、计划生育手术并发症登记、生育住院登记、长期派驻异地人员生育登记、生育待遇申报。包括受理标准（表、资料清单、填报标准），时限标准，评价标准			

续表

编号	标准名称	标准类别	标准级别	制定/修订	标准主要内容	制定年限	完成年限	备注
52	生育保险待遇支付稽核业务规范	服务	行标	制定	规范稽核对象选取办法、稽核内容、稽核程序。包括表、资料清单、填报标准，各岗位评价标准			
53	人力资源和社会保障信息化术语	基础	行标	制定				
54	社会保障（个人）卡系列规范	技术	行标	制定				
55	业务系统核心平台技术标准	技术	行标	制定				
56	人力资源和社会保障信息化指标体系	基础	行标	制定				
57	社会保险管理信息系统指标体系	基础	行标	制定				
58	工伤康复业务分类与代码	基础	行标	制定				
59	社会保险分类与代码	基础	国标	制定				
60	统计业务分类体系与标准	基础	行标	制定				
61	统计台账设计和分类	基础	行标	制定				
62	金保工程网络建设规范	技术	行标	制定				
63	授权管理标准体系	技术	行标	制定				

续表

编号	标准名称	标准类别	标准级别	制定/修订	标准主要内容	制定年限	完成年限	备注
64	人力资源和社会保障部网络信任体系	技术	行标	制定				
65	人力资源和社会保障系统等级保护实施规范	技术	行标	制定				
66	人力资源和社会保障信息安全体系规范	技术	行标	制定				
67	12333 电话咨询服务中心标准规范	技术	行标	制定				
68	网上政务公开设计规范	技术	行标	制定				
69	社会保险业务流程规范	技术	行标	制定				
70	内网与外网系统数据交换规定	技术	行标	制定				
71	行业内部数据交换格式	技术	行标	制定				
72	行业对外数据交换格式	技术	行标	制定				

准、管理标准、服务标准、技术标准和工作标准。因现阶段社会保险标准没有强制性国家标准，为简化统计表，可只设立推荐性国家标准和行业标准统计项。国家标准现有数量是指本书成书时刻已制定完成并得到国家标准化管理委员会批准发布的标准。国家标准计划数量是指本书成书时刻已申报的国家标准项目数量。标准总数则为某一类别的国家标准和行业标准的合计（见表4—2）。

表 4—2　　　　社会保险标准体系统计表

标准类别	推荐性国家标准	行业标准	国家标准现有数	国家标准计划数	标准总数
基础标准	7	8	1	4	15
管理标准	17	6	2	3	23
服务标准	13	5	0	1	18
技术标准	0	15	0	0	15
工作标准	0	1	0	0	1

（四）社会保险标准体系表编制说明

为方便理解社会保险标准体系，在制定标准体系表的同时编写编制说明。其内容一般包括：编制体系表的依据及要达到的目标；国内外标准概括；结合统计表分析现有标准与国内外的差距和薄弱环节，明确今后的主攻方向；专业划分依据和划分情况；与其他体系交叉情况和处理意见；需要其他体系协调配套的意见。

三、编制社会保险标准体系表应注意的问题

编制社会保险体系表是一项复杂的工作，需要处理好有关方面的关系。

（一）标准的划分

应处理好社会保险通用标准子体系和养老保险、医疗保险、工伤保险、失业保险、生育保险五个险种的标准子体系的关系。通用标准是对多个险种共性问题的抽取。各险种可以在经办服务、基金监管等方面制定通用标准。例如，对经办服务机构、经办服务人员、经办服务环境可以提出统一的要求；对于社会保险登记、缴费申报核定、社会保险稽核、基金财务管理等各个险种共性的业务应制定统一和综合性标准。对于五大基本险种的待遇审核、支付等经办环节，以及不同险种所涉及的其他标准，则应归入相应的标准子体系范畴。

（二）体系交叉的处理

社会保险标准体系与人力资源和社会保障标准体系以及全国卫生、环保、安全、建筑、服务和信息等标准体系有部分交叉现象，有

关处理可依照以下原则性进行：

1. 主要在社会保险领域应用的现有标准列为社会保险标准体系的相关标准。

2. 在编的社会保险领域标准，也列为社会保险标准体系的相关标准。为了使标准更切合实际，全国社会保险标准化技术委员会积极参与此类标准的制定与修订工作。

3. 未启动编制工作，但已经列入社会保险标准制订计划的标准项目，在经全国社会保险标准化技术委员会向国家标准化管理委员会申请列入国家标准制定、修订计划后，可列入社会保险标准体系。

4. 对于技术归口有争议的标准，仍列入社会保险标准体系。重要的标准应向国家标准化管理委员会说明情况后按国家标准化管理委员会的决定执行。

5. 其他交叉标准根据制定及其实施情况与相关行业协商后酌情处理，同时做好协调工作。

第五章　社会保险标准的制定

随着覆盖城乡居民的社会保障体系的建立健全，社会保险覆盖范围不断扩大，社会保险经办管理服务的任务日益扩展。为了更好地提升服务效能与质量，社会保险经办必须实现标准化管理，通过标准化手段，为广大参保对象提供规范、高效、便利的社会保险参保登记、申报缴费、政策查询、业务咨询、待遇给付、档案管理等各项公共服务。

第一节　社会保险标准制定主体与制定程序

依据我国标准的层级分类，社会保险标准分为社会保险国家标准、社会保险行业标准、社会保险地方标准和社会保险经办机构标准。社会保险国家标准由国务院标准化行政主管部门组织制定；社会保险行业标准由国家社会保险行政主管部门组织制定，并报国务院标准化行政主管部门备案；社会保险地方标准由省、自治区和直辖市标准化行政主管部门组织制定，并报国务院标准化行政主管部门及人力资源和社会保障部备案；社会保险经办机构标准由社会保险经办机构自己制定，在经办机构内部适用，并向当地标准化行政主管部门和社会保险行政主管部门备案。

社会保险标准一般属于推荐性标准，除非政策规定是必须的，一般不做强制性规定。

一、社会保险国家标准制定主体与制定程序

社会保险国家标准是指在社会保险领域，对需要在全国范围内统一的技术要求所制定的标准，其他各层级标准不得与之相抵触。社会保险国家标准是四层标准体系中的顶层标准。

社会保险国家标准分为强制性和推荐性国家标准，一般情况下，社会保险国家标准为推荐性国家标准。研究制定社会保险国家标准，要处理好四个关系：

一是统一性与差异性的关系。制定标准，统一是基本目标，标准不统一则不可能在全国通行。然而，由于我国地域广阔，人口众多，城乡发展差异很大，制定社会保险国家标准时，既需要容忍一定程度的差异，又要向着统一的目标推进，最终实现统一的基本目标。

二是目标与现实的关系。要设定理想目标，但同时也要考虑发展极不平衡的现实。由于社会保险标准化的起点比较低，除了存在国情等大环境的因素外，社会保险制度发展、经办管理水平等各地情况不一，特别是经办管理水平地区之间差距较大，这种现实情况促使推进社会保险标准化工作必须从实际出发。

三是总结与创新的关系。社会保险标准制定不能是单纯的总结、归纳工作，应根据党和国家发展的总战略，根据社会保险行业的发展趋势，借鉴国外社会保险标准化的有益经验而有所突破，具有一定的前瞻性，以求引领行业的规范发展。

四是内部和外部的关系。社会保险国家标准要对社会保险行业具有约束性、指导性、推荐性。同时，还应关注国家的有关标准，特别是和社会保险行业相近、相关的标准。使社会保险标准既能够指导、引领、规范业内发展，又能够与其他标准相衔接，有利于今后在一定程度上的兼容、对接和联系，使整个社会管理成为一个有机的整体，一个完整的系统。

（一）社会保险国家标准制定主体

社会保险国家标准由国务院标准化行政主管部门编制计划，协调项目分工，组织制定，统一审批、编号、发布。国务院标准化行政主

管部门提出编制国家标准计划项目的原则要求，社会保险行政主管部门按下达的国家标准计划项目组织实施，并经常检查社会保险国家标准计划项目的进展情况，督促并创造条件，保证负责起草单位按计划完成任务。每年 1 月底前，将上年度的计划执行情况报国务院标准化行政主管部门。

（二）社会保险国家标准制定程序

1. 社会保险国家标准计划和立项

编制社会保险国家标准计划应以国家社会保障发展和标准化发展计划等作为依据进行立项。

（1）国务院标准化行政主管部门于每年 6 月提出编制下年度社会保障（含社会保险）国家标准计划项目的原则和要求，下达给社会保险行政主管部门即人力资源和社会保障部；人力资源和社会保障部将编制社会保险国家标准计划项目的原则和要求，转发给由其负责领导和管理的全国社会保险标准化技术委员会。

（2）全国社会保险标准化技术委员会根据编制社会保险国家标准计划项目的原则和要求，提出社会保险国家标准计划项目的建议，报人力资源和社会保障部；人力资源和社会保障部审查、协调后，于 9 月底提出社会保险国家标准计划项目草案和项目任务书报国务院标准化行政主管部门。

在协调社会保险国家标准计划项目的过程中如有困难，可由国务院标准化行政主管部门协调解决。

（3）国务院标准化行政主管部门对上报的社会保险国家标准计划项目草案，统一汇总、审查、协调，于 12 月底前将批准后的下年度社会保险国家标准计划项目下达。

（4）在执行社会保险国家标准计划过程中，对确属急需制定社会保险国家标准的项目可以增补；确属特殊情况，可以对计划项目的内容进行调整；确属不宜制定国家标准的项目，应予撤销。

2. 社会保险国家标准的制定

负责起草单位应对所制定的社会保险国家标准的质量及其技术内

容全面负责。应按《标准化工作导则》的要求起草国家标准征求意见稿，同时编写“编制说明”及有关附件，其内容一般包括：

（1）工作简况，包括任务来源、协作单位、主要工作过程、国家标准主要起草人及其所做的工作等。

（2）国家标准编制原则和确定国家标准主要内容（如技术指标、参数、公式、性能要求、试验方法、检验规则等）的论据（包括试验、统计数据），修订国家标准时，应增列新旧国家标准水平的对比。

（3）主要试验（或验证）的分析、综述报告、技术经济论证、预期的经济效果。

（4）采用国际标准和国外先进标准的程度，以及与国内外同类标准水平的对比情况。

（5）与有关的现行法律、法规和强制性国家标准的关系。

（6）重大分歧意见的处理经过和依据。

（7）国家标准作为强制性国家标准或推荐性国家标准的建议。

（8）贯彻国家标准的要求和措施建议（包括组织措施、技术措施、过渡办法等内容）。

（9）废止现行有关标准的建议。

（10）其他应予说明的事项。

3. 征求社会意见

社会保险国家标准征求意见稿和“编制说明”及有关附件，经负责起草单位的技术负责人审查后，分别印发给全国社会保险标准化技术委员会委员以及各省、自治区、直辖市社会保险行政主管部门和经办机构，并将征求意见稿全文刊载在人力资源和社会保障部官方网站和中国社会保障网上，向社会各界广泛征求意见。

国家标准征求意见稿征求意见时，应明确征求意见的期限，一般为两个月。可列出征求意见的表格，以利对意见的综合、整理。

被征求意见的单位应在规定期限内回复意见，如没有意见也应复函说明，逾期不复函，按无异议处理。对比较重大的意见，应说明论据或提出技术经济论证。

负责起草单位应对征集的意见进行归纳整理，分析研究和处理后提出国家标准送审稿、“编制说明”及有关附件、“意见汇总处理表”，送全国社会保险标准化技术委员会秘书处审阅，并确定能否提交审查。必要时可重新征求意见。

4. 审查

社会保险国家标准送审稿的审查，由全国社会保险标准化技术委员会按《全国专业标准化技术委员会章程》组织进行。

（1）参加审查的应有社会保障领域及相关部委的行政人员、社会保险经办机构、科研等单位及大专院校的代表。其中，使用方面的代表不应少于1/4。审查可采用会议审查或函审。其中对社会保障公共服务意义重大、涉及面广、分歧意见较多的国家标准送审稿可会议审查，其余的可函审。会议审查或函审由组织者决定。

会议审查时，组织者至少应在会议前一个月将会议通知、国家标准送审稿、“编制说明”及有关附件、“意见汇总处理表”等提交给参加社会保险国家标准审查会议的部门、单位和人员。函审时，组织者应在函审表决前两个月将函审通知和上述文件及“函审单”提交给参加函审的部门、单位和人员。

（2）会议审查原则上应协商一致。如需表决，必须有不少于出席会议代表人数的3/4同意为通过；国家标准的起草人不能参加表决，其所在单位的代表不能超过参加表决者的1/4。函审时，必须有3/4回函同意为通过。会议代表出席率及函审回函率不足2/3时，应重新组织审查。

会议审查，应写出“会议纪要”，并附参加审查会议的单位和人员名单及未参加审查会议的有关部门和单位名单；函审，应写出“函审结论”，并附“函审单”。

负责起草单位，应根据审查意见提出国家标准报批稿，国家标准报批稿和会议纪要应经与会代表通过。

（3）社会保险国家标准报批稿由人力资源和社会保障部报国家标准审批部门审批。国家标准报批稿内容应与国家标准审查时审定的内容一致，如对技术内容有改动，应附有说明。报送的文件应有：

1）报批国家标准的公文一份。

2）国家标准报批稿四份，另附应符合制版要求的插图一份。

3）“国家标准申报单”“编制说明”及有关附件、“意见汇总处理表”、国家标准审查“会议纪要”或“函审结论”各两份。

4）如系采用国际标准或国外先进标准制定的国家标准，应有该国际标准或国外先进标准原文（复制件）和译文各一份。

5. 社会保险国家标准的审批、编号、发布

（1）社会保险国家标准由国务院标准化行政主管部门统一审批、编号、发布，并将批准的国家标准一份退报批部门。目前全国有几万项标准，每个标准都有固定编号，编号与标准一一对应。编号由国家标准的代号、国家标准发布的顺序号和国家标准发布的年号（即发布年份的后两位数字）构成，其代号由大写汉语拼音字母构成，强制性社会保险国家标准代号为“GB”，推荐性社会保险国家标准代号为“GB/T”。示例为：GB××××—××；GB/T××××—××。

（2）制定社会保险国家标准过程中形成的有关资料，按标准档案管理规定的要求，进行归档。

（3）社会保险国家标准由中国标准出版社出版。在国家标准出版过程中，发现内容有疑点或错误时，由标准出版单位及时与负责起草单位联系。如国家标准技术内容需更改时，须经国家标准的审批部门批准。需要翻译为外文出版的社会保险国家标准，其译文由人力资源和社会保障部组织有关单位翻译和审定，并由国家标准的出版单位出版。

（4）社会保险国家标准出版后，发现个别技术内容有问题，必须作少量修改或补充时，由负责起草单位提出“国家标准修改通知单”，经全国社会保险标准化技术委员会审核，报人力资源和社会保障部审查同意，备文并附“国家标准修改通知单”一式四份，报国家标准的审批部门批准。

6. 社会保险国家标准的复审

这一项很关键，在标准化工作中容易被忽略，社会保险国家标准实施后，应当根据社会保障事业的发展和需要，由人力资源和社会保障部组织有关单位适时进行复审，对其不适应的内容进行调整，形成标准立项、起草、征求意见、审查、编号、批准发布和复审这样一个良性的循环周期。复审周期一般不超过5年。

社会保险国家标准的复审可采用会议审查或函审。会议审查或函审，一般要有参加过该国家标准审查工作的单位或人员参加。

社会保险国家标准复审结果，按下列情况分别处理：不需要修改的国家标准确认继续有效；确认继续有效的国家标准不改顺序号和年号。当国家标准重版时，在国家标准封面上、国家标准编号下写明“××××年确认有效”字样。需作修改的国家标准作为修订项目，列入计划。修订的国家标准顺序号不变，把年号改为修订的年号。已无存在必要的国家标准，予以废止。

负责社会保险国家标准复审的单位，在复审结束后，应写出复审报告，内容包括复审简况、处理意见、复审结论。经人力资源和社会保障部审查同意，一式四份，报国家标准的审批部门批准。

制定社会保险国家标准也可以采用快速程序，对等同采用、等效采用国际标准或国外先进标准的标准制定修订项目，可直接由立项阶段进入征求意见阶段，省略起草阶段；对现有国家标准的修订项目或其他各级标准的转化项目，可直接由立项阶段进入审查阶段，省略起草阶段和征求意见阶段。

（三）社会保险国家标准制定情况

目前，已颁布的社会保险国家标准有《劳动能力鉴定　职工工伤与职业病致残等级》（GB/T 16180—2006）、《社会保险服务　总则》（GB/T 27768—2011）、《社会保障服务中心设施设备要求》（GB/T 27769—2011）。

即将颁布的社会保险国家标准有《企业年金数据交换规范》（注：2012年1月12日经全国社会保险标准化技术委员会审查通过。已按程序报国家标准化行政主管部门批准）。

在研究的社会保险国家标准有《社会保险术语　基础部分》《社会保险术语　医疗保险部分》《社会保险术语　养老保险部分》《社会保险术语　工伤保险部分》《社会保险核心业务数据质量规范》《社会保险业务档案管理规范》《新型农村养老保险服务规范》。

2012年申报的社会保险国家标准有《社会保险经办业务流程总则》《社会保险征缴稽核业务规范》。

根据《社会保险标准体系》的安排，今后一个时期内要研究制定的社会保险标准有66项，其中国家标准31项。“十二五”期间需要制定社会保险国家标准13项。

二、社会保险行业标准制定主体与制定程序

社会保险行业标准是指对没有国家标准而又需要在社会保险行业范围内统一的技术要求所制定的标准，具有较强的专业性和技术性。它是对社会保险国家标准的补充，但不能与有关社会保险国家标准相抵触。社会保险行业标准之间应保持协调、统一，不得重复。社会保险行业标准在相应的社会保险国家标准实施后即行废止。社会保险行业标准的制定应与行业发展要求紧密结合，制定过程和实际内容要体现行业特点，内容应及时更新。

（一）社会保险行业标准制定主体

社会保险行业标准由行业标准归口部门人力资源和社会保障部统一管理，行业标准的归口部门及其所管理的行业标准范围，由人力资源和社会保障部提出申请报告，国务院标准化行政主管部门审查确定，并公布行业标准代号，社会保险行业标准的代号由大写汉语拼音字母“LD”构成。人力资源和社会保障部在制定行业标准计划时，必须与有关行政主管部门进行协调，以建立科学、合理的标准体系。

在制定行业标准工作中，人力资源和社会保障部履行下列职责：制定本行业的行业标准计划，负责协调有关行政主管部门行业标准项目的分工，组织制定本行业的行业标准，统一审批、编号、发布本行业的行业标准，办理行业标准的备案，组织本行业标准的复审工作。

（二）社会保险行业标准制定程序

社会保险行业标准计划建议经人力资源和社会保障部与有关行政主管部门进行协调、分工后，由人力资源和社会保障部分别下达实施。

1. 社会保险行业标准计划，由人力资源和社会保障部抄报国务院标准化行政主管部门，一式两份。

2. 按社会保险行业标准计划的安排，行业标准负责起草单位提出行业标准征求意见稿，经征求各有关方面意见后修改为送审稿，送全国社会保险标准化技术委员会。

3. 社会保险行业标准送审稿，由全国社会保险标准化技术委员会按《全国专业标准化技术委员会章程》的规定组织审查。

行业标准审查可采用会议审查或函审。会议审查时应进行充分讨论，尽量取得一致意见。需要表决时，必须有不少于出席会议代表人数的 3/4 同意为通过。函审时，必须有 3/4 的回函同意为通过。会议审查结果应写出会议纪要。函审时应写出“函审结论”并附有“函审单”。会议代表的出席率和函审单的回函率应不低于 2/3。

行业标准送审时，应附有“标准送审稿”“标准编制说明”“意见汇总处理表”等。

4. 社会保险行业标准由人力资源和社会保障部审批、编号、发布。

社会保险行业标准报批时，应有“标准报批稿”“标准编制说明”“标准审查会议纪要”或“函审结论”及其“函审单”“意见汇总处理表”等。采用国际标准或国外先进标准时，应附有该标准的原文或译文。

行业标准的审批必须尊重“审查会议纪要”或“函审结论”。对报批稿进行修改应有充分的科学论据，并征求全国社会保险标准化技术委员会的意见。对报批稿有重大修改时，应进行重新审查。

确定行业标准的强制性或推荐性，应由全国社会保险标准化技术委员会提出意见，由人力资源和社会保障部审定。

5. 社会保险行业标准实施后，应根据社会保障事业的发展和需要适时进行复审；复审周期一般不超过5年，并确定其继续有效、修订或废止。

行业标准的复审工作由人力资源和社会保障部组织全国社会保险标准化技术委员会进行。标准复审后，应提出“复审报告”，报送人力资源和社会保障部审批。

6. 社会保险行业标准的编号由行业标准代号、标准顺序号及年号组成。示例为：LD××××—××；LD/T ××××—××。

7. 人力资源和社会保障部应在社会保险行业标准发布后30日内，将已发布的行业标准及编制说明连同发布文件各一份，送国务院标准化行政主管部门备案。

备案的行业标准如违反国家有关法律、法规和强制性国家标准，国务院标准化行政主管部门将责成人力资源和社会保障部限期改正或停止实施。

8. 编写社会保险行业标准应符合国家标准GB/T1《标准化工作导则》的规定。行业标准的出版，由人力资源和社会保障部确定。

社会保险行业标准出版后的正式文本，应送国务院标准化行政主管部门一式五份。

（三）社会保险行业标准制定情况

已颁布的社会保险行业标准有：《劳动能力鉴定　职工工伤与职业病致残等级代码》（LD/T 107—2008）、《人力资源和社会保障部网电子认证体系》（LD/T 30.1—2009）。

在研的社会保险行业标准有：《基本医疗保险药品及医疗服务项目代码》。

按照国家《社会保险标准体系》，在今后一个时期内需要研究制定的社会保险行业标准为51项。

三、社会保险地方标准制定主体与制定程序

社会保险地方标准是指对没有社会保险国家标准和行业标准而又需要在省、自治区、直辖市范围内统一的技术要求所制定的标准。社会保险地方标准在本行政区域内适用，不得与社会保险国家标准和行业标准相抵触，社会保险地方标准在相应的社会保险国家标准或行业标准实施后，即行废止。

（一）社会保险地方标准制定主体

制定社会保险地方标准的项目，由省、自治区、直辖市人民政府标准化行政主管部门确定。

法律、法规规定强制执行的地方标准，为强制性标准；规定非强制执行的地方标准，为推荐性标准。社会保险地方标准由省、自治区、直辖市标准化行政主管部门统一编制计划，组织制定、审批、编号和发布。

地方人力资源和社会保障部门应研究制定本地区的社会保险标准化工作总体规划和方案，并报送全国社会保险标准化技术委员会。各地可依据本地实际，在国家社会保险标准体系框架下开展社会保险地方标准的制定工作。对于社会保险标准体系尚未列入，实际工作中确需制定的标准，地方可组织力量先行研究制定地方标准。各地拟自行研究制定的社会保险地方标准要报全国社会保险标准化技术委员会秘书处备案。开展社会保险地方标准化工作要积极稳妥，有序推进，地方标准制定出来后，要先选择部分市县进行试点，成熟后经全国社会保险标准化技术委员会同意，再在本地推广贯彻。对经实践证明可行的社会保险地方标准，由全国社会保险标准化技术委员会秘书处直接向人力资源和社会保障部或国务院标准化行政主管部门申报，申请批准成为行业标准或者国家标准。

（二）制定社会保险地方标准程序

1. 省、自治区、直辖市标准化行政主管部门，向同级人力资源和社会保障行政主管部门和省辖市（含地区）标准化行政主管部门，部署制定社会保险地方标准年度计划的要求，由同级人力资源和社会保障行政主管部门和省辖市标准化行政主管部门根据年度计划的要求提出计划建议；省、自治区、直辖市标准化行政主管部门对计划建议进行协调、审查，制定出年度计划。

2. 省、自治区、直辖市标准化行政主管部门，根据制定社会保险地方标准的年度计划，组织起草小组或委托同级人力资源和社会保障行政主管部门、省辖市标准化行政主管部门负责起草。

3. 负责起草社会保险地方标准的单位或起草小组，进行调查研究、综合分析、试验验证后，编写出地方标准征求意见稿与编制说明，经征求意见后编写成标准送审稿。

4. 社会保险地方标准送审稿由省、自治区、直辖市标准化行政主管部门组织审查，或委托同级人力资源和社会保障行政主管部门、省辖市标准化行政主管部门组织审查。审查工作可由标准化行政主管部门批准建立的社会保险标准化技术委员会或组织社会保障领域及相关部委的行政人员、社会保险经办机构、科研等单位的专业技术人员进行审查。审查形式可会审，也可以函审。

5. 组织起草社会保险地方标准的单位将审查通过的地方标准送审稿，修改成报批稿，连同附件，包括编制说明、审查会议纪要或函审结论、验证材料、参加审查人员名单，报送省、自治区、直辖市标准化行政主管部门审批、编号、发布。

6. 社会保险地方标准发布后，省、自治区、直辖市标准化行政主管部门在 30 日内，应分别向国务院标准化行政主管部门、人力资源和社会保障部备案。备案材料包括地方标准批文、地方标准文本及编制说明各一份。

7. 受理备案的部门，当发现备案的社会保险地方标准违反有关法律、法规和强制性标准规定时，由国务院标准化行政主管部门会同人力资源和社会保障部责成申报备案的部门限期改正或停止实施。

8. 社会保险地方标准纳入地方标准统一编号。地方标准的编号，由地方标准代号、地方标准顺序号和年号三部分组成。汉语拼音字母“DB”加上省、自治区、直辖市行政区划代码前两位数再加斜线，组成强制性地方标准代号。加“T”，组成推荐性地方标准代号。省、自治区、直辖市代码见表 5—1。示例：山西省强制性地方标准代号：DB14/×××—××；山西省推荐性地方标准代号：DB14/T ××

×—××。

9. 社会保险地方标准实施后，应根据当地社会保险的发展和需要，适时进行复审，复审周期一般不超过5年，并确定其继续有效、修订或废止。

表5—1　　省、自治区、直辖市代码

名称	代码	名称	代码	名称	代码
北京市	110000	安徽省	340000	贵州省	520000
天津市	120000	福建省	350000	云南省	530000
河北省	130000	江西省	360000	西藏自治区	540000
山西省	140000	山东省	370000	陕西省	610000
内蒙古自治区	150000	河南省	410000	甘肃省	620000
辽宁省	210000	湖北省	420000	青海省	630000
吉林省	220000	湖南省	430000	宁夏回族自治区	640000
黑龙江省	230000	广东省	440000	新疆维吾尔自治区	650000
上海市	310000	广西壮族自治区	450000	台湾省	710000
江苏省	320000	海南省	460000		
浙江省	330000	四川省	510000		

10. 社会保险地方标准的出版、发行办法，由各省、自治区、直辖市标准化行政主管部门规定。

（三）社会保险地方标准制定情况

陕西省社会保障局与陕西省标准化研究院共同研究编制了《城镇企业职工基本养老保险登记》等6个陕西省地方标准。2010年2月，陕西省质量技术监督局正式颁布了4项省级社会保险地方标准：《城镇企业职工基本养老保险登记》(DB61/T 490—2010)、《城镇企业职工基本养老保险基金征缴》(DB61/T 491—2010)、《城镇企业职工基本养老保险待遇社会化发放》(DB61/T 492—2010) 和《城镇企业职工基本养老保险行政争议受理》(DB61/T 493—2010)。这是全国社会保险最先颁布的省级地方标准，随后还将颁布《城镇企业职工基本养老保险个人账户管理》和《城镇企业职工基本养老保险待遇核算》两项地方标准。

2011年，上海市医疗保险事务管理中心也向上海市质量技术监督局申报了《医疗保险服务规范》和《医疗保险业务档案管理规范》两项地方标准。2012年，还将申报《医疗保险信息系统建设与运行规范》社会保险地方标准。

四、社会保险经办机构标准制定主体与制定程序

社会保险经办机构标准是指在社会保险经办机构范围内需要协调、统一的技术要求、管理要求和工作要求所制定的标准。对已有社会保险国家标准、行业标准或地方标准的，鼓励机构制定严于社会保险国家标准、行业标准或地方标准要求的社会保险经办机构标准。

（一）社会保险经办机构标准制定主体

社会保险经办机构标准由机构自行制定，由机构法人代表或法人代表授权的主管领导批准、发布，由机构法人代表授权的部门统一管理。社会保险经办机构标准是经办机构为广大参保者提供社会保险公共服务活动的依据。本机构内的标准之间应协调一致。

（二）社会保险经办机构标准制定程序

1. 社会保险经办机构标准制定的一般程序是：编制计划、调查研究，起草标准草案、征求意见，对标准草案进行必要的验证，审查、批准、编号、发布。

2. 审查社会保险经办机构标准时，根据需要，可邀请机构外有关人员参加。

3. 审批社会保险经办机构标准时，一般需备有以下材料：标准草案（报批稿）、标准草案编制说明（包括对不同意见的处理情况等）、必要的验证报告。

4. 社会保险经办机构标准的编写和印刷，参照国家标准GB/T1《标准化工作导则》的规定执行。

5. 社会保险经办机构标准的编号方法如下：机构标准代号、机构代号、顺序号和年号。

Q/××× ×××—××

机构代号，由国务院有关行政主管部门和省、自治区、直辖市政府标准化行政主管部门会同同级人力资源和社会保障行政主管部门规定。

6. 社会保险经办机构标准应定期复审，复审周期一般不超过3年。当有相应的国家标准、行业标准和地方标准发布实施后，应及时复审，并确定其继续有效、修订或废止。

7. 社会保险经办机构标准，应在发布后30日内办理备案。一般按机构的隶属关系报当地标准化行政主管部门和人力资源和社会保障行政主管部门备案。报送机构标准备案的材料有：备案申报文、标准文本和编制说明等。

受理备案的部门收到备案材料后即予登记。当发现备案的社会保险经办机构标准，违反有关法律、法规和强制性标准规定时，标准化行政主管部门会同人力资源和社会保障行政主管部门责令申报备案的机构限期改正或停止实施。

社会保险经办机构标准复审后，应及时向受理备案部门报告复审结果。修订的机构标准，重新备案。

（三）社会保险经办机构标准制定情况

宝鸡市劳动和社会保障局为了不断推进社会保险经办工作的规范化、信息化、专业化管理，更好地为全市社会保险业务经办提供技术保障和支持，制定了医疗保险、工伤保险、失业保险和机关事业单位养老保险四类社会保险经办机构标准213项。其中管理标准55项，工作标准158项。如《基本医疗保险业务代理机构管理标准》《工伤医疗保险管理人员工作标准》《失业待遇审核人员工作标准》《机关事业单位养老保险基金征缴管理标准》《历史缴费数据变更岗位工作标准》。

第二节　社会保险标准的编写

标准是一种特定形式的技术文件，标准编写得是否合规，直接关系到标准的贯彻，也影响到标准之间的交流。制定标准是为了统一，社会保险国家标准是在全国范围内对社会保险的某些内容进行统一规范，社会保险行业标准是在全行业内对社会保险的某些内容进行统一规范。由于国家标准、行业标准范围比较广，所以通常规定的内容不宜太死、太细，仅规定基础性的和（或）通用性的内容，以保证所有标准在基本要求上达到统一。同时在制定、修订标准时应注意标准的继承性，一项标准一旦形成某种要求，以后将很难改变，或投入很大成本才能改变。

一、社会保险标准的编写规则

社会保险标准的编写应遵循标准编写的共同准则，符合标准编写的基本规定。标准所规定的条款应明确而无歧义，并且在其范围所规定的界限内按需要力求完整；标准应清楚、准确、相互协调；标准内容应充分考虑最新技术水平且为未来技术发展提供框架；标准能被未参加标准编制的专业人员所了解，防止不同人从不同角度产生不同的理解。

（一）统一性要求

在每项标准或系列标准内，标准的结构、文体和术语应保持一致。系列标准的结构及其章、条的编号应尽可能相同。类似的条款应使用类似的措辞来表述，相同的条款应使用相同的措辞来表述。标准应该措词准确，逻辑严谨，用词禁忌模棱两可，语句结构紧凑严密。

在每项标准或系列标准内，某一给定概念应使用相同的术语。对于已定义的概念应避免使用同义词。每个选用的术语尽可能只有唯一的含义，即不能出现一物多名或一名多物现象。

（二）协调性要求

为了达到所有标准整体协调的目的，每项标准应遵照现行基础标准的有关条款，尤其是标准化术语，术语的原则和方法，量、单位及其符号，缩略语，参考文献，技术制图，图形符号等。

标准应认真贯彻国家法律、法规，有关标准之间应协调一致。编写标准时，不能与国家的有关法律、法规相违背；编写标准时要与现行的上级、同级标准协调一致，要符合该标准所属的标准体系表，以充分发挥标准化的系统功能。

（三）等效性要求

当提供标准的其他语种版本时，不同版本应保证在结构和技术上的一致。

（四）适用性要求

标准的内容应便于实施，并易被其他标准引用。

（五）计划性要求

为了保证一项标准或一系列标准的及时发布，在制定标准时应遵守标准制定程序。在起草标准之前应确定预计的结构和内在关系，尤其应考虑内容的划分。如果标准分为多个部分，则应列出预计的各个部分的名称。

（六）简明性要求

标准要简洁明了，通俗易懂，不要使用生僻词或地方俗语。标准只规定“应”怎么办，“必须”达到什么要求，“不得”超过什么界限，一般不讲原因和道理，凡能定量表述的都要定量表述。根据标准的具体内容，选择文字和图表，宜用文字的用文字，宜用图表的用图表。

对于等同采用国际标准的标准文本，其结构应与被采用的国际标准一致。

编写标准时必须对标准中的文字、图表、数值、公式、计量单位及符号等均应反复核实，消除一切技术错误，保证其准确无误。

二、社会保险标准的内容结构

一般情况下，针对每个标准化对象应编制一项单独的标准，并作为整体出版。当标准篇幅过长，或后续部分的内容相互关联，或标准的某些部分可能被法规引用，或标准的某些部分拟用于认证时，可在相同的标准顺序号下将一项标准分成若干个单独的部分。每个部分涉及对象的一个特定方面，并且能够独立使用；或者当对象具有通用和特殊两个方面时，通用方面应作为第 1 部分，特殊方面应作为其他各部分。

（一）标准的内容划分

一项标准，其内容根据要素的性质可划分为规范性要素和资料性要素。

规范性要素是要声明符合标准而应遵守的条款的要素，当声明某一过程或服务符合某一项标准时，并不需要符合标准中的所有内容，而只要符合标准中的规范性要素的条款，即可被认为符合了该项标准。要遵守某一项标准，就要遵守该标准中的所有规范性要素中所规定的内容。

资料性要素是标识标准、介绍标准、提供标准的附加信息的要素，在声明符合标准时无须遵守的要素。这些要素在标准中存在的目的，并不是让标准使用者遵照执行，而只是要提供一些附加资料。

一项标准，依据要素的必备或可选状态，标准内容可划分为必备要素和可选要素。必备要素是指在标准中必须存在的要素，可选要素是指在标准中不是必须存在的要素，其存在与否视标准条款的具体需求而定。

（二）标准的结构

标准的结构是指一项标准应包括的内容和必要的章节，在编写标准时，应首先确定标准的结构。依据要素在标准中的位置可划分为资料性概述要素、规范性一般要素和技术要素、资料性补充要素。如图5—1所示。

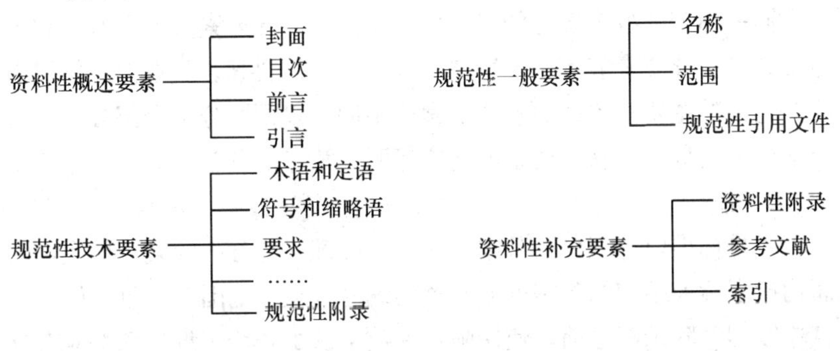

图5—1　标准的结构

资料性概述要素是标识标准，介绍其内容、背景、制定情况以及该标准与其他标准的关系的要素。具体到标准中就是标准的“封面、目次、前言、引言”等要素。

规范性一般要素是位于标准正文中的前几个要素，也就是标准的“名称、范围、规范性引用文件”等要素。

规范性技术要素是标准的核心部分，也是标准的主要技术内容。包括“术语和定义、符号和缩略语、要求……规范性附录”等要素。

资料性补充要素是提供附加信息，以帮助理解或使用标准的要素。具体到标准中就是标准的“资料性附录、参考文献、索引”等要素。

（三）标准的层次及编号

标准的层次是指部分、章、条、段、列项和附录。如图 5—2 所示。

1. 部分

部分是一项标准被分别起草、批准发布的系列文件之一。一项标准的不同部分具有同一个标准顺序号，它们共同构成了一项标准。部分不是独立的标准，也不是系列标准的组成部分，它是一项标准内的组成“部分”，不应将部分再分成分部分。

部分的编号应位于标准顺序号之后，使用阿拉伯数字从 1 开始，部分的编号与标准顺序号之间用下脚点相隔。如：9999.1，9999.2 等，其中“.1”“.2”为部分的编号。

同一标准的各个部分的名称应有相同的引导要素（如果有）和主体要素，引导要素表示标准所属的领域，主体要素表示在上述领域内所要论述的主要对象；而补充要素应不同，以便区分各个部分。在每个部分的名称中，补充要素前均应标明“第×部分”。

2. 章

章是标准内容划分的基本单元，是标准或部分中的第一层次，因而构成了标准结构的基本框架。章的编号应从“范围”一章开始，一直连续到“附录”之前，使用阿拉伯数字从 1 开始。每一章都应有标

章的编号
条的编号
规范性
一般要素
范围
规范性引用文件
1
2
3
4
5
6
7
8
9
10
11
12
13
14
15
16
6.1
6.2
6.3
6.4
6.5
6.6
6.7
6.4.1
6.4.2
6.4.3
6.4.4
6.4.5
6.4.6
6.4.7
6.4.8
6.4.9
6.4.10
6.4.11
6.4.12
6.4.13
6.4.14
6.4.15
6.4.16
规范性
技术要素
12.1
12.2
12.2.1
12.2.1.1
12.2.1.1.1
12.2.1.1.1.1
12.2.1.1.1.2
12.2.1.1.2
12.2.1.1.2.1
12.2.1.1.2.2
12.2.1.2
12.2.2
12.3
附录A（规范性附录）
A.1
A.2
A.3
资料性
补充要素
附录B（资料性附录）
B.1
B.2
B.3
B.1.1
B.1.2
B.1.2.1
B.1.2.2
B.1.2.3
B.1.2.4
B.1.2.5
B.1.2.6
B.1.2.7
B.1.2.8
B.1.2.9
B.1.2.10
B.1.2.11
规范性
技术要素
附录C（规范性附录）

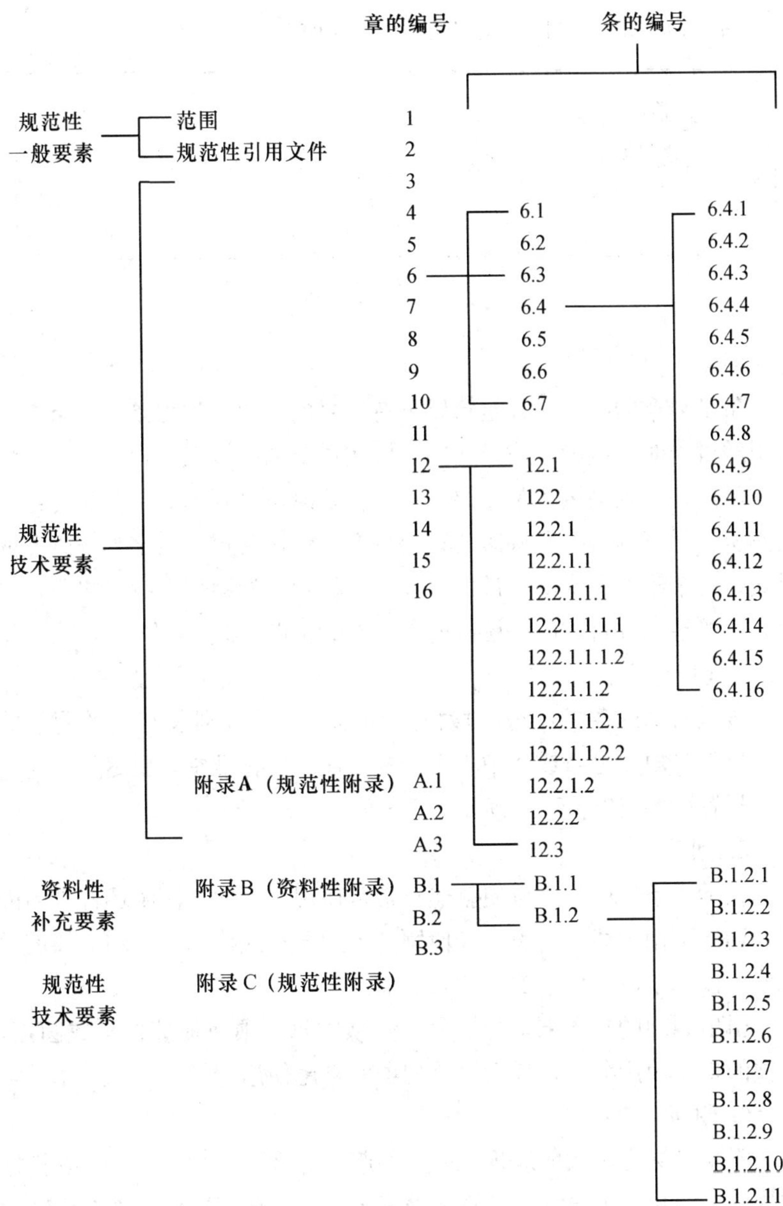

图 5—2　标准层次及编号

题，与其后的条文分行。示例如图 5—3 所示。

```
1    范围
2    规范性引用文件
3    术语和定义
4    总则
5    ……
…… ……
```

图 5—3　章的示例

3. 条

条是对章的细分，凡是章以下有编号的层次均称为条。当条有被引用的可能时，应考虑设条；同一层次中有两个以上（含两个）的条时才可设条，条的设置是多层次的，需要时可分到第五层。条的编号在其所属的章内或上一层次的条内进行，使用阿拉伯数字加下脚点的形式。每个第一层次的条最好给出一个标题，标题位于编号之后，并与其后的条文分行。同一层次的条，有无标题应统一。

4. 段

段是对章或条的细分。段没有编号，这是区别段与条的明显标志，也就是说段是章或条中不编号的层次。在标准中，要尽量避免出现“悬置段”。如图 5—4 所示。

5. 列项

在标准条文中，为方便叙述，常常使用列项的方法阐述标准的内容。列项可用下述形式引出：使用一个句子；或使用一个句子的前半部分，该句子由列项中的各项来完成。

引出列项的句子末尾加冒号，列项中每一项前加破折号或圆点，列项的末尾使用分号，最后一个列项的末尾使用句号。

6. 附录

附录是标准层次的表现之一。在起草标准时，为了合理地安排标准的整体结构，突出标准的主要技术内容，方便标准使用者对标准中部分技术内容的进一步理解，以及在采用国际标准时，为了给出与国

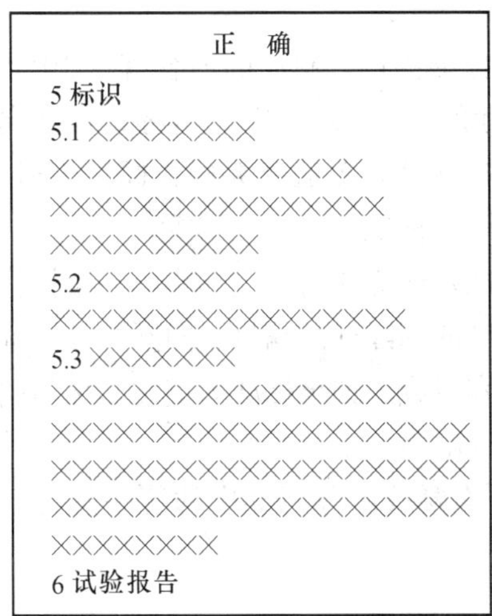

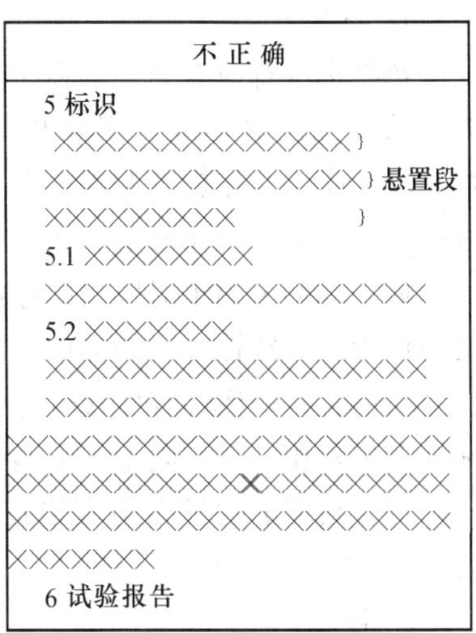

图 5—4　正确与错误分段示例

际标准的详细技术差异，常常使用附录这一形式。

每个附录都设有标题，以标明附录要规定或介绍的具体内容。每一个附录的前三行内容要提供识别附录的信息：第一行是附录的编号，每个附录都应有一个编号，如“附录 A”“附录 B”“附录 C”等；第二行为附录的性质，应注明“规范性附录”或“资料性附录”；第三行为附录的标题。附录中的章、图、表和公式的编号前均应加上标识该附录的字母，字母后跟下脚点。每个附录章、图、表和公式的编号应重新从 1 开始，附录中的章用“A. 1”“A. 2”“A. 3”等表示；附录中的图用“图 B. 1”“图 B. 2”“图 B. 3”等表示；附录中的表用“表 B. 1”“表 B. 2”“表 B. 3”等表示；附录中的公式用“(B. 1)”“(B. 2)”“(B. 3)”等表示。

三、社会保险标准要素的编写

（一）资料性概述要素的编写

资料性概述要素包括标准的封面、目次、前言、引言等四个要素，以介绍标准概况。

1. 封面

每项标准都应有封面。以国家标准为例，封面的内容有："中华人民共和国国家标准"字样和国标的标志 GB，中文名称、英文名称、ICS 号（国际标准分类号）、中国标准文献分类号、标准编号、代替标准编号、发布日期、实施日期、标准的发布部门等。

如果标准采用了对应的国际标准，还应在封面上标明其一致性程度的标识，一致性程度的标识由对应的国际标准编号、国际标准名称（使用英文）、一致性程度代号等内容组成。如果标准的英文名称与国际标准名称相同时，则不标出国际标准名称。

标准封面上的发布与实施日期均要按国际标准中的统一规定书写，如 2011－10－18。

2. 目次

根据需要，当标准内容较长、结构较复杂、条文较多时，一般应设置目次。目次可以清楚地表明标准的结构及其内容之间的联系，以及要素间的从属关系。

目次的内容包括前言、引言、章、带有标题的条、附录、附录的章和带有标题的条、参考文献、索引、图、表。在目次中应列出完整的标题。在电子文件中，目次应自动生成，不需要手工编排。目次所在页应另编页码，不能与标准正文的页码连续。

3. 前言

每项标准均应有前言，前言由特定部分和基本部分组成。

在特定部分视情况依次给出下列信息：

——对于系列标准或由多个部分组成的标准，在第一项标准或标准的第 1 部分的前言中应说明标准的预计结构，在系列标准的每一项标准或标准的每一部分的前言中，应列出所有已知的其他标准或其他部分的名称。

——说明与对应的国际标准、导则、指南的一致性程度，写出对应的国际文件的编号、中文译名，并列出与所采用的国际标准的技术差异和所作的主要编辑性修改。

——说明标准代替或废除的全部或部分其他文件。

——说明与标准前一版本相比的重大技术变化。

——说明标准与其他标准或文件的关系。

——说明标准中的附录哪些是规范性附录，哪些是资料性附录。

在基本部分视情况依次给出下列信息：

——本标准由××××提出。

——本标准由××××批准。

——本标准由××××归口。

——本标准起草单位。

——本标准主要起草人。

——本标准所代替标准的历次版本发布情况。

如果标准分部分出版，则应将上述列项中的“本标准……”改为“本部分……”。

4. 引言

根据需要，可以在引言中给出编制该标准的原因，以及有关标准技术内容的特殊信息或说明。引言不应包含要求。引言也不编号。当需要对引言的内容分条时，条的编号为 0.1、0.2 等。

（二）规范性一般要素的编写

1. 名称

标准名称为必备要素，应置于正文首页和标准封面。名称力求简练，能够明确表示出标准的主题，使之与其他标准相区分。名称不应涉及不必要的细节。

标准名称由引导要素（可选）、主体要素（必备）和补充要素（可选）3 个要素组成，其中补充要素表示主要对象的特定方面，或给出区分该标准与其他标准的细节。

国家标准、行业标准封面的标准名称下面，应书写英文名称，以便于国际交流。

2. 范围

范围为必备要素，它应置于每项标准正文的起始位置。范围应明确表明标准的对象和所涉及的方面，指明标准或其特定部分的适用界限。必要时，可指出标准不适用的界限。范围的文字应简洁，以便能作内容提要使用。范围不应包含要求。

范围的陈述应使用下列表述形式：

——规定了……的方法（特征）。

——确立了……的系统（一般原则）。

——给出了……的指南。

——界定了……的术语。

标准适用性的陈述应由下述引导语引出：

——本标准适用于……

——本标准不适用于……

如适用范围与标准名称完全一致，即标准名称已明确指出该项标准的适用范围时，可不写适用范围。

3. 规范性引用文件

规范性引用文件为可选要素，它应列出标准中规范性引用的文件一览表，这些文件一经引用便成为标准应用时不可缺少的文件。一览表中引用文件的排列顺序为：国家标准、行业标准、地方标准、国内有关文件、ISO标准等。

规范性引用文件一览表应由下述引语导出："下列文件中的条款通过本标准的引用而成为本标准的条款。凡是注日期的引用文件，其随后所有的修改单（不包括勘误的内容）或修订版均不适用于本标准，然而，鼓励根据本标准达成协议的各方研究是否可使用这些文件的最新版本。凡是不注明日期的引用文件，其最新版本适用于本标准。"

规范性引用文件应限于列出该项标准条文中直接引用的标准，或必须与该标准一起配套使用的标准，这样可以方便标准实施者，在实施该项标准时，应同时实施"规范性引用文件"中所列出的一些标准，以便完整全面地实施标准。但不必把相关标准都写出。

编写规范性引用文件时注意：

（1）规范性引用文件必须是正式批准发布的上级标准和同级标准，不能引用标准草案和过期废止的标准。

（2）应把引用的标准逐项分行并列写出，每项标准代号与标准名称的第一个字母与文字尽可能上下对齐，每项标准后无标点符号。

（3）如果已有术语、符号和代号等国家通用性基础标准，而且适用，则必须引用，以保证基本概念表述、理解的统一。

（三）规范性技术要素的编写

1. 术语和定义

术语和定义为可选要素，它给出为理解标准中某些术语所必需的定义。应由下述引语导出：

——“下列术语和定义适用于本标准”。

——“……确立的以及下列术语和定义适用于本标准”。

——“下列术语和定义适用于GB/T××××的本部分”。

2. 符号和缩略语

符号和缩略语为可选要素，它给出为理解标准所必需的符号和缩略语一览表。

如果标准中没有需要定义的术语和符号，就不必编写，只需直接引用现行的术语和符号即可。

3. 要求

要求为可选要素，管理标准要求应包含：

——管理程序，一般采用流程图表示。

——管理内容与要求。

——检查方法和考核指标等。

4. 规范性附录

规范性附录为可选要素，它给出标准正文的附加条款。条文提及时采用“遵照附录A的规定”，“见附录C”等。

（四）资料性补充要素的编写

1. 资料性附录

资料性附录为可选要素，它给出对理解或使用标准起辅助作用的附加信息。条文提及时采用“参见附录 B”等。

2. 参考文献

参考文献为可选要素，应置于最后一个附录之后。

3. 索引

索引为可选要素。

（五）其他资料性要素的编写

1. 注

标准中的注有条文的注和脚注、图的注和脚注、表的注和脚注。

标准条文中的注应只给出对理解或使用标准起辅助作用的附加信息，不应包含要声明符合标准而应遵守的条款，即不应包含陈述、指示、推荐和要求的条款。条文的注一般是对标准中某一章、某一条或某一段做注释。注最好置于涉及的章、条或段的下面，标明“注 1：”“注 2：”“注 3：”等。

条文的脚注用来提供附加信息，一般是对条文中某个词、符号的注释，应尽量少用脚注。脚注不应包含要求。脚注应位于相关页面的下边，并由一条位于页面左侧 1/4 版面宽度的细实线将其与条文分开。全文脚注应连续编号，即 1）、2）、3）等。在需注释的词或句子之后以相同的上标数字[1)、2)、3)]标记。

2. 示例

标准条文中的示例应只给出对理解或使用标准起辅助作用的附加信息，不应包含要声明符合标准而应遵守的条款，即不应包含陈述、指示、推荐和要求的条款。示例最好置于涉及的章、条或段的下面，标明“示例 1：”“示例 2：”“示例 3：”等。

3. 图

如果用图提供信息更有利于标准的理解，则宜使用图。每幅图在条文中均应明确提及，仅允许对图进行一个层次的细分。图题即图的名称，每幅图宜有图题，置于图的编号之后，在附录之前图应连续编号，如“图 1　图题”“图 2　图题”“图 3　图题”等。图的编号和图题应置于图下方的居中位置。

4. 表

如果用表提供信息更有利于标准的理解，则宜使用表。每张表在条文中均应明确提及。不允许表中有表，也不允许将表再分为次级表。表题即表的名称，每张表宜有表题，置于表的编号之后，在附录之前表应连续编号，如“表1　表题”“表2　表题”“表3　表题”等。表的编号和表题应置于表上方的居中位置。

第三节　社会保险标准制定工作方法

社会保险标准制定应以提升经办管理与服务水平为目标，以服务精确化转型、推进管理与服务标准化建设为主线；以标准研制为基础，以先易后难、先急后缓、先程序后实体、稳步推进为原则；以标准应用为重点，加强机制创新与能力建设，着力增强社会保险标准化的系统性、导向性、实效性与科学性。总的工作方法是：

部门主导，社会参与。充分发挥人力资源和社会保障部各司局、直属单位、部管社团和地方社会保险部门的主体作用，加大国家标准和行业标准制定、修订力度，支持与鼓励地方标准、社会保险经办机构标准的研制。鼓励社会各界参与标准的制定与实施，使标准化成为各方参与和支持社会保障事业发展的重要平台。

统筹规划，突出重点。把握标准化工作规律，统筹安排社会保险各类标准的布局与优先次序，加快形成以基础标准、服务标准、技术标准、管理标准为主的社会保险标准体系。

强化应用，注重实效。立足社会保险经办、面向参保人群，加强标准宣传与贯彻执行，建立健全社会保险标准实施、监督、评估与反馈机制。推进标准化建设试点示范与成果推广，提高标准的适用性、实效性与普及性。

一、成立工作组

根据工作需要，全国社会保险标准化技术委员会可以组建成立标准制定工作组，负责标准制定、修订的具体工作，并对其进行登记、统一编号。对已列入国务院标准化行政主管部门社会保险国家标准制定、修订项目计划的标准，根据《全国社会保险标准化技术委员会章程》的有关规定，秘书处发函在全系统征集社会保险国家标准制定工作组成员单位，各地报名参加工作组或推荐地市参加工作组。在各地申报的基础上，秘书处对报名情况进行研究，根据标准性质以及各地实际情况，确定工作组成员单位，成立该项社会保险国家标准制定工作组，同时确定牵头单位。

工作组是一个集体，牵头单位作为主要负责人，应选派优秀的人员，组成得力的工作班子，制定工作计划，明确工作职责，并保障工作经费，确保按时完成标准征求意见稿的起草工作。工作组各成员单位要指定专人负责，积极参与，服从牵头单位的统一安排。人员一经确定，无特别情况中间不得更换。全国社会保险标准化技术委员会秘书处派人全程参与各项国家标准的制定工作。

标准牵头单位需要认真综合工作组其他成员单位的意见，对各方意见应逐条梳理。为了节省时间和精力，可以采用书面形式征求各方意见，待问题积累到一定程度，再召开全体会议研究讨论，应保证每次会议都能集中解决一些重点问题。

工作组可以不定期开会，召开不同部门、不同层次、不同规模的研讨会和座谈会，加强联系，就标准的制定范围、规范性技术文件、术语及定义以及如何把握经办、服务、管理的关系等内容进行讨论，会后认真整理提出的意见和建议，并进一步修改标准文本，形成标准系列征求意见稿，提交下次会议讨论。各地对在编国家标准的意见建议，可直接反馈给工作组牵头单位。

（一）以部内相关业务司局、科研机构为牵头单位组成标准制定工作组

人力资源和社会保障部相关业务司局和科研单位具有政策优势、管理优势和人才优势，由他们承担有关社会保险国家标准、行业标准的起草工作，有利于提高标准起草的工作质量和效率。已经通过全国

社会保险标准化技术委员会审查的《企业年金数据交换规范》国家标准，由人力资源和社会保障部基金监督司负责牵头起草。社会保障研究所作为专门从事社会保障基础理论和宏观政策研究的国家级研究机构，牵头起草了《社会保险术语　基础部分》国家标准。中国医疗保险研究会作为医疗保险理论、制度政策的研究机构，牵头起草了《社会保险术语　医疗保险部分》国家标准。

（二）以地方经办机构为牵头单位组成标准制定工作组

标准制定工作组作为标准化工作的先行者，牵头单位应在本标准的相关业务方面积累相当的工作经验，成员单位应具有开拓创新、争创一流的精神。

1. 以省级经办机构为主的工作组

当制定宏观性较强的国家标准或行业标准时，可以成立以省级经办机构为主的标准制定工作组。如制定《社会保险服务　总则》国家标准，全国社会保险标准化技术委员会就成立了以上海市医疗保险事务管理中心、天津市社会保险基金管理中心、吉林省社会保险事业管理局等 5 家省级机构为主，2 家市级机构参与为辅的标准制定工作组。该工作组由具有实践经验的上海市医疗保险事务管理中心为牵头单位，此前他们制定实施的《上海市医疗保险社会服务标准》内容全面，覆盖项目包括服务宗旨、服务原则、服务要求、服务公约、服务项目、服务设施、服务环境、服务人员仪容仪表、服务态度、现场服务、电话服务、服务公开、服务投诉和满意度调查等，早已形成了相对完善的服务标准体系。

2. 以市级经办机构为主的标准制定工作组

当制定较为具体的社会保险标准时，一般应以市级经办机构为主成立标准制定工作组。如制定《社会保障服务中心设施设备要求》国家标准，需要对省、市、县三级社会保障服务中心的建设规模、功能区划分等进行界定，许多因素都与具体经办工作密切关联，全国社会保险标准化技术委员会就成立了以大连市社会保险基金管理中心、宁波市城镇职工医疗保险管理中心、长沙市企业社会保险工作局、潍坊市社会保险事业管理中心、丹阳市社会保险管理中心5家地市级经办机构为主的标准制定工作组。又如已开始研制的《社会保险核心业务数据质量规范》国家标准，主要由地市级经办机构参与，这些单位在社会保险信息化建设方面经验丰富，有些还是全国数据质量年的先进单位。

地方社会保险经办机构处在社会保险管理服务的第一线，对标准需求有深刻的感受与积累，成立标准起草地方工作组，有利于发挥中央、地方两个积极性。挑选工作基础好的地方经办机构，由地方具体承担制定标准工作。不同社会保险经办机构与地区相组合，具有较强的代表性，能形成较强的攻关力量。这种模式在已经完成的《社会保险服务　总则》和《社会保障服务设施设备要求》两项社会保险国家标准中得到应用，探索出了具有社会保险行业特色的国家标准研究制定的模式。

二、借助专业机构

标准的制定工作专业性较强，又需要实践经验的积累，更需要科学思维的引导和较强的概括能力。制定社会保险标准不可能仅由少数人来完成，必须集思广益，特别是要充分发挥标准化专业机构的作用。

在制定《社会保险服务　总则》《社会保障服务设施设备要求》两项社会保险国家标准时，标准制定工作组全程引入了标准化研究部门的专业指导。上海市医疗保险事务管理中心和天津市社会保险基金管理中心都与当地的标准化研究机构签订了合作协议，聘请标准化专家，从标准体例、结构、表述等方面给予了具体指导。两地标准制定工作组与标准化专业机构整合资源、优势互补，特别是标准化专业机构能将规范性文件格式很快“翻译”为标准文本格式，使两项国家标准的制定工作做到了起点高、进展快、结构合理、内容充分、表述规范。实践证明，标准化专业机构直接参与社会保险标准的制定工作，对按期完成标准起草工作具有事半功倍的效果。

2009年，中国标准化研究院承担了“人力资源和社会保障标准体系与2010—2015年标准化发展规划”项目，为人力资源和社会保障部设计了标准化工作的总体架构。

2011年，中国标准化研究院承担了“吉林省社会保险服务标准化试点”项目的技术支持，为社会保险服务标准化提供了全方位的解决方案。

由于社会保险标准化工作刚刚起步，作为社会保险标准化工作者应认真学习标准化知识，不断积累制定标准的工作经验，逐步从“外行”变成“内行”。2010年，全国社会保险标准化技术委员会与国务院标准化行政主管部门、中国标准化研究院合作，举办了两期全国社会保险标准化培训班。由国务院标准化行政主管部门、中国标准化研究院的专家授课，学员们系统地学习了标准化的基础知识、服务业标准化的基础知识、标准的结构和编写规则、国家标准制定、修订程序等，基本上达到了组建标准化工作队伍的目标，重点培养了一批基层标准化工作人员，形成了既有社会保险行业经验，又有标准化专业知识的核心力量，为开展社会保险标准化工作提供了人力资源保障。

三、全国社会保险标准化技术委员会评审

全国社会保险标准化技术委员会是社会保险专业标准化工作的技术组织，按照“统一计划、统一审查、统一编号和统一批准、发布”的原则，负责本专业技术领域的国家标准、行业标准的技术归口管理工作。

全国社会保险标准化技术委员会委员的组成，以社会保障领域以及相关领域的专家、学者为主体，由具有较高理论水平和较丰富实践经验，熟悉和热心社会保险专业标准化工作，能积极参加标准化活动的人员担任。委员具有对本专业技术标准进行审查，对国际标准提案提出意见的权利，并在本技术委员会内实施表决。

全国社会保险标准化技术委员会下设秘书处，秘书处设在人力资源和社会保障部社会保险事业管理中心。秘书处在全国社会保险标准化技术委员会主任委员和秘书长领导下，负责处理日常工作。全国社会保险标准化技术委员会及其秘书处的印章由国务院标准化行政主管

部门颁发。

全国社会保险标准化技术委员会每年召开一次年会（可与审查标准结合进行），总结上年度工作，安排下年度计划，检查经费使用情况等。全国社会保险标准化技术委员会应每年向国务院标准化行政主管部门书面报告一次工作。

全国社会保险标准化技术委员会按照国家有关方针政策，向国务院标准化行政主管部门提出符合社会保险专业标准化工作的方针、政策和技术措施的建议，组织制定社会保险专业标准体系，提出社会保险专业制定、修订国家标准和行业标准的规划和年度计划的建议；组织社会保险专业国家标准和行业标准的制定、修订和复审工作，审查社会保险专业国家标准和行业标准送审稿，并提出审查结论意见，对标准中的技术内容负责，提出强制性标准或推荐性标准的建议；组织社会保险专业的国家标准和行业标准的宣讲、解释工作；对社会保险专业已颁布标准的实施情况进行调查和分析，作出书面报告；向人力资源和社会保障部提出社会保险专业标准化成果奖励项目的建议；承担社会保险专业国际标准化组织等相应技术委员会对口的标准化技术业务工作，包括对国际标准文件的表态，审查我国提案和国际标准的中文译稿，以及提出对外开展标准化技术交流活动的建议等。

全国社会保险标准化技术委员会可以成立标准制定工作组，具体负责某一项标准的制定工作，秘书处负责协调、调度各工作组的工作。工作组在调查研究、试验验证的基础上，提出标准征求意见稿（包括附件），分送全国社会保险标准化技术委员会委员以及有代表性的单位和个人征求意见，征求意见时间一般为两个月，工作组或标准主要起草单位对所提意见进行综合分析后，对标准进行修改，提出标准送审稿，报秘书处。秘书处将标准送审稿送主任委员初审后，提交全体委员进行审查（可召开会议审查，也可用函审）。秘书处在会议前一个月或投票前两个月，将标准送审稿（包括附件）提交给审查者。如需表决，必须有全体委员的3/4以上同意，方为通过（会审时未出席会议，也未说明意见者，以及函审时未按规定时间投票者，按弃权计票）。对有分歧意见的标准或条款，须有不同观点的论证材料。审查标准的投票情况应以书面材料记录在案，作为标准审查意见说明的附件。审查通过的标准送审稿，由工作组根据审查意见进行修改，按要求提出标准报批稿及其附件，送秘书处。工作组对标准报批稿的技术内容和编写质量负责。标准报批稿经秘书处复核，秘书长签字后，送主任委员或其委托的副主任委员审核签字，属于国家标准的，报国家标准技术审查机构进行最后的技术审核，由国务院标准化行政主管部门批准、编号、发布。

第六章 社会保险标准的实施及评价

标准的实施是指有组织、有计划、有措施地贯彻执行标准的活动，是将标准规定的各项内容贯彻到服务（产品）实现、经营管理、使用维护等领域的活动过程，是整个标准化活动的重要环节。社会保险标准实施的重点是将标准贯彻到社会保险业务经办、日常行政管理、信息化建设、后勤保障等方面。

标准实施的程度直接关系到标准化的经济效果，而社会保险标准的实施不仅要追求标准化的经济效果，更注重的是社会效益。社会保险经办机构标准化工作的重要任务是实施标准，不仅要实施本单位制定的各类标准，同时还要实施与社会保险经办机构相关的国家标准、行业标准和地方标准。社会保险经办机构只有通过标准实施，才能真正体现标准的作用，才能正确地评价和改进标准，才能实现对广大参保对象“记录一生、保障一生、服务一生”的庄重承诺。

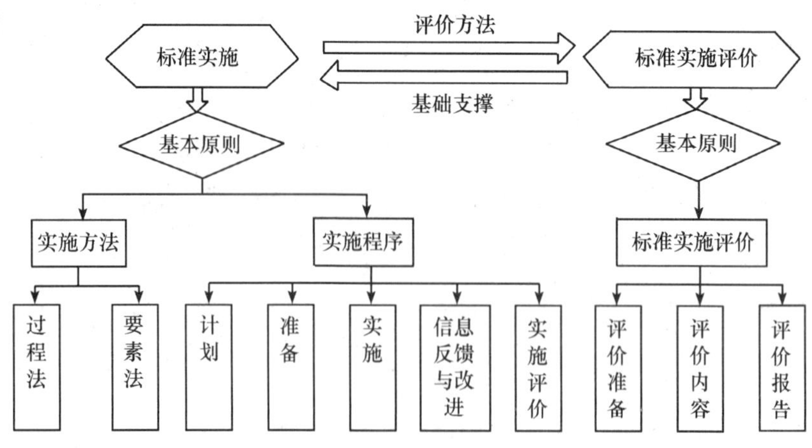

第一节　社会保险标准的实施

标准的实施是整个标准化活动一个十分重要的环节，标准实施的好坏直接关系标准化的经济效果和社会效益。社会保险标准的实施是一项有计划、有组织、有措施的贯彻执行标准的活动，是将标准贯彻到社会保险业务经办、服务、管理工作中的过程。

一、标准实施的重要性

社会保险标准化工作的最重要任务是实施标准，不仅要实施本单位制定的各类标准，还要实施与社会保险业务经办有关的各级各类标准，而且实施标准的工作涉及社会保险业务经办的各个岗位、管理的各个方面和领导、经办人员等各类人员，以及信息系统。应该让单位全体工作人员都能够认识到实施标准的重要性，实施标准能够给单位带来的经济和社会效益，以增强工作人员实施标准的主动性。

（一）标准只有通过实施才能产生作用和效益

标准化的目的就是为了获得最佳秩序和社会效益，如果制定了众多的标准但不去认真实施，标准是不可能自发地产生作用，也不可能因此获得最佳秩序和社会效益。如果我们花了大量人力财力建立了标准体系，却不去进行深入细致的标准宣贯工作，使广大工作人员都能理解和掌握标准，认真的贯彻实施标准，就不可能发挥标准体系应用的作用。

（二）标准的质量只有通过实施才能作出正确评价

标准规定的内容、指标是不是科学合理和具有价值，只有通过实践来检验。有些标准是由社会保险经办机构制定的，自身认为可行，但是按照这个标准执行，虽然工作程序可能顺畅了，却并没有给参保对象提供满意和优质的服务，群众不满意，实践证明这不是个好标准。有些标准是国家或者行业制定的，在科学性、技术性等方面可显示标准本身的质量和水平没有什么问题，但是因我国地域辽阔，各地经济发展不平衡且差异很大，也难以实施，实践证明这样的标准缺乏实际使用价值。

（三）标准只有经过实施才能发现问题并进行修订

标准化过程是制定标准、实施标准、修订标准这样一个循环向上发展的过程。实施环节才是发现问题和积累相关信息的有效过程，可为评价和修订标准提供可靠的依据。通过修订，将新的科学合理的内容补充到标准中去，以纠正标准的不足之处，使标准的水平不断得到提高。

二、实施原则

社会保险经办机构实施标准，一般应遵循系统性原则、有效性原则和持续性原则。

（一）系统性原则

社会保险标准实施应坚持系统性原则，统筹兼顾，有计划、有步骤地进行。实施标准的过程中应关注相关标准间的协调性，所有服务标准应作为一个整体实施，以保证标准实施的总体效果。

一方面，在标准中可能就特定事项作出多项规定，且这些规定往往存在着相互联系、相互制约的关系；另一方面，标准中有些规定在实施标准时往往涉及多方面的因素。因此，实施一项标准，应该全面、系统地考虑，做到统筹兼顾，以期取得最佳实施效果。另外，标准的实施涉及多个环节，常常需要多个部门、多方面的人员共同参与，因此，需要做到统筹兼顾，有计划、有步骤地进行。

社会保险经办机构有时要实施多项标准，把握标准间的协调性非常关键。既要保证各项标准都能实施到位，又要保证各项活动之间相互衔接，避免矛盾、交叉。每项标准都有其特定的功能和作用，共同规范着社会保险经办机构的各项活动，因此，要把相关的所有标准视为一个整体加以实施，这样才能充分实现最佳的整体效果。

（二）有效性原则

社会保险标准实施应坚持有效性原则，因地制宜，注重实效，实现经济效益和社会效益的最大化。确保社会保险基金安全、参保对象办理业务便捷，是社会保险经办机构的责任和义务所在，是服务有效性的重要体现，因此在实施社会保险标准时，应将确保社会保险基金安全、参保对象办理业务便捷、促进社会保险事业的健康发展作为首要目标。

标准中一般要对共性的问题作出统一的规定，但不同的社会保险经办机构或同一经办机构内部不同的部门，其人员、技术状况和相关条件可能有较大差异，因此在保证标准贯彻执行的同时，要因地制宜地考虑实施过程中的各个环节，合理配置资源。这里需把握的一个原则就是讲究实效，尽可能实现经济效益和社会效益的最大化。

（三）持续性原则

社会保险标准实施应坚持持续性原则。实施标准应使各个环节符合标准要求，并不断改进实施方法，提升实施效果。

实施标准是一个不断重复的循环过程，应使每一次循环的各个环节均符合标准要求。但这个循环又不是简单的重复，而是一个不断改进螺旋上升的过程，需要不断改进实施方法，提高实施效果。

三、实施方法

社会保险标准的实施，一般可根据标准的不同特性选择以下方法：

（一）过程法

过程法是指按照服务过程实现的时间顺序来实施标准的方法。一般根据社会保险经办服务发生的时间顺序一步步或分阶段地贯彻标准的要求。这里特别需要强调的是，采用过程法实施标准要注意实施过程中各个阶段的相互衔接，因为上一阶段实施标准的成效，可能直接影响下一阶段的实施，甚至有一个环节没有很好地贯彻标准，将影响整个标准的实施效果。社会保险诸多标准，如业务经办流程标准等，就适宜采用过程法进行实施。

（二）要素法

要素法是指按照服务要素分别实施标准的方法。有些服务标准是按要素分别提出要求的，各要素之间虽有关联，但没有严格的时间上的关联性。例如，社会保险经办机构制定的设施设备标准、环境标准等，就属于这类标准。这些标准的实施应按要素法进行，使每个要素分别达到标准的要求，但也应注意要素之间的关联性。

当然，在标准实施过程中，有时很难严格界定是采用“过程法”，还是“要素法”，往往是两种方法同时使用，这要根据实际情况确定。

四、实施程序

社会保险标准的实施是一项复杂细致的工作，涉及人力资源和社会保障行政部门、社会保险经办机构、参保单位等诸多部门。在社会保险经办机构内可涉及办公室、各业务经办岗位，以及信息、财务、人事等各个方面。因此，实施标准必须有组织、有计划，各方面协调一致地进行。一般说来，标准实施工作大致可分为计划、准备、实施、信息反馈与改进四个步骤进行。

（一）编制实施计划

在实施标准之前，应根据标准实施单位的实际情况，制定出实施标准的工作计划或方案。

实施标准的工作计划或方案的内容主要包括实施标准的范围、方式、内容、步骤、负责人员、时间安排、应达到的要求和目标等。标准实施涉及社会保险经办机构的方方面面，往往需要多部门、多方面人员的参与，是一项较为复杂的活动，因此，标准实施前应制定详细的工作计划或方案，周密部署，协调配合。

在制订标准实施计划时，应着重考虑以下几个问题：

1. 从总体上分析实施标准的有利因素和不利因素，确定标准实施的先后顺序和应采取的措施。除一些重要标准需要由专门组织实施外，一般应尽可能结合或配合其他工作进行贯彻标准工作。

2. 将实施标准分解为若干项具有可操作性的任务和要求，分配给各有关单位和人员并明确职责，规定完成时限以及相互配合的内容和要求。

3. 根据实施标准的难易程度和涉及范围的大小，选择合适的实施方式，对难度较小且涉及范围较小的标准，可一次性展开，全面贯彻；对涉及范围广、实施难度较大的标准，可先行试点，然后分期组织实施。

4. 合理组织人力、物力资源，既保证标准实施工作的顺利进行，又不造成浪费。

（二）实施标准的准备

准备工作是贯彻标准过程的一个重要基础。如果准备工作不到位或者过于简单，一旦标准实施过程出现问题，往往难以得到及时解决，甚至严重影响标准实施工作。实践证明，准备工作做得扎实细致，即便出现某些问题，也能较快得到妥善解决，从而保证标准实施工作顺利进行。

实施标准的准备工作一般是从思想、组织、物资、技术和培训五个方面去做。

1. 思想准备

任何一项标准的实施，都需要投入相应的人力、技术和物资，甚至涉及技术改造、设备更新等事项。实施标准有什么必要性和重要性？这些需要社保经办机构领导及有关人员在思想上对实施标准有一个正确的认识。所以首先要解决认识问题。当我们领导的认识问题解决了以后。其他重要问题如人员、物资、技术、时间等都能顺利解决。因此，首先要使单位领导认识、了解标准的作用和意义，使他们能够重视。其次，要使标准的使用人员充分了解标准的内容与要求，掌握标准的难点。要做好思想准备，必须搞好标准化知识的培训，提高全体人员的标准化意识，尤其是单位主要领导的标准化意识。

2. 组织准备

社会保险标准实施作为一项综合性的活动，必须建立一个组织领导和工作机构，协调解决标准实施过程中的有关问题。社会保险经办机构应根据管理模式和标准实施的范围、要求来确定如何建立组织机构，组织机构由谁牵头，由哪些部门和人员参加，以及相应的职责等等。标准涉及面越宽、内容越复杂，组织机构的层次就越高，参加的部门和人员也就越多。对重要标准或标准体系的实施，应建立由单位主要领导牵头、各有关部门负责人参加的领导机构和相应的工作机构，配备必要的标准化工作人员，研究实施标准的具体措施，协调解决标准实施的有关问题；对单一的、较简单的标准的实施，也至少应设专人或部门负责标准实施工作。社会保险经办机构实施标准体系时，应建立以最高领导为首的组织机构，各单位、部门负责人均应作为成员，共同组织和领导实施工作。

组织机构的建立一般是非永久性的，但重要标准的实施或标准体系的实施，最好建立一个相对稳定的组织机构。例如，陕西省社会保障局就成立了以省局副局长、标准化管理代表为组长，各市养老保险经办处处长为副组长的“标准实施检查领导小组”，省局标准化办公室专职人员和各市养老保险经办处兼职人员为组员，人员相对稳定。

3. 物资准备

应配备相应的设施设备、服务用品、工具、资金及与实施标准相适应的环境条件。

标准的实施，要有一定的物质条件作后盾。服务标准是对服务提供的规范，对服务的各个环节、最终质量作出明确的规定，并具有一定的先进性。为了达到标准要求，往往需要对现有设施设备进行技术改造，有时还需要购置相应的检测设备、服务用品、工具等。服务的环境条件是保证最终服务质量的重要因素，因而需要达到标准要求。

4. 技术准备

技术准备是标准实施过程的关键活动。要根据已编制的实施计划来进行。重点做好如下工作：

（1）为各类人员准备实施标准所需要的标准文本、相关标准、简要介绍、宣贯教材、挂图及其他图片（影像）资料等。

（2）有些标准需要先搞试点，在少数单位先实施，取得经验，然后推广。

（3）对贯标中存在的技术难题，要组织力量解决，必要时应进行技术改造或技术攻关。

实施一项新标准，当涉及服务技术的改进时，应进行相应的技术准备，必要时应进行技术攻关和技术改造。例如，陕西省社会保障局为实施标准化管理，全面升级信息系统，实行全省城镇企业职工养老保险信息数据省级大集中。

5. 宣贯培训

标准宣贯是标准实施的重要环节，同时也是实施准备的重要组成部分。标准在实施过程中会遇到许多问题，这些问题的解决除依赖于技术因素外，还依赖于人们对标准的认知程度。实施标准前，应认真组织宣贯工作，标准宣贯首先要使相关人员对标准实施的重要性有一个正确而全面的认识，其次，要使标准的执行者充分理解标准的内容，掌握标准中的关键点和难点。为此，要专门组织标准宣贯班，请有关人员对标准进行系统的讲解，进行专业培训。只有对标准有一个全面的把握，熟悉标准要求，且了解贯彻标准的重要意义，才能在服务、管理等各项工作中自觉地、正确地贯彻标准。此外，在标准宣贯阶段，还要解决标准实施过程中的相互配合、相互衔接的问题。

社会保险经办都是由业务经办人员与参保对象直接接触来完成的，服务质量的高低与业务经办人员的技能、素质直接相关。服务标准中也往往对服务人员的要求作出明确的规定。为了更好地实施标准，需要做好人员的资质和技能准备。对技术要求较高或国家有明确规定的，通常需要对人员进行专业培训，对人员要求不高的岗位，一般也要经过一定的培训。实施标准涉及的关键岗位，应配备具有相应资质和技能的工作人员。

（三）组织实施标准

在做好标准实施准备工作的基础上，要严格按照制定的实施计划来组织标准的贯彻实施，使标准规定的各项要求在服务过程的各个环节上加以实现，并要满足以下要求：

1. 对经办服务活动涉及的设施设备、服务用品、工具及相应的环境条件等，要通过一定的办法确认其达到标准要求后，投入使用；对于工作人员，应通过考核确认其达到标准要求后，准予上岗。

2. 对服务标准规定的服务质量要求、服务提供要求等必须转化为各业务经办岗位的具体工作要求，加以实施。

3. 对于安全、环保等方面的标准要求，要落实到具体关键点上，并有相应的保证措施。

4. 对实施过程中遇到的各种问题要采取有效措施，以保证标准各项要求的贯彻落实。

这一阶段的中心任务，就是对照标准要求，开展各项活动。对于标准中的强制性要求，一般都给出了限值，标准实施必须达到；而对于标准中的一些推荐性或可选择的要求，可根据实际情况灵活实施。需要指出的是，社会保险的一些标准，有时不能给出严格的定量要求，这里需要在实施过程加以把握。一般来讲，实施标准的程度越高，效果就越好。

（四）信息反馈与改进

社会保险标准的实施必定会对我们的服务、管理等各个环节及最终结果产生一定的影响，出现新的变化，形成一系列数据。实施标准过程中形成的各项数据是改进标准实施工作和修订标准的重要依据，要认真做好各项记录，并将各环节形成的数据和有关情况及时反馈至标准实施的组织协调部门。例如，实施服务环境标准时，可能需要对环境卫生、水质、空气、光亮度等方面的指标进行检查；实施设施设备标准时，要记录设备运行状况，验证功能是否满足要求，检查设施设备性能、安全环保等指标；实施业务经办流程标准时，要记录每个环节运转情况，监测完成时间、数量等方面指标等。

标准在实施中的重点：

1. 抓好一支队伍。要注意培养专兼职标准化管理人员。

2. 建好一套机制。要建立一整套从上至下的标准化管理制度。

3. 发挥各部门的作用。标准化工作不仅仅是标准化办公室一个部门的工作，必须由社会保险经办机构各部门齐心协力，共同努力。

4. 力争更多的标准化资源。社会保险经办机构本身缺乏标准化工作的经验和标准化人才，可以通过联系当地技术监督部门或者标准化研究机构，获得必要的技术支持，也可多联系全国社会保险标准化技术委员会秘书处，争取更多的标准化资源。

衡量标准的水平与质量，唯一标准是实践，即使用的效果。标准是要使用的，不是给人看的，要克服重制定、轻实施、无反馈的现象。

第二节　社会保险标准实施的评价及持续改进

社会保险标准实施评价是社会保险标准化工作的重要组成部分。通过标准实施评价可以发现标准本身和标准实施过程中存在的缺陷和不足，以便改进标准，提高标准水平，改进实施方法，提高实施效果。标准实施评价，是社会保险经办机构标准化工作自我完善的有效方法，也是推动社会保险经办机构开展标准化工作不可缺少的重要工具，对提高社会保险经办机构的科学管理水平，实现其标准化工作的方针、目标具有重要意义。

一、评价原则

为了确保评价结果能准确地反映实际情况，社会保险标准实施评价应坚持“客观公正、科学严谨和全面准确”的原则。对我们社会保险经办机构的标准实施评价这一点尤为重要，因为评价的对象往往涉及人员的活动过程，人为因素较多，如果不强调坚持这些原则，那么评价结果可能产生较大的偏差，对后续的改进工作产生误导。

（一）客观公正的原则

坚持“客观公正”的原则，就是要以客观事实为依据，给出公正的结论。客观证据是判断标准合格与否的依据，客观证据是以客观事实为基础的，包括记录、陈述、文件资料、实物特性、实际现象等，不得加入任何个人的猜想和推测成分，客观证据不足，或未经验证的其他信息，都不能作为合格判定的依据。评价时，应排除各种干扰因素，坚持客观、公正，切忌主观、片面性，始终维护判断的独立性和公正性。

（二）科学严谨的原则

坚持“科学严谨”的原则，一方面要求评价人员应具有科学严谨的工作态度，另一方面要求采取科学的评价方法。也只有真正坚持“科学严谨”的原则，才能使评价更具有意义，评价结果更具有使用价值。

（三）全面准确的原则

坚持“全面准确”的原则，无论标准实施评价还是标准体系评价，只有全面地进行评价才更有实际意义。评价时，往往不可能对所有事项一一进行评价，需要制定抽样方案、确定评价指标，这里就有一个全面准确的问题。评价工作的一个重要目标，就是追求评价结果能“全面准确”地反映实际情况，换句话说，能否做到“全面准确”是衡量评价工作质量的重要指标。

二、标准实施评价

（一）评价准备

标准实施评价是一项目的明确、相对独立的活动，必要的准备工作是不可缺少的。

1. 组织准备

应成立标准实施评价工作组，并明确其职责、权限。评价工作组组成人员的数量应视评价工作的复杂程度确定。

评价工作组应设组长或负责人一名，必要时，可设副组长若干名。评价工作组的职责和权限应事先明确，同时，还应明确评价组长、副组长及各成员的职责、权限，任务明确，各负其责。

评价工作组组成人员的数量应视评价工作的复杂程度来确定，有些标准比较简单，实施情况也不复杂，评价组成员就可以少一些；有些标准实施情况比较复杂，评价工作量比较大，评价工作组成员就可以多一些。一般来讲，确定评价工作组组成人员，应考虑：一是要能圆满完成评价工作；二是尽可能降低评价成本，减少被评价单位的负担；三是要尽可能照顾到所需专业领域。

2. 人员准备

评价人员应具有相应的标准化知识和相应的专业知识，熟悉标准及实施的有关要求，能熟练运用评价方法。

评价工作是通过人的活动来完成的，评价工作质量的好坏取决于评价人员的能力和水平，因此，评价人员的选择至关重要。对社会保险标准实施的评价，要求评价人员必须具备一定的标准化知识，了解标准及实施要求，掌握有关法律、法规和国家有关政策，同时，还应具备社会保险的一些业务知识，熟悉社会保险业务经办流程、服务特性及相关信息技术，只有这样，评价人员才能发现标准实施中存在的问题，才能准确地给出评价结论。另外，评价人员掌握科学的评价方法也很重要，如何进行调查、收集证据、组织验证以及对有关信息的分析、判断等都需要运用科学的方法。要达到上述要求，评价人员一般需要通过一定的培训。

3. 物资准备

应备齐必要的测量设备、工具、试验用品以及评价用记录表（见样表一、样表二）等。

样表一

标准更改申请表

提出修订单位（部门）：　　　　　　　　　　编号：

修订时间	
修订项目	

续表

修订意见	
上报意见	单位（部门）责任人：　　　　　　　　年　月　日

样表二

标准自我评价报告

编号：　　　　　　　　　　　　　　　　日期：

评价开始日期		评价结束日期	
评价人员			
姓名	工作部门	职务（职称）	签字

续表

评价依据与范围	
不合格内容	
存在问题和处理建议	
总体结论	
被评价标准 负责人签字	

在标准实施评价过程中，常常需要开展一系列试验验证活动，特别是场地、设施设备、服务用品、安全卫生等方面是否符合标准要求，都需要通过试验来确定；对业务经办流程、服务对象满意度等方面的评价，除观察有关现象外，设定一定试验程序，进行模拟试验，有针对性地进行验证，也是必要的。另外，评价过程中使用的记录表、记录工具、调查表等也应事先备齐。

（二）确定评价方案

制定一个好的评价方案，是做好标准评价工作的前提。评价工作正式开始之前，应认真研究标准内容、标准实施过程中的各项要求，结合各险种的不同情况，制定周密的评价方案。

对标准实施进行评价前，要制定周密的评价方案，以保证评价结果的准确性。评价方案应包括以下内容：

首先，要给出评价的总体安排，包括任务分工、时间安排、评价工作的总体要求等。总体安排要尽可能详细、周密，一般应事先与被评价单位进行沟通，得到被评价单位的有效配合，使评价工作能顺利进行。

其次，根据评价对象的特点确定评价方法。有些事项可以对照标准，通过观察、询问、调查等方式加以确认。例如，服务人员的仪容仪表、标志佩戴等，可以通过观察的方法来进行评价；设施设备、工具、服务用品等是否满足标准要求，可以通过查阅有关检验报告、合格证的方式进行评价。有些事项，可以通过测量的方法加以确认，例如，经办大厅的大小、服务对象满意度等。对业务经办流程有关要求的评价，可以通过查阅有关记录、报告，还可以通过经办人员的实际操作，再现经办过程，检查业务经办流程的各个环节是否满足标准要求。对于内容复杂、涉及面较宽的评价对象，可采用抽样的方式进行评价，但抽样方案应科学，抽样检查的事项应有代表性，能全面反映标准实施的总体情况，当然，对简单标准的要求，在条件允许的情况下，采用逐项检查的更为妥当，这样可以避免抽样风险。在实际评价过程中，可以根据实际情况，同时选择多种方法，相互佐证，以期使评价结果更符合实际情况。评价方法的选择至关重要，只有运用适宜的评价方法，才能得到科学的评价结果。

最后，建立评价指标体系。建立评价指标体系是评价工作的核心问题。评价什么？从那些方面进行评价？怎样判定是否合格？这些问题只有建立评价指标体系后，才能得到圆满解决。大家都知道，工业产品的合格评定，是通过对其外观、功能、性能等方面的指标分别进行检验来完成的。对社会保险标准，尽管在要求的条款中许多是定性的描述，但各要求的章、条也明确地或隐含地构成了一个指标体系。社会保险标准实施评价时，应对照标准，将其各项要求抽象、归纳成一系列可以测量或可以进行比较的指标。对标准实施效果的评价，可以通过设定一系列对服务质量、效率、安全环保、资源合理利用、社保经办机构社会形象以及管理水平等方面的影响指标，进行综合评价。

（三）评价内容

社会保险标准实施评价主要包括两个方面，一是符合性评价，一是实施效果评价。

1. 符合性评价

根据标准的各项规定，确认实施过程的各个环节是否达到标准的要求。对于服务设施设备、环境条件、业务经办流程以及服务质量等方面具有定量指标的标准要求，应采用测量、试验等方法得出定量的数据；标准中的定性规定，可采用比较的方法进行衡量，并给出标准实施是否合格的结论。

这里从定量和定性两个方面，给出了符合性评价的方法和要求。对定量指标，一般比较好确定；对定性指标的评价，往往比较困难。可以采用“比较的方法”进行衡量，需要选择一个参照的“样板”，当这个“样板”难以确定时，只能靠评价人员的经验，进行主观判断。当然，有时可以通过一些间接的方法来进行判断，例如，对“服务对象满意度”的评价，可以通过查阅顾客意见簿，现场发放满意度测评表、分析有关反馈意见等，得出准确的结论。

2. 实施效果评价

应按评价方案确定的反映标准实施效果的指标体系、抽样方案、判定规则进行评价。通过验证、核实指标体系中的各项指标，确定标准实施效果达到的程度，给出相应的结论性意见。

制定标准的目的是追求最佳实施效果，但标准实施效果的指标体系，一般在标准中没有明确给出。这就需要评价工作组根据标准要求、实施情况，来确定。标准实施效果的评价，需要收集大量的信息或证据，进行分析、归纳，得出评价结论。

（四）评价报告

评价报告一般应包括评价的依据、评价人员、评价时间、评价简要过程、各分项指标评价结果、总体结论、存在问题和处理建议等内容。

评价工作结束后，要认真总结整个评价过程，出具评价报告。评价报告的格式应规范、表述准确。各单项结论和总体结论应经过评价工作组充分讨论，形成一致意见，有时还应同被评价单位负责人进行沟通，以确保给出的结论性意见准确反映标准实施的实际情况；指出存在的问题应有确切的根据，处理建议要合理、可行。

三、标准的持续改进

持续改进是标准化工作追求的永恒目标。社会保险标准的持续改进是社会保险经办机构开展标准化活动中非常重要的一个环节，社会保险标准的持续改进是社会保险标准体系能够运行的保证，是标准体系存在的必要条件。社会保险标准体系必须在社会保险经办机构日常的行政管理、业务经办过程中运行，社会保险标准体系必须持续改进，标准的持续改进是标准体系持续改进的第一步。只有通过不断持续改进，才能实现行政管理、业务经办的最佳秩序和最佳社会效益。

社会保险标准体系不是永恒不变的，随着国家政策的完善、信息技术的进步、经办管理服务的改进而不断变化。标准本身也在发展、变化，不会停留在一个水平上。随着社会经济的发展，标准的周期变得越来越短，一般是 5 年或更短的时间。所以社会保险经办机构制定的标准，也有周期性，要随着科学的进步不断修订和改进，使其适合社会保险经办机构的发展需求。

社会保险经办机构要对标准评价后提出的不合格项进行分析研究，制定出纠正和预防措施，并通过实际验证，达到改进的目的，并把有效的措施和方法纳入更改的标准文件中去。

在社会保险经办机构对标准的自我评价活动中，查明和消除评价不合格的原因，采取纠正措施，防止不合格情况再次发生，是进行持续改进的有效方法。

持续改进是全球学者根据多年的实践总结出的一种科学管理方法，由策划、实施、检查和改进 4 个过程构成，即 P—D—C—A（策划、实施、检查、改进）管理模式。P—D—C—A 模式，可以适用于社会保险标准化活动的所有过程。社会保险标准的持续改进可按照

P—D—C—A模式进行。

社会保险标准的持续改进包括收集有关不合格信息，确定信息来源，分析不合格原因，制定纠正措施，对业务经办流程或信息系统进行调整，避免不合格再发生。

1. 信息来源

——参保对象反馈意见。

——各种记录、报表中反映的数据。

——服务对象满意度测评表。

——业务经办人员的建议。

2. 数据分析

标准化部门组织有关人员对数据进行分析，确定现有的和潜在的问题根源，提出处理方案。

3. 制定纠正和预防措施

根据数据分析的结果，由社会保险经办机构标准化部门会同相关部门共同制定纠正和预防措施。

4. 持续改进

标准具体的修订程序，参阅本书第四章相关章节。

实施标准化管理，其意义在于：形成服务业发展的制度环境；确保服务质量，提高服务水平；保护服务对象的合法权益。简而言之，就是服务质量控制的过程。例如，在具体工作中，陕西省社会保障局抓了五个环节：

一是组织领导。成立标准化工作领导小组，明确领导小组成员、管理者代表、标准化专（兼）职人员职责，制定《标准化工作监督检查制度》《经办服务标准实施检查制度》《标准化工作持续改进制度》等一系列工作制度和计划，并在工作中严格贯彻落实，确保标准化工作扎实开展，有序推进。

二是学习培训。学习培训是一项长期性的工作。各单位管理者代表、标准化专（兼）职人员明确责任，制订学习培训计划，定期开展学习培训。将每项标准划分到岗、落实到人，每个岗位上的工作人员都要对自己所执行的标准了然于胸，熟练掌握。对制订的培训计划、学习记录、培训签到等资料及时整理，妥善保存。

三是实施标准。在日常管理和业务经办中，严格按标准规定操作，统一和规范经办事项、工作环节、操作流程和业务表式，对不符合标准要求的及时作出调整，确保标准执行到位、落到实处。特别是省局修订的业务表格，在工作中坚决执行。按照标准化管理要求，标准化专（兼）职人员对标准实施过程进行记录，形成资料。

四是绩效评价。绩效评价是对标准体系运行情况以及本单位标准化工作进行的客观评价，也是持续改和进完善标准体系、进一步提高服务质量的必要条件。重点对《经办服务自我评价办法》《服务对象满意程度测量办法》等标准实施情况进行检查和评估。

五是资料收集。标准化资料是在标准实施过程中形成的原始记录，是评价标准化工作的重要依据。按照国标委验收要求，标准化资料分为基本资料、标准实施与持续改进、绩效评估三大类。各单位标准化专（兼）职人员，在日常标准实施过程中，做好标准化工作资料的收集、分类和归档工作，确保实现动态管理、良性运转。

第七章 社会保险标准化探索与实践

社会保险标准化既来自于实践，又必须通过实践体现其作用，并且需要在实践中不断得到完善与提高。在我国社会保险领域，标准化并非今天的新生事物，而早就在一些地方萌动或生根，早期被称为规范管理或规范服务。有少数地区则在若干年前即致力于标准化建设，如今已形成了一定的规模，带来了深刻变化和收获了丰硕成果，也创造了不少的实践经验，成为社会保险领域标准化的开拓者、探索者。

第一节 社会保险国家标准制定经验

人力资源和社会保障部成立社会保险标准化技术委员会之后，根据当前社会保险事业发展中优化社会保险公共服务的急切需要，首先确定了制定《社会保险服务　总则》《社会保障服务中心设施设备要求》两项国家标准。在两项国家标准的制定工作中，创新工作思路，充分调动地方力量，组织骨干队伍，专家全程参与，形成强有力的起草班子，集中优势力量承担国家标准的起草任务。在不到一年的时间里，顺利完成了两项国家标准的制定工作。经国家标准委审定并公布，两项国家标准已于 2012 年 2 月起实施。同时，为今后社会保险国家标准的制定工作开创了成功的先例。

一、起草《社会保险服务　总则》的做法与经验

2010 年年初，受人力资源和社会保障部社会保险事业管理中心的委托，上海市医疗保险事务管理中心（以下简称上海市医保中心）

会同天津、吉林、陕西、湖南、苏州、湖州六地社保（医保）经办机构（以下简称起草工作组）共同承担了起草《社会保险服务　总则》（以下简称“总则”）的任务。当年10月份，完成“总则”的起草工作并正式递交社保标委会审议。通过这次“总则”的起草工作，使各起草单位有机会较为深入地学习到“标准”的有关专业知识，也在起草“总则”的实践中对标准的编写，以及今后“标准”的宣贯实施有了更多的理解。

（一）加强与专业机构的合作，快速启动标准起草工作

标准化工作对原来未曾涉足标准化领域的新手来说，最大的困难就是“标准”知识的匮乏。同时，在社保（医保）经办机构中，普遍存在缺乏标准化专业人才的问题。现有人员即便通过听听专业讲座，读读专业书，扫扫“专业盲”，也很难真正承担起实质性工作。现学现用无充足时间，紧急招人既无编制又难招到，为此，当下最可行和最可靠的方式就是开展与标准化专业机构的合作。

由于标准化工作作为我国的基本国策在各地得到了政府部门的高度重视，除了专门从事标准化管理的质检管理部门外，目前大多数省市都建有标准化的专业研究机构——标准化研究院。上海市医保中心与上海市标准化研究院联系后，了解到加强和加快民生方面的标准化建设也是标准部门的当务之急和重点任务，两者一拍即合，两家单位很快签订了合作协议，除协助起草“总则”外，还协助上海市医保中心开展标准化建设工作，包括国家级服务业标准化试点及医疗保险相关地方标准的制定工作，从而有效解决了标准化建设中的后顾之忧。

在开展合作的初期，首先遇到的问题是两家的长处与短处如何实现互补。起草工作组熟悉社保工作但缺乏专业知识，标准化研究院具有专业知识但不熟社保情况，现教现学费时费力，过程太长。为此，起草工作组采用“翻译”的办法，“标准”的初稿先不急于立即用其规定格式编写，在基本了解“标准”的内容要求后，先用规范性文件的格式写出初稿（一般只需2～3天），然后移交给标准化研究院将其“翻译”成标准文本（一般只需2～3天），这样，很短时间就可以拿

出标准格式的初稿。在此基础上，再共同反复推敲，逐条逐字进行讨论修改。通过优势互补的方式，很快就能基本完成“标准”的起草工作。

按照制定标准的规范要求，广泛征求意见是其必不可少的工作程序。在各方面反馈的意见中，形形色色的意见都有，起草工作组与标准化研究院的分工是：前者负责对意见内容是否符合社会保险的制度政策、是否符合社会保险经办管理服务的实际要求提出是否采纳的意见。如有提出将社会保险经办机构划分为管理型和经办型两类，起草工作组认为目前社保管理部门并无此提法，因此未予采纳；标准化研究院负责从是否符合“标准”编写的规范要求提出是否采纳的意见，如有提出《社会保险法》颁布后应当将其列入规范性引用文件，但“标准”则规定不能直接引用政府规范性文件，只可将其作为“参考文献”，因此未予采纳。在此过程中，标准化研究院尊重起草工作组的管理选择，起草工作组尊重标准化研究院的专业选择，这样，避免了因角度不同而产生的一些差异，使“标准”同时满足管理要求与专业要求。

在“总则”的起草工作中，如果没有标准化专业机构的积极参与与指导，要完成此项工作难度很高。通过与专业机构的合作，使起草工作组各单位有机会不断学习标准化方面的知识，逐步从“外行”变成为“内行”。从目前情况来看，充分吸纳专业机构参与社会保险的标准制定工作，可谓是一种扬长避短、行之有效的工作方式。

（二）充分发挥成员单位的作用，齐心协力完成起草任务

这次“总则”的起草工作，部社保中心充分采用地方为主的工作方式。这一做法的优点：一是地方社保（医保）经办机构长期处在工作一线，对标准的需求有较深的感受与积累；二是不同经办机构与地区的组合，具有较强的代表性；三是可以充分调动地方的积极性，形成较强的攻关力量。事实证明，这一做法路子准确、收效明显。

“总则”起草工作组有七家单位，这次起草工作的最大感受是大家都十分投入，以起草工作为己任，不敷衍、不马虎、尽心尽责尽

力，而非一个松散型组织，思想与工作都不到位。每次召开集中讨论会，起草工作组成员都全员到会，小组成员始终不变。每次稿件征求意见，各成员单位从领导到具体负责的同志，都十分认真细致深入地研读文稿，逐条提出修改意见。省级经办机构还分别召开所属地市经办机构会议或下文布置任务，要求各单位对稿件提出建设性意见。虽然，“总则”只有薄薄几页，但每次汇总的各方修改意见总是厚厚一本，有上百条意见。

在“总则”起草过程中，起草工作组的目标一致，思路趋同，充分达成共识，这是做好起草工作的基础。一是把握好“标准”的架构，形成科学合理的布局；二是把握好重点问题，形成较为准确的表达，如“总则”中的原则，既不能太拔高，放之四海而皆准，也不能过于具体琐碎，失去“原则”的实际意义；三是把握好标准的界限，不要超出标准的实际效用，如对机构名称、人员编制及配备标准等，虽然呼声很高，但都不是标准所能解决的问题；四是从实际出发，既要避免标准定得过高，难以贯彻，也要兼顾到地区之间发展的不平衡或者经济条件的差异，如对统一着装等，采用了“宜”的表述；五是简繁得当，不要将标准作为“箩筐”，什么都往里装，也不要平生新意，过于创新，一旦入笔，争议不断；六是有适当的前瞻性，起到一定的引领作用，如“总则”提到的一站式服务、首问负责、限时办结及网上服务、上门服务等，有些地方反映暂时做不到，但写上了大家可以努力。

牵头单位可能要多辛苦一些，对各方提出的意见，不是简单地直接拿到会上讨论，而是先逐条整理，提出具体修改意见和建议，然后再发给成员单位听取意见。为了节省时间和精力，我们有时采用书面征求意见的办法，待问题积累到一定程度，再开展全体会议研究讨论和拍板。“总则”起草我们共开了四次全体会议，节奏感较好，基本上一个半月开一次会，并且轮流组会，每次会议都能集中解决一些重点问题。同时，牵头单位要勇于承担责任，在有些问题上，既要集思广益，也要统一认识，敢下定论，避免无休止的争论。

（三）及时向部社保中心汇报请示，确定起草中的原则性问题

在“总则”起草过程中，起草工作组将每一阶段的工作进展、遇到的重要问题和下一步的工作计划及时向部社保中心汇报，既避免事无巨细，通盘报告，又把握工作时机，在关键时刻得到领导的支持与帮助。每次起草工作组的集中会议，部规财司、部社保中心及社保标委会秘书处都派出相关领导及人员参加，对起草工作给予了及时的工作指导。但起草工作组能够自行解决的非重要问题，一般尽可能在起草工作组内解决。

在“总则”起草过程中我们确实遇到了一些实质性问题，主要是对一些宏观问题与重要环节的把握。有时候，起草工作组也会发生较大的争议而难以定论。这方面，部社保中心发挥了及时指导、果断拍板的作用。如“总则”的适用范围问题，一种意见是包含社保经办机构及其他相关机构，如本系统的电话咨询服务机构，系统外的社区服务机构，以及银行、邮局等；另一种意见是仅限于社保经办机构。部社保中心领导考虑到如包含系统外机构，将使问题变得十分复杂，标准的规范内容难以兼顾。为此，确定为“本标准适用于各级社会保险经办机构的服务活动。社会保险主管部门依法指定、授权、委托，以及社会保险经办机构委托提供社会保险服务的机构可参照应用”，妥善地处理了两者关系。又如“总则”如何体现社会保险服务的特点问题，部社保中心领导提出应当将社会保险服务的基本项目写入“总则”，起草工作组将参保登记、保费征缴、权益记录、待遇给付、社保关系转移接续和业务档案管理等写入基本服务项目，使“总则”较好地体现了社会保险服务的特点并区别于其他服务类标准。由于部社保中心及社保标委会秘书处对“总则”起草工作及时提出指导性或结论性意见，保证了起草工作的顺利推进。

（四）遵从标准制定的基本原则，严格按程序完成起草工作

标准制定起草工作，有着特定的程序。国家标委会对“标准”制定工作的审查，主要是审查标准制定的程序，而不在于具体提法上的把握。因此，一定要把握好标准制定的原则，包括统一性、协调性、

适用性、计划性，以及标准制定中的协调一致原则等。

起草工作组要认真掌握标准制定的程序，严格按规定要求开展制定工作。对每一次的修改稿、每一次会议的材料与记录，起草工作组都做到完整归档。特别是标准制定中按要求必须广泛征求各方意见，以有效保证标准的适用性和合理性。为此，起草工作组通过社保标委会秘书处广泛征求意见，然后对每条意见都认真对待，提出采纳、部分采纳、未采纳的意见及其理由，并且汇总成表、记录在案。最后上报社保标委会的各项材料必须齐全合规，以便于社保标委会整理汇总后上报国家标委会，为最终顺利通过国家标委会审查打好基础。

二、起草《社会保障服务中心设施设备要求》的做法与经验

《社会保障服务中心设施设备要求》起草工作组由天津市社保中心牵头，浙江省医保中心、重庆市社保局、长沙市企业社保局、大连市社保中心、宁波市医保中心、潍坊市社保中心、丹阳市社保中心参加。在时间紧、任务重、缺乏可借鉴经验的情况下，以全国社会保险国家标准启动会议为依托，紧密结合胡晓义副部长的讲话要求，按照标准科学性、合理性、实用性的原则，充分发挥起草工作组各成员单位的聪明才智，凝聚集体智慧，依靠国家及当地标准化专业部门的人才技术优势，勇挑重担、不断探索，较好地完成了标准的起草任务。我们的主要体会是：

（一）领导重视　精心筹划

标准化是社保事业发展的必由之路。为高质量地完成标准的起草任务，起草工作组高标准起步、高标准策划、高标准落实。遵照全国社会保险国家标准启动会议的总体部署，以及胡晓义副部长提出的处理好“统一与差异、目标与现实、总结与创新、内部与外部”4个关系的总要求，在范围上立足于全国、在参保对象上立足于13亿人口、在险种上立足于全险种、在时间上立足于2020年不落后的总体思路，按照编写计划，精心组织、认真筹划、倒排工期，全力以赴做好标准起草前的各项准备工作。

为发挥好牵头单位的组织协调作用，天津社保中心成立了由市人

力资源社会保障局分管局长任组长、市社保中心主要领导任副组长的领导小组，下设4个起草小组，抽调8名业务熟练，在某一专业和领域有专长的同志分成4个组，分头起草。起草工作组各成员单位也都按照各自的职能分工成立了相关组织，并明确专人负责标准的起草工作。同时还派人参加了由部中心统一组织的社会保险标准化培训班，通过消化吸收专业理论知识，借鉴其他行业标准成熟的做法，总结社保系统多年开展标准化工作的成功经验，提高各单位起草人员的标准化水平。由于定位准确、准备充分、领导重视，为高质量完成标准的起草奠定了良好的基础。

（二）精心组织　攻难克坚

标准的编写作为社保系统开展标准化工作的重要组成部分，并不是某一个部门、某一个单位的事情，它需要方方面面的通力协作和配合。标准在起草过程中，起草工作组各成员单位团结协作、顾全大局、勇于奉献，充分体现了社保系统四海一家、心往一块想、劲往一块使，有人出人、有力出力的协作精神，保证了标准的质量和水平。

如对社保服务中心面积的确定。由于我国地域辽阔，经济发展不平衡，经办模式不统一、险种不统一，给服务大厅面积的确定增加了很大的难度。实现五险合一、垂直管理的省市，办公场所相对集中、综合性比较强，而没有实现五险合一、垂直管理的省市办公地点相对分散，虽然有些地方也是省级编制，但只负责一个独立的险种和数量很少的固定人群，如果在面积的确定上采取一刀切的方式，显然不符合目前的经办实际。为此，起草工作组充分发挥小组成员单位经办模式不同的特点，广泛采集数据，反复论证，通过对6个省级（包括1个副省级省会城市和2个计划单列市）、8个地级、153个县级经办机构的数据分析，考虑到当前经办管理没有覆盖到全部人群的客观实际，以及受管理和技术手段所限等因素，利用一元回归法建立数学模型，得出了各级经办机构的实际需要面积。由于计算方法可操作性强，参数采集简便实用，使服务中心面积的确定较为科学合理。

同时，起草工作组还全程引入标准研究部门的专业指导，与天津市技术监督局标准化研究所紧密协作，并拿出专项经费作为支持，聘请标准化专家参与起草、讨论和研究，对标准的内容、格式和语言进行全程把关，使标准在制定之初就具备了规范化和专业化的特点，保证了标准结构合理、表述规范、内容充分。

（三）精雕细琢　科学论证

标准的生命力取决于标准的前瞻性、实用性和可操作性。标准初稿完成后，起草工作组邀请部中心领导、国家标准化研究院专家，以及起草工作成员单位，先后在天津、大连、宁波、重庆等地召开专题会议，对标准逐项、逐条、逐句、逐字进行研究，对概念模糊、有争议的问题反复讨论，有时甚至对一句话、一个字、一个标点符号都要反复推敲、多次修改，以达成一致。

其间，起草工作组还专程赴北京听取了国家标准审查部王长林等专家对标准的意见，他们从专业性的角度对标准内容和尺度的把握给予指导，对标准的结构和规范提出了建设性的意见。人力资源社会保障部社保中心孟昭喜主任对标准草案多次进行审阅，聂明隽副主任，系统建设处王发运处长、韩学雷副处长不仅亲自参加小组讨论，而且从宏观到微观、从内容到结构、从定性到定量等多方面给予指导，使标准的制定少走了许多弯路。同时，人力资源社会保障部还将标准通过正式文件和网络，向全国各地人力资源社会保障系统、社保经办机构和社保标委会委员广泛征求意见。对收集到的 79 条意见和建议，我们都一一对照标准进行了分析吸收，对没有采纳的也以书面的形式进行了反馈。通过上上下下、方方面面的努力，数易其稿、反复完善、博采众长，使标准达到了最大共识。

为检验实际效果，天津社保中心还利用开展服务体系建设、经办服务场所改善的机会，对标准涉及的社保经办服务场所面积、各功能区划分、设施设备配备、服务标识等内容，组织在 10 个分中心进行了试点和校验；按照拟定的标准要求，投资 150 多万元，对各分中心的经办服务标识、标牌进行了统一制作配置，取得良好效果。我们组织制定的《社会保障服务中心设施设备要求》标准，在 2011 年 1 月召开的“全国社会保险标准化技术委员会2010年年会暨标准审查会”上，全体参会标委会成员全票通过。

第二节 国家级服务业标准化试点

一、服务业标准化试点的概况

近年来，随着经济社会的不断发展，服务业在国民经济体系中的重要作用日益凸显。2008年，国务院办公厅印发了《关于加快发展服务业若干政策措施的实施意见》（国办发［2008］11号），国家标准化管理委员会、国家发展和改革委员会等六部委在2007年已印发了《关于推进服务标准化试点工作的意见》（国标委农联［2007］7号），2009年，又进一步制定了《服务业标准化试点实施细则》（国标委服委联［2009］47号），要求开展以建立和实施服务业标准体系为主要内容，以实现管理规范、服务质量好、顾客满意度高为目标的探索性活动，即服务业标准化试点。试点工作分为国家级试点和省级试点。在社会保险系统，陕西省社会保障局在2007年成为首个国家级试点单位，并已通过国家标准化管理委员会验收；2010年，上海市医疗保险事务管理中心、吉林省社会保险事业管理局成为第二批国家级试点单位；2011年，鄂尔多斯市社会保险事业管理局、西安市医疗（工伤生育）保险基金管理中心成为第三批国家级试点单位。

二、陕西省社会保障局开展服务业试点的经验

陕西省社会保障局（以下简称陕西省社保局）是全国社保系统首个国家级服务业标准化试点的单位。由于老军工企业多、离退休人员多，面对老龄化“银色浪潮”的冲击，陕西省社会养老保险工作任务繁重。为加强经办能力建设，提高执行力，近年来陕西省社保局不断更新理念，开拓创新，充分发挥省级统筹、垂直管理和信息化建设基础良好的优势，逐步将现代企业标准化管理和质量管理理念运用到养

老保险经办服务工作中，积极开展养老保险经办服务标准化建设，制定、发布并实施一系列标准，规范各项业务经办环节，统一经办窗口标识建设，取得了初步成效。

（一）陕西省养老保险经办工作的基本情况

陕西省城镇企业职工基本养老保险工作于 1984 年开始起步，经历了试点、县级统筹、地市级统筹和省级统筹四个阶段，到 2000 年，在全国较早实现了真正意义上的省级统筹制度，养老保险基金运行完全遵行统收统支、收支两条线原则，养老保险费由地税部门代征，基本养老金由经办机构委托金融机构社会化发放，养老保险基金在省财政专户储存。

从 2000 年开始，陕西省城镇企业职工养老保险经办机构由省社会保障局实行垂直管理，省、市、县（区）共设有 119 个经办机构，工作人员 1 666 名。到 2009 年年底，全省参加城镇企业职工基本养老保险总数 458.8 万人，其中在职人员 327.88 万人，离退休人员 130.96 万人；全年养老保险基金总收入 237.4 亿元，发放基本养老金 201.86 亿元，基金累计结余 165.6 亿元；离退休人员月人均基本养老金 1 270 元。

2006 年年初，陕西省社保局就有了开展标准化管理的设想，在准备了标准化管理的前期资料和文件后，10 月份选择安康市和汉阴县，分别编制了市、县两级标准体系和标准文件，并在各自单位运行试点。2007 年 6 月，陕西省质量技术监督局和陕西省劳动和社会保障厅将省社保局推进养老保险经办服务标准化工作情况报告国家标准化管理委员会，10 月 22 日，国家标准化管理委员会印发了《关于在陕西省社保局系统开展国家养老保险经办服务标准化试点工作的批复》。5 年来，陕西省社保局以构建标准体系为支撑，以规范服务体系为抓手，以实现稳步推进为目标，使养老保险经办工作向规范化、信息化和专业化迈进。

（二）开展养老保险经办服务标准化建设的背景

经济社会领域日新月异的变化，对社会保障工作提出了更高的要求。如何贯彻“以人为本”和科学发展理念，按照创建服务型政府的要求，向参保对象提供优质服务，赋予省级统筹制度全新的内容，已成为陕西社保工作者共同思考和关注的问题。

1. 标准化是建设服务型政府的客观要求

政府机构改革的总体方向是实现管理型政府向服务型政府的转变，目的就是要克服命令行政、经验行政、人情行政、缺乏监督等弊端，为社会群众提供均等化、标准化的公共服务。社会保险经办作为政府公共服务的重要组成部分，广大参保对象对养老保险经办服务日益高涨的需求、经办工作“记录一生、保障一生、服务一生”的郑重承诺以及杜绝违规和舞弊，确保公共服务公正公平的实际，无不在催促着标准化的诞生。

当前，陕西省社保局实行的养老保险经办服务标准化建设正是对公共“软服务”施以“硬标准”来衡量，通过建立一套系统、完整的标准体系，来规范每个服务环节，使整个经办流程形成“管理有标准、岗位有职责、操作有制度、过程有监督、工作有评价、事后有考核”的科学管理体系，使我们的经办服务不因人因事而异，一切工作都有法可依、有章可循、公正公平，始终置于人民群众的监督之下。

2. 具备了实施养老保险经办服务标准化的必要条件

第一，省级统筹“五大统一”的内容为标准化建设扫清了政策障碍。2001 年陕西省养老保险省级统筹较早实现了“五大统一”。一是全省执行统一的基本养老保险制度和政策；二是基本养老保险基金实行统收统支，收支两条线管理；三是全省统一编制和实施基本养老保险基金收支预算和参保扩面计划，明确各级政府的责任；四是基本养老保险业务经办统一业务流程、统一数据标准、统一应用软件，数据省级集中；五是全省城镇企业职工养老保险经办机构统一实行省级垂直管理。

第二，信息化建设扎实的基础为实施标准化提供了必要的技术支持。在养老保险信息化建设方面，陕西省各级城镇企业职工养老保险经办机构全部使用原劳动保障部社会保险“核心平台”二版管理信息系统，所有业务全部运用统一程序办理，部、省、市、县实现了四级实时联网，养老保险数据全部在省级数据库大集中，数据质量在全国名列前茅。

第三，垂直管理机制为标准化建设提供了有力的组织保证。配合省级统筹，陕西省社保局对全省城镇企业职工养老保险经办机构实行了“人、财、物、事”全方位的垂直管理。

（三）开展养老保险经办服务标准化试点工作的主要措施

1. 成立组织机构

2006年10月，陕西省社保局成立了标准化管理委员会，组建标准化办公室，配备了专职标准化工作人员。2007年10月，接到国标委标准化试点的批复后，陕西省又成立了以省委组织部副部长、人力资源社会保障厅党组书记、厅长鬲向前和省质监局原党组书记、局长张福海为组长，省人力资源社会保障厅副厅长、省社保局局长马新生和省质监局总工程师杨明为副组长，省社保局副局长张生银组成的“陕西省开展国家养老保险经办服务标准化试点工作领导小组”，负责全省养老保险经办系统的组织领导和检查指导工作。同时，结合工作实际，制定了试点工作实施方案，共分五阶段：一是试点策划阶段；二是标准体系建立阶段；三是标准实施与持续改进阶段；四是自我评价和绩效评估阶段；五是社会评估阶段，整个工作在2009年10月31日前完成。根据统一部署，全省10个市和1个示范区的养老保险经办处也先后成立了标准化工作领导小组，确定了标准化工作的目标、计划、规划和实施方案，逐步推开标准化建设试点工作（如图7—1所示）。

2. 建立服务标准体系

从2006年开始，陕西省社保局标准化办公室根据GB/T 15496—2003《企业标准体系　要求》系列国家标准，结合养老保险业务经办的实际，选择了安康市养老保险经办处和汉阴县养老保险经办中心作为项目的试点单位，分别编制市、县两级标准体系和一系列标准，并在各自单位试运行。

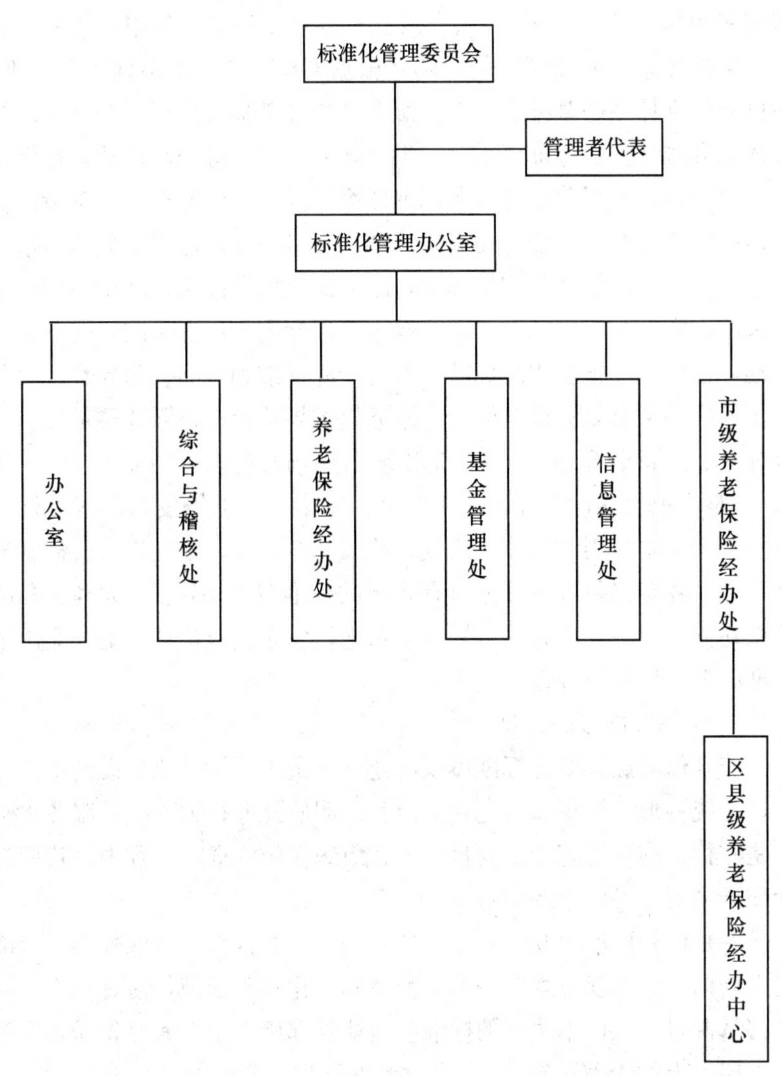

图 7—1　陕西省社会保障局标准化组织机构图

为进一步扩大试点范围，使标准体系更加适应省、市、县三级垂直管理模式的需求，在全省 119 个养老保险经办单位中统一推行标准化管理，陕西省社保局标准化办公室在两个试点单位基础上，组织全省三级单位的业务骨干30余人成立标准体系建设工作组，按照全省一个标准体系、分级管理的思路，根据GB/T 24421系列国家标准，在已有标准体系的基础上，对“服务通用基础标准体系、服务保障标准体系和服务提供标准体系”三大子体系进行了进一步优化，最终确定了陕西省养老保险经办服务标准体系。其中，服务通用基础标准体系由标准化导则、术语与缩略语标准、符号与标志标准、数值与数据标准、量和单位标准和测量标准；服务保障标准体系含环境标准，能源标准，安全与应急标准，职业健康管理标准，信息标准，财务管理标准，设施、设备及用品标准，人力资源标准和合同管理标准；服务提供标准体系有服务规范标准、服务提供规范标准、服务质量控制规范标准、运行管理规范标准和服务评价与改进标准（如图7—2所示）。整个项目共计编写标准136个，收集整理上级发布的各类标准以及养老保险适用的法律、法规、政策260余项。除党、政、群管理外，涉及养老保险经办服务所有环节的标准覆盖率达到100%。标准体系建立完成后，由省局将标准体系进行发布实施，从而更加突出了标准的严肃性和权威性（见表7—1）。

3. 组织实施服务标准

养老保险经办服务标准体系的建立，走出了标准化建设的重要一步，而统一形象标识、规范业务流程、明确经办行为、提升服务水平才是实行标准化管理的主要目的。在组织实施标准的过程中，陕西省社保局主要抓了四个环节：

一是做好标准化知识和标准体系的培训和宣贯。采取外部和内部集中培训、分级学习等多种方式普及标准化基础知识，使每个相关人员都掌握自己工作中执行的标准。邀请外部标准化专家对省局和全系统中层以上的干部进行了10多次讲课培训，省局标准化办公室除多次到各地市进行讲课或者用“以会代训”等方式加强培训外，还将标准化内容编制成通俗易懂的小手册发到每个职工手中。各市以市为单位，对所有标准采取按业务模块分类、人员岗位分批的方式进行培训；各县（区）进一步组织分类学习，继续熟悉标准文件，按标准化

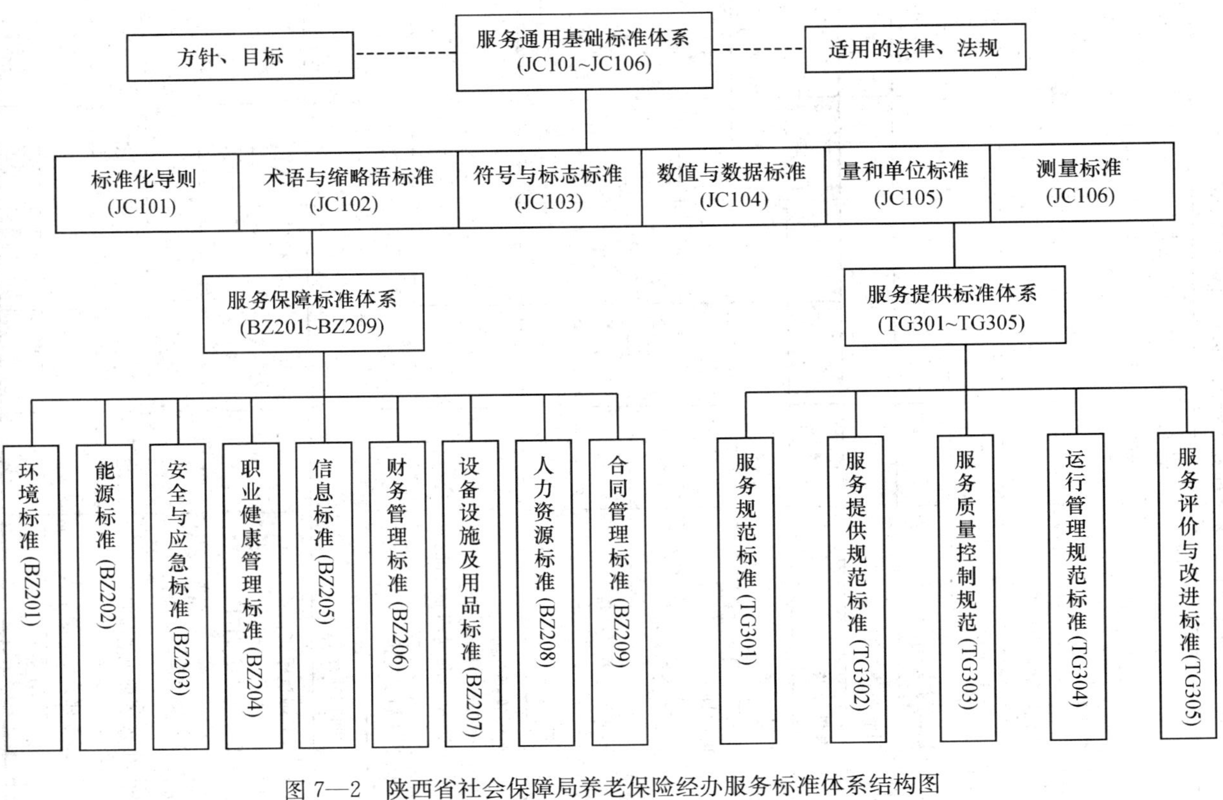

图 7—2　陕西省社会保障局养老保险经办服务标准体系结构图

表 7—1　陕西省社会保障局养老保险经办服务标准体系统计表

项目		国家标准	行业标准	地方标准	企业标准	合计
服务通用基础标准体系	标准化导则	17				17
	术语与缩略语标准	10				10
	符号与标志标准	20	2			22
	数值与数据标准	4				4
	量和单位标准	3				3
	测量标准	4			1	5
服务保障标准体系	环境标准	3			3	6
	能源标准				1	1
	安全与应急标准	5	1		2	8
	职业健康管理标准	3			1	4
	信息标准	20			4	24
	财务管理标准	1			6	7
	设施、设备及用品标准				2	2
	人力资源标准				4	4
	合同管理标准				1	1
服务提供标准体系	服务规范标准			4	14	18
	服务提供规范标准		6		2	8
	服务质量控制规范标准	2				2
	运行管理规范标准	2			93	95
	服务评价与改进标准	2			2	4
合计		96	9	4	136	245

要求办理业务，确保每个工作人员都至少参加一次市级培训，确保发布的标准在工作中得到实施。

二是用目标考核促标准化管理。标准体系发布后，为加大标准的实施，省社保局将标准化工作纳入对各单位的年终目标责任考核中，做到有检查、有考评、有奖惩。如过去全省各级城镇企业职工养老保险经办机构使用的业务表格，都是各自设计的，尽管都能满足业务需求，但是表格的名称和内容都不尽相同。为了统一业务表格，他们制定并发布了“陕西省社会保障局养老保险经办服务标准”和业务表格，通过年终考核的手段，使新标准统一业务用表在发布当年全面实施，这是养老保险经办服务标准化实施的一个重要标志。

三是全面推行难度大的标准分批实施。在标准体系所有标准的实施中，不搞一刀切的方式，要求所有标准在统一的时间全部完成，而是根据标准实施的难易程度，制订实施计划和实施措施，分步分批实施标准。如统一全省各经办服务机构的标识是试点工作的一项重要任务，为此，陕西省社保局聘请专业的广告设计公司，充分论证、多方调研、结合实际，设计完成了《陕西省社会保障局视觉识别手册》，统一经办机构名称及外观标识和经办服务大厅的装修，统一使用信封、便笺等办公用品标识，通过标识的标准化突出和提高全系统形象。此项标准涉及面广，投入大，实施难度较大，他们结合实际情况，制定了该标准的实施计划和实施后的验收办法，全系统按照 3 年时间分批实施，目前全系统 119 个单位已有 2/3 的单位按实施计划完成了标准化标识建设。

四是着重搞好标准体系的自我评价和持续改进。标准化工作是一项不断完善、逐步统一、最终实现标准管理的过程。为此，陕西省社保局在实施标准的过程中，非常重视标准化的持续改进工作。标准化办公室加强对各地市的监督检查，定期下发文件通知，征询省局机关各处室、各市养老保险经办处对标准化工作的意见和建议。自 2009 年 7 月全面实施标准化管理以来，先后征集标准体系修改意见 400 余条，经过归纳梳理，在省质量技术监督局的指导下，及时对服务标准体系进行修订和完善，补充了一些新的标准。在自我评价和绩效评估阶段，标准化办公室指导各市开展自我评价和服务对象满意度测评，分析存在问题的原因，提出改进措施。2011 年 7 月，陕西省社保局标准化办公室又会同省质量技术监督专家组重点抽查了关中、陕南、陕北的四个市，由省标准化专家现场检查指导，指出问题，提出改进方案。

4. 积极探索和推广试点成果

在编制陕西省社保局养老保险经办服务标准文件的同时，还和省质量技术监督局标准化研究院合作，完成了《城镇企业职工基本养老保险登记》等 4 个陕西省地方标准，2010 年 2 月 24 日由陕西省质量技术监督局颁布。这是陕西省为规范养老保险管理和经办颁布的首批地方标准，该标准也是当时全国社会保险领域中唯一的地方标准。

2009 年 4 月，陕西省人力资源社会保障厅决定把养老保险经办服务标准化的试点经验推广到其他社会保险经办中，将宝鸡市劳动和社会保障局列为省社会保险经办服务标准化的试点单位。宝鸡市医疗保险、失业保险、工伤保险、机关事业单位养老保险等单位相继在试点社会保险标准化工作。

（四）开展养老保险经办服务标准化试点工作的成效

随着养老保险经办服务标准化建设的不断深入，各项标准文件的贯彻实施，陕西省养老保险经办能力得到提升，服务环境明显改观，社会反响良好。

一是员工的标准意识得到了强化。陕西省养老保险全系统有垂直管理的单位 119 个，工作人员近 1 700 人，做好养老保险经办服务标准化试点工作的重中之重，就是强化全体工作人员的标准化意识。通过 3 年多不间断的专题培训、业务学习、以会代训等方式的标准化知识密集学习培训，现在全系统工作人员的学标准、用标准的意识得到了非常高的提升，强化了学标准、用标准的意识。

二是单位的对外形象有了全新展示。在自编标准中有一项重要的标准《陕西省社会保障局视觉识别手册》，通过该标准的实施，统一了全省养老保险经办机构的外观标识，整个系统的外在形象有了根本性的改观。

三是养老保险业务流程更加规范。虽然陕西省在2001年就实现了养老保险省级统筹，但是由于点多面广，部分业务经办环节仍存在着不统一、不规范等问题。随着标准化各项制度的实施，通过对各个业务环节的标准化要求，使养老保险经办工作在全省范围内实现了高度规范和统一。

四是单位内部管控有了新的措施。标准化实施后，陕西省社保局紧密结合养老保险核心二版软件的功能，科学合理划分科室职责，分配岗位权限，完善内审稽核职能，使内部管控制度日臻健全，“制度求规范”的效果日益显现。

五是工作效率极大提高。现在各项经办业务限时办结，有要求、有标准，有考核，工作人员得心应手，参保人员满意率高。2006年、2007年陕西省企业退休人员基本养老金待遇调整完成的时间在10天左右，2008年用时6天，2009年用时4天，2010年全省仅用48小时，就完成了所有调待任务，而且差错率为“零”。

六是参保对象的满意度有了显著提升。通过制定统一的硬件标识，整个系统从外在表现到内在本质都得到明显的改善。参保对象普遍反映，开展经办服务标准化之后，广大工作人员的服务态度、工作质量大幅提升，经办流程更加规范、透明，办事效率显著提高。

2009年11月5日，人力资源社会保障部在陕西召开了“全国社会保险标准化建设现场会”。全国社会保险标准化技术委员会秘书长孟昭喜将这次社会保险标准化建设现场会称为一个标志，标志着新时期社会保险工作新的起点，现场会将大大推动社会保险经办管理服务工作的规范化、标准化。

（五）国家标准化管理委员会的验收

2010年10月21日至22日，国家标准化管理委员会组织评审专家组，以全面客观、注重实效、独立公正为原则，按照服务业试点评估计分表的各项要求，通过听取汇报、查看资料、现场抽查、提问、召开专兼职人员座谈会等方式对陕西省社保局开展的试点工作进行了全面评估，专家一致认为，陕西省社保局完成了国标委对试点工作批复中的各项目标任务要求。形成了以下评审意见：

1. 标准体系科学合理

陕西省社保局在标准体系建设过程中充分结合了社会保险经办工作的实际，经过4轮优化整合，逐步形成了层次清晰、结构合理的陕西养老保险经办服务标准体系。整个标准体系涵盖了基金、稽核、经费、信息、采购、环境、能源、人力资源、设备设施、安全与应急等工作领域，共包括245项标准，其中收集上级标准109项，自己制定标准136项，标准覆盖率达到了80%以上。基本实现了“杜绝管理漏洞、优化业务流程、规范工作行为、提升社会形象”的试点目标。

2. 标准实施效果显著

陕西省社保局在试点启动之初就成立了以人力资源社会保障厅厅长和省质监局局长为组长的“陕西省开展国家养老保险经办服务标准化试点工作领导小组”，运用目标责任考核等强力的行政手段在全省养老保险经办系统推行标准化管理，一是堵住了管理漏洞，确保了养老保险基金安全；二是工作效率显著提升；三是标准实施率达到了90%以上，形成了领导带头，全员参与的良好标准实施氛围；四是标准化与信息化有机融合，实现了管理标准的有效实施；五是通过《陕西省社会保障局视觉识别手册》等重要标准的有效实施，显著提高了陕西社保的社会美誉度，为建设服务型政府，把“陕西社保”打造成为全国社保领域的知名服务品牌奠定了基础。

3. 品牌效应初步显现

一是率先在全国养老保险标准化领域发布了四项省级地方标准，实现了陕西省内养老保险关系的无障碍转移接续，同时为全国养老保险关系的无障碍转移接续提供了重要借鉴经验；二是试点领域不断拓宽，从养老保险标准化试点建设逐步扩展到医疗保险、失业保险、工伤保险等其他社会保险领域，使试点工作社会效益不断增强；三是试点辐射范围不断扩大，通过召开建设现场会等形式，促使全国社保系统开展了标准化建设工作，辐射带动效果突出，为行政机关转变政府职能探索出一条有效途径。

专家组依据评估计分表进行了测评，该项目评估得分为 96 分，圆满完成了国标委对试点项目提出的各项任务。

（六）开展养老保险经办服务标准化试点工作的体会

在标准化建设过程中，陕西省社保局遇到过不少困难，走过不少弯路，也积累了一些经验。对于如何在新形势下搞好社会保险标准化建设，有着深刻的体会。

1. 标准化建设是一个循序渐进、逐步深入、逐步完善的过程，不能有“一蹴而就”“一劳永逸”的思想。3 年多来，为适应经办工作的实际需要，陕西省养老保险经办服务标准体系前后进行了四次大的修改，才不断健全完善，而且今后随着形势的发展变化还将进行必要的修订。标准化应当是一种贯穿于经办工作始终的方法和理念，只有将工作中存在的不规范、不统一、不合理、不科学的问题，通过标准化手段逐步健全和完善，才能使陕西省社会保险的经办事业在正确的轨道上实现健康、有序、协调发展，只有利用好标准化这个“规矩”，才能规划好经办工作这个“方圆”。

2. 标准化建设必须紧密结合省级统筹制度，要在政策统一的基础上，依靠信息化建设的强力支撑，以金保工程为载体全面推进。陕西省养老保险省级统筹制度规范了各项政策和业务流程，为经办工作确定了统一的模式，而在高度自动化的信息系统下，一切都要按照既定程序运行，任何不符合标准的操作和数据都无法通过，从而杜绝了不合标准的做法。

3. 标准化建设要加大投入和宣传。标准化建设需要人员、资金、精力和时间的大量投入，标准的实施需要组织开展多种形式的教育培训，标准化工作需要通过广泛宣传得到社会各界的理解和支持，使这项惠及广大参保对象的工作深入人心，得到理解和支持，提高社会满意度。

第三节　地方探索实践

一、天津市社会保险基金管理中心的探索与实践

近几年来，天津市社会保险基金管理中心（以下简称天津市社保中心）坚持以科学发展观为指导，按照中央和地方各级政府提出的构建社会主义和谐社会必须强化政府社会管理和公共服务职能，努力建设服务型政府，做到在服务中实施管理，在管理中体现服务的精神，把加快推进社会保险标准化体系建设摆在突出位置，积极探索适应服务城乡居民的社保经办新形势，实现经办管理“三化”（规范化、信息化、专业化）要求的途径和方法，坚持机制创新，建立以服务对象满意为导向的服务管理标准体系建设（简称服务管理体系），结合经办实际制定实行了一批服务工作规范，使经办能力得到提升，管理效能进一步发挥，服务质量持续改进，在加强规范管理，提升服务水平方面取得了一定的成效，得到了社会广泛关注及广大群众的认同。其主要做法如下：

（一）认清机构定位，理清管理思路

近年来，面对建立覆盖城乡居民的社会保障体系，迫切需要尽快提高经办机构能力的新形势，促使天津社保中心在以人为本科学发展观的指引下，对如何实现标准化体系建设要求，提高经办能力进行了认真思考，对经办机构的定位有了新的认识，认为为公众提供社会保障服务是社会保险经办机构的基本职能，“服务”是它的产品，服务质量就是它的产品质量。提供优质的社会保障服务是经办机构全部工作的出发点和落脚点，保证服务的高质量是经办机构既定的管理目标。对机构定位和管理目标的再认识，使天津社保中心对实行五险统一经办管理体制后的内部管理机制存在的缺陷进行认真反思，感到虽然天津社保中心这些年在经办服务工作中取得了长足进步，但是与社

会发展和群众期望还有相当差距，从主观上看，内部管理机制存在的明显不足是制约经办服务发展的重要因素。主要表现为：受长期计划经济体制下的管理模式、行为方式的影响，管理层和部分员工习惯按照基金运行流程研究经办管理，存在重基金安全和征缴指标完成，轻服务对象诉求和服务管理与改进的现象，服务意识和管理理念与事业发展和社会需求不相适应，还不能自觉地从满足服务对象需求考虑经办管理问题；实行“五险”统一经办，实现了“一门式”服务，但还没能实现“一窗式”服务，服务对象到经办机构办理社保事务多数仍要按照险种分别排队等候，不方便、不快捷；服务管理和服务提供还缺乏统一的规范标准和完整的评价体系，虽然经办服务工作开展多年，还没有形成一套适应经办服务需求，比较科学的管理制度和管理方法；机构内部管理与对外提供服务有时脱节，解决群众诉求反应慢、效率低，参保单位和参保人员对经办服务效率和质量多有微词。这些都促使天津社保中心积极探索实现经办服务“三化”，提升经办服务能力的路径，寻找适合经办机构特点，能够保证服务质量持续改进的管理方法。因此，2006 年以来，天津社保中心组织专门力量开展调研，按照原劳动保障部关于加强经办能力建设，实现经办管理“三化”（规范化、信息化、专业化）的目标要求，参考国家、行业和单位的相关标准化文件［包括《服务标准化工作指南》（GB/T 15624.1—2003）、《质量管理和质量体系要素第二部分：服务指南》（GB/T 19004.2—1993）、《服务管理体系规范及实施指南》（SB/T 10382—2004）及天津社保中心《天津市社会保险业务经办规程》等］和先进地区及单位的管理经验，结合天津实际提出了建立以服务对象满意为导向的服务管理体系的构想和实施方案。把服务对象满意作为衡量经办服务工作的金标准，为实现这一经办管理的总体目标，提出要在转变管理思想的基础上，重新规划内部管理架构，对目前管理方式进行综合配套改革。通过服务管理体系建设，抓住与服务对象接触服务这个核心，在管理上实现五个转变。第一，在管理思路上，由按照基金运行流程导向向按照满足参保人员需求导向转变；第二，在岗位设置和能力要求上，逐步由按业务项目设岗向实行柜员制服务转变；第三，在服务水准上，由“微笑”服务向“高效”服务转变；第四，在绩效评价上，设定以服务对象满意度为重点服务质量指标，由按照简单的综合评价逐步向考核岗位绩效转变；第五，在管理机制上，把与服务对象接触服务作为管理重点，按照与服务对象接触的相关性和重要性规定机构内部的职权、流程、管理制度和资源配置，由目前服务与业务分治向相融转变，制定专业化服务规范标准和管理办法，加强对服务质量的测量与控制，形成对接触服务的管理与其他管理活动有效衔接、相互促进，使服务质量持续改进，最大限度地发挥管理效能。

（二）制定服务规范，统一服务标准

没有规矩不成方圆。实现经办工作标准规范化建设，首先要有规范标准。截至目前，天津市社保中心已经制定了《经办机构服务管理体系规范》和 6 个规范性附录，并在全系统试运行。《经办机构服务管理体系规范》主要参照国家标准，结合社保机构实际情况，对服务管理体系建设的基本要求作了明确规定和系统描述，是规划中心系统服务工作长远发展，推进科学管理，完善长效机制，以保障服务质量持续改进，服务工作优质高效的指导依据。6 个规范性附录都是属于服务环境和服务行为方面的规范，分别是：①经办服务环境视觉系统标准及应用手册。包括经办机构门头标、大厅环境标识、咨询台背景墙、服务功能区划分、LED 显示屏、宣传栏、公开服务承诺牌、各种导引标识等视觉系统设计规范。②经办服务大厅环境设施规范。包括经办服务大厅外部环境、内部环境设施两个方面的要求。分别对大厅内部的结算区、咨询服务区、等候休息区、自助服务区、书写区、洽谈室等各功能区提出环境规范。③员工服务行为规范。包括形象规范（仪容仪表、着装）、形体规范、沟通规范、日常礼仪规范、日常用语规范 5 个方面。④经办服务程序规范。包括在接触服务中有关迎接、称谓、回答、微笑、致歉、交接物品、关注确认和道别的一般要求，经办业务前、经办业务中和经办业务完毕后的基本要求，对突发事件的处理规范等。⑤经办服务提供规范。对包括承诺服务（目前有首问负责制、一次性告知制、限时办结制、工作纪律四项）、咨询服务、查询服务、业务办理、网上服务、上门服务 6 种服务方式的内容和要求等进行规范。⑥经办服务投诉处理规范。包括处理原则和投诉处理的服务标准等。

此外，对原有的经办服务操作规范（即业务操作规程），重新进行了分析评估，将本着以人为本、服务至上、依法合规、安全与效率并重的原则，分阶段进行修订，重点解决在五险统一经办中影响经办效率的业务管理职权划分、基金安全与经办效率关系、简化经办流程及手续和信息系统支持等问题，使经办服务简约高效、规范可控，最大限度地满足服务对象的需要。

（三）完善管理机制，提升服务能力

为了保证各项服务规范的落实，同时改变不适应形势要求的内部管理，需要加快完善内部管理机制改革。因此，按照管理试点先行，配套措施跟进，点面结合，整体推进的思路，边研究，边实践，循序推进服务管理体系规范的落实，逐步建立一种服务导向型管理机制，即把服务对象始终作为关注的焦点，把接触服务和接触过程作为管理控制的核心，按照服务管理职责、服务资源管理、服务实现及服务的测量、分析和改进四个方面搭建服务管理体系的架构，通过四个方面的依次循环过程完成对服务的管理，实现为服务对象提供满意服务的管理目标。据此，天津社保中心在健全和改善管理机制上主要做了以下几个方面的工作：

一是健全组织，进一步明确服务管理职责。在不新增机构的前提下，由各单位一把手负总责，建立中心两级实施服务管理体系建设领导小组，结合落实各项服务规范和推进服务管理体系建设的任务，明确中心两级领导小组、天津社保中心各处室、分中心各科室在服务管理中的主要职责和任务。建立服务与业务有效连接、服务诉求快速反应机制。实行市社保中心对基层反映问题限期办结责任制度，提高市社保中心为基层解决服务诉求问题的办事效率。向基层服务一线倾斜，加强服务管理人员力量，为市区分中心配备专职人员，在各分中心成立服务管理组承担综合服务管理职能。

二是建立服务大厅管理控制流程标准，落实各项服务规范。通过试点，在全系统制定和推行落实服务规范的配套管理制度，将需要分中心落实的服务规范内容分解为9项管理目标，实行首问负责制、一次性告知制、限时办结制、岗位替代制、服务大厅环境卫生、服务大厅主任值班、服务设施设备使用管理、经办服务人员管理、服务对象满意度测评9项管理控制流程。通过流程控制，对落实服务规范实行目标管理，对员工服务行为进行过程控制，强化现场解决问题的力度和管理重心向科室下沉，强化督促检查的经常化和改进服务的及时性，保证服务规范落实到位，服务工作持续改进。适应大厅服务需加强各服务窗口工作之间横向协调和实行管理扁平化的要求，强化分中心服务管理组的职能，设专人做好大厅咨询接待、工作协调和服务管理三项工作。为实现“一窗式”服务，在津南分中心开展综合柜员制试点，在加强风险控制的前提下，整合“五险”经办流程，合并服务窗口经办业务，试行柜员制与专管员制相结合的管理模式，尽可能地为群众提供方便。

三是推行社保视觉系统标准，优化经办服务环境。在资金不足的情况下，采取分步实施的办法，首先按照社保视觉系统标准为18个分中心统一配置了分中心名称主标识、LED宣传屏、大厅平面导引、楼层分层导引、经办流程提示栏、表格填写示范架、大厅服务宣言、服务承诺栏、科室功能标识牌、大厅各功能区和自助服务处所标识牌等设施25种；为18个分中心配置了部分标识和设施；为经办业务量大的分中心增添了自助缴费查询和打印设备等，努力为服务对象创造更加舒适方便的经办环境。

四是发挥服务窗口信息反馈功能，及时了解服务诉求。疏通服务管理与机构内部管理的沟通渠道，及时了解掌握服务对象对经办服务的诉求是解决服务中存在问题的前提。对群众诉求在最短时间内作出反应，除了在内部管理制度中要体现服务与内部管理之间建立有效沟通，做到及时反馈情况，及时解决问题，以形成经常性的管理外，天津社保中心还针对社会调查中群众反映的一些重点、热点问题，集中通过服务窗口进行汇总反馈和梳理，如对群众反映较强烈的经办手续繁杂，流程不方便，办事效率不高的问题，专门通过分中心服务窗口收集反映并梳理分析，并对梳理出来的服务问题分门别类及时进行研究处理，使群众诉求及时反映到管理决策层，加大协调解决服务问题的力度，大大提高了办事效率，使服务质量较快地得到改进。

五是加强社会监督，实行经办服务责任追究制度和目标考核制度。在所有分中心试行了公开首问负责制、一次性告知制、限期办结制和经办纪律 4 项服务承诺，接受社会监督。同时完善投诉渠道，除了已有的劳动保障电话咨询服务中心等渠道外，天津社保中心还对外公开市社保中心和分中心两级服务投诉受理电话，加强两级服务投诉管理力量，建立两级服务投诉调查处理办法，实行专机专用、专人专管。以服务对象满意度、服务投诉率、回复率和落实服务规范为主要考核指标，建立服务质量评价体系，试行对分中心服务质量评价考核办法和实施细则，加大了服务工作质量在绩效考核中的权重，细化了服务工作的测量与评价。

六是开展全员培训，强化服务意识，提高服务能力。为引导广大员工重视经办服务细节管理与研究，提高服务与服务管理能力，结合推行服务管理体系规范及规范性附录，整编印发《社会保险服务管理指导手册》《员工服务规范手册（试行）》，开展全员培训。组织员工开展服务案例征集评选和研讨活动，编印《社会保险服务案例选编》，重点解决广大员工服务理念、服务意识、服务技能技巧等问题，提高各级管理者的管理能力和员工的经办服务能力。对各级主要负责人、分中心服务管理组人员进行服务管理专题培训等。此外，面对推进服务管理体系建设中的新情况、新问题，坚持边学习，边实践，边研究，在推动工作中摸索经验，先后提出了《关于社会保险经办服务管理体系建设问题研究》《关于推进服务管理体系建设的实践与思考》等多篇研究报告，不断深化对经办服务的认识，理清加强经办能力建设，做好服务管理工作的思路和措施。

虽然服务管理体系建设及管理体系架构还在逐步搭建中，其管理效能尚未充分显现，但是已经发生了一些可喜变化。一是各级领导的管理思想有了较大转变，广大员工服务意识和服务技能有了新的提高。各级管理者开始由不自觉到比较自觉地从依靠经验管理，逐步向运用先进管理理论和方法指导管理的转变，开始重视按照服务管理体系规范的要求检查和评审本单位、本部门管理的适应性和有效性，管理水平和能力正在得到提高。广大员工通过贯彻学习服务规范，联系实际对服务工作有了新的认识，不仅开始用服务规范约束自己的行为，而且开始体会到服务质量好与坏，员工是主导因素，不仅取决于自身的政策水平、经办能力，还取决于与服务对象交流沟通，对服务对象情绪变化、需求意向等的掌控能力，要重视服务专业知识的学习和掌握。二是新的管理秩序正在逐步建立，解决服务问题的效率得到提高。服务与内部管理相脱节的现象有了很大改变，天津社保中心解决分中心服务问题的效率提高。根据服务大厅管理制度规定，分中心结合实际，细化了操作要求，完成了本地化工作，按照管理控制流程的基本要求，对落实服务规范进行经常性的检查和督促整改，加强了对服务工作的过程控制，注重了服务工作的及时改进，摸索了深化服务管理、强化服务意识、遵守服务礼仪、规范服务行为、改善服务态度和提高服务质量的实用经验，并在全系统得到总结推广。建立服务管理组，实行主任值班制度等措施，有效地在第一时间解决了绝大多数服务对象咨询接待和经办业务，大大缓解了业务高峰期的压力，越级投诉量明显下降，得到广大群众的认可。三是更加重视服务资源的科学管理。把接触服务和接触过程作为服务管理的核心，根据与接触服务的相关性和重要性研究和实施服务管理，配置服务资源的指导思想更加明确。随着服务管理体系建设的逐步推进和落实服务规范的需要，使中心的人员配备、资金使用和设施设备的配置开始更多地向服务工作倾斜，促使有限的人力和物质资源能够更好地用在与服务群众直接相关的项目上，提高资源配置效率和效能。同时，使各级、各部门的工作在共同搞好服务方面形成合力。四是服务窗口反映群众诉求、促进内部管理的功能得到有效发挥，突出解决了一批群众反映强烈的服务问题，群众对经办服务的满意度有所提高。例如，通过加快工伤保险联网结算进度、扩大联网结算范围，有效解决了参保职工和分中心需要提供审核材料多、医疗费录入量大的问题，方便了工伤职工就医结算，提高了审核支付速度；通过系统升级完善对外自助打印缴费记录系统，使因缴费数据不全、部分数据无法打印的问题得以解决，参保人员查询打印更加方便，感到非常满意；通过规范分中心业务操作，在分中心统一建立失业职工专户，失业人员死亡后在户口所在地分中心即可支取个人账户资金，彻底免除了职工家属往返劳顿，杜绝了推诿扯皮，得到职工群众的充分肯定。对尚未解决的问题也正在抓紧进度，确保按要求完成。五是涌现了一批好的服务典型，树立了良好的社会形象。通过学习和实施服务规范，员工的服务意识、服务态度有了很大转变，因服务态度和责任心不强造成的服务投诉明显减少，员工良好的态度和优质的服务受到群众称赞。

走标准化发展之路，不断提高经办服务能力，是一项长期的战略任务。目前推进服务管理体系标准建设还在实践摸索中，有些做法还不成熟，有些难点问题需要逐步解决。五险统一经办条件下，推行服务管理体系建设，贯彻一系列服务标准规范，对管理人员的业务综合能力、管理水平和员工的素质条件提出更高要求，短期内尚难适应。由于社会保险事业发展迅速，实行五险统一经办在业务管理上相对比较复杂，目前对各项业务规程进行整合的质量还不够高，还不能适应多险种统一为服务对象提供高效便捷服务的需要。一些管理目标的实现，如实行柜员制需要流程再造，服务岗位绩效考核和评价体系的建立和完善，在相当程度上依赖管理信息系统的支持，而目前信息系统功能还不够健全，网上结算尚未完全开通，技术支撑能力有待增强。受物质和技术条件限制，落实有关硬件环境标准一时难以实现。今后，天津社保中心将继续以科学发展观为引领，在积极推进改革创新中逐步解决遇到的问题，为早日实现经办工作标准化目标而努力。

二、吉林省社会保险事业管理局的探索与实践

标准化是科学的管理方法，标准化活动是一项系统工程。吉林省社会保险事业管理局（以下简称吉林省社保局）在标准化试点工作中，运用标准化固有的科学工作方法，利用系统工作原理开展标准化工作，取得了阶段性成果。吉林省社会保险标准化建设工作经历了如下两个阶段：

第一个阶段是自发阶段，从 2006 年开始，为了提升社保形象，改善经办环境，吉林省社保局开展了标准化经办大厅、标准化档案中心、标准化社区窗口的“三项标准化”活动，“三项标准化”活动在改善社保经办环境和外部形象上，在建章建制改进管理等方面做了大量基础性工作，为吉林省社保系统深入开展标准化工作奠定了坚实的基础。5 年来，完成投资近 5 亿元，建设标准化经办大厅 38 个，标准化档案管理中心 46 个，标准化社区经办窗口 210 多个。

第二个阶段是自觉阶段，从 2009 年下半年开始，吉林省社保局党组为了全面提升经办工作能力，提升管理服务水平，决定在全系统开展标准化建设工作，尤其是人力资源社会保障部社保中心在陕西宝鸡召开标准化会议之后，决定申报“国家服务业标准化”试点，将吉林省标准化建设工作纳入国家标准化计划之中，纳入标准化建设专业轨道上来，建立标准化长效机制，通过标准化提升经办能力，实现精确管理，满足参保群众提升服务质量的诉求。2010 年 8 月，国家标准委在试点名额有限的情况下，破例增补上海医疗保险事务管理中心和吉林省社保局作为公共服务业标准化试点，试点工作从 2010 年 8 月正式启动，按照标准化试点方案，工作正在有条不紊的进行中。

开展标准化活动的首要问题是思想认识问题。在思想认识上，主要应解决四方面问题，澄清两种模糊认识。四方面问题：一是强化经办管理的紧迫感责任感不强；二是运用科学方法管理经办工作的意识淡漠；三是规范管理精确管理的畏难情绪严重；四是没有把参保群众服务诉求放在心上。两种模糊认识：一是觉得标准化很简单，就像搞活动，规范一些制度，搞一些达标验收，一阵风过去就是标准化了；

二是提起标准化觉得很神秘，很遥远，不知道标准化到底为何物，不学习、不了解，不知道如何开展标准化。

要解决以上这些问题，应当解放思想，认清发展要求，抓住发展机遇，不观望、不等待，重落实、重实践，这才是社保人的责任之所在。

（一）理解标准化意义，使社会保险标准化心清目明

第一，开展标准化活动是社会保险事业发展的客观要求。社会保险从建立到发展，在为建立社会主义市场经济保驾护航方面，为推进国企改制，解决历史遗留问题和实现“两个确保”方面，为吉林省改革、发展、稳定大局作出了突出的贡献。但应该看到，随着社会进步、事业发展，特别是《社会保险法》颁布实施和社会保障体系的逐步健全，对社会保险经办工作提出了更高标准和全新要求。新的形势和任务，要求我们的服务理念更加先进，服务方式更加规范，服务标准更加统一，服务质量和服务效率更加满意。客观地说，目前社保经办工作还不同程度地存在缺陷和不足。开展服务标准化工作，将有针对性地解决这些问题。

第二，开展标准化活动是实现科学、规范、精确管理的重要途径。标准化活动是一项科研活动，它将本机构、本组织、本系统、本领域内的科研成果、管理经验、先进理念固化为标准，以便重复和推广使用。标准化活动还是一项管理活动，它符合目前普遍应用的PDCA（戴明管理模式）管理模式，即“策划—实施—检查—改进”的螺旋循环上升过程模式。因此，开展标准化工作是实现科学、规范、精确管理的有效途径。可以说，好的标准是实现科学、规范管理的利器。人力资源社会保障部副部长、国家社会保险标准化技术委员会主任委员胡晓义同志曾经说过：“如果说在没有开展标准化之前，社会保险经办这支队伍是‘游击队’的话，那么，用标准化武装后，这支队伍就是‘正规军’了。”这句话形象地阐明了标准化工作对于社会保险实现科学、规范、精确管理的重要性。

第三，开展标准化是社会保险提升经办服务能力的重要手段。党

和国家为了构建和谐社会，让全体人民共享社会发展成果，正在努力构建完备的社会保障体系，“从生到老、全民社保”，“记录一生、保障一生、服务一生”，社会保险面对全体国民，从经办、管理到服务，社会保险经办工作面临前所未有的挑战。而要提升经办工作能力，迎接这种挑战，标准化活动是最佳手段。标准化活动是总结过去经办工作的经验和成果形成标准的一个过程，标准是集社会保险经办工作的领导、专家、一线工作者的实践经验之大成，是集体智慧的结晶。因此，整理、学习、编制、应用标准的过程，对于全面系统提高经办人员整体经办能力将是一次难得的练兵。标准化还将为我们建立一整套宣贯培训、持续改进和检查激励机制，在这套机制的作用下，社保系统职工素质将会进入持续上升通道，经办能力将伴随标准化活动不断提升，将能够按照政府和参保群众的要求，完成党和政府赋予的光荣职责和使命。

第四，开展标准化可以提高服务质量和效率，满足参保群众服务诉求。社会保险事业发展到今天，做好经办工作不再是简单的收钱、记账、发放，不再是简单的维稳和“两个确保”。参保对象要求高效经办、人性化服务的诉求越来越多、越来越具体、越来越迫切，作为政府公共服务部门，必须以人为本，以服务为导向，创新社会管理，为广大参保人提供优质、高效、人性化服务，而标准化活动则为此提供了可能。国务院副总理王岐山说过：标准化是政治加技术。这句话充分揭示了标准化工作的实质。标准化的最终目的是为了获得最佳秩序，对实际和潜在问题制定共同和重复使用的规则。那么，维护社会稳定、构建和谐社会、满足参保群众服务诉求，就是我们的“现实问题和潜在问题”，也是政治问题。运用标准化统一、简化、协调、最优的原理，制定出符合经办、管理、服务要求的标准，通过强有力的统一实施，达到“获得最佳秩序”的目的。因此，标准化活动将会为参保群众提供高质量、高效率的服务，满足参保群众服务诉求，实现“保障一生、服务一生”的承诺。

开展标准化活动必须构建好三个体系，打造好一套机制，建设好一个平台。三个体系是：标准化组织体系，标准化管理体系，标准化标准体系。一套机制是：标准化长效机制。一个平台是：计算机业务管理平台。

（二）构建标准化组织体系，使标准化工作保障有力

标准化组织体系是指标准化活动的组织领导、机构人员配置、工作网络的集合。它不是临时拼凑的临时机构和人员，其工作网络也不是可有可无的，它将长期伴随标准化进程，共生共存，是标准化活动的组织保障。

构建标准化组织体系首先要“三明确”。一是明确标准化组织管理是本机构最高管理者的重要职责，是整个机构管理决策层的重要工作内容，因此，建立标准化最高管理机构必须以决策者为核心，形成强有力的标准化领导机构。二是明确标准化是一项长期工作，必须建立一个长期的标准化职能部门，承担标准化管理工作，推动标准化工作持续有效运行。三是明确标准化是一项全方位管理工作，是一项系统工程，需要全面启动、全员参与，各分支机构、各工作部门也必须参与到标准化活动的组织体系中来，承担标准化工作职责，完成相关工作任务。

构建标准化组织体系其次要“三明晰”。一是要明晰社会保险标准化工作本机构最高管理机构的职责，使其在标准化工作重大问题决策上与事业发展和重大问题决策同步，与具体工作计划同步，纳入日常工作轨道。二是要明晰标准化职能部门的工作职责，使其在标准化工作的组织、协调、运行上发挥参谋助手作用、组织协调作用、落实推动作用。三是要明晰各业务职能部门和兼职标准化管理代表在标准化活动中的地位和作用，使其在标准化活动中全程参与，发挥一线人员触角作用和实践作用。

吉林省机构标准化组织关系如图 7—3 所示。

（三）构建标准化管理体系，使标准化工作有规可依

标准化工作是一项系统工程，其标准的制定、活动的开展、机制的建立都需要建立一套科学有效的管理体系，保证标准化活动能够正

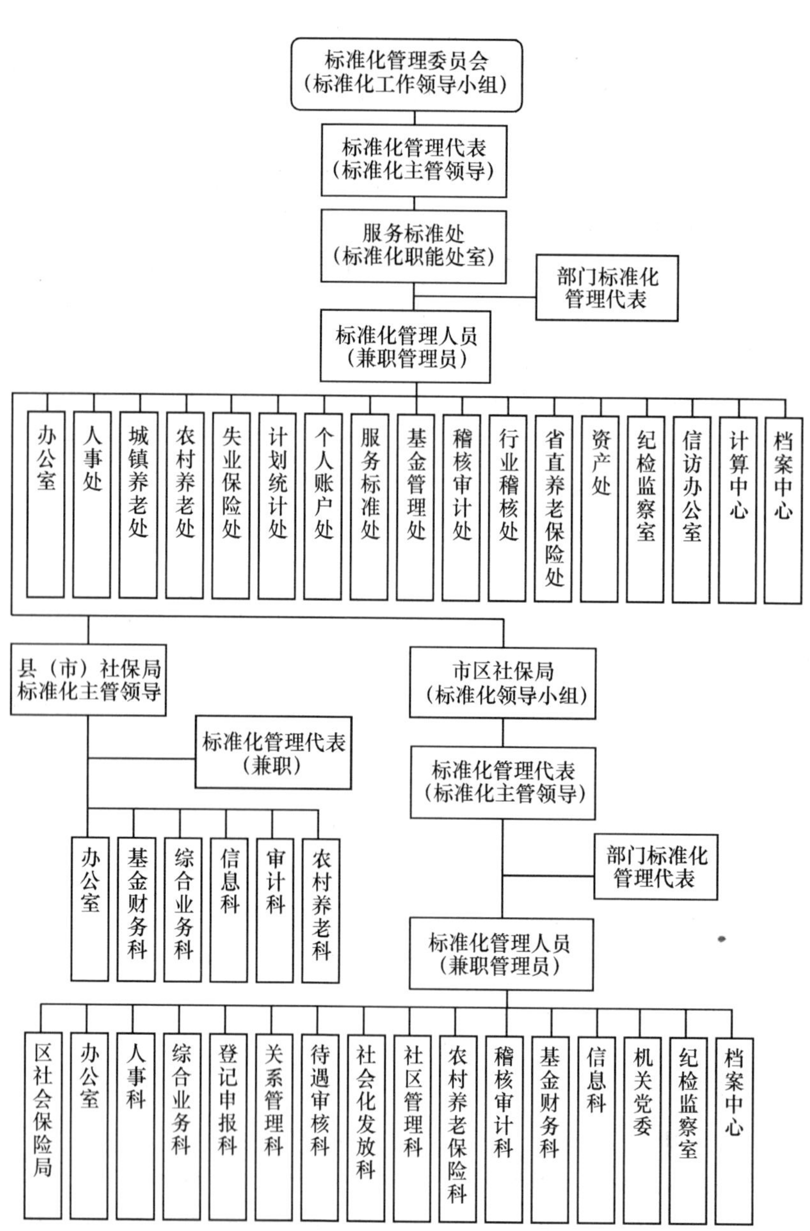

图 7—3　吉林省机构标准化组织关系

常、有序、科学、合理地推进。

标准化管理原则：一是标准化管理体系的建立首先应在组织体系保证下，建立一套科学有序的制度和办法，实施对标准化活动全过程的科学管理。二是标准化活动的管理应本着围绕完善社会保障体系要求，围绕社会保险事业发展的整体目标、方针，围绕社会保险法律法规和政策制定相应管理办法。三是标准化管理体系是整个机构管理活动的一部分，应作为标准化基础标准不断调整，不断完善和改进，为中心工作服务。

标准化管理办法具体内容应包括：本机构标准化工作方针、目标，标准化组织机构及工作网络，标准化管理内容与要求，标准化体系建立原则，标准制定复审、宣贯实施、监督检查和持续改进，标准化工作的奖惩等。

标准化管理的内容非常广泛，如何使管理办法切合实际指导工作，这是我们首先应该关心的问题，具体的管理要求应体现以下特点：

1. 标准化方针和目标

标准化方针和工作目标的制定，首先，要与机构工作方针和工作目标相协调，配合本机构工作方针的贯彻落实，为本机构工作目标的实现提供管理保证，为总体工作提供服务。其次，要与本机构管理水平、发展阶段相适应，要结合工作实际，避免“假、大、空”。

2. 标准的实施管理

一是标准的实施需要建立标准实施领导小组，在标准化工作领导小组领导下开展工作，负责标准实施的各项工作；二是制定标准实施计划，对标准的宣贯培训、软硬件保障、实施及反馈等工作作出安排；三是标准的实施要和现代化管理手段相结合，使标准的实施有抓手、有环境、有平台。

3. 标准实施的监督检查管理

通过监督检查促进标准的实施，除了标准化在标准的评价与改进方面有自身的标准和方法之外，对于行政事业单位，对于参公管理的政府公共服务部门，社会保险应该借助行政管理优势，把标准的监督检查作为岗位目标责任制考核的核心内容，纳入岗位目标考核之中，强化标准实施的监督检查。

4. 标准化工作的奖惩管理

标准化工作需要不同层次、不同人员的辛勤努力，才能够达到设定的目标，尤其需要科学的工作态度、严谨的工作作风、丰富的工作经验才能够推动标准化工作，标准化工作也将为社会保险完善体制、事业发展创造丰富的业绩。因此，标准化工作要建立独立的、科学的奖惩制度，对研究标准、实施标准、改进标准、创新标准的单位、人员给予奖励，对在标准实施中不按标准执行、给事业和工作带来消极影响、造成重大损失的单位和人员给予惩戒，从而推动标准化工作更好更快发展。

标准化管理办法中其他部分管理办法和要求，较为成熟，许多方面具有共性，在这里不予赘述，参见《吉林省社会保险标准化管理办法》的具体实例，供大家参考。

（四）构建标准化标准体系，使标准化成为有本之木

社会保险标准体系，是社会保险标准按其内在联系形成的科学的有机整体，是标准化活动的核心内容。如何建立一套科学完善的标准化标准体系，我们主要从自身做法上做一些介绍，供大家参考。

一是要全面规划、系统考虑、理顺关系，建立一个相互关联，相互作用，综合化集成度高的标准体系。任何一个机构都是由多个部分组成的有机整体，一个系统是由多个分系统组成，每个分系统都具有独立的必不可少的功能，分系统之间具有一定的内在联系。因此，建立标准体系也要运用系统的方法，既要考虑纵向的管理关系，又要考虑横向的组织关系，既要考虑职能的划分，又要考虑沟通和衔接，包括对内和对外两个部分的衔接。这样，我们必须在建立标准体系前，充分调研和系统分析，考虑每个人员、每个部门，以及系统整体的经办管理要求，充分考虑服务对象服务感受和服务要求，建立一套全面覆盖、合理划分、层次清楚的标准体系。

二是要充分考虑本机构、本系统特点，建立一个符合实际、特点鲜明、适应经办需要的标准体系。社会保险在国家标准体系划分时，被划入服务行业，但社会保险服务有其自身特点，社会保险属于社会公共服务，在为社会公众提供公共服务产品的同时，还具有一定的管理职能，同时，由于政府开办社会保险又使社会保险具有政府部门管理特点。因此，建立社会保险标准体系必须考虑以上这些特点，考虑经办的管理与服务标准的平衡性，考虑政府部门的形象与约束性，建立符合社会保险实际和经办要求的标准体系。

三是要充分借鉴本机构、本系统以往的管理成果和经验，建立一个能够切实指导工作的标准体系。社会保险近 20 年的发展，在管理服务上积累了一定的经验，我们的管理办法、管理制度和管理要求曾经为我们的事业发展作出了贡献，那么，在建立新的标准体系时，要取其精华，为我所用，要发挥各个层次领导干部的聪明才智，为标准化所用。

（五）打造标准化长效机制，使标准化之花常开不败

标准化长效机制是标准化的重要成果，只有建立了标准化长效机制，标准化工作才算迈入正常发展轨道，标准化才能够持续为完善社会保险管理体制、提升经办服务水平发挥作用。那么，什么是标准化长效机制，所谓标准化长效机制就是制定标准、实施标准、检查标准执行情况和效果、改进修订标准使管理服务得到提升，这一过程循环运行、螺旋上升，简称 PDCA 模式［Plan（计划）、Do（执行）、Check（检查）和 Action（行动）］。PDCA 循环又叫戴明环，是美国质量管理专家戴明博士首先提出的。

PDCA 机制的建立，不能单靠领导的好恶，不能靠人治，必须以科学的态度，通过建立三个体系，即标准化组织体系、标准化管理体系和标准化标准体系，使这三个体系在本机构本组织中有机结合，良性地运转起来，形成一种常态化。

标准化长效机制需要三个机制的支撑：

一是要建立标准制定、修订复审机制。标准不是一成不变的，它

是科学的成果和经验的总结，因此，标准必定伴随科技进步、伴随政治进步和经济发展，不断改进和完善，只有不断改进和完善标准，才能使标准不断创新，不断采用先进科技成果和经验，使标准成为管理的抓手，经办的助手，服务的帮手。因此，标准的制定要归口清楚、程序科学、责任明确、意见广泛、适度超前，标准的修订和复审要定期进行、及时调整，要注意收集整理意见和建议，要瞄准经办发展的前沿，按照标准化管理办法的要求，不折不扣地做好标准的修订和复审。

二是要建立标准宣贯培训实施机制。对于一个机构、一个组织，标准一经制定，就要坚决执行，就要有计划、有步骤、有组织、有要求、有目标的贯彻实施。标准实施包括实施前的宣传、培训，实施中的条件保障，实施后问题的解决等都要综合考虑，标准实施要与人员素质提升相结合，搞好宣传培训，使业务人员熟知会用经办标准。标准实施要与计算机平台改造相结合，把标准要素变成经办需求，把指标和技术融入需求，使计算机经办系统成为实施标准的抓手。要使标准实施进入常态化通道，标准一经审批完成，进入实施，各单位各部门就应知道该怎样贯彻实施，只有这样才达到了建立标准实施机制的目的。

三是要建立标准的监督检查测评机制。标准贯彻实施的覆盖面、标准实施的效果、标准实施存在的问题等都要进行监督检查，确保标准实施不留死角、不走过场、不打折扣，要在标准实施过程中跟踪测评，发现问题，及时记录、及时调整、及时修正，使标准实施能够落到实处、适应和指导工作，要使标准的实施检查纳入社会保险管理核心，纳入岗位目标考核之中，纳入奖惩机制使监督检查常态化、制度化。

（六）建设计算机业务管理平台，使标准化成果落地生根

计算机系统管理平台是标准化实施的载体，是标准化实现科学管理的工具。因此，依据标准化成果，研制开发社会保险计算机业务管理系统，是新时期开展标准化工作的优势所在，能够使标准化工作落地生根。

一是运用标准指导业务系统建设。标准是经办工作的指导文件，因此，在标准确定后就要对标准的指标、参数、要求进行分解，转化成开发改造计算机系统的需求，使标准固化在经办系统平台之中，成为约束经办的管理助手，成为标准实施的科学工具，提升标准实施的覆盖范围，提高经办工作效率。

二是计算机系统为标准化提供科学手段。通过计算机系统不同算法为标准自身科学实现提供可能，为标准实施、标准监督、标准测评提供科学方法。通过计算机辅助手段，规范标准实物手续、规范标准监督程序，能够充分发挥计算机系统在开展标准化工作中的科学优势。

当然，开展社会保险标准化活动还需要领导的重视、政府的支持、专家的指导、资金的保障，需要协同配合、全员参与、全方位联动。在指导方针上，应以提高服务效率为目的，以精确管理和提高参保群众满意度为目标，在标准的制定、实施、改进等方面，时时关注政府要求、群众诉求，做好社会保险经办服务工作，创造社会保险经办管理服务品牌。

三、上海市医疗保险事务管理中心的探索与实践

近年来，随着我国公共管理服务的加强，公共服务机构的地位和作用日益凸显，公众对政府公共服务的要求也日趋提高。根据建设服务型政府的要求和优化政府公共服务的需要，标准化建设在公共服务领域逐步兴起，这对规范政府公共管理行为，提高政府公共服务品质，满足社会迅速增长的公共需求，具有十分重要的现实意义和积极影响。党的十七届五中全会进一步提出了社会保障工作实现精确管理的目标要求，而标准化建设则是实现这一目标的有效途径和方法。医保经办机构必须高度重视并努力实现精确化管理，为社会保障事业的长足发展奠定基础，增添后劲。

（一）上海医疗保险经办管理服务规范化管理的基础

从 2001 年上海全面实施城镇职工基本医疗保险起，城镇职工医疗保险开始步入社会化管理的轨道，成为上海医疗保险公共服务管理的新起点。根据社会化管理的需要，医疗保险经办机构将直接面向作为社会人的广大参保对象。医疗保险基金由社会保险经办机构统一征收；医疗保险部门在全市建设了连接各级医疗保险经办机构和各定点医疗机构、定点零售药店的计算机网络，以及统一的数据库和软件；参保人员使用统一的社会保障卡在任何定点医疗机构就医并结算医疗费用；医疗保险基金由医保经办机构向定点医疗机构和定点零售药店统一支付；医疗保险经办机构开设的服务窗口向参保单位与参保个人提供各项社会服务。社会化管理催生了医疗保险的规范化管理，上海市医疗保险事务管理中心（以下简称上海市医保中心）对全市医疗保险经办管理服务工作实行统一管理，在18个区县均设立医疗保险事务中心及服务大厅，在263个街道（镇）社区事务受理中心内设立医疗保险事务服务点，面向全社会开展医疗保险经办管理服务工作。此外，还先后与外省市15个城市（地区）医疗保险经办机构开展协作，提供参保人员异地就医医疗费委托报销服务。

十年来，上海市医疗保险服务一直坚持推行医疗保险服务的规范化管理。在这一时期，上海市医疗保险经办机构主要从以下方面对医疗保险经办管理服务工作进行了规范管理（如图7—4所示）。

围绕这一体系，上海市医保中心制定与实施了一系列规范管理文

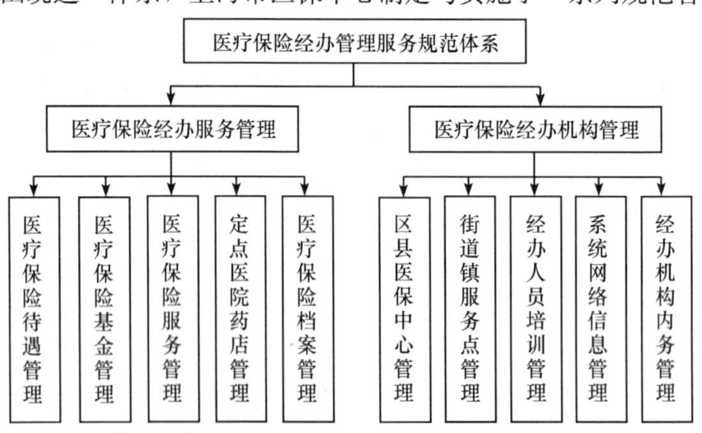

图7—4　上海市医疗保险经办管理服务规范体系

件和项目，主要包括：

1. 服务设施设备的规范管理

2005 年，作为当年市政府实施项目之一，上海市开展了市、区县医保中心的标准化建设。上海市医保中心为此制定了“上海市区县医保中心标准化设计与建设技术规范”，全面改造了市、区县医保中心的基础设施与服务环境，实现了从外到内的统一配置，极大地改善了政府服务形象，为优质服务创造了有利条件与良好环境。

2. 服务流程与质量的规范管理

2001 年起，上海市医保中心统一制定了医疗保险经办管理服务操作规范，该规范分为内部运作项目、社会服务项目两大部分：前者针对经办机构内部处理的经办事务，后者针对面向社会的服务项目。该规范定期进行修订，最近完成修订的操作规范共列入 63 项经办管理服务项目。

2006 年制定与实施的《上海市医疗保险社会服务标准（试行）》主要内容包括：适用范围、服务宗旨、服务原则、服务要求、服务公约、服务项目；在硬件设施方面，有服务设施（含外部设施、内部设施）、服务柜台、服务环境（含外部环境、内部环境）的规范要求；在软件建设方面，有服务人员的仪容仪表、举止言谈、服务态度、现场服务、电话服务、特殊服务、服务公开（服务项目、服务公约、服务承诺）、服务投诉和满意度调查等规范要求，以及医疗保险服务常用规范用语、医疗保险服务禁忌用语等。

3. 服务安全与应急处置的规范管理

2008 年制定与实施的《上海市医疗保险经办机构服务大厅突发事件处置应急预案》，对医疗保险服务场所可能遇到的医保计算机系统故障、严重社会治安案件、严重灾害事故、服务对象突发严重疾病、服务对象疑似传染病、服务对象滞留等突发事件的处置，提出标准化的处理流程以及报告制度，并适时组织现场演练，以确保应急预案能够真正起到应急作用。

4. 业务档案的规范管理

2003年起，上海市医保中心开展了医疗保险档案缩微扫描存档工作，将业务档案分类整理、扫描缩微、索引编码，形成电子档案，再将其真空包装存档。同时，开发了电子档案查阅系统。目前已基本完成本市历年来医保财务档案的扫描缩微和归档工作。2008年6月，会同市档案局对医保业务档案管理问题开展了课题研究，将业务档案分为7大类45小类651种。2010年1月，根据国家《社会保险业务档案管理办法》，制定了《上海市基本医疗保险档案管理办法》及《医疗保险业务档案管理操作规范》，并据此整理归档了历年来累积的各类医保业务档案。2011年5月，上海市医保业务档案通过了国家档案局、人力资源社会保障部社保中心的达标验收。

5. 计算机系统与数据的规范管理

上海市医保计算机系统研发工作起步较早，1996年便开始了医疗保险计算机操作系统的建设。目前已形成较为完整的全市医保经办管理服务计算机操作系统，包括医保个人账户管理子系统、医保费用结算子系统、银医直联支付与监管子系统、医保基金财务核算子系统、医保费用辅助审核子系统、医保服务子系统、医保稽核警示子系统、业务档案扫描缩微与查询子系统，以及全市医保经办机构办公自动化（OA）系统。

医疗保险基础数据信息的规范，目前主要包括三方面的数据信息，一是参保单位及参保人员的相关数据信息；二是定点医药机构结算费用的数据信息；三是医保社会服务的数据信息。其中，有关定点医药机构结算费用的，目前已建立或采用的标准代码有疾病分类库（ICD10－CM3）、药品代码库（细分到商品名、剂型、规格及生产厂商）、诊疗项目库、医用材料库、手术代码库（ICD9）、临床科室代码库、医师代码库。为了确保上述数据信息的准确性，专门建立了日对账制度，对全市500多家定点医疗机构每日上传的结算数据，通过日对账系统逐日逐项进行核对。目前，全市定点医疗机构每月日对账通过率基本达到100％。

医疗保险数据统计分析指标的规范，2007年制定了《上海市医疗保险经办业务统计分析指标》，基本实现了业务数据统计分析的规范化。该统计分析指标根据不同的管理内容分成基本单元，每个单元再分为主要统计指标、次要统计指标、分析指标及监控指标，从不同层面、不同角度反映了医保制度政策的执行情况和医保经办服务的运行情况。

6. 医保经办机构内部事务的规范管理

2004 年制定与实施的内部岗位设置与工作规范，2007 年进行了修订，共有 117 个工作岗位及 131 个工作项目。该制度对每个岗位明确了“三定”（即定岗、定责、定人），对每项工作明确了“三基”（即基本职责、基本程序、基本资料），还规定了“三重”（即重要事项、重要环节、重要程序），包括重大工程（采购）项目、高额资金使用等重要事项。此外，还制定了较为完善的内务管理制度。

正是因为有了上述各方面的规范管理，上海市医保经办管理服务工作实现了全市范围的高度统一。多年来，上海市医保经办管理服务的规范化管理收到了显著的成效，持续保证了各项医保制度平稳运行，确保了医保基金安全，满足了参保人员的医疗服务需求，使医保经办机构管理的科学化水平得以不断提高。同时，也为医保经办管理服务从规范化向标准化推进奠定了扎实基础，提供了有利条件。

（二）上海市医疗保险经办管理服务标准化建设的发展

近两年来，我国社会保险标准化建设正在以前所未有的速度向前推进，对社会保险事业的长足发展势必产生深远的积极影响。社会保险经办机构要进一步适应形势发展的需要，不断增强经办管理服务能力，提高科学化管理水平，提升公众的服务满意度，就必须通过实施标准化战略，实现社会保险经办管理服务的全面统一、规范有序、公开透明和高效便捷，并在社会监督的前提下得到持续改进。上海市医保中心在这一进程中充分抓住发展契机，从更好地履行政府公共服务的责任出发，积极投入社会保险标准化建设。2010 年，上海市医保中心积极参与人力资源社会保障部社保中心有关社会保险国家标准起草制定工作，与上海市标准化研究院紧密合作，牵头（有 6 个省市社会保险经办机构参加）完成了社保标委会委托起草《社会保险服务　总则》国家标准的任务；在人力资源社会保障部及社保中心的有关部门积极支持下，通过上海市质监局申请成为国家级服务业标准化试点，成为全国医保经办机构中首个医疗保险服务标准化试点单位；根据实际需要，申报制定《上海市医疗保险服务规范》《上海市医疗保险业务档案管理规范》两个地方标准。围绕医疗保险服务标准化建设的各项工作正在全面、有序地展开。

1. 制定上海市医疗保险标准体系表

根据 GB/T 13016《标准体系表编制原则和要求》、GB/T 24421.2《服务业组织标准化工作指南　第二部分：标准体系》，参照人力资源社会保障部社保标委会制定的人力资源和社会保障标准体系表，结合本市实际，拟定了上海市医疗保险服务标准体系。如图 7—5～图 7—8 所示。

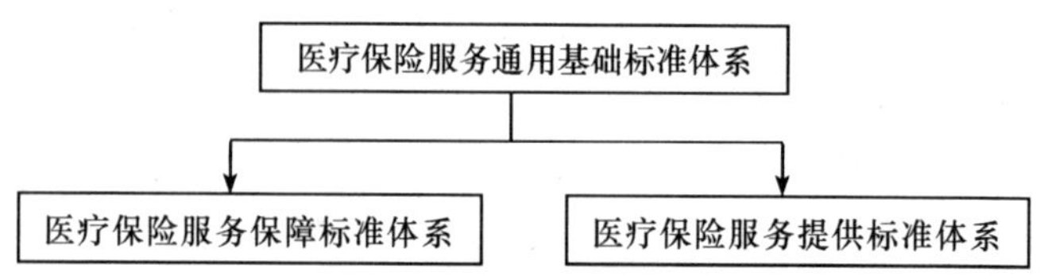

图 7—5　医疗保险服务标准体系基本结构图

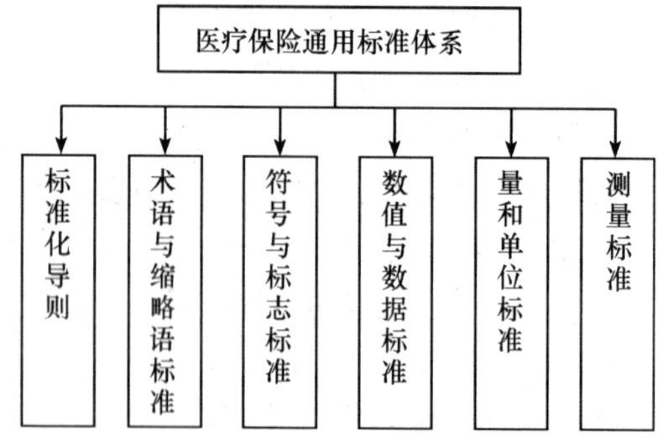

图 7—6　医疗保险服务通用标准体系结构图

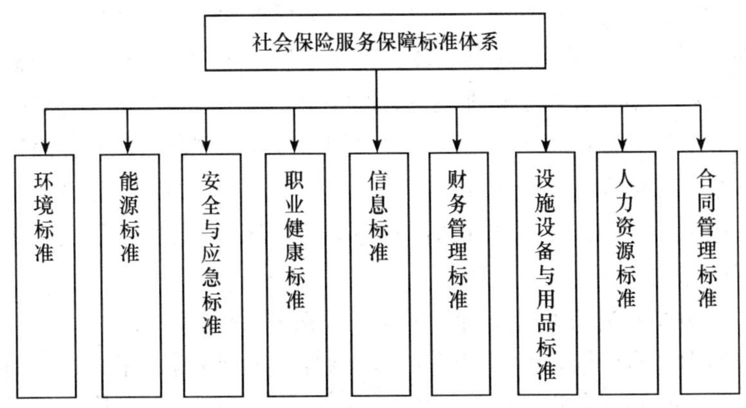

图 7—7 医疗保险服务保障标准体系结构图

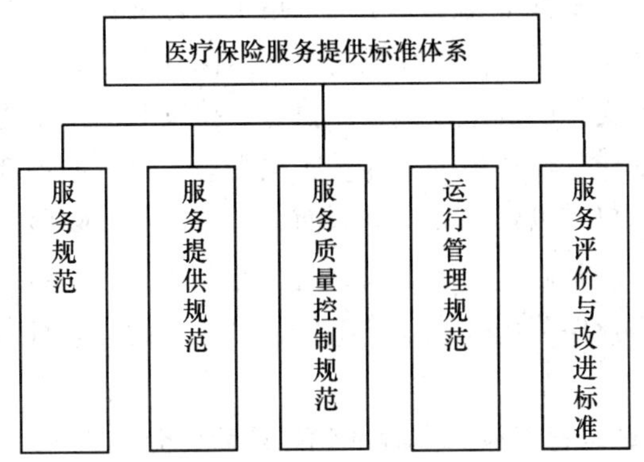

图 7—8 医疗保险服务提供标准体系结构图

2. 制定医疗保险服务标准体系明细表及相关标准文件

根据上述标准体系，上海市医保中心结合医疗保险服务的特点及本市实际，制定了标准体系明细表，确定医疗保险服务标准化的各种标准文件，由相关的国家标准、地方标准，以及正在制定中的企业标准（或称机构标准）所组成，初步拟定纳入的各类标准有 343 个，其中：国标 107 个，行标 19 个，地标 9 个，企标 208 个。

在标准化管理方面，将制定标准化管理办法、标准体系表编制导则和标准制定与复审程序，用以指导服务标准化工作的有序开展。围绕医疗保险经办管理服务的各项内容及要求，将制定医疗保险服务规范、医疗保险业务档案管理规范、医疗保险基金管理规范、计算机系统及数据管理规范、医疗保险经办机构岗位设置规范、医疗保险内控管理规范等标准，以及医疗保险经办机构各个岗位的工作标准、各项经办服务事项的操作规范和内部管理事项规范等，预计将制定与实施数百个标准文件。

3. 建立医疗保险服务标准的组织体系和运行管理机制

根据试点要求，上海市医保中心制定了医疗保险标准化建设的实施方案和计划，并将 2011 年设定为本市医疗保险经办机构的“标准化建设年”。围绕着标准化工作，市、区县医保中心分别成立了标准化工作领导小组及标准化工作小组，指定了标准化工作专职人员及部门兼职人员并明确了职责；在机构内部全面开展了标准知识的全员培训；各项标准文件的制定、宣贯、执行及持续改进工作将依照计划有序展开。标准化工作还被列入区县医保中心、机构内各部门以及全体员工的考核项目。纵观全局，一方面，上海医疗保险服务过去曾有扎实的规范化管理基础；另一方面，通过标准化工作的组织保证和机制推动，本市医疗保险服务标准化工作必将落实到位，有力推进，显现成效。

（三）推进医疗保险服务标准化建设的体会

上海市医保中心开展医疗保险服务标准化建设，无论是在思想观念上，还是在探索实践上，都将使医疗保险服务迈上一个更高的台阶，展现出全新的面貌。在推进标准化建设的进程中，上海市医保中心紧紧围绕“以人为本、至善至诚”的医保服务宗旨，汲取先进的管理理念，认准科学管理的方向，追求卓越的服务品质，由此引发的深刻思考和启示，将对医疗保险服务的科学发展起到基础性、根本性的重要作用。

1. 标准化要求全面建设公共服务的质量管理体系

在上海市医疗保险服务规范化管理时期，并不要求将医疗保险服务作为一个完整的体系进行通盘考虑，往往是从某个单一的需求出发，制定相关的规范管理文件，实现局部性的规范管理，本文前述的规范化管理就是例证。在推行标准化建设中，首先要求制定标准体系表，形成结构完整、层次清晰、互不重复的标准体系，分门别类制定相关的标准文件，从而对整个医疗保险服务体系发挥指导作用。由此可见，标准化管理比较一般意义上的规范管理，有其科学理论、完整体系、管理步骤和持续改进的措施，并且为国内外的成功经验所证明。从规范化管理向标准化管理发展，是时势所趋、发展使然，必将使医疗保险服务提升到一个全新的科学管理境界。

2. 标准化是提升公共服务品质的科学方式

建设服务型政府，首先必须充分树立执政为民的思想理念，同时又必须有一套行之有效的管理方式与手段，用以克服公共服务的随意性，规范公共服务的行为，增加公共服务的透明度，提高公共服务的效率，而标准化建设无疑是实现这一目标的科学路径。通过实施服务设施设备标准，可以实现服务环境的规范统一；通过实施服务操作规范，可以统一服务流程，提高服务效率；通过实施服务质量控制标准，可以及时反映与持续改进服务品质。同时，公共服务机构绩效管理的标准化，则有利于落实岗位职责与工作标准，增强内控和建立有效的激励与制约机制。虽然我国公共服务标准化尚处于起步阶段，标准化尚未形成公共服务管理的主流，但这方面的探索与实践必将充分表明标准化对提升公共服务品质的重要作用与持久价值。

3. 标准化是一个持续评价与改进的过程

与规范化管理不同的是，标准化将持续评价与改进作为其必要环节，通过持续和客观公正的评价体系，随时反映服务过程中的各种问题与不足，反映服务对象的满意度，使公共服务有了可测量和可评估的标杆，据此简化服务流程，优化服务品质，不断进行改进与创新，探求公共服务的最佳方式，满足广大服务对象对公共服务的需求。这种持续改进对公共服务意义重大，使公共服务以“自我”为中心转变为以“顾客”为中心，更多地关注服务对象的客观需要，关注服务对象对公共服务的感受，公共服务不仅仅是保证服务的提供，更要保证服务的品质，在提供公共服务中充分体现人本精神，使公共服务成为我国经济快速发展、社会和谐进步大背景下，政府着力维护和增进公共利益的根本体现。

第八章　社会保险标准化发展规划

为充分发挥标准化对于规范和促进人力资源和社会保障事业的积极作用，明确“十二五”期间人力资源和社会保障标准化工作的目标和任务，2012 年 1 月，人力资源和社会保障部正式印发《人力资源和社会保障标准化规划（2011—2015 年）》（以下简称《规划》）。《规划》是人力资源社会保障系统推行标准化工作的指导性文件，明确了未来 5 年我部标准化工作的整体框架，指导今后各业务领域标准化工作的具体开展。

第一节　规划背景

一、国家高度重视服务业标准化工作

面临我国经济社会转型的总体背景，大力发展服务业成为促进经济发展方式转变、实现经济结构优化升级的重要途径，受到国务院的高度重视。《国务院关于加快发展服务业的若干意见》（国发［2007］7 号）明确提出：“加快推进服务业标准化，建立健全服务业标准体系，扩大服务标准覆盖范围。”《国务院办公厅关于加快发展服务业若干政策措施的实施意见》（国办发［2008］11 号）又对“制定和修订物流、电信、邮政、快递、运输、旅游、体育、商贸、餐饮、社区服务等服务标准，继续推进国家级服务业标准化试点，鼓励和支持行业协会、服务企业积极参与标准化工作”等做出了具体指示。尤其是在《国民经济和社会发展第十二个五年规划纲要》的第四篇第十七章中，

再一次重申了“建立健全服务业标准体系”的战略要求，这是我国第一次将系统推进服务业标准化工作提到关乎国家经济社会发展的战略高度。

二、人力资源和社会保障重点领域标准化成效显著

“十一五”时期，我国人力资源和社会保障标准化工作取得了一定的成绩。2009年，人力资源和社会保障部印发了《人力资源和社会保障部标准化工作管理办法》，初步形成由部规划财务司牵头、部属各业务单位具体负责、部属事业单位及标准化技术委员会提供技术支撑的工作运行机制。2010年，印发了《人力资源和社会保障标准体系》（以下简称《体系》），描绘了人力资源和社会保障标准化工作的总体蓝图，为制定未来标准制定、修订计划和开展具体标准研制工作奠定了基础。截至“十一五”期末，人力资源和社会保障领域已颁布国家标准15项、行业标准231项，已成立劳动定额定员、人力资源服务和社会保险3个标准化技术委员会，已开展陕西养老保险、北京人力资源服务、吉林社会保险和上海医疗保险等一批国家级服务业标准化试点项目。

三、人力资源和社会保障标准化工作尚需系统推进

总体来说，我国人力资源和社会保障标准化尚处于起步阶段，存在着标准数量较少、标龄较长、标准结构不合理等实际问题。面临“十二五”人力资源和社会保障事业发展的新形势和新要求，未来5年仍需进一步解放思想，加大工作力度，建立健全人力资源和社会保障公共服务标准体系，加强公共就业服务、社会保险服务、劳动关系等重点领域标准制定和修订，科学确定人力资源和社会保障公共服务范围、服务内容、服务流程，以及提供服务所需的设施设备、人员配备、经费保障等标准，努力提高服务水平，充分发挥标准化对人力资源和社会保障事业的技术支撑和基础保障作用。

第二节　规划编制情况

2009 年 8 月，由人力资源和社会保障部规划财务司组织开展《人力资源和社会保障标准体系》和《人力资源和社会保障标准化规划（2011—2015 年）》的编制工作。

2009 年 10 月，编制组完成对部 22 个业务司局、4 家部属事业单位和陕西、上海人力资源和社会保障厅（局）的实地走访，通过调研基本摸清了各单位对标准化工作的现实需求，掌握了人力资源和社会保障工作中现存的实际问题和积累的实践经验，在此基础上形成了《人力资源和社会保障标准体系》和《人力资源和社会保障标准化规划（2011—2015 年）》草案稿。

2009 年 11 月至 2010 年 1 月，人力资源和社会保障部规划财务司发文向各省（自治区）、直辖市、新疆生产建设兵团、副省级市人力资源和社会保障厅（局）、部属各单位以及相关专家广泛征求意见，累计收到有效意见 267 条。其中，部属司局和事业单位回复有效意见 129 条，地方人力资源社会保障部门回复有效意见 100 条，专家回复有效意见 38 条。编制组按照“符合标准化工作基本原理、体现人力资源社会保障工作特色、符合人力资源社会保障事业工作重点、确保工作现实可操作性”等原则，对各条意见进行了逐一处理，共计采纳意见 112 条、部分采纳 103 条、不采纳 52 条。

2010 年 2 月至 2010 年 5 月，针对《人力资源和社会保障标准体系》和《人力资源和社会保障标准化规划（2011—2015 年）》中的存疑问题，人力资源和社会保障部规划财务司再次面向一批重点业务司局开展多轮意见征集工作，并将修改的文本发送相关业务司局予以确认。

2010 年 5 月至 2010 月 7 日，人力资源和社会保障部规划财务司将定稿后的《人力资源和社会保障标准体系》上报，经部务会讨论通过后，于2010月7日以人社部发［2010］53号文件形式正式印发实施。

2010年8月至2011月8日，编制组结合人力资源和社会保障“十二五”发展形势，继续修改《人力资源和社会保障标准化规划(2011—2015年)》。2011年6月，《人力资源和社会保障事业发展“十二五”规划纲要》发布后，及时根据最新精神修改规划，并重点对文本和标准项目进行了重新梳理。

2011年9月至2011年10月，人力资源和社会保障部规划财务司针对《规划》再次征求意见。面向所有部属司局、事业单位和标委会征求意见，共收到回复意见78条；召开高层次专家讨论会，共征求到专家意见31条。在对各条意见进行研究，并与相关单位再次沟通协调后，完成《人力资源和社会保障标准化规划（2011—2015年)》送审稿。2012年1月，《人力资源和社会保障标准化规划(2011—2015年)》(人社部发［2012］6号）正式印发实施。

第三节 规划内容

一、指导思想

《规划》中明确了开展人力资源和社会保障标准化工作的指导思想。

《规划》不但契合了邓小平理论、“三个代表”以及深入贯彻落实科学发展观等当今建设社会主义和谐社会的重要思想，同时更加与《人力资源和社会保障事业发展“十二五”规划纲要》中的核心理念一脉相承，即坚持以民生为本、人才优先为主线，以提升人力资源和社会保障公共服务能力为导向，有效发挥标准化对人力资源和社会保障事业的基础保障作用。为了实现这一目标，需要进一步完善标准体系，加大标准宣传贯彻力度，尤其是要推进公共服务标准化建设进程，提升基本公共服务能力，从而实现人力资源和社会保障事业全面协调可持续发展，开创人力资源和社会保障事业发展的新局面。

二、基本原则

《规划》提出了未来5年人力资源和社会保障标准化工作的基本原则，即“整体推进、适度超前、重点突破、务求实效”。上述四条原则是针对人力资源和社会保障标准化工作的现实工作基础和未来工作导向，在广泛征集人力资源和社会保障系统内各方意见、经过专家论证确定的。其中：

“整体推进”原则是基于人力资源和社会保障两大业务内部的有机联系而提出的。人力资源和社会保障部成立后，尤其是“十二五”时期，要着眼于人力资源和社会保障工作的整体性，对标准化工作统一规划、系统推进，力争开创各个领域标准化工作相互协调、全面提升的良好局面。

“适度超前”原则体现了标准化在引领人力资源和社会保障事业发展方面的重要作用。针对人力资源服务、社会保险服务等起步相对较晚、发展并不成熟的服务业态，通过标准先期介入，可以有效地规范服务行为、确保服务质量。同时，将标准化工作与科研创新相结合，还将提高标准的技术含量和前瞻性，支撑人力资源和社会保障事业未来发展。

“重点突破”原则反映了人力资源和社会保障标准化工作的方式方法问题，即不能胡子眉毛一把抓，要集中主要力量，尽快制定一批工作中急需、质量水平较高的标准。例如，要大力开展公共就业服务、社会保险服务、人事人才管理、劳动关系、调解仲裁和劳动保障监察等领域的标准制定和修订工作，建立健全人力资源和社会保障公共服务标准体系，推进公共服务标准化建设，为实现人力资源和社会保障工作新突破提供有力保障。

“务求实效”原则体现了人力资源和社会保障标准化的工作导向问题，即以应用为目标，切实推动标准的推广实施，并且要把标准的应用效果作为标准化工作的重要因素予以考虑。为此，在标准推广实施过程中，可借助多样化的方式、手段将标准落到实处，既可以开展标准的宣传培训，提高相关人员对标准的理解程度，还可以借助标准化试点示范等，强化标准的实施效果。

三、总体目标

《规划》提出了“十二五”时期人力资源和社会保障标准化工作的总体目标。其中，涉及人力资源和社会保障标准体系建设的目标、人力资源和社会保障标准实施的目标，以及人力资源和社会保障部标准化工作机制建设的目标。

首先，要制定、修订 146 项国家标准和行业标准，标准覆盖所有重点领域，与人力资源和社会保障法律、法规、制度体系相辅相成的标准体系初步建立。

其次，要提升标准实施水平。通过加强宣传贯彻、开展试点示范等方式，建立常态化、可量化、制度化的标准实施机制，启动一批标准化试点，标准化技术支撑作用得到充分发挥。

最后，要完善标准化工作机制。推动标准化技术委员会秘书处配备专（兼）职工作人员，省级人力资源和社会保障部门应建立或明确标准化负责机构，明确职责，完善工作机制。

总之，要力争通过 5 年的努力，初步建立重点突出、结构合理、科学适用、协调统一的标准体系，标准化理念在全系统深入普及，重点国家标准和行业标准得到有效实施，标准化管理体制与工作机制基本健全，标准化技术支撑作用得到充分发挥。

四、主要任务

《规划》提出了“十二五”时期人力资源和社会保障标准化工作的六大主要任务。

一是完善人力资源和社会保障标准体系。一方面要结合国家标准化体系建设的总体部署，根据不断发展的实际情况，继续完善现有标准体系框架；另一方面，要加快构建人力资源、社会保险等业务领域的专项标准体系框架，及时指导标准化工作实践。

二是推动重点领域标准制定、修订工作。包括以社会保障一卡通为重点，制定相关信息资源、安全及应用标准，为发行全国统一的社会保障卡提供技术保障，推动建设覆盖全国、连通城乡、安全可靠的信息系统；制定统一的人力资源市场服务等规范，整合劳动力市场和人才市场标准，提高公共就业和人才服务质量，推进人力资源服务的专业化和产业化；制定和修订劳动定员定额、工作条件、劳动合同、集体合同等标准，切实维护劳动者合法权益，逐步构建规范有序、公正合理、互利共赢、和谐稳定的社会主义新型劳动关系；根据全国社会保险服务协调、统一性的要求，制定一批社会保险基础标准，为社会保险提供统一的平台。根据社会保险经办服务规范化、信息化、专业化的要求，制定一批社会保险经办通用标准，提高社会保险经办能力。根据不同险种经办工作的重点和难点，制定一批社会保险经办工作中急需的专业标准，提高社会保险经办专业化水平。

三是加大标准复审力度。一方面，对现有的劳动定员定额等标准开展复审工作，对不能满足经济社会发展需要的标准及时予以修订或废止，从而优化人力资源和社会保障标准结构；另一方面，建立标准复审的常态工作机制，使复审工作制度化、规范化，确保标龄控制在5年以内。

四是构建标准实施推广机制。一方面，加大标准宣传贯彻力度，提高全社会对人力资源和社会保障标准化工作的认知程度。组织编写《社会保险标准化工作指南》，为标准化培训提供专业教材；通过召开动员会、举办培训班等方式，提高人力资源和社会保障系统内部的标准化意识；加大标准化对外宣传力度，提高全社会对人力资源和社会保障标准化的认识、理解和支持程度。另一方面，建立标准实施监管评估机制，确保标准有效实施。制定标准实施情况监督检查和评估管理办法，完善监督检查工作机制，探索建立标准化工作奖惩机制，同时鼓励各级地方主管部门依靠当地政府制定地方奖励办法，提高标准实施积极性，确保人力资源和社会保障标准的实施效果。

五是支持和引导地方标准化工作。加强对地方标准化工作的指导，指导省级人力资源和社会保障部门建立标准化专门机构，通过专家指导等方式，确保地方标准与国家标准、行业标准之间的配套与衔接，积极引导各地参与国家标准和行业标准制定、修订工作，将部分实践性强、协调难度较小的国家标准和行业标准交由地方起草。

六是逐步开展标准化试点工作。选择一批公共服务机构作为国家级服务业标准化试点项目，在此基础上总结经验、逐步推广，通过示范作用全面带动我国人力资源和社会保障标准化工作水平的整体提升。

五、保障措施

《规划》提出了确保人力资源和社会保障标准化工作顺利开展的保障措施，主要包括标准化工作领导机制、标准化技术组织、标准化人才队伍、标准化工作经费、标准化基础研究、标准化国际合作交流六大方面。

一是加强对标准化工作的领导。部属业务单位、标准化技术委员会和省级人力资源社会保障部门要加强对标准化工作的领导，结合实际，制定具体的标准化工作计划，推动规划的贯彻落实。

二是强化标准化技术组织建设。加快重点领域标准化技术委员会、分技术委员会建设，适时建立全国公共就业服务、人事考试等标准化技术委员会或分技术委员会。加强对已有标准化技术委员会的管理，标准化技术委员会要加强制度建设和秘书处日常管理，优化委员专家队伍，保障标准化技术委员会的有效运转。

三是培养高素质标准化人才队伍。把相关行业协会、科研院所、公共服务机构和企业的专家聚集起来，建立标准化专家库。每年举办标准化培训班或研讨会，普及标准化知识，尽快在系统内形成一支既精通业务，又熟悉标准化工作的骨干队伍。

四是拓宽标准化工作经费筹措渠道。加大财政对人力资源和社会保障标准制定、修订工作的经费支持力度，积极争取相关部门、企业对人力资源和社会保障标准化工作的经费支持。建立以政府投入为导向、社会投入为补充的多元化的资金筹措机制，拓宽标准化工作资金来源渠道。

五是开展标准化基础理论研究。开展人力资源和社会保障公共服务标准化基础理论和重要领域国际标准跟踪研究，对拟制定的重点标准开展预研究。探索人力资源和社会保障标准化工作方法，总结相关经验并形成理论研究成果。

六是广泛参与国际合作和交流。建立与国际劳工组织、国际标准化组织和发达国家的人力资源和社会保障标准信息交流与合作渠道，跟踪了解人力资源和社会保障标准化发展动向，积极借鉴国际先进经验。

六、人力资源和社会保障制定、修订标准项目

《规划》的附录给出了“十二五”时期人力资源和社会保障领域优先制定、修订的标准项目，共计146项。

这些标准是在《体系》中标准明细表的基础上产生的，最初来自于《规划》编制组面向各省（自治区）、直辖市、新疆生产建设兵团、副省级市人力资源和社会保障厅（局）、部属各单位征集的重点标准制定、修订项目建议，后经多轮专家研讨和修改，以及部内相关业务司局的反复核实后最终确定。

这些标准充分体现了人力资源和社会保障部“十二五”时期标准制定、修订工作的重点方向，即：

优先制定、修订提高公共服务能力和水平的标准项目；

优先制定、修订工作中急需的标准项目；

优先制定、修订较为成熟的、有一定研究基础的标准项目；

优先制定、修订与“金保工程”相配套的信息化建设标准项目。

《规划》在给出146项标准名称的同时，还列明了每一项标准的标准性质、标准类别、承担单位以及制定、修订时间等信息，为“十二五”时期人力资源和社会保障标准化工作提供了具体指导，指明了清晰的、可操作的发展蓝图。

第九章　《社会保险服务　总则》释义

第一节　概　　述

《社会保险服务　总则》是人力资源和社会保障部社会保险标准化技术委员会成立后首批制定的两个国家标准之一（另一为《社会保障服务中心设施设备要求》）。

本标准的“引言”部分概括性地表达了制定与实施本标准的现实和长远意义，明确指出：“社会保险服务是政府公共服务的组成部分，是建设服务型政府的重要内容。适应我国社会保险制度长足发展的需要，坚持‘以人为本’的服务理念，实现‘记录一生、保障一生、服务一生’的服务目标，推进社会保险服务的标准化建设和规范化管理，提高社会保险服务质量和效率，满足公众对社会保险服务的需求，是各级社会保险经办机构的重要职责和任务。”

“引言”部分对本标准的特点作了简要解释：“本标准是社会保险标准体系中重要的基础标准，对完善社会保险标准体系具有重要的引导和示范作用……”，由此说明，本标准作为“总则”，是今后将制定的社会保险服务一系列具体标准的总纲，为此，标准所涉及的各项规范性要求均较为概括与简要，主要起到提纲挈领的作用，具体还有待于通过制定社会保险服务的相关标准进一步细化。

本标准分为 8 章，包括范围，规范性引用文件，术语与定义，基本原则，服务体系，服务保障，服务提供，服务监督、评价与改进，系按照 GB/T 1.1—2009 标准所规定的格式进行编写。在表达语言上，也依照该标准的规定要求，不采用含义不准确或不明确的表达方式，避免造成标准执行中的异议或误导。

第二节 基础内容

一、范围

【标准条款】

> 1. 范围
>
> ……
>
> 本标准适用于各级社会保险经办机构的服务活动。社会保险主管部门依法指定、授权、委托，以及社会保险经办机构委托提供社会保险服务的机构可参照应用。

【释义】

社会保险服务范围涉及面很广。仅就社会保险的服务机构而言，主要是社会保险体系内提供各项社会保险经办服务的各级社会保险经办机构，此外还有社会保险体系外的提供社会保险相关服务的银行、邮政、网络、媒体和社区服务等其他机构。这些机构一般是由政府部门设立、指定、授权、委托或者是由社会保险经办机构委托提供社会保险相关的延伸服务。

鉴于社会保险服务标准体系基础性定位，考虑到目前我国的社会保险服务体系尚未完全统一、区域差异较大，尤其是社会保险系统外相关行业（机构）的情况较为复杂，有些行业还有自身的执行标准，较难按照社会保险部门的要求实行统一的标准。如本标准的适用范围定得过宽，将使该标准制定与实施工作复杂化。为此，本标准第 1 章将范围确定为“适用于各级社会保险经办机构的服务活动”，这是本标准直接的规范对象。同时，提出“社会保险主管部门依法指定、授权、委托，以及社会保险经办机构委托提供社会保险服务的机构可参照应用”。这样，既明确界定了标准的规范主体，又使其他提供医疗保险服务的相关机构也可根据实际情况，采纳本标准对社会保险服务的相关要求，如果本标准的条款适合其服务情形的，则应优先实施本标准的要求。

二、规范性引用文件

【标准条款】

> 2. 规范性引用文件
>
> 下列文件对于本标准的应用是必不可少的。凡是注明日期的引用文件，仅注明日期的版本适用于本标准。凡是不注明日期的引用文件，其最新版本（包括所有的修改单）适用于本标准。
>
> GB/T 17242　投诉处理指南
>
> GB/T 19038　顾客满意测评模型和方法指南
>
> GB/T 19039　顾客满意测评通则

【释义】

在制定标准时，经常会遇到需要编写的内容在现行其他标准中已经作了规定，并且这些规定又适用本标准所要规范的对象。对此类情况，在标准规范性引用文件的章节需列出该类标准的内容，以便使用者查询或提示使用者需要符合其要求。同时，为了避免标准篇幅过大或抄录错误，或者标准中从被引用文件重复抄录的内容可能与被引用文件修订后的新内容不一致等情形的发生，通常不是重复抄录具体内容，而应采取引用的方式列出，将其列入“规范性引用文件”一章中。本标准在规定社会保险服务满意测评和投诉处理时需要引用相关的 3 项国家标准，因此本节中列出了该 3 项国家标准。

GB/T 19038 规定了顾客满意测评的模型和方法；GB/T 19039 规定了顾客满意测评工作的基本原则、测评的过程和测评结果的应用。本标准 8.2.2 条提出“对服务对象的满意测评参照 GB/T 19038 和 GB/T 19039 实施”。“参照”即为“鼓励”或“推荐”的含义，表明目前在“服务对象的满意测评”方面已经有 2 项国家标准，最好能直接使用，但如果觉得其适应性不强需要调整的，可以另行自主编制企业级标准。

GB/T 17242 规定了投诉处理的基本要素、程序及解决争议的途径。本标准 8.3.2 条提出“社会保险经办机构宜参照 GB/T 17242 的规定受理服务对象投诉……”“宜”也是“鼓励”或“推荐”的含义，在具体标准实施时应优先考虑使用，也可以根据本单位的自身业务特点自主编制企业级标准。

三、术语与定义

根据标准编写工作的原则要求，当标准中涉及特定基本术语，在其他相关标准中尚无明确表述而本标准又必须说明的，应当在标准中予以定义，以有助于对标准的理解与实施。与《社会保险服务　总则》相关性较强的基础术语主要有社会保险、社会保险经办机构、社会保险服务三个基本术语。其他相关的术语在此并非特别重要与必要，为此在《社会保险服务　总则》中不专门对其进行定义，有待在制定有关社会保险术语的标准中考虑是否将其列入。

【标准条款】

> 3.1　社会保险　social insurance
>
> 通过国家立法形式，多渠道筹集资金，对参保对象在年老、疾病、工伤、失业、生育等情况下依法提供物质帮助，使其享有基本生活保障的社会保障制度。
>
> 注：社会保险包括基本养老保险、基本医疗保险、工伤保险、失业保险、生育保险等。

【释义】

长期以来，政府部门及学术界中对“社会保险”的概念有着各种不同的表述，但概念表达的要素大体一致而无原则性区别，新颁布的《社会保险法》也未对其作出权威性解释。本标准对“社会保险”术语的定义，采用了《领导干部社会保障知识读书》（张左己主编，中国劳动社会保障出版社 2002 年 2 月第 1 版）中的表述。在本术语中强调了社会保险制度的法律地位、资金来源的多样性、物质帮助的法律保证，以及仅限于对基本生活提供保障等基本特征。同时，结合当前现实情况对原概念进行了适当修正，如鉴于城镇居民社会保险实行后新生儿等非劳动者亦可参保，为此将“劳动者”改为“参保对象”；鉴于目前社会保险参保人员中部分为无收入人群，并非一定是在“减少劳动收入时”给予经济补偿，为此未完全采用原有的表述。

【标准条款】

> 3.2　社会保险经办机构　social insurance agency
>
> 依法设立的，承担社会保险的运行管理、经办事务和社会保障服务等公共管理和服务职责的组织。

【释义】

对社会保险经办机构的概念目前尚无权威性的表述。本标准对“社会保险经办机构”术语的定义，参照了《走向和谐：中国社会保障发展60年》（胡晓义主编，中国劳动社会保障出版社2009年9月第1版）中有关社会保险管理服务的基本概念，明确社会保险经办机构必须依法设立，承担着运行管理、经办事务和社会服务三个基本方面的公共管理和服务职责。强调了社会保险经办机构的法律地位，明确了其所承担的是政府公共管理职能，又较为概括地表达了其基本职责。

【标准条款】

> 3.3　社会保险服务　social insurance services
>
> 社会保险经办机构对服务对象提供的参保登记、权益记录、保费征缴、待遇支付、关系转移接续、档案利用、咨询服务等活动。

【释义】

“服务”是一个涵盖面广、意义广泛的概念，可以从不同角度进行描述。辞海中将“服务”概括为“不以实物形式而以提供活劳动的形式满足他人某种需要的活动”。本标准对“社会保险服务”术语的定义，突出了其社会保险方面的属性。明确是针对服务对象，并且依照人力资源社会保障部及社保中心有关社会保险经办管理服务有关文件的精神，明确将服务内容指为参保登记、权益记录、保费征缴、待遇支付、关系转移接续、档案利用和咨询服务等社会保险经办机构特有的服务项目，从而区别于其他的政府公共服务及社会服务。

四、基本原则

社会保险社会服务的原则可有多方面的表达。目前采用较多的“以人为本”的服务理念，“记录一生、保障一生、服务一生”的服务目标，由于其层次较高，特将其纳入本标准的引言部分。本标准第4章列入的4条基本原则虽然具有一定的普遍性，但对于社会保险服务而言，都是需要特别强调和认真遵循的原则。

【标准条款】

4.1　依法合规

根据社会保险的法律、法规、规章及相关政策开展社会服务，正确行使国家赋予的工作职权，维护公共利益和服务对象的合法权益。

【释义】

本标准4.1条确定了“依法合规”原则，表明依法提供公共服务是社会保险服务的首要原则。法律法规是开展社会保险服务的重要基础和依据，社会保险经办机构既要依法行使职权，又要依法维护公共利益与服务对象的合法权益，而维护公共利益对社会保险服务具有特殊意义。

依法行政和依法办事是现代法制社会的必然要求，是建设法制型政府的内在要素。贯彻依法治国的基本方略，推进依法行政，是建设我国社会主义政治文明建设的根本举措，也是社会文明进步和谐的突出表现。社会保险经办机构要忠实履行宪法和法律法规赋予的职责，牢固树立执政为民、公平正义的社会主义法制理念，切实维护公民、法人和其他组织的合法权益，做到遵法、守法、用法，切实提高运用法制思维和法律手段开展政府公共服务及解决社会问题的能力。

【标准条款】

> 4.2　公平规范
>
> 根据社会保险经办规定和程序，公平公正对待服务对象。规范社会保险经办行为，提供规范统一的社会保险服务。

【释义】

本标准 4.2 条确定了“公平规范”的原则，“公平”强调的是社会保险服务对于广大参保人员的一视同仁；“规范”强调的是对所有的社会保险服务对象均遵循统一的服务程序和服务标准。

1. 现代意义上的公平指的是一种合理的社会状态，它包括社会成员之间的权利公平、机会公平、过程公平和结果公平。公平服务要求政府部门及公共服务机构以公平正义为价值取向，以维护人民群众根本利益为目标，充分尊重法律赋予公民的各项权利，认真听取和妥善处理他们的利益诉求。

服务公平既是政府公共服务相对人之间的权利平等，尊重平等的权利，给予平等的服务机会；也是政府服务主体与服务相对人之间的平等。服务者与被服务者之间在法律人格上都是平等的，必须将传统的权力本位观转化到遵循正当程序、尊重基本权益的权利本位观上来，切实保护每个被服务者的合法权益。

2. 服务规范与服务标准化是一种形式的两种表达方式。社会保险经办机构应当通过服务标准的制定和实施，以及对标准化方法的运用，达到服务质量目标化、服务方法规范化、服务过程程序化，进而提供规范化的优质服务。

【标准条款】

> 4.3 优质高效
>
> 建立健全社会保险服务体系，提高社会保险服务的可及性。优化服务环境，完善服务设施，推行文明服务，提高服务效率。

【释义】

本标准第4.3条确定了“优质高效”的原则，这是衡量社会保险经办机构服务品质的基本标准。社会保险优质服务必须从广大参保者的利益出发，不断完善服务理念、提高服务质量、规范服务操作、简化服务流程，充分体现人性化服务。优质高效服务包含着广泛的实质内容，优质服务要求具有舒适、整洁、安全的服务环境；服务人员具有良好的服务素质，文明礼貌、热情周到、耐心细致；具有完善的服务制度，规范统一、公开公正、廉洁诚信、高效便捷；具有及时的反馈机制与持续改进机制，不断完善服务。对政府公共服务而言，优质服务则是建设服务型政府的本质要求。

【标准条款】

> 4.4 公开诚信
>
> 实行服务公开制度，主动接受政府、社会与服务对象的监督。履行服务承诺，保持职业行为的廉洁性，维护服务对象的信息安全。

【释义】

本标准4.4条确定了“公开诚信”的原则，这是社会文明进步、政府清正廉明的内在要求和根本体现，是新形势下社会保险服务应当实现的目标。

1. 推行服务公开对于加强对行政权力的监督制约、从源头上防治腐败和提供高效便民服务具有积极意义。社会保险经办机构作为政府公共服务机构，应当切实转变职能，树立服务理念，将实行服务公开作为优化服务的重要措施，完善公开内容，丰富公开形式，履行告知义务，着力推进行政权力运行程序化和公开透明，主动接受社会各方的监督。

2. 诚信是一种信守承诺的体现，是行为人对自己行为的后果承担责任的道德标准，是社会文明进步的重要标志。对政府公共服务而言，诚信更是其充分代表人民群众的利益，履行责任政府的应有职责，竭诚为人民群众服务的必然要求。对社会保险经办机构而言，诚信也是维护自身的公众形象，提高信誉度与满意率的要素之一。为此，社会保险经办机构应当积极营造诚信服务的环境和氛围，引导职工树立诚信服务的理念，使之成为全体职工共同的价值追求。要建立和完善诚信服务的制度并加强其监督，以保证诚信服务长期有效地得以实现。

第三节　服务体系

一、总体要求

【标准条款】

> 5.1　总体要求
>
> 以满足服务对象需求为导向，建立覆盖城乡，面向全体服务对象，多渠道、全方位的社会保险公共服务体系。

【释义】

本标准5.1条对社会保险服务体系提出了总体要求，其实质内容为：一是社会保险服务体系建设必须以最大限度地满足服务对象的需求为根本出发点，并成为我们一切工作的基本导向与评价标准。二是建立覆盖城乡的社会保险服务体系要与我国社会保险制度向城乡统筹的发展目标相一致，使制度覆盖与服务覆盖相吻合，保证参保对象及时获得社会保险服务。三是充分体现公平服务的原则，使全体服务对象均享有优质、高效、便捷的社会保险服务。四是现代化的社会保险服务应当是多渠道和全方位的，在空间上不仅仅局限于柜台服务，邮政、通信、网络、媒体和社区等，都应是社会保险服务体系的服务载体。

二、组织体系

【标准条款】

> 5.2　组织体系
>
> 社会保险服务组织体系由各级社会保险经办机构组成，包括：省级（自治区、直辖市）、地级（自治州、市、区、盟）、县级（自治县、市、区、旗）、乡级（民族乡、镇、街道）和社区（村）社会保险经办机构。

【释义】

目前我国的社会保险服务组织按组织体系进行划分，可以有多种划分方法：可以按社会保险经办机构所承担的险种划分，也可以按社会保险经办机构的隶属关系划分，但上述划分方法与目前实际的复杂情况难以一一对应和归纳清楚。因此，本标准 5.2 条采用现行政府组织设置方法来划分社会保险服务组织。

根据《中华人民共和国宪法》，我国地方各级人民政府组织设置为：省级（自治区、直辖市）、地级（自治州、市、区、盟）、县级（自治县、市、区、旗）、乡级（民族乡、镇、街道）。故本标准对社会保险服务组织体系的设置依照各级人民政府组织设置进行表达。此外，虽然社区（村）不属一级政府组织，未承担社会保险经办机构的完整职能，但社区（村）属于乡级（民族乡、镇、街道）延伸机构，不少地方已将社会保险服务延伸到这一层面并得到强调，本标准亦将其纳入。

对希望针对我国社会保险经办体系尚未理顺的现状，通过制定相关标准来理顺现行社会保险经办体系的意愿，由于标准必须服从且不可改变或超越法律法规的客观限制，本标准未能满足这一诉求。

三、服务形式

【标准条款】

> 5.3　服务形式
>
> 社会保险服务主要有以下形式：
>
> 窗口服务，社会保险服务场所内，向服务对象提供的柜台服务和由服务对象自助获取的服务；
>
> 电话服务，由社会保险经办机构设立的，使用计算机电话集成技术、以自助语音或人工接听方式提供的社会保险专线电话服务；
>
> 网络服务，由社会保险经办机构使用互联网技术开展的社会保险服务。
>
> 社会保险经办机构还可通过短信平台、邮政、银行、媒体、上门等其他形式提供社会保险服务。

【释义】

服务形式是指服务提供的方式。目前，随着现代科技的迅速发展和服务型政府建设的步伐加快，我国社会保险经办机构的服务形式正在逐步完善和扩展，服务形式的多样化，充分反映了社会保险经办机构的服务品质在不断提升，从而为服务对象获取社会保险服务带来越来越多的便捷条件。从现实情况来看，目前主要和常用的服务提供方式仍以窗口服务、电话服务为主，其他的各种服务形式正在逐步兴起。为了不至于将各种服务形式混同一体，难分主次，为此本标准5.3条将社会保险服务形式分为主要服务形式及其他服务形式。

本标准5.3条明确在社会保险经办机构的服务大厅内提供的服务，既可以是工作人员通过柜台面对面地为服务对象提供直接服务，也可以是服务对象在服务大厅内通过查阅办事指南、电子屏幕等获取的自助服务。电话服务尽管现由社会保险部门设立的电话咨询服务机构（12333）提供，但社会保险经办机构仍有大量的电话咨询服务。

网络服务是窗口服务的拓展和延伸，具有高效快捷的服务优势，现在越来越多地被采用。

此外，基于社会保险服务的广泛性，需借助相关技术手段提高服务效能，或者借助相关机构协助达到提高服务可及性的客观要求，本标准 5.3 条有关“社会保险经办机构还可通过短信平台、邮政、银行、媒体、上门等其他形式提供社会保险服务”的表述，旨在鼓励各级社会保险经办机构不断创新服务方式，便利服务对象，提升服务水平。

第四节 服务保障

一、服务人员

【标准条款】

6.1 服务人员

6.1.1 社会保险服务人员的配备应与服务对象数量相适应，确保服务提供能力满足服务对象需求。

6.1.2 社会保险服务人员应具备满足服务岗位要求的专业知识、服务技能。对于有特殊要求的岗位，还应具备相应的资质证书。

6.1.3 社会保险服务人员上岗时应佩戴便于服务对象识别的统一身份标志，宜统一着装。

6.1.4 社会保险服务人员应掌握服务礼仪，举止文明、行为规范、服务周到，宜讲普通话。

【释义】

本标准 6.1 条对社会保险服务人员提出了较为全面的规范要求，就在于服务人员对于搞好社会保险服务具有关键性作用。服务人员作为社会保险服务的提供主体，服务人员与其承担工作量的匹配度、服务人员的综合素质、服务人员的举止行为和着装等都将直接影响到社会经办服务的质量、效率和结果。因此，本标准6.1条明确，作为提供公共服务的社会保险经办机构应从服务人员的配备、服务岗位要求、统一身份标志和行为规范等四方面提出相应的要求。

1. 社会保险服务人员的配置，是本标准制定中排列于服务“组织体系”后又一被高度关注的主题。随着社会保险服务量的显著增加，当前服务人员与服务量不匹配的矛盾十分突出，但基于同样原因，本标准无法对人员配备提出定量或定比例等明确的要求，只限于提出服务人员与服务量相适应的一般要求。

2. 社会保险服务人员必须具备相关的专业知识和服务技能，以满足开展社会保险各项服务的要求。本标准从总体出发，对服务人员的专业知识和服务技能提出了一般性要求，还对涉及基金财务等特殊岗位的服务人员，提出了应有专门资质证书的要求。具体可在实施本标准条款时结合单位实际分门别类地设置岗位并明确其专业和技能要求，或者再制定具体的相关标准予以细化。

3. 本标准对社会保险服务人员佩戴标志、规范服务提出了基本要求。同样，有关这方面的具体规范要求有待于各级社会保险经办机构根据实际情况进行细化，或者再制定具体的服务标准加以明确。此外，考虑到我国现实中的区域经济差异和社会习惯，本标准的条款规定服务人员“宜统一着装”和“宜讲普通话”。在标准化语系中，“宜”是建议性的，隐含鼓励的含义，就是鼓励有条件的社会保险经办机构服务人员上岗作业时“统一着装”和“讲普通话”，暂时不具备条件的也应将此要求作为努力的方向。

二、服务环境与服务设施

服务环境和服务设施是社会保险服务的物质条件，良好的服务环境和完善的服务设施是实现社会保险优质服务的重要基础。本标准对服务环境提出了基本要求，其中强调了可识别的视觉识别系统和导向标识系统，这是针对目前这方面薄弱环节（如标识设置不全、格式不规范）而言。对服务设施因为在《社会保障服务中心设施设备要求》国家标准中已有更加明确和细致的规范要求，本标准 6.2 条仅提出了与其相一致的原则性要求。

【标准条款】

> 6.2　服务环境与服务设施
>
> 6.2.1　服务环境
>
> 6.2.1.1　社会保险服务场所应地点适宜、面积合理、布局科学，保持服务环境安全、整洁、舒适。
>
> 6.2.1.2　社会保险服务场所应设置清晰、统一、可识别的视觉识别系统和导向标识系统。安全设施、公共卫生和环境保护应符合国家和地方相关规定。

【释义】

本标准 6.2.1.1 条对社会保险经办机构的服务场所及其环境提出规范要求，服务场所地点适宜是指与其地理位置相关的服务半径要尽可能短，以提高服务的可及性；交通应较为便利，便于服务对象往来。面积合理是指服务场所的面积应当与社会保险经办机构的服务项目与服务人群相适宜，为服务对象提供较为宽敞的服务环境；布局合理是指各项服务设施的布局应便于服务对象获取各项医保服务，避免交叉混乱。服务环境的安全、整洁、舒适，包括配备相应的安全防护设施、保持环境的清洁卫生、合适的采光和照明，以及服务场所背景音响等。

本标准 6.2.1.2 条对“社会保险服务场所应设置清晰、统一、可识别的视觉识别系统和导向标识系统”的要求，一是指社会保险服务机构建设的外观设计要统一遵守国家标准或人力资源社会保障部的相关规定，旨在使服务对象能通过特有的外观就能识别出社会保险经办服务场所；二是指社会保险服务场所属于公共场所，故其导向标识系统和导向标志应符合国家、行业和地方标准的规定。对“安全设施、公共卫生和环境保护应符合国家和地方相关规定”。是因社会保险服务场所的公共属性，直接关系到服务对象的公共安全、卫生等，而这方面国家有强制性的规定，服务场所内的安全设施、公共卫生和环保要求必须遵守国家、行业和地方标准的规定。

【标准条款】

> 6.2 服务环境与服务设施
>
> ……
>
> 6.2.2 服务设施
>
> 6.2.2.1 社会保险经办机构应根据服务对象的规模和流量变化，在社会保险服务场所合理配备并动态调整可提供服务的窗口和设施设备数量，确保满足服务目标要求。
>
> 6.2.2.2 社会保险经办机构应根据服务需求，在社会保险服务场所合理设置功能区，配置人性化的服务设施和便民设施。
>
> 6.2.2.3 社会保险经办机构应定期检查和维护所配备的服务设施设备，保障设施设备的正常使用。

【释义】

本标准 6.2.2 条对服务设施的规范要求，一是社会保险经办机构应建立服务窗口及配套设施设备设置的动态管理制度，并符合服务对象的流量变化规律，以及针对性地制定相应具有可操作性的应对措施，如在何种情况下需增设服务窗口等；二是在服务场所规划时应对服务场所的功能区有统筹考虑和详细分工，本标准强调这一原则，即社会保险服务场所在具体规划时要做好顶层设计、因地制宜和分步实施；三是强调社会保险经办机构要制定设备设施的日常维护和维修的制度，确保其设备设施处于受控状态。这一点在本标准中之所以特别说明，是因为目前公共服务设备设施在个别地方存在着重配置、轻维护的现象，其出发点是强调社会保险经办机构要通过建立并执行制度来保证经办服务赖以开展的设备设施处于持续正常可用状态。

三、管理保障

【标准条款】

> 6.3 管理保障
>
> ……

【释义】

在社会保险服务体系中，服务保障与管理保障是开展社会保险服务的必要条件和基本保证，管理保障就是指围绕社会保险服务开展的各项管理活动。社会保险服务管理的项目与内容很多，难以一一涉及。本标准 6.3 条列出了社会保险服务中具有重要地位和特殊意义的管理行为，包括基金管理、信息化管理与保障、业务档案管理、安全管理与应急预案，这是与社会保险服务相关的重点管理项目，属于社会保险服务后台的保障性要素。

【标准条款】

> 6.3 管理保障
>
> 6.3.1 基本要求
>
> 6.3.1.1 社会保险经办机构应建立和实施以服务为核心的管理体系，使管理效能和服务质量持续改进。
>
> 6.3.1.2 社会保险经办机构应对经办业务和公共服务相关文件的起草、发布、实施进行受控管理和状态标识，保持其现行有效，并执行国家和地方政务公开的相关规定。

【释义】

实现社会保险优质服务离不开科学有效的管理。本标准设立 6.3 管理保障的条款，完全取决于管理对服务的约束性作用。优质服务需要有良好的设施设备为基础，也需要优秀的服务人员来实现，更需要行之有效的管理手段作保证。本标准 6.3.1.1 条特别强调了“建立与实施以服务为核心的管理体系”，要求社会保险经办机构重视并始终突出履行服务的根本义务，切实改变以自我为核心的管理观念，时时刻刻站在服务对象的立场考虑问题，充分体现为民服务的精神。

在各项管理形式中，多数情况下需要通过文件形式来贯彻上级精神，明确服务要求，落实服务措施，使对社会保险服务的管理始终处于受控和有效的状态，并得到持续的改进。为此，本标准6.3.1.2条提出了这方面的规范要求。同时，将其与实行政务公开相联系，使文件执行处于社会监督之下。

【标准条款】

> 6.3.2　基金管理
>
> 社会保险经办机构应根据国家和地方社会保险基金管理相关规定，对社会保险费征缴、待遇发放和基金支付等实行全程管理和内控、稽核，定期向社会公布基金的收入、使用、结余和收益情况。

【释义】

社会保险基金管理直接关系到各项社会保险制度的有效实施，关系到社会保险待遇的按时足额发放和支付，关系到人民群众切身利益的维护和实现。社会保险基金是专项基金，必须专款专用。社会保险基金必须严格按照有关法律法规规范收支内容、标准和范围，严格管理，实行专款专用。社会保险服务的诸多项目涉及社会保险基金的管理，包括基金征缴、支付和核算。要建立健全基金监管办法与手段，建立覆盖社会保险基金全部经办过程和各个环节的严密的风险防范制度和科学的管理机制。

【标准条款】

> 6.3.3　信息化管理与保障
>
> 6.3.3.1　社会保险经办机构应建立社会保险管理服务信息系统，建设数据库及联网平台。社会保险管理服务信息系统应具备支持社会保险登记、缴费权益记录、社会保险关系接转、社会保障卡应用、服务监测、基金监管、异地业务协同管理、基金运行分析和提供公共查询等功能。

6.3.3.2　社会保险管理服务信息系统应实施符合安全要求的系统和数据备份制度、系统安全认证体系、数据质量控制体系。社会保险服务信息应做到可识别、可检索、可追溯、可共享。

【释义】

信息化已成为当前开展社会保险服务工作不可或缺的支撑手段和提升服务能力的重要保障。人力资源社会保障系统目前已管理着数以万亿计的资金和数以亿计的人员信息，牵涉到每个参保人员的切身利益。着力推进社会保险信息化工作，建设统一规范社会保险信息系统，充分发挥信息系统在社会保险服务中的重要作用，促进信息系统整合，完善信息化基础设施，拓展信息化应用领域，健全信息化服务体系，实现与相关部门的信息共享，是优化社会保险服务的现实要求和必然选择。

随着社会保险公共服务系统的建设和应用，系统的用户范围将急剧扩大，通过互联网的访问和信息传递将逐步增多，系统面临的风险逐步增大，系统的安全稳定运行变得日益重要。必须按照积极防御、综合防范，兼顾安全与应用、兼顾安全与投入的原则，管理与技术相结合，有效提高系统的安全性。建立信息安全事件响应机制，确保数据、网络和应用安全。

【标准条款】

6.3.4　业务档案管理

社会保险经办机构应建立业务档案管理制度，配备业务档案管理设施，确保归档材料的规范、完整和安全。

【释义】

社会保险业务档案是民生档案的重要组成部分，涉及参保对象的基础信息、缴纳社会保险及待遇领取核准材料等，关系着参保对象权益的准确记录，并最终影响其能否享受社会保险待遇等切身利益。随着我国社会保险覆盖面的不断扩大，由此产生的社会保险业务档案资料不断增多，而社会保险服务的健全与发展，也对社会保险业务档案管理提出了新的要求。作为社会保险经办机构，必须首先通过记录一生，才能有效实现对参保对象服务一生、保障一生的目标。

【标准条款】

6.3.5　安全管理与应急预案

6.3.5.1　社会保险经办机构应按照国家和地方相关规定设置安保设施和必需的消防器材，加强日常安全的监督和检查，确保服务场所安全。

6.3.5.2　社会保险经办机构应配备安全保卫人员，建立安全保障措施，定期对安全保卫人员进行基本技能培训。

6.3.5.3　社会保险经办机构应制定突发性事件应急预案，定期组织演练。

【释义】

公共安全是指多数人的生命、健康和公私财产的安全。近年来，随着我国经济社会的持续快速发展，社会转型期的深层社会矛盾及反映这些矛盾的社会问题逐步凸显。社会保险作为社会性极强的领域，也是公共安全问题不容忽视的地方，近年来少数地方发生的社会保险管理人员人身安全事件就是明证。

社会保险服务场所属于公共场所范畴，必须居安思危，防患未然。为此，本标准特别提出了安保设施的配置和维护，安全保卫人员的配备和培训，应急预案的制定和定期组织演练等规范管理要求。在具体实施本标准条款时，需要把握：一是要建立安全管理与应急预案制度，形成统一指挥、功能齐全、反应灵敏、运转高效的应急机制，提高安全防范和管理水平；二是要秉承“预防为主”的理念，确保制度得以有效实施而非纸上谈兵，并要求社会保险经办机构切实重视安全管理与应急预案的实施和演练。

第五节 服务提供

一、总体要求

【标准条款】

> 7.1 总体要求
>
> 7.1.1 社会保险经办机构应提出服务目标和明确服务承诺，制定服务规范和确定服务质量要求，确保服务过程在受控的状态下进行，持续满足服务对象的需求。
>
> 7.1.2 社会保险经办机构应实行服务信息公开，向社会公示服务内容、依据、程序、时限、规范、投诉渠道等信息，做到公示信息及时更新，维护服务对象的知情权和监督权，依法保护服务对象的隐私权。
>
> 7.1.3 社会保险经办机构应建立统一、高效、透明的服务流程及工作规程，宜实行一站式服务、首问负责、一次告知、限时办结等服务制度。
>
> 7.1.4 社会保险经办机构应开展服务质量考核与评估，提高服务水平。

【释义】

社会保险经办机构服务提供的相关要求，在本标准的基本原则及相关条款中已有相应的表述，在 7.1 条中又进行了强调并适当细化，如在 7.1.1 条中要求提出服务目标和明确服务承诺，以及确定服务质量要求；7.1.2 条中明确了信息公开的公示内容并要求及时更新，提出了依法维护服务对象的隐私权；7.1.3 条中提出了“宜实行一站式服务、首问负责、一次告知、限时办结等服务制度”，这些已被实践证明行之有效且有利于参保人员的服务制度，很多已在社会保险经办机构中实行，只是在社会保险经办机构中发展还不平衡，还未得到全面落实；7.1.4条中提出了开展服务质量考核与评估，其中的评估为现今服务管理的薄弱点。

二、基本服务与其他服务

【标准条款】

7.2　基本服务

7.2.1　社会保险登记

社会保险经办机构应受理社会保险的登记、变更登记或注销登记，审核相关证件、资料，发放或收缴社会保险登记证，对发放的社会保险登记证定期进行验证和换证。

7.2.2　社会保险费征缴

社会保险经办机构应受理参保对象的缴费申报，审核申报资料，核定缴费额，收取保险费并分别记入社会保险基金及个人账户。

7.2.3　社会保险权益记录

社会保险经办机构应明确社会保险权益记录的项目与内容，对参保对象社会保险账户的建立、记账、转入、转出、中断缴费、恢复缴费、对账等行为进行记录，并定期与参保对象社会保险账户进行对账。

7.2.4　社会保险待遇给付

社会保险经办机构应按规定受理参保对象的社会保险待遇申请，核定待遇标准，向参保对象按时足额给付待遇，并建立待遇给付记录。

7.2.5　社会保险关系转移接续

社会保险经办机构应按规定受理审核转移申请、计算转移资金，开具参保缴费凭证、办理转移接续手续，支付社会保险待遇，并与相关社会保险经办机构交换转移信息。

7.2.6 社会保险业务档案利用

社会保险经办机构应向社会提供查询和统计分析等档案利用服务。

7.2.7 社会保险咨询服务

社会保险经办机构应通过服务窗口、电话、信函、网络、新闻媒体等载体提供社会保险政策、业务办理等咨询服务。

【释义】

本标准7.2条列入的社会保险“基本服务”项目，系参照《走向和谐：中国社会保障发展60年》（胡晓义主编，中国劳动社会保障出版社2009年9月第1版）中有关我国社会保险管理服务的基本职责而编写，其中有关参保登记、保费征缴、权益记录、待遇给付、社保关系转移接续和业务档案管理等，大部分已有相关的法律法规和规范性文件作出明确规定和提出了其经办管理服务的具体要求，是当前社会保险经办机构最主要的服务项目。本标准将这些服务项目列入其中并罗列了具体内容，充分反映了社会保险服务的自身特点。

【标准条款】

7.3 其他服务

社会保险经办机构可根据不同社会保险服务类别的特点，开展社会化服务管理、异地就医管理、工伤预防与康复管理等其他服务。

【释义】

本标准7.3条提出的“其他服务”，更多地体现了做好基本服务以外的便民利民服务要求，有些则是正在探索和推进中的新的服务渠道或服务形式。社会化服务要求不断拓宽服务领域，延伸服务渠道，使社会保险服务成为广泛的社会服务组成部分，充分提高社会保险服务的可及性。异地就医管理也是一种地域上的延伸服务，是打破目前社会保险区域分割的界限，使在异地就医的参保对象在就医地便可直接结算医疗费用，不再需要为报销医疗费用而两地奔波劳顿。工伤预防和康复管理是一种功能上的延伸服务，使工伤保险对象不仅仅只获得工伤的保险补偿，而是在工伤预防和康复上均享受到社会保险经办机构的服务。今后，随着社会管理机制和手段的创新，可能还会探索出一些新颖、便利的服务模式。本标准条款为其他新的便民服务模式的出现预留了空间，同时也鼓励社会保险经办机构根据不同社会保险服务类别的特点创新服务模式。

第六节　服务监督、评价与改进

一、服务监督和服务质量评价

【标准条款】

8.1　服务监督

8.1.1　社会保险经办机构应实施内部监督和审核，并接受行政监督和社会监督。

8.1.2　社会保险经办机构应根据监督和审核结果，实施纠正或预防措施，提高服务对象满意程度。

8.2　服务质量评价

8.2.1　社会保险服务质量评价应采取内部评价和外部评价相结合，开展以服务对象满意测评为核心要素的服务质量评价。

8.2.2　对服务对象的满意测评参照 GB/T 19038 和 GB/T 19039 实施。

【释义】

1. 对本标准的 8.1 和 8.2 条，从标准理解的角度有以下要点：

(1) 针对社会保险经办机构服务的监督，包括内部自身的主动监督和外部监督。外部监督又包括自上而下的行政监督和来自服务对象或非服务对象的社会监督，自上而下的行政监督有的是社保系统内的监督，还有来自上级审计部门、行政监察部门、政风行风监督部门等非社会保险系统的行政监督。

（2）各种形式监督的基本出发点都是要通过监督活动来督促社会保险经办机构切实践行“依法合规、公平规范、优质高效和公开诚信”的原则要求。另外，各不同的监督主体的关注点各有侧重，社会保险经办机构内部监督（包括社保经办机构上级主管部门）是全方位的、系统性的，其他形式的监督则各有其重点领域，如审计部门更关注社会保险基金安全与财务制度的执行情况，行政监察部门更关注社会保险经办服务的合法性及服务人员的廉洁行为，服务对象更关注经办服务的公平性、规范性和便捷性等。

（3）各种形式的监督都有一个输出结果，有的结果是改进的建议，有的是整改要求。针对监督结果社会保险经办机构需要针对性地制定纠正或预防措施，旨在通过这些措施的实施来纠正现实存在的问题和不足，同时从更高的视角来预防潜在问题的发生。

（4）社会保险服务作为公共服务的一种，具有服务产品的无形性、不可储存性等属性。社会保险服务的优劣也有相对应的质量评价程序和方法，其评价可以是社会保险经办机构自身主动开展的，包括自身制定评价指标并以此来开展自我评价，也可以参照现有的国家标准 GB/T 19038 和 GB/T 19039 来开展评价，还可以委托或接受第三方机构来进行评价，但不管哪种评价形式，服务对象满意测评都应作为核心的考量要素。

2. 对本标准的 8.1 和 8.2 条，从标准实施的角度有以下要点：

（1）作为提供社会保险服务的社会保险经办机构，要制定服务监督管理和服务质量评价的制度或者相应的操作规程，确保这些工作开展有依据可循，不是碎片化地开展。

（2）鉴于服务监督的多种启动情形和服务质量评价的内外部双重性，社会保险经办机构制定的相关制度应定位于指导自身实施服务监督和开展服务质量评价，但这些制度要覆盖其他监督方式关注的内容和服务质量评价的要素。

(3) 制度是用来指导服务监督和服务质量评价工作的开展，制度的实施应保存相对应的记录，一是经办机构自身规范管理的需要，二是为外部的服务监督和服务质量评价提供可信的原始证据。

二、投诉处理

【标准条款】

> 8.3　投诉处理
>
> 8.3.1　社会保险经办机构应提供多种投诉渠道，确保投诉渠道畅通，明确专门部门负责调查、处理和回复服务对象的投诉。
>
> 8.3.2　社会保险经办机构宜参照 GB/T 17242 的规定受理服务对象投诉，投诉处理结果应及时告知投诉人。

【释义】

1. 受理投诉和科学处理投诉是公共服务的重要工作内容，这里所指的投诉是针对工作人员服务态度、服务流程和服务结果，有些可能是政策层面的问题。有些投诉可能是无效的，但也应该纳入投诉受理范畴。

2. 社会保险经办机构要确保本条款的落实，一是必须明确授权某一部门专门处理各种投诉。二是该部门应代表社会保险经办机构建立相应的投诉处理制度或规范，处理制度或规范至少要明确本机构的投诉受理渠道（可以是网上受理、电话热线、信函渠道等），要建立投诉处理的工作程序（外部如何调查、如何评定投诉是否有效、内部如何流转、多少时间以何种方式回复投诉对象等）。三是要建立完整的投诉档案制度，定期对投诉情况进行分析、总结规律，配套针对性的改进措施。

三、服务质量改进

【标准条款】

8.4　服务质量改进 8.4.1　社会保险经办机构应注重服务体系的持续改进，追求卓越绩效。 8.4.2　服务质量改进应注重服务对象的满意、服务流程优化和公共服务效能的提升。

【释义】

1. 持续改进是指社会保险服务品质的提升是一个动态渐进的过程，也就是通常所说的“没有最好，只有更好”的螺旋式上升过程，其来源于 ISO 9000 族标准的核心理念。

2. 持续改进的动力源主要有内生式和外压式。内生式主要来自经办机构通过对服务体系运行的总结和内部评价主动发现问题、解决问题的过程。外压式主要来自服务监督、服务质量评价和投诉所暴露的问题和不足，然后进行配置资源、解决问题的过程。

3. 作为公共服务主体的社会保险经办机构的持续改进，除了服务组织关注提升“服务对象的满意度”外，社会保险经办机构的监督部门还重点关注“流程优化”和“公共效能”的持续改进，具备浓厚的政府公共服务色彩，这是社会保险经办机构服务体系构建和持续改进时应特别注意的地方。

第十章 《社会保障服务中心设施设备要求》释义

第一节 概 述

一、任务来源及背景

根据国家标准化委员会下达的2009年第二批国家标准制定、修订项目计划（任务编号：20091945－T－316），制定《社会保障服务中心设施设备要求》国家标准（以下简称标准）。该标准由人力资源社会保障部社保中心提出，全国社会保险标准化技术委员会归口，标准制定工作组负责制定。

《社会保险法》明确指出，养老保险基金实行全国统筹，社会保险关系实现跨地区转移接续，社会保险数据将实现全国共享，以促进人力资源有序流动。在这种形势下，客观上要求必须建立统一规范的设施设备配置标准，营造一个安全、高效、便捷、可拓展的平台，以落实好法律赋予的职责。而社会保险经办机构作为政府面向社会的服务窗口，要适应社会保险“广覆盖、保基本、多层次、可持续”的要求，就必须要规范经办管理服务所需的设施设备配置，提供符合管理服务要求的基本物质保障。标准是进一步规范经办管理服务行为，提升经办队伍能力建设，实现公共服务均等化的重要举措。只有搞好基础设施建设，规范设施设备配置，提高经办管理服务水平，才能满足广大参保人员和用人单位日益增长的服务需要，实现“记录一生、服务一生、保障一生”的经办要求。

二、标准编制过程

2010年4月，按照人力资源社会保障部社保中心社会保险国家标准制定工作启动会议，以及《关于成立社会保障服务中心设施设备要求国家标准制定工作组的函》的要求，由天津市社会保险基金管理中心牵头，重庆市社会保险局、浙江省省级医疗保险服务中心、大连市社会保险基金管理中心、宁波市城镇职工医疗保险管理中心、长沙市企业社会保险工作局、潍坊市社会保险事业管理中心、丹阳市社会保险管理中心等 8 家单位组成标准制定工作组，开展标准的编制工作。在编制过程中，标准制定工作组与天津市质量技术监督信息研究所合作，总结分析我国社会保险标准化建设成功经验，运用统计分析、数学回归函数等理论，以层次分析法为基础，以服务对象需求为导向，经过对服务数据资料的统计分析，得出社会保障服务中心建筑面积和相关标准。在深入研讨和科学论证的基础上，标准由天津市社会保险基金管理中心等单位验证后，完成了制定工作。

三、编制依据的原则

标准编制过程中，按照人力资源社会保障部领导提出的“要处理好‘统一性和差异性’‘目标与现实’‘总结与创新’‘内部与外部’四个关系”的要求，坚持立足全国、立足城乡统筹、立足五险合一的总体思路，坚持科学性与规范性相统一、坚持前瞻性与现实性相结合、坚持统一性和差异性相协调的原则，结合当前经济社会发展实际和未来经办管理服务发展要求进行编制。

第二节 总体要求

《社会保障服务中心设施设备要求》国家标准第四章总体要求，是规范服务中心建设的指导原则。在标准制定中，充分考虑了全国各地经济社会发展的不平衡和业务管理的差异性，明确提出了“社会保障服务中心的建设应统筹兼顾，与当地经济发展水平及实际工作需要相适应，合理配置设施设备”的要求，力求避免在服务中心建筑规模、装修标准和设施设备配置上不切实际地贪大求全。并规定了标准的一般原则、服务中心的选址、建筑面积、功能区等方面的内容。

一、一般原则

【标准条款】

> 4.1.1 社会保障服务中心的建设应坚持规范统一、经济实用的原则。

【释义】

社会保障服务中心的建设必须坚持以人为本、规范统一、经济实用的原则，避免不切实际的浪费。

【标准条款】

> 4.1.2 社会保障服务中心的建设应符合城市规划及国家对于节能环保、节约用地、公共卫生与消防安全等要求。

【释义】

社会保障服务中心的建设应符合城市规划及国家相关节能环保、消防安全、公共卫生与节约用地等要求。

【标准条款】

> 4.1.3 社会保障服务中心的建设应统筹兼顾，与当地经济发展水平及实际工作需要相适应，合理配置设施、设备。

【释义】

社会保障服务中心的建设要统筹兼顾、量力而行，与当地经济发展水平相适应，实事求是、因地制宜，合理确定建设规模和装修标准，规范配置设备、设施。防止出现各地区之间的盲目攀比现象，造成浪费。

二、选址

社会保障服务中心选址，应从方便服务对象和经办管理工作需要出发。在标准中明确提出了“社会保障服务中心的选址应符合城市规划要求，宜选择在交通便捷、公共服务设施比较完善的地点”。这样既有利于出行，又可减少公共服务设施的投入。同时考虑到办事人员车辆停放的需要，要求服务中心应建设具有一定规模的停车场所。

【标准条款】

> 4.2.1 社会保障服务中心的选址应符合城市规划要求，宜选择在交通便捷、公共设施较完善的地点，并应具有一定规模的停车场所。

【释义】

办公用房社会保障服务中心建设地点的选取，一方面要方便各有关方面的工作联系，提高办事效率；另一方面要选取交通方便、环境宜人和市政公用设施比较完善的地段。这样既利于出行，同时又可以减少公共服务设施的投入。另外，大多数人是开车来社会保障服务中心办事，所以需要有一定规模的停车场所，并且尽量避免在人流、车流集中的商业区建设。

【标准条款】

> 4.2.2 经办服务大厅应设置在建筑物的较低楼层。对于设置在三层以上（含三层）的，应配备满足需要的电梯。

【释义】

社会保障服务中心作为对外服务的窗口，服务对象流动性强，日常人流量大，为方便服务对象，服务大厅应设置在建筑物一层或较低楼层。对于设置在三层以上的大厅，应配有满足需求的电梯和楼梯，保证出入方便。

【标准条款】

> 4.2.3 社会保障服务中心应与住宅分开设置。

【释义】

为了方便使用，便于管理，避免相互干扰，社会保障服务中心应与住宅区分开设置，若用地毗邻，应予以分隔并设独立出入口。

三、建筑面积

建筑面积制定中，在对 6 个省级（包括 1 个副省级省会城市和 2 个计划单列市）、8 个地级、153 个县级社会保险经办机构的现有建筑面积、员工人数、各险种管理服务的参保人数、社会总人口数等相关数据（2010 年 4 月实点数据）统计分析的基础上，结合不同经办管理服务模式下建筑面积的需求，利用回归函数建立了数学模型，并通过典型案例进行验证。同时考虑当前和未来一段时期内影响经办规模的综合因素，推算出了各级社会保障服务中心的建筑面积，其中省级不宜低于 8 000 m^2、地级不宜低于 5 000 m^2、县级不宜低于 3 500 m^2 的标准。

【标准条款】

各级社会保障服务中心建筑面积见表 1。

表 1　　建筑面积

级别	要求 m^2
省（自治区、直辖市）	≥8 000
地（自治州、市、区、盟）	≥5 000
县（自治县、市、区、旗）	≥3 500

注：省（自治区、直辖市）包括副省级省会城市和计划单列市。

【释义】

（一）县级建筑面积的确定

1. 部分地区建筑面积的现状及数学模型的建立

通过对 153 个县级经办机构、经办人员、建筑面积、服务人次等数据进行统计分析，这些经办机构平均有员工 26 名，建筑面积 1 156 m^2，管理服务总人次 35 万人次，确定回归函数为：F（X）=

707＋12.8×X。其中，F（X）为建筑面积（单位为平方米），X为管理服务总人次（管理服务各险种的在职职工、退休和其他享受待遇人数的累加，单位为万人次）。

2. 确定县级建筑面积的主要考虑因素

一是当前经办管理没有覆盖到全部人群。全国2 859个县级区划，每个县平均人口46.5万人，其中乡村人口25.3万人。平均每个县有23.5万人没有参加新农保，约有20万名参加新农合人员没有移交到社会保险经办部门管理，16.2万名城镇居民（全国4.62亿人）中有部分人员没有参加城镇居民医疗保险。上述三项之和，县级经办机构平均尚有约45万人次未纳入社会保险经办管理。

二是当前经办管理没有覆盖到全部城镇职工。有关数据显示，平均每个县有2.9万名城镇就业人员没有参加基本养老保险，考虑到其他四个险种，平均每个县城镇就业人员中约有15万人次未参加社会保险。

三是管理服务到人的趋势。社会保险服务范围由单位向个人转变，个人缴费窗口直接受理灵活就业人员的缴费申报越来越多，医疗保险个人垫付报销更多的是到大厅直接申报，个性化的服务需要一定规模的经办服务场所来支撑。

四是受管理和技术手段所限。目前各地经办机构虽然借助一些社会服务机构提供服务或管理，如借助街、镇、乡等机构落实居民、村民的参保工作，社会保险费实行税务代征，依托金融机构代扣代缴社会保险费、发放养老金等，但大量的工作仍需要社会保险经办机构来完成。网上申报、档案数字化等技术手段目前在全国范围内仍处于摸索阶段，手工或半手工操作还将持续一定时期，大部分服务对象还需到经办机构服务窗口来办理业务。社会保险业务档案保管期长，部分档案须永久或长期保存，这些都需一定规模的经办场所来支撑，以满足经办管理服务的需要。

3. 案例验证

通过对大连的开发区，潍坊的高密、昌乐，天津的和平、北辰、津南、宝坻，江苏的丹阳，重庆的万州、江津、长寿、云阳，长沙的天心，浙江的桐庐、平湖、龙游等7个地区16家经办机构的情况分析，平均管理人次为49万人次，建筑面积为3 072 m²，其建筑面积的回归函数为F（X）＝2 771＋6.1×X。将综合影响因素一并考虑后，建筑面积的函数修订为F（X）＝3 000＋10×X。将49万人次代入函数，结果为3 490 m²，遂提出县级社会保障服务中心建筑面积不宜低于3 500 m²。

（二）地级建筑面积的确定

通过对8家地级经办机构情况分析，地级经办机构平均有员工54名，建筑面积3 286 m²，管理服务总人次为61万人。按照F（X）＝3 000＋10×X模型，建筑面积应为3 610 m²。确定地级建筑面积的主要因素，除考虑上述确定县级建筑面积的主要因素外，还应考虑其特殊性。

1. 职能不同

地级经办机构除做好参保对象的直接服务，具有窗口职能外，同时还承担着接受省级机构的指导等职能，对下级经办机构具有组织、协调、监督、检查等职能。上述地级工作人员比县级多28人，监督管理层人员同样需要相应的办公场所。参照国家发展计划委员会《党政机关办公用房建设标准》，地级经办机构每人平均办公用房建筑面积为16～18 m² 的标准，28人需增加448～504 m² 办公面积，同时也要相应地增加附属用房的建筑面积。

2. 档案管理方式不同

部分地级经办机构的档案管理采取集中管理的方式，不仅管理着本级服务对象的业务档案，同时还管理着下属经办机构的部分业务档案，因此需要相应增加档案管理区的面积。

通过对地级经办机构现状、职能的分析，地级社会保障服务中心的建筑面积不宜低于5 000 m²。

（三）省级建筑面积的确定

通过对6家省级经办机构情况分析，省级机构平均有员工122

人，建筑面积为 4 230 m²，管理服务总人次为 150 万人。总体来讲，省级经办机构工作特点与地级机构又有所不同。

1. 管理职能范围更大

其主要职能是接受部中心的指导，负责全省或副省级城市范围内的组织、协调、监督、检查等职能。其管理职能范围相对地级的管理职能更加宽泛，监督管理层的人员更多，相应地需要增加更多的办公用房面积。省级机构平均员工人数比地级多 68 人。参照省级经办机构每人办公用房建筑面积 20～24 m² 的标准，68 人需增加 1 360～1 632 m² 办公面积，同时也要相应地增加附属用房的建筑面积。

2. 档案数量更加庞大

部分省级经办机构档案采取集中管理的方式，不仅管理着本级服务对象的业务档案，同时还管理着下属经办机构的部分业务档案，因此需要相应增加档案管理区的面积。如天津市社会保险基金管理中心正在建设 2 万余 m² 的档案馆，以集中存放全市范围内的业务档案。

通过对地级经办机构现状、职能的分析，省级社会保障服务中心的建筑面积不宜低于 8 000 m²。

总之，省、地、县三级社会保障服务中心建筑面积的确定，既考虑了目前经办体制多元化的现状，又兼顾了城乡统筹、五险合一经办模式的发展趋势，以管理服务总人次作为重要的确定参数，适应了当前和未来管理规模的发展变化。

（四）建筑面积理论模型及参数的确定

1. 回归函数法及其特点

回归函数法，运用最小二乘法原理，对已知数组进行最佳拟合，并返回描述此变化的函数关系。

一是成本低。利用一元回归函数法，而没有采用多元回归法，从而降低了数据源的采集成本。如制定县级建筑面积时，选取了服务管理人次作为唯一的参数，放弃了经办机构工作人员数量这一参数，而是在县级建筑面积的基础上，把员工人数作为确定省、地级社会保障服务中心建筑面积的加权因素，提高了标准的可操作性。

二是准确性有所提高。运用一元函数进行最小二乘法回归，既兼顾了各个数据自身的特点，又最大限度地体现了数组的共同特性，准确性大大高于平均值法。如一元回归函数 F（X）＝3 000＋10×X，F（X）为建筑面积，X 为管理服务总人次，当社会保障服务中心服务对象数量不同，就对应着不同的建筑面积，扩大了标准的适用范围。

2. 建筑面积模型参数的筛选确定

一是参保人数。对于养老和医疗保险而言，实现了政策层面的全民覆盖，不仅涵盖了就业人员和退休人员，也涵盖了广大未就业的城镇人员和乡村人员，而失业、工伤、生育保险政策只覆盖到职业人群。由于各险种服务的范围不同，人员在各险种参保有交叉的现象，准确地计算出实际的参保人数（而不是人次）非常困难。

二是常住人口及构成。按照常规，一个地区的常住人口影响了参保规模，但现实中并不都是这样。如一些城市繁华的中心商务区，常住人口相对较少，但服务管理的总人次却较多。另外各类经济技术开发区的常住人口少，但就业和参保人数却较多。因此当前驻地常住人口、城镇人口和乡村人口数量不能客观、准确地反映参保的人群。

三是就业人口。就业人员本应该与参保人数有非常明显的正相关性，但由于养老和医疗保险实现了全民覆盖，而工伤、生育、失业保险覆盖人群只为职业人员，就业人口作为养老和医疗保险参保人群覆盖的一部分，无法较准确地反映参保人群。最后就业人口采集难度和成本相对较高。

四是服务大厅受理服务的次数。由于各地经办机构的服务模式、管理的险种不同，造成经办服务大厅服务的人次差异很大。即使服务模式、管理的险种和服务人数相同，而岗位设置、流程又有所差异，同样会造成受理服务人次的不同，从而不具有可比性。

五是管理服务总人次。管理服务总人次作为参数的优势，首先是采集成本较低，管理服务人次可直接从结算数据中各险种管理服务的人次累加得出，而且数据准确率高；其次是代表性较强，虽然各地经办机构经办的险种不同，各险种之间服务的工作量也不一样，管理的程度存在差异，按照大数法则计算方式，各地经办机构机会均等，规避了各险种之间经办特点的差异性；最后就是相关性较高，目前该参数与建筑面积的相关性比参保人数、常住人口、就业人口等参数高，而且可操作性强。

因此，当前以管理服务人次作为建筑面积的回归函数模型的参数，具有成本低、数据源准确和可操作的特点，比其他参数相关性强，具有现实指导意义。

四、功能区

社会保障服务中心功能区划分，是社会保险经办机构为便于管理和服务，按照一定标准，对社会保障服务中心划定的不同服务功能区域。

（一）功能区划分

【标准条款】

4.4.1 功能区划分

社会保障服务中心包括经办服务大厅、档案管理区、办公区和业务支持区四个功能区。各功能区面积占总建筑面积的比例见表2，或根据当地具体业务受理情况自行设置。

表2　各功能区面积占总建筑面积的比例　%

项目	要求			
	经办服务大厅	档案管理区	办公区	业务支持区
省（自治区、直辖市）	30	20	10	40
地（自治州、市、区、盟） 县（自治县、市、区、旗）	40	20	10	30

【释义】

根据各地社会保险经办机构实际情况和业务经办的需要，将社会保障服务中心划分为经办服务大厅、档案管理区、办公区和业务支持区四个功能区。同时考虑未来发展，体现便民需求，通过分析各区域功能，规定了各功能区面积占社会保障服务中心建筑总面积的比例。各地可根据此比例，结合实际需要进行局部调整。

（二）功能区设置要求

【标准条款】

4.4.2.1　经办服务大厅

经办服务大厅宜设置柜台受理服务区、接待洽谈区、自助服务区、等候休息区、综合服务区、咨询服务区，各区域面积占经办服务大厅总面积的比例宜为50%、15%、15%、10%、5%和5%，或根据当地具体业务受理情况自行设置。服务对象实际使用的面积应大于工作人员使用的面积。

【释义】

社会保障服务中心经办服务大厅的柜台受理服务区、接待洽谈区、自助服务区、等候休息区、综合服务区、咨询服务区面积占大厅面积的比例，是通过分析各区域的服务功能、业务流程、大厅人流等因素确定，并经过多次修正而得出的。由于各地的业务经办情况不同，可根据当地实际自行调节。

【标准条款】

4.4.2.2　档案管理区

档案管理区宜设置档案库房、查档室和档案管理人员办公室。档案库房包括普通档案库房和电子档案库房，宜设置在二层以上楼层（含二层）。

社会保险经办机构上级部门采取集中统一管理社会保险档案并且建有相应管理机构或设施的，可根据实际情况相应减少档案管理区的面积。

【释义】

按照档案管理规定，档案管理区应单独设置档案库房、查档室及档案管理人员办公室，并且考虑到一层的防潮、防水难度大，档案库房宜设置在二层以上楼层（含二层）。另外，为防止档案管理区的重复建设，社会保险经办机构上级部门采取集中统一管理社会保险档案并且建有相应管理机构或设施的，可根据实际情况相应减少档案管理区的面积。

【标准条款】

4.4.2.3　办公区

办公区根据需要宜设置办公室、文印室等。

【释义】

根据工作需要，社会保障服务中心的办公区应设置办公室、文印室等，保证办公的正常进行。

【标准条款】

4.4.2.4　业务支持区

业务支持区根据需要宜设置计算机机房、业务培训室、业务接待室、业务审单室、资料室、会议室、更衣室、员工活动室、值班室、门卫室等。

【释义】

业务支持区即是为办公、业务经办提供支持的区域，为保证办公、业务经办的正常进行和办公用房的正常使用，宜设置计算机机房、业务培训室、业务接待室、业务审单室、资料室、会议室、更衣室、员工活动室、值班室、门卫室等。

第三节　设施要求

本节重点对服务中心的装修、公共设施、机房建设等方面提出明确要求和规定。

一、装修

标准兼顾经济发达和欠发达地区、各地气候环境等方面的差异性，设计了三类装修标准，并提出了在确定装修标准时，要实事求是、量力而行、因地制宜，不能片面追求高标准，盲目攀比。

（一）原则

【标准条款】

> 5.1.1.1　装修应坚持节能环保、规范统一、美观大方、经济适用的原则。

【释义】

社会保障服务中心的装修不能盲目追求一些不切实际的奢华。因此，本标准对社会保障服务中心的装修要求，坚持以满足基本办公需要，美观大方、经济实用、环保统一的原则。

【标准条款】

> 5.1.1.2　装修应根据各地区的实际情况，量力而出，装修重点为建筑物外檐、入户门厅、电梯厅、经办服务大厅及业务培训室、业务接待室等，其标准宜高于其他部位。

【释义】

由于各地区的社会经济发展水平差异较大，在确定各地社会保障服务中心的装修标准时，要结合当地的经济发展状况和具体建设条件，实事求是，因地制宜，不能片面追求高标准，盲目攀比。对于外檐、入户门厅、电梯厅、经办服务大厅、会议室及接待室等部位要作为装修重点，相应提高装修标准。

（二）标准

【标准条款】

> 5.1.2 标准
>
> 装修材料、主要工艺及色调要求见附录A。各地区应根据当地实际情况和服务中心不同部位的实际需要，分别选择一类、二类和三类装修标准。

【释义】

为保证社会保障服务中心装修的规范化，本标准遴选出各部位常用的装修材料和工艺做法，并按照装修材料的品质和工艺做法划分一类、二类和三类装修标准，各地区应根据当地实际，选择装修标准类别。

（三）消防安全要求

【标准条款】

> 5.1.3 消防安全要求
>
> 装修消防安全应符合GB 50222的规定。消防安全标志应符合GB 13495的规定。消防安全标志的设置应符合GB 15630的规定。

【释义】

各级社会保障服务中心建筑防火应按国家现行的有关建筑设计防火规范执行，本建设标准不另作规定。

（四）节能环保要求

【标准条款】

> 5.1.4　节能环保要求
>
> 装修所用的材料、设备等应符合相关标准对于公共建筑节能及环保的要求。
>
> 经办服务大厅、业务培训室等部位在装修时宜考虑降噪要求。

【释义】

装修所用的材料、设备等应符合相关标准对于公共建筑节能及环保的要求，尤其是经办业务大厅和培训教室等区域，面积大，人流集中，比较容易受到干扰。因此，在装修材料的选择和工艺做法上要解决好降噪问题。

（五）综合布线

【标准条款】

> 5.1.5　综合布线
>
> 综合布线应符合 GB 50311 的规定。

【释义】

GB50311《综合布线系统工程设计规范》适用于新建、改扩建综合布线系统工程设计，本标准不另作规定。

二、公共设施

社会保障服务中心配备的公共设施主要包括空调系统、采暖系统、消防设施、采光照明设施、无障碍设施和安全监控系统六个部分。

（一）空调系统

【标准条款】

> 5.2.1　空调系统
>
> 在夏季时需要人工降温的区域宜设置空调，经办服务大厅宜采用集中空调形式，办公室、业务培训室等宜根据实际情况采用分区或分体空调等形式。

【释义】

随着经济发展水平的提高，为提高办公效率，办公环境的舒适度应加以改善，在夏季需要进行人工降温的地区建设办公用房，可设置空调系统。空调系统的设置要重点考虑节能和实用，面积较大的经办服务大厅宜采用集中空调形式，办公室、业务培训室等宜根据实际情况采用分区或分体空调等形式。

（二）采暖系统

【标准条款】

> 5.2.2　采暖系统
>
> 位于采暖地区的社会保障服务中心宜优先采用集中供热方式。对于不能采用集中供热方式采暖的，宜根据当地实际情况采用空调系统或其他采暖方式。

【释义】

由于采用集中供热采暖系统，可减少建设独立锅炉房及设备的投入和附属用房面积，有利于环境保护和节约能源，位于冬季需采暖地区的社会保障服务中心宜优先采用集中供热方式；不能采用集中供热采暖的，可采取空调系统或其他采暖方式，但必须节能环保。

（三）消防设施

【标准条款】

> 5.2.3　消防设施
>
> 消防设施及维护应符合 GA 587 的规定。

【释义】

各级社会保障服务中心建筑防火应按国家现行的有关建筑设计防火规范执行，本标准不另作规定。

（四）采光、照明设施

【标准条款】

> 5.2.4 采光、照明设施
>
> 社会保障服务中心宜直接采光。需要使用灯光照明的宜采用节能灯具。

【释义】

建筑照明能耗在建筑总能耗中占有较大比重，为节约能源，社会保障服务中心要充分利用自然采光，经办服务大厅、办公室、会议室应尽量直接采光，照明应采用节能灯具，照度以能满足办公需要为宜。

（五）无障碍设施

【标准条款】

> 5.2.5 无障碍设施
>
> 5.2.5.1 主入口处应设置无障碍坡道。

【释义】

按照建筑物无障碍设计规范要求，公共建筑的主出入口必须设置无障碍坡道，以满足残障人员的需要。

【标准条款】

> 5.2.5.2 经办服务大厅的卫生间应能满足残障人员的需要。

【释义】

按照建筑物无障碍设计规范要求，公共建筑的公共卫生间必须设置供残障人员使用的设施。

（六）安全监控系统

【标准条款】

> 5.2.6 安全监控系统
>
> 5.2.6.1 建筑物的周边和出入口、门厅、电梯间、走廊、经

办服务大厅、计算机机房及档案管理区等区域均应设置监控前端摄像机。其中，经办服务大厅、建筑物的周边宜设置可调节角度和焦距的前端摄像机。

【释义】

为保证社会保障服务中心的安全，应在建筑物的周边、交通要道、重要区域设置监控前端摄像机。由于经办服务大厅、建筑物周边面积大、拐角多，应考虑设置可调节角度和焦距的前端摄像机。

【标准条款】

5.2.6.2 值班室应设置主监控屏。根据需要，可在单位主要负责人办公室设置分监控屏。

【释义】

为保证社会保障服务中心安全，应在值班室设置主监控屏，使值班人员能及时掌握建筑周边及室内重要通道和场所的情况。另外，为方便单位主要负责人对关键场所的巡查，可在其办公室设置分监控屏。

【标准条款】

5.2.6.3 安全监控系统应配置具备不少于25d的循环不间断录像功能，能够满足对突发事件自动报警并同时记录和保留视频图像的需要。

【释义】

安全监控系统要具备一定期限内的可追溯性，对突发事件自动报警并同时记录和保留视频图像。另外，监控系统的存储空间必须满足25天的循环不间断录像。

【标准条款】

> 5.2.6.4　安全监控系统前端摄像机的分辨率应不低于 4 CIF。

【释义】

安全监控系统前端摄像机的分辨率如果低于 4 CIF，在光线不好的环境下录像形成的图像不清楚，不易分辨。

【标准条款】

> 5.2.6.5　安全监控系统前端摄像机的设置应与环境相协调。

【释义】

社会保障服务中心的安全监控系统前端摄像机的选型要美观，颜色要适宜。云台与摄像机的连线用护套软管保护，出地面的工程线缆用工程线管保护不见明线，做到既美观又不易受到破坏。

三、机房建设

【标准条款】

> 计算机机房建设应符合 GB 50174、GB/T 2887—2000 的规定。

【释义】

GB 50174《电子信息系统机房设计规范》适用于陆地上新建、改建和扩建的电子信息系统机房的工程设计，主要内容包括机房分级与性能要求、机房位置及设备布置、环境要求、建筑与结构、空气调节、电气、电磁屏蔽、机房布线、机房监控与安全防范、给水排水、消防，涵盖了计算机机房建设的各个方面。在机房进行内部设计及建设时应按照本规范要求来进行。

第四节　设备要求

服务、办公设备主要包括自动排队叫号系统、宣传设备、接待设备、多媒体系统四个部分。

一、服务办公设备

（一）自动排队叫号系统

【标准条款】

> 6.1.1　自动排队叫号系统
>
> 经办服务大厅宜根据需要配置自动排队叫号系统。取号机应安装在经办服务大厅的入口处，显示屏应安装在接待柜台的正上方，显示屏下沿距离地面不宜低于 2 200 mm。自动排队叫号系统应具备号票打印、呼叫显示、查询、统计分析等功能。

【释义】

为保证经办服务大厅的井然有序，并且实现对业务情况的分析和对工作人员的考核，应配置排队叫号系统。

经办服务大厅的排队叫号系统应具备号票打印、呼叫显示、查询、统计分析等功能。

经办服务大厅排队叫号系统的安装要与装修工程紧密结合，要使用方便，取号机应安装在大厅的入口处，排队叫号的显示屏应安装在办公柜台的正上方，显示屏可采取整体不间断吊装或分屏单独吊装的方法，显示屏下沿距地面 2 200 mm，在等候休息区域的墙面或柱面上设置综合显示屏。综合显示屏可以是 LED 屏，也可用液晶电视或等离子电视代替。

（二）宣传设备

【标准条款】

> 6.1.2 宣传设备
>
> 经办服务大厅应设置必要的宣传设备，如宣传栏、宣传资料架、电子显示屏等，以满足经办业务宣传的需要。

【释义】

在业务经办过程中有大部分服务对象需要等候，为维持大厅秩序、做好业务宣传，经办服务大厅应设置相关的宣传显示设备，如宣传栏、宣传资料架、电子显示屏等进行经办业务宣传，播放新闻、通知及娱乐短片等。

（三）接待设备

【标准条款】

> 6.1.3 接待设备
>
> 6.1.3.1 经办服务大厅柜台受理服务区中接待柜台的台面高度宜为 760 mm，台面宽度宜为 700～850 mm；颜色为蓝色，配比见表 A.2。根据需要，可在柜台上方设置隔断玻璃。

【释义】

考虑不同地区、规模的差异性，以及面对面服务、人性化经办的要求，对办公柜台的高度、宽度和功能提出要求。柜台台面高度宜为 760 mm，台面宽度为 700～850 mm，柜台服务区应与服务对象活动区严格分开。对确需进一步分割的，可在柜台上方设置隔断玻璃。另外，对该区域接待柜台的颜色进行了规范，要求台面颜色统一为蓝色，立面颜色为浅米黄色。

【标准条款】

> 6.1.3.2 柜台受理服务区的办公桌高度应与接待柜台保持一致，宽度宜根据实际情况设置，其台面和立面颜色应与接待柜台相协调。

【释义】

对该区的办公桌颜色也提出了原则性要求。

【标准条款】

> 6.1.3.3 柜台受理服务区的办公椅应能适应正面交流、侧面办事的需要。

【释义】

设置合理的柜台高度，便于双方交流，办公桌椅可方便调节。

（四）多媒体系统

【标准条款】

> 6.1.4 多媒体系统
>
> 业务培训室应配置能够满足音频、视频播放及存储功能的多媒体系统。有条件的地区，可配置视频会议需要的相关设备或者预留接口。

【释义】

社会保障服务中心的业务培训室应配备投影仪、话筒、音响等基本设备，满足会议、培训、音视频播放、音视频存储等基本功能。有条件的地区，可配置视频会议的相关设备或预留接口。所配置的多媒体系统应具有先进、稳定、使用方便等特性，并具有一定的可扩展性。

二、功能区设备

【标准条款】

> 6.2.1 功能区设备配置的数量应按照工作人员的实际数量和经办业务的需求确定。

【释义】

功能区设备配置的数量应按照工作人员的实际数量和经办业务的需求确定，在方便工作的同时，能共用的设备尽量共用，避免浪费。

【标准条款】

> 6.2.2　各功能区基本设备配置见附录B。

【释义】

根据各功能区业务的不同，附录B列出了各功能区在日常工作中使用的基本设备，各地区可根据当地实际情况参考选用。

三、标志

社会保障服务中心标志主要是从方便参保服务对象出发，体现社会保险服务理念和要求。标准吸收了天津、陕西、吉林等地的成熟做法，借鉴了国税、公安、银行等系统现有的经验。标准就社会保障服务中心标志划分为两个方面的内容：

（一）导向性标志

【标准条款】

> 6.3.1　导向性标志
>
> 服务对象进入社会保障服务中心后，导向性标志应能引导服务对象迅速、准确到达目的功能区。
>
> 导向性标志主要包括：
>
> a）中国社会保险标志；
>
> b）平面导引标志；
>
> c）服务时间标志；
>
> d）当前建筑楼层导引标志；
>
> e）功能区域指示标志；
>
> f）形象墙。

【释义】

本条标准规定了社会保障服务中心内导向标志的主要内容和应满足的要求，主要按照《社会保险服务　总则》中的有关要求，借鉴其他行业标准中的经验做法进行规定。

在本条标准中对导向性标志的主要内容作出规定，目的是引导服务对象进入社会保障服务中心后能迅速、准确地到达目的功能区，方便服务对象办理社会保险业务。在标准中作出统一规定可以避免由于标志的不规范造成的混乱，使广大职工群众对社会保险经办场所有一鲜明、良好、突出的印象，有利于扩大社会保险经办机构的影响，推动社会保险工作的开展。

标志的主色调为蓝色，体现着包容、典雅、端庄、公正。

（二）功能性标志

【标准条款】

6.3.2　功能性标志

功能性标志应能准确说明所指房间、服务窗口和服务设施的基本功能与主要作用。

功能性标志主要包括：

a）窗口业务标志。

b）房间标志。

c）公共信息标志，主要包括：

1）无障碍设施标志。

2）公共设施类标志，如“洗手间”“楼梯”“公用电话”等。

3）安全类警示标志，如“小心碰头”“当心地滑”等。

4）消防类警示标志，如“紧急出口”“禁止吸烟”“灭火器”等。

d）其他，如桌牌等。

【释义】

本条标准规定了功能性标志的主要作用和标志的内容，主要参考了医院、民航、银行等相关行业的成熟做法。标准基本涵盖了社会保障服务中心房间和服务窗口等基本功能单元，有助于为服务对象在经办场所内的活动提供便利条件。

（三）标志设置

【标准条款】

> 6.3.3　标志设置

【释义】

本条标准规定了标志的样式、规格、颜色、材质、安放位置等，便于整体规划、统一设计和布局。

【标准条款】

> 6.3.3.1　标志的设置应符合 GB/T 15566.1—2007 的规定。

【释义】

本条标准规定了标志设置要符合 GB/T 15566.1—2007《公共信息导向系统　设置原则与要求　第1部分：总则》规定的规范性、系统性、醒目性、清晰性、协调性和安全性的要求。

【标准条款】

> 6.3.3.2　功能性标志应设置在紧靠服务设施、服务点位及房间的上方或侧面，或者容易发生安全问题以及需要警告、禁止的设备和区域附近。

【释义】

本条标准进一步明确了功能性标志设置的原则和要求，以方便服务对象使用。

【标准条款】

> 6.3.3.3　对于民族自治地方，宜根据需要在标志牌上增加民族语言文字信息。

【释义】

本条标准规定了少数民族地区的社会保障服务中心标志牌的要求。在执行标准的过程中，充分考虑少数民族服务对象的需求，增加民族语言文字信息。

【标准条款】

6.3.3.4　标志的主要颜色为蓝色，配比为 C100 M70 K20。

【释义】

本条标准规定了标志的颜色，形象墙蓝色背景由四条横向银色拉线分割成五部分，寓意着社会保险五险合一的经办管理服务理念，“三个一生”体现了社保经办服务的总要求。既突出了社会保险行业的特点，又与公安的警蓝色、税务的古蓝色相区别。

【标准条款】

6.3.3.5　应根据不同地区的气候、温度、湿度等自然条件和实际状况，本着美观耐用、节约成本、便于维护的原则确定标志牌的材质。

【释义】

本条标准规定了标志的材质要求，考虑到不同地区的自然条件和经济发展水平的差异，在保证标准贯彻执行的同时，可以因地制宜地考虑实施过程中的各个环节，合理配置资源。

【标准条款】

6.3.3.6　标志牌样式、规格

【释义】

本条标准规定了标志牌的样式、规格，标志牌也是经办管理服务系统特点的集中体现，制作规范和正确使用有利于公众认识社保，树立经办管理服务形象。

【标准条款】

6.3.3.6.1　导向性标志的样式及规格见附录 C。

【释义】

本条标准规定了导向性标志的样式及规格样式，在实际应用中的示例，增强了设置上的可操作性。各地在执行标准的过程中，可结合建筑物面积、办公条件、功能区等实际情况，按照标准规定进行相应调整，更好地应用于社会保障服务中心内的各类场所。

【标准条款】

> 6.3.3.6.2　窗口业务标志、房间标志等样式及规格见附录 D。

【释义】

本条标准规定了窗口业务标志、房间标志的样式及规格，在执行标准的过程中，可结合实际，按照标准确定的标志颜色、字体等元素的要求，将其应用于社会保障服务中心对服务对象开放的各类设施。

【标准条款】

> 6.3.3.6.3　无障碍设施标志应符合 GB/T 10001.9—2008 的规定，其他标志应符合 GB/T 10001.1—2006 的规定。

【释义】

本条标准规定了公共信息的要求，无障碍设施标志的样式及规格要求，主要依据 GB/T 10001.9—2008《标志用公共信息图形符号　第 9 部分：无障碍设施符号》。其他标志的样式及规格要求主要依据 GB/T 10001.1—2006《标志用公共信息图形符号　第 1 部分：通用符号》。

附录

重要讲话选编

标准化是社会保险事业发展的必由之路

胡晓义副部长在全国社会保险标准化
技术委员会成立大会上的讲话

一、推进社会保险标准化意义重大

为什么要推进社会保险标准化？我有以下三点理解：

第一，推进社会保险标准化是建设服务型政府的客观要求。现代社会治理的普遍趋势是实现管理型政府向服务型政府的转变。服务型政府的基本要求是，不仅要实现政府公共服务的均等化，而且要实现公共服务的标准化。标准化是均等化的基础，没有标准化，服务评价就没有了尺度。社会保险工作是政府公共服务的重要组成部分，要不断改善服务水平和质量，提升服务绩效和公信力，就必须实现由经验型服务向标准化服务转变。社会保险工作不仅政策性强，而且程序性也很强，如所有参保单位都要进行参保登记、各项保险待遇都需要审核，等等。还有许多是重复性的，如参保单位和参保个人按月缴费、基本养老金每月都要按时发放，等等，这就在客观上具备了进行标准化作业并实现最佳秩序的条件。同时，通过制定社会保险标准，开展社会保险标准化建设，还能更好地评价社会保险工作的绩效，支持科学决策，推进社会保险事业科学发展。

第二，我国社会保障事业已经进入需要标准化管理和服务的新阶段。从 1951 年国务院颁布试行《劳动保险条例》到现在将近 60 年的时间里，我国社会保障事业总体上经历了三个阶段。新中国成立初期到改革开放之前基本是以劳动保险为主的初创阶段，适应计划经济体制以公立单位职工为保险对象，最后走到单位自我保障，依托工会或企业管理。第二个阶段是改革开放到党的十六大前后的社会保险改革探索阶段。1984 年以来，围绕国有企业改革，逐步建立了基本养老、基本医疗、失业、工伤和生育保险制度，覆盖对象扩大到城市就业人群，各地普遍设立了社会保险经办机构，社会保险管理服务逐步走向社会化、专业化和信息化。党的十六大以来，社会保障事业进入到统筹城乡的创新阶段，社会保险项目向农村和城镇非从业居民扩展，正在走向全面覆盖、综合配套、统一管理。社会保险覆盖面迅速扩大，管理服务工作量急剧增加。据最新统计，截至 2009 年 6 月底，全国基本养老、基本医疗、失业、工伤、生育保险参保人数分别达到 22 413 万人、33 679 万人、12 339 万人、14 074 万人、9 794 万人。中央要求，2011 年医疗保险要基本覆盖全民，覆盖率达到 90%以上，同时覆盖几亿农民的新农保制度也马上启动试点。面对十多亿的参保对象，我们要通过服务工作的标准化满足社会各界不断增长的对社会保险公共服务的需求，提供“统一的、可追溯的和可检验的”服务，实现“记录一生、跟踪一生、保障一生、服务一生”，并努力提高服务效率，降低管理成本。总之，社会保险标准化有巨大的客观需求。

第三，社会保险标准化是实现管理规范化和信息化的基础。规范化和信息化的核心是标准化。在手工操作的情况下，有些不符合标准的做法，或许还可以通过人为调整来解决；而对于高度自动化的信息系统来说，一切都要按既定程序运行，任何不符合标准的做法，都将难以操作，或带来后患。当前，金保工程建设中遇到的最大难题就是由于社会保险标准化水平太低，核心平台不经过本地化就无法实际使用，而这反过来又导致各地层层搞本地化，重复投资，造成资源浪费。标准化建设将极大地促进社会保险实现信息化管理，为参保群众提供更加周到、便捷的服务。

二、推进社会保险标准化建设的条件已经具备

开展社会保险标准化工作不仅非常必要、非常急迫，而且具备条件、正当其时。

第一，社会保险标准化建设已有一定工作基础。我国社会保险制度改革 20 多年来，在规范化、标准化建设上已经取得了一些进展。如先后制定了基本养老保险、基本医疗保险、失业保险和工伤保险经办业务规程，建立了基本养老保险联网监测体系和医疗保险运行分析指标体系，实行了定点医疗服务机构协议管理，建立了诚信等级制度，完善了医疗保险费用结算办法，制定了社会保障服务中心建设试行标准，等等。特别是各地区正在按照中央要求，提高社会保险统筹层次，高度分散管理的格局正在改变。应该说，这些是全面推进标准化建设的制度和技术基础。

第二，各方面对加快推进社会保险标准化的认识越来越清晰。社会保险越发展，标准化工作滞后的掣肘越显得突出。长期以来，社会保险标准体系基本上是空白，仅有的几个国家标准，在合理性、协调性、先进性和可行性方面也存在不足。有的地区虽然陆续编制了一些规范和标准，但大部分是为一时一事的需要制定的。面对这种状况和未来的发展目标，各个相关部门、各层级社保工作者共识正在加深：加快推进社会保险标准化是社会保险事业发展的必由之路，必须坚定不移，迎难而上，突破障碍，实现标准化建设的目标和任务。有了这样的认识，全面推进社会保险标准化建设就有了一个很好的思想基础。

第三，部分地区已经在标准化建设方面进行了积极探索。例如，陕西省社保局作为国家标准委确定的全国唯一的养老保险标准化工作试点单位，试点工作已经进行了一年多的时间，编制出省、市、县三级标准体系表。四川、吉林等省和哈尔滨等市设计了全省或全市统一的 VI 视觉识别系统，吉林省还提出要在全省创建标准化的社会保险服务场所、标准化的街道社区事务平台、标准化的社会保险档案管理。无锡市劳动保障局开始进行“五险合一”模式下社会保险经办机

制创新和标准化研究工作。天津市社保中心制定了《服务管理体系规范》。此外，上海市医保中心、江苏省淮安市社保中心等还进行了ISO 9001—2000质量管理体系认证。这些地区性的积极探索和开拓创新，为我们今后在全国开展社会保险标准化工作积累了有益的经验，提供了实践基础。

三、当前推进社会保险标准化建设的主要任务

第一，抓紧研究制定社会保险标准化工作发展规划。国家标准委已经印发了《全国服务业标准2009—2013年发展规划》，我们要认真学习，全面落实，在深入分析和研究的基础上，摸清社会保险标准体系的现状，从理论、战略和政策三个层面丰富和完善社会保险标准化发展的实质内涵，提出国家层面的标准体系框架方案，尽快构建一个结构合理、层次分明、重点突出、科学适用的社会保险国家标准体系。对社会保险标准体系的研究，是一个循序渐进、逐步深入、逐步完善的过程，应将提高业务、服务、管理流程等运作效率作为体系标准设计的出发点，优化标准体系结构，形成以国家标准为主体，行业标准为补充，把养老保险、失业保险、医疗保险、工伤保险、生育保险等社会保险服务、评价、管理等领域的全过程纳入标准化管理的轨道，实现对关键环节和关键因素的有效监控，以标准化手段提升服务能力。

第二，抓紧启动社会保险标准研究制定工作。社会保险标准研究制定是一项复杂持续的工作，当前关键是在较短时间内拿出几项核心标准来，以此带动标准化工作的全面开展。具体先制定哪些标准，要根据先易后难、先急后缓、先程序后主体的顺序进行。同时，标准的研究制定应体现"简化、统一、协调和最优化"的原理。标准制定出来以后，要先选择一些地方进行试点，接受实践的检验。

第三，抓紧培养和聚集社会保险标准化方面的专门人才。标准化水平的提升，离不开专业化人才的支撑。目前社会保险系统尚缺乏有标准化专业知识的人员，是推进标准化工作的"瓶颈"。为此，要有计划地招录标准化方面的大学生，增加标准化人才储备；要通过各种形式，充分利用社会的标准化专家资源；还要举办标准化方面的培训班，在系统内普及标准和标准化知识，提高队伍的能力水平，造就推进社会保险标准化工作可持续发展的中坚力量。标委会秘书处工作人员和标准起草人员要带头学习国家有关标准化政策、标准化理论知识、国际标准化知识、工作程序、标准编写规则，还要研究制定鼓励参与标准制定、修订工作的有关政策，鼓励有条件的单位和专家承担标准起草工作，把发现、吸引和聚集人才作为标准化工作的一项重要任务。

第四，抓紧启动社保标委会的各项工作。标委会是在专业领域内，从事国家标准的起草和技术审查等标准化工作的非法人技术组织，在规范透明、公开公正的环境下科学合理、独立自主地开展工作。因此，标委会工作非官非民，亦官亦民。这次聘任的 29 个委员中，既有社会保障领域的专家，又有经济、社会、信息技术等其他领域的专家。委员们来自不同部门和单位，平时难得聚在一起。但做好标委会的工作，又需要大家共同努力。希望各位委员在百忙之中多关心社会保险标准化方面的情况和标委会的工作，标委会的会议争取全部参加，实在不能参加的，可以派代表来。秘书处要加强与各位委员的联系，定期向他们通报情况。同时，要虚心向各位委员求教，充分发挥委员们的积极性和创造性。此外，秘书处还要与 ISO、国际劳工组织等建立联系，及时跟踪了解国际标准化工作信息，翻译介绍相关国际标准，为今后社会保险国家标准的制定、修订提供借鉴。特别是现在许多国家和地区都制定了社会保险标准，如美国在第二次世界大战后建立了包括养老保险标准、医疗保险标准、失业保险标准和工伤事故保险标准在内的社会保险标准体系；欧盟各成员国也形成了内容详尽、具体细化、容易操作的较完善的社会保险标准体系，这些对我们来说都是很有参考价值的，要抓紧收集，供各位委员参考。

全国社会保险标准化委员会的成立，标志着社会保险标准化工作步入了全面启动和实施阶段，有了一个更好的工作平台。我们要在国家标准化管理委员会的领导下，充分调动社会各方力量和资源，加快开展社会保险领域标准的研究、制定和实施工作，并做好全国社会保险标准化工作的技术归口管理和指导，力争早日在社会保险方面制定出一套内容翔实、科学可行的标准来。希望各位委员认真履行职责，发挥专家作用，勇于开创标准化工作新局面，全面提升社会保险标准化水平，推进我国社会保障事业的可持续发展。

2009 年 7 月 30 日

妥善处理好标准制定工作中的四个关系

胡晓义副部长在社会保险国家标准制定工作启动会上的讲话

一、祝贺两个社会保险国家标准的制定工作正式启动

为了制定社会保险领域的两个国家标准：《社会保险服务　总则》和《社会保障服务中心设施设备要求》，大家从各地来到天津。我之所以来到会上，不仅是因为我是国家标准委批准成立的全国社会保险标准化技术委员会的主任委员，还因为这两个标准是全国社会保险标委会成立以后最先着手研究制定的，具有历史意义。对标准制定的重要性，大家有目共睹。现在的市场竞争，已经从最初的产品的竞争、市场的竞争、资源的竞争、人才的竞争，发展到标准的竞争和标准制定权的竞争。谁掌握了制定国际通用标准权，谁就在竞争中处于优势，谁就有话语权。所以我一直说，标准化工作是我国社会保险事业发展的必由之路。大家知道，我们国家的社会保险制度改革是从地方各自实验开始的，最后形成了共同的、规律性的认识，逐步统一制度，统一政策。虽然这条道路艰难而曲折，但也是不得不这样走，因为我们没有经验，也没有相关的认识，无法从一开始就制订出非常系统、完整的工作方案，只能在实践中步步摸索。但是走到今天，方向已经明确，在养老和医疗保险方面，我们要做到使全国人民老有所养，病有所医，失业、工伤、生育保险要覆盖所有的职业人群。同时，我们要适应社会的流动性，保证发展的可持续性，保证标准的公平性。如果我们仍然拘泥于过去局部的、分散的、带有某些随机性的思想方式，公平性肯定就难以体现，流动性也无法适应，更不能保证制度的可持续性发展，社会保障的积极效应就会被各种各样的矛盾、

挫折、障碍所抵消。从这个意义上讲，正是顺应这种客观需要，社会保险必须走标准化之路。2009 年 7 月，部里成立了全国社会保险标准化技术委员会，搭建了一个很好的工作平台。今天的会议着手研究制定两个标准，开了中国社会保险发展历史中的一个先河，也可以为今后制定其他国家、行业、地方等标准积累更多经验。这是我一定要到会上来跟大家见面的最主要的原因。

二、两个标准的制定工作创造了好的工作经验

在全国社会保险标准化技术委员会的统一组织下，吸收各地区、各方面的行家共同来制定这两个标准，这种工作方法是正确的，也非常科学。标准的制定工作专业性极强，需要大量实践经验的积累，也需要科学思维的引导，还需要有较强的概括提炼能力。因此，制定国家标准、行业标准，乃至地方标准，不可能由少数人靠局限的经验来完成，必须集思广益。所以，把各方面的行家集中在一起，共同研讨，反复研究，反复征求意见，反复切磋完善，标准制定出之后再经过反复的实践、修正、完善，提高，才是制定科学可行标准的正确方法，这再一次说明“实践出真知，群众是英雄，经验在基层”。希望同志们在这两个标准的制定当中充分发挥才智，包括本人以及所能调动的各种资源，包括本系统的资源和社会的资源，一起参与到标准的制定当中。希望制定出的两个社会保险国家标准是高水平的，工作方法也能够为制定同类标准所借鉴。

三、关于标准制定工作中的几点思考

标准制定工作对我来讲是第一回，同样是生疏的，说不出成熟的想法。但是按照一般的工作规律，我认为要处理好几个关系。一是统一性和差异性的关系。制定国家标准或行业标准，统一是基本目标，标准不统一则不可能全国通行。但是，中国的基本国情是地域广阔，人口众多，城乡发展差异很大。如何把统一性和差异性相结合，既容忍一定程度的差异，又向着统一的目标推进，这是我们在制定标准中需要讨论的。二是目标与现实的差异。我们当然要设定一个理想的目标，但是实事求是地说，我们现在的起点还比较低，除了存在国情的因素之外，也有我们国家社会保险发展改革所走的历程即所谓路径依赖，或者叫历史包袱，我们还不得不背着这种历史的包袱。有的地方管理水平起点还比较低，而有的地方已经达到了很高的水平，这种现实情况和我们所追求的目标要在标准中得以恰当的体现。三是总结与创新的关系。前面我强调实践出真知，经验在基层，标准制定也是一种总结、归纳、提炼的工作，要从历史中汲取营养，但这还只是问题的一方面。我们既要总结过去，总结经验，还要创新。标准制定工作不仅仅是既有经验的积累，还要根据党和国家发展的总的战略，根据行业的发展趋势，借鉴国外的有益经验，有所突破，具有一定的前瞻性，这样才能引领行业的发展。四是内部和外部的关系，我们制定的标准，是社会保险行业的标准，对行业内要有约束性、指导性和推荐性，但同时我们要关注国家的其他标准，特别是和我们相近、相关的标准，使我们的标准既能够指导、引领、规范业内的发展，又能够与其他标准相衔接，有利于今后在一定程度上的兼容、对接和联系，使整个社会管理成为一个有机的整体，一个完整的系统，而不是一个个被割裂的行当。这就要求大家眼界更开阔，胸怀更宽广。

最后，祝大家工作顺利，早出成果！

2010 年 4 月 28 日

进一步做好社会保险标准的研究制定工作

胡晓义副部长在全国社会保险标准化技术委员会2010年年会上的讲话

一、两个国家标准通过技术审查意义重大

全国社会保险标准化技术委员会是在2009年7月30日成立的，而真正着手标准制定工作是从2010年开始的。2010年4月，在天津召开了两个国家标准研究制定工作启动会，成立了两个工作组。在不到一年的时间里，基本完成了两个国家标准的研究制定任务，并通过审查，实属不易。特别是对社保领域来讲，第一次从事标准制定工作，是一个探索的过程。一边工作一边积累经验，难度很大。

这两个国家标准的研究制定开社会保险标准化工作之先河，是社会保险标准化工作中的一件大事。两个标准既体现了政府公共服务的共性，又体现了社会保险服务的特点，既照顾到地区差异，又具有一定前瞻性。我从事社保工作多年，对这两个标准最深的感触有两点：第一是社保工作开始走向正规，从“游击队”转向“正规军”，开始时因地制宜，使用各式的“枪支武器装备”，现在，逐步统一规范；第二是这两个标准都是服务业相关的标准，在服务的领域体现“以人为本”，委员们提意见也注重人性化要求。因为社保的服务范围越来越宽，项目越来越多，场地越来越大，对服务意识也有了更高的要求。

总结两个国家标准的研究制定工作，有四个特点非常突出。一是秘书处组织协调有力。为做好两个标准的制定工作，秘书处通过征集、自荐和遴选相结合的方式组织成立了两个工作组，先后召开了7次会议，两次在全国范围广泛征求意见，凝聚各方智慧，争取最大共

识，为两个标准顺利通过审查奠定了良好基础。秘书处是把标准制定当做一项事业来做。秘书处的承担单位是社保中心，中心的日常工作非常繁杂，但对标准化工作表示出了极大的重视。二是两个工作组成员单位和牵头单位无私奉献、高度的责任心、共同攻坚克难的精神，保证了标准较高的质量，刚才晓谦主任①评价其“比较符合规范标准”，确实很不容易。各有关单位高度重视，有大局观和责任感，有人出人，有力出力，充分体现了社会保险四海一家人的观念。三是工作方式方法有创新。这次两个国家标准的研究制定工作是在标委会的统一组织下，吸收各地区、各方面的行家共同承担。实践证明这种方式方法效果非常好，既体现了标准制定工作专业性强的特点，也充分发挥了地方、基层及各方面专家的作用和积极性，值得肯定。两个国家标准共收集到数百条意见，多数都被采纳，没有采纳的也都逐条说明了原因，这一方面表现出了广泛的参与性，另一方面也可见工作团队的认真态度。我要补充的是：服务型标准不同于技术型标准，要注重人的切身感受，广泛征求意见是不可缺少的一条途径，但同时还要注重是否符合服务对象的需要，感受是否舒适，问卷调查和实地测试也是可借鉴的方法。四是各位委员认真负责，严格把关。每次征求意见都按要求认真准备，及时反馈，有的委员多次参加会议，还多次与秘书处以及工作组牵头单位联系，研究讨论有关问题。工作组广泛听取、吸收多方面的意见，字斟句酌，仔细推敲，逐步统一意见，表现出了严谨的工作态度。

通过两个国家标准的研究制定，我们积累了丰富的经验。比如，严格遵守工作计划，精心安排工作节奏；比如，充分调研与科学论证相结合，使标准更加规范；又比如，全程引入标准研究部门的专业指导，并且和当地标准化研究所密切配合，保证了标准起点高，结构合理，内容充分，表述规范。秘书处要认真总结两个标准制定工作的经验，在今后的标准制定工作中发扬光大。

① 廖晓谦为国家标准化管理委员会服务业部主任。

二、秘书处工作卓有成效

标委会成立一年多来，秘书处做了大量富有成效的工作。工作不仅要善于做好，还要善于总结反思，找到经验和不足，只有善于总结才能在今后的工作中事半功倍。

标委会的成绩给各位委员留下了深刻印象：一是动员全人力资源社会保障系统力量，推进社会保险标准化工作。2010 年年初，秘书处组织力量，研究制定了开展社会保险标准化工作的指导意见，指导意见明确了指导思想、基本原则和总体目标，要求各地研究制定本地工作总体规划和方案，积极争取和开展试点，成立领导小组，明确职能部门，为标准化工作在全系统深入开展指明了方向，提供了组织架构的保障。二是积极参与人力资源社会保障标准体系的研究制定工作，并在此基础上，制定印发了社会保险标准体系，为社会保险标准的研究制定提供了指南。三是充分利用标委会这个平台。秘书处举办了 2 期培训班，培养和聚集标准化人才；编印了 4 期标准化工作简报，便于委员们了解标委会的进步，搭建了信息沟通平台。四是建章立制，规范运作。秘书处切实加强自身建设，制定了秘书处工作细则等一系列制度文件。五是积极寻求社会资源用于标准化工作。秘书处先后与有关企业签订协议，筹措资金，为标委会秘书处今后的工作打下了较好的物质基础。

三、进一步做好社会保险标准的研究制定工作

需要再次强调的是：对于标准的制定大家都有普遍的共识，社会保险的标准过去几乎是空白，现在党和国家对社会保障事业高度重视，社会普遍期待，我们也积累了多年的改革和发展经验，应该大力推进标准化工作，占领制高点。这样不仅对我们国内工作的推进、规范、可持续性发展奠定更好的基础，形成资源共享的机制，也可以更好地在国际舞台上发挥作用。我国在国际社会保障领域的分量越来越重，话语权也越来越大。目前最受国外同行关注的是我们如何做到快速扩大覆盖面的经验，但我们不应拘泥于此，应该在技术上、标准上取得更高的成绩，不跟随西方国家的规则，形成自己的意见。

我曾说过“标准化是社会保险事业发展的必由之路”，我国社会保险制度改革是起始于地方各自实验，最后形成了共同的、规律性的认识，逐步统一制度，统一政策。这条道路虽然艰难曲折，但却是我们的必经之路。因为我们过去缺乏经验，需要积累的过程，所以一开始不可能制定出非常系统和完整的工作路径和标准。但今天，已经到了必须规范和统一的时候了。2010 年 10 月 28 日，《社会保险法》颁布，社会保险终于有了一部基本法，也使得标准化工作有了非常坚实的法律基础。中央《关于制定国民经济和社会发展第十二个五年规划的建议》中提出要实现社会保障的精确管理，这也对标准化工作提出了要求。所以，要按照增强公平性、适应流动性和保证可持续性的方针，大力推进标准化建设，不能再延续过去局部的、分散的、带有某些随机性的思想方式和工作方法。那种工作方式在过去的某个时段可能有它的积极意义，但其消极性越来越体现出来，党的方针和国家政策的积极效应有可能被各种的摩擦、矛盾、地区分割所抵消，无法变成老百姓的实惠，所以一定要向标准化迈进。

在“十二五”时期，站在新的历史起点，面对新的形势和挑战，肩负新的使命和责任，社会保险工作者要有新的目标、追求，围绕体制、标准、信息、品牌、廉洁五个关键词开展工作。第一是“体制”，社会保障体制问题在“十二五”期间一定会提出来；第二就是“标准”，标准就是谁先下手谁先占领制高点，毕竟是新事物，是政府公共服务资源的共享；第三是“信息”，“信息”和“标准”是相互贯通的，社会保险“十二五”的信息化工作主要是社会保障卡的发行，而社会保障卡的发行有一系列的标准要求，没有统一的标准就没有兼容功能的社会保障卡；第四是“品牌”，这个品牌不是过去仅仅具有地方特色的品牌，而是全国社保系统的一个大品牌，需要大家共同来创造；再有就是“廉洁”，这是任何时候都要强调的。“十二五”期间社会保险标准化建设要有大发展，要争取出几个国家标准，出一批行业标准，出众多地方标准。

制定社会保险标准要处理好四个关系。一是统一性和差异性的关系。制定国家标准或行业标准，统一是基本目标。但是，我国基本国情是地域广阔，人口众多，城乡发展差异很大。如何把统一性和差异性相结合，既容忍一定程度的差异，又向着统一的目标推进，这是在制定标准中需要注意的。二是目标与现实的关系。事业发展要求我们设定一个理想目标，但现在的工作起点还比较低，差别较大，除存在国情的因素外，也是我国社会保险发展改革所背负的历史包袱造成的，地方管理水平也参差不齐，这种现实情况和我们所追求的目标之间要通过标准制定搭建恰当的桥梁。三是总结与创新的关系。“实践出真知，经验在基层”，标准制定本身就是一项总结、归纳、提炼的工作，既要总结过去，还要实现创新，要根据党和国家发展的总体战略，根据行业的发展趋势，借鉴国外的有益经验，有所突破，要具有一定的前瞻性。这样才能引领行业的发展，而不是抱残守缺，墨守成规。《社会保险法》中大部分是既有经验的总结概括提升，但是也存在一些前瞻性的突破。国家大法尚且如此，标准制定也要遵循。四是内部和外部的关系。社会保险行业标准，对行业内实现约束性、指导性和推荐性的同时，还要关注国家的其他标准，特别是相近、相关的标准，使社会保险标准既能够指导、引领、规范业内的发展，又能够与其他标准相衔接，为今后在一定程度上的兼容、对接和共享打好基础，促进社会管理成为一个有机的整体，一个完整的系统，而不是一个个被割裂的行当。

下一步，要大量推进标准制定工作。做好今后标委会和秘书处的工作，要抓住以下三个重点：一是协助做好现有标准的征求意见、审定等工作，争取通过国标委批准和颁布，之后做好相关的宣传、贯彻落实工作。二是做好新标准的研究制定管理工作。在标准制定工作方面，我们已经具备一定基础、应该起到更好的推进作用。要进一步增强秘书处力量，有针对性地补充专家队伍，落实有关方面的工作职责，制定规范化的实施程序，组织研究制定新的社会保险标准化国家标准和行业标准。三是利用全系统力量开展标准制定工作。要把全系统进一步组织动员起来，统一思想认识。在实践当中培育一支熟悉标准化工作的专家队伍，既要制定标准，又要培养人才，这是标委会的两个工作目标，要带动全系统共同开展地方标准制定工作，秘书处在指导做好新的国家标准制定工作的同时，要积极帮助和支持地方开展地方标准制定工作，为全国制定标准积累经验，提供实践基础。陕西省试点已经通过了国家标准委的验收，国家标准委又批准吉林省社保局和上海市医保中心开展试点，希望这两个省市机构能够借鉴陕西省的经验，做好试点工作。标委会秘书处也要指导和帮助吉林省和上海市做好试点，形成国家标准制定和地方标准制定同步发展的氛围。

2011年1月13日

加速推进社保标准化工作

胡晓义副部长在全国社会保险标准化技术委员会2011年年会上的讲话

按照惯例，每年全国社会保险标准化技术委员会都要在年终岁尾举办一次年会，总结一年来的工作情况，部署下一年工作计划。同时，在条件成熟的情况下，对已经充分论证研讨的相关标准进行审查。可以说，这是一堂社保标准化的必修课，对于标准化工作的生根、开花、结果，有着重要的积极作用。又到年底，在大家工作比较繁忙的时间，国家标准委的领导、专家和绝大多数委员能抽身参加本次会议，足见社保标准化工作已深入人心、势在必行。在此，我代表全国社保标委会向大家的到来表示衷心感谢！向为社保标准化发展给予倾心奉献和作出积极贡献的同志们表示诚挚的谢意！借此机会，我讲几点意见。

一、稳步推进社会保险标准化工作，成绩喜人

经过两年多的实践和探索，目前我国社会保险标准化工作基本完成了总体的基础布局，初步建立了社会保险标准体系、设置了相应的组织机构，在两年多的实践中也培养了一部分专业人员，逐渐形成了东中西并进、全国统筹协调的格局。在2011年，社保标委会秘书处不断总结经验、开拓进取，进一步完善工作机制，做了大量的组织协调工作，推动了社会保险标准化工作稳步、协调的发展，具体反映在4个方面。

（一）注重当前与长远结合，标准制定工作井然有序

长远即目标，适时、适当地确定和调整目标，进行总体谋划，才能推动工作循序渐进、可持续的发展。因此，构建标准体系是社保标

委会的首要工作目标。从过去一年多的工作看，实际上是244的滚动式推进，有2个标准已经完成制定上报批准工作；有4个标准已完成立项，正在实际的研究制定，今年将要上报审批；还有4个列入了明年计划，也已批准立项，这样一种有序的滚动的安排，反映了事物发展的客观规律，也反映了社保的发展规律。这有一个由近及远、按轻重缓急作出安排的规律。标委会适时启动了4项国家标准的拟定工作，申报了4项标准的拟定计划。这些标准在社保工作中具有基础性地位，十分重要又很急迫，因此在标准制定的节奏上摆在了优先位置，加快推动。

（二）注重内外结合，资源的调动与整合成效显著

标委会刚刚建立两年多，社保标准化工作处于起步阶段。从一开始就按照国家标准委的要求，充分学习借鉴其他领域标准化工作的经验，多学习，多请教；把专业人才和专业流程引入到社保标准制定工作中，把部内、系统内的工作和全社会共同参与的这项工作结合起来，效果更加明显。最初的两个国标在短时间内制定出来并获得批准，这是社会保险工作长期实践积累的结果，也是充分调动各方资源，进行资源整合的结果；这不仅是标委会秘书处，部内各司局各单位，实际上也是全系统，还有各位专家共同努力的结果。为了更加规范这项工作，标委会还适时调整组织增补委员，编纂《社会保险标准化工作指南》，作为业务手册；还不断编发社会保险标准化工作简报，规范了内部财务制度建设。在外部联络方面，更多借助全系统的力量，如标准制定工作组的成员单位，既有部内的又有地方的，是一个很好的经验；加强与国家标准委有关部门协调沟通，大大缩短了《社会保险服务　总则》和《社会保障服务中心设施设备要求》的审查周期；同时，参与了国家标准委《社会管理和公共服务标准化工作“十二五”行动纲要》的编制工作；还启动了与中西亚通关于推进社会保险经办工作标准化建设的合作项目，组织境外考察，把国外资源融入我们的标准化工作中，也是一种资源。

（三）注重上下贯通，点面结合格局初现

一方面抓国家标准的制定，一方面抓地方实践探索。发挥和挖掘地方的力量和潜力，按照东西南北中兼顾的布局，选择具有代表性的、且条件相对成熟的地区开展标准化试点，不断加强对地方标准化工作的指导。如积极推进和指导吉林省社保局和上海市医保中心的试点工作，拟订工作方案，使国家、行业、地方层面的标准化工作总体上形成同步推进的格局。如吉林省的社保标准制定工作，搭建了一个总的框架体系，包含 112 项标准，这是一个很完整很全面的设计。再比如，上海医保的标准也包含 343 项，这也是一个体系，这些试点能把国家标准、行业标准和地方标准结合起来，共同探索社保标准制定工作。我们虽然在不断总结国家标准制定过程中的经验教训，但这还是比较局限的；地方制定的标准也要进行不断总结，两者要不断交流。因为国家制定出来的标准最终还是要在地方上落实，有条件的地方要先搞试点，制定地方标准，一方面能在全国起到引领示范作用，有可能上升为行业标准，乃至国家标准；另一方面地方标准制定过程中的经验还能够为国家标准的制定提供借鉴。

（四）注重总结与创新，工作机制逐渐完善

一方面继续坚持工作组牵头制定标准的方法；另一方面继续发挥业务司局和研究机构的专业技术力量，丰富和完善了标准制定的工作机制。如部基金监督司牵头制定《企业年金数据交换规范》，就是考虑到他们在企业年金业务领域的权威性和多年指导实践所积累的经验，从实际进展来看，因为有基础有条件，制定速度较快，质量较高。在总结初步经验的基础上，根据业务发展的需要，由部规划财务司牵头，制定了《人力资源和社会保障标准化规划（2011—2015年）》，其中 2015 年前将完成制定的社会保险标准有 38 项，占了很大比重，并分为通用、养老、医疗、工伤和失业五大类。这些标准的制定将对人力资源社会保障部的标准制定工作起到积极的作用，部里的“十二五”专项规划也是未来几年社会保险标准化工作的指引性纲领。

二、社保标准化工作机遇挑战并存，形势逼人

近年来，我国社会保险事业取得突破性进展，特别是在制度建设和扩大覆盖面上，创新和推进速度惊人。面对已经取得的成绩，更要冷静清醒，进行不断的总结和梳理，完善制度，健全机制，更多地接受社会的评判，这是一种主观态度，不能忘乎所以、不能故步自封。从客观上看，经济社会发展对社会保险工作和社会保险标准化工作不断地提出新的要求，应该说挑战也是很现实的。从标准化角度来看，我认为三个方面的需求是很急迫的，压力也是很大的。

（一）法律要求有刚性

2010 年颁布、2011 年实施的《社会保险法》作为社会主义市场经济体制法律体系的支架性法律，确立了我国社会保险制度建设的总体框架、基本方针、基本原则和基本制度，将社保覆盖范围、筹资渠道、参保人权益、行政管理体制、基金管理和监督，以及经办服务等都纳入法制化轨道。此前后出台了一系列相关的法律规章和制度，部里已出台的有十二三个，计划在 3 年内陆续出台 43 个配套法规和规范性文件。还不包括操作规程、技术规范和地方的法规等。法律法规的刚性要求越来越强，这就需要我们的服务标准更加规范。对社保标准体系以及配套的标准化工作流程的研究，必须摆上更加重要而紧迫的工作日程。这是一个客观要求。

（二）精确管理指方向

国家“十二五”规划正式提出，加强社会保障信息网络建设，推进社会保障卡应用，实现精确管理。学习领会党和国家的要求，认识到精确管理是推动社会保险经办管理服务工作上档次、上水平的基本要求。精心制定和严格执行规范标准是实现社会保险精确管理的基本路径。过去多年常用木桶原理来形容社会保险工作，有长板有短板，于是先从农村养老保险开始补齐，今年又扩大到城镇居民。标准化工作也可以用木桶原理来比喻，也就是把不齐的补齐，把不平的抹平，这样桶的效应才能得到更好的发挥。加强标准化管理有利于解决在操作中的随意现象、信息失范和过度冗余的问题，解决管理效率不高的

问题，促使广大服务对象享受大体均等化的基本公共服务。

（三）民众诉求成动力

随着我国经济社会的发展进入到一个新的阶段，广大人民群众在精神和物质层面的需求逐渐呈现多元化，在社会保险领域也是如此。过去没有基本社会保障制度安排时，大家会更重视其普及性。但随着这些问题的逐渐解决，尤其是从2011年开始逐步解决了五七工、家属工、集体企业养老保险问题和老工伤纳入的问题，前几年还陆续解决了国有企业和集体企业退休人员没有基本医保的问题。百万量级的群体问题有了明显解决，以后也就是十万量级的问题，也是边缘群体的问题。制度安排有了以后，新的问题又出现了，待遇水平和服务便捷性的问题，如转移接续问题和医保即时结算问题。在经济社会发展的过程中，老百姓基本需求要满足，比如办理社会保险事务时知道去哪里办，怎么办，多长时间能办完，受到侵害或者损失时有什么救济渠道。对于标准化工作而言，社保经办机构应该提供高效、方便、快捷的服务，有了不断提升服务的标准，我们提出的“三个一生”的承诺才能真正实现。所以开展社保标准化工作既有机遇又有挑战。

三、加速推进标准化工作，谋事在人

2012年，中央确定我国经济社会发展的总方针是稳中求进，社会保险标准化工作追求规范、精确、协调，在整个社会保险发展和体系建设中既体现了“稳”，又体现了“进”。今年如何推动社会保险标准化工作，我再强调四点：

一是速度与结构并重。要总结近3年来的工作经验，重点是解决影响社会保险事业发展的“瓶颈”问题，以解决基础管理和完善业务流程为出发点，将条件已经成熟的业务领域尽快列入标准制订计划；同时综合考虑各险种的结构，争取形成比较均衡的布局，既要有重点，也不能长期的一头沉；还有一个标准层级的问题，如国家标准、行业标准和地方标准要通盘考虑，统筹协调，也不能一头沉。还有一个统一性的问题，即能整合起来统一制定的标准必须整合，不要太碎。也不要过度地拘泥于现实，要对现实有引领的作用。有些则结合各自特点在统一框架下进行分别制定。

二是国标与行标并重。按照《人力资源和社会保障标准化规划（2011—2015年）》确定的指导思想和基本原则，以国标为引领，以行标为重点，以地标为补充，不仅今年是这样，整个过程中都应该这样。重点加强加快社会保险领域基础标准、通用标准和经办工作中急需的专业标准等制定工作，即急用先立的原则。

三是制定与宣贯并重。今年，要加大对已批准的两个国家标准的宣传贯彻力度，毛主席说过好的东西不能束之高阁，要有的放矢，拿着好箭就要放出去。今年要把宣传贯彻，包括培训、诠释等工作都做好；继续抓好陕西、吉林、上海等省市的试点指导工作；借鉴已经有的试点经验，抓好西安、鄂尔多斯的试点工作。还要组织新的试点，把更多的地区吸引到标准化的试点工作中来。

四是内部挖潜与外部协作并重。部社保中心作为标委会秘书处，要继续发挥组织上的优势，努力推进标准化工作，强化对地方的指导，一方面把地方上的成果加以提炼、升华、应用，另一方面也要加强和加快对已经制定标准的宣传贯彻。现在社会保险制度建设推广工作任务很重，我们要更多地借用外脑外力，发挥专家和专业人士的作用。还要多向国家标准委请示、汇报，向各方面取经，争取更多的支持和帮助，继续探索借助社会机构的资金、技术、经验等力量来共同推动社会保险标准化工作的机制。要继续通过合作项目等平台，借鉴国内外相关经验，不断探索推动标准化工作。

全国社会保险标准化技术委员会和秘书处的工作已经有了一个好的起步，但是今年和今后的任务还很重，希望大家继续努力，使得社会保险标准化工作不断取得新进步。

2012年1月12日

以标准化推进规范化

胡晓义副部长在社会保险服务总则和社会保障服务中心设施设备要求国家标准宣传贯彻动员会上的讲话

2011年12月30日，国家标准委发布中华人民共和国国家标准2011年第23号公告，正式批准《社会保险服务　总则》（编号GB/T 27768—2011）和《社会保障服务中心设施设备要求》（编号GB/T 27769—2011）两项国家标准，填补了国家标准体系在社会保险方面的空白，对于社会保险标准化工作乃至社会保险事业具有重要的推动作用，这也是全国社保标委会成立后最初的重大成果，具有标志性的意义。

人力资源社会保障部对标准化工作高度重视，于2009年7月批准成立了全国社会保险标准化技术委员会，去年又将人力资源社会保障领域基本公共服务和标准化工作作为重大课题之一，组织专门力量进行研究。尹蔚民部长在有关社保两项国标制定发布情况的报告上批示："可以此为范例，推动我部相关标准制定工作。"将这两项国标提到推动全系统工作的层面来认识和部署，是对我们的充分肯定和巨大鼓舞。在两项国标的制定过程中，国家标准委给予了大力支持，多次派有关领导和技术专家提供专业性指导，还在保证质量的前提下，大大缩短了审查周期。两项国标的制定颁布是全国社会保险系统集体智慧的结晶，也是工作方式创新的成果。上海市医保中心和天津市社保中心分别牵头两项国标的起草，15个地方社保经办机构直接参与起草工作组，各级人力资源社会保障部门和社保经办机构提供了大量的宝贵意见和建议，确保了两项国标的制定进度和质量。在此，我要向为这两项国家标准出台作出积极贡献的同志们表示热烈祝贺和衷心感谢！

标准制定出来就要贯彻执行。部里已印发了《关于贯彻实施社会保险服务总则和社会保障服务中心设施设备要求国家标准的通知》（人社部发［2012］10号），提出了具体要求。我结合自己的理解，讲三点意见：

一、充分认识推进社会保险标准化建设的重要意义

社会保险工作为什么要搞标准化建设？我有几点认识：

第一，依法行政、依规管理的要求。去年实施的《社会保险法》，不仅确立了我国社会保险制度建设的总体框架、基本方针、基本原则和基本制度，而且对社会保险的覆盖范围、筹资渠道、参保人权益、行政管理体制、基金管理和监督，以及经办服务等做出了明确规定；与此相配套，国务院、有关部门和地方已经制定并将继续出台一系列法规、规章以及相应的操作规程、技术规范等。社会保险全面进入法制化的轨道，产生了两方面交互影响的需求。一方面，法律法规的刚性原则要求社会保险服务更加统一规范，尽快实现标准化作业，以落实依法行政、依规管理；另一方面，制定有关"底层"的操作规程、技术规范和地方规则也必须有统一的标准指引，防止各行其是。因此，社会保险标准体系建设必然被摆上更加重要而紧迫的工作日程。

第二，推进基本公共服务均等化的要求。城乡之间、地区之间发展差异大，是我国现阶段的基本国情。但包括社会保险在内的政府基本公共服务，应力求缩小差别，实现均等化。特别是随着城乡基本养老和基本医疗保险制度的普及和逐步对全体人民的全覆盖，通过加快社会保险标准化建设，提高这项基本公共服务的可及性和均等程度，是促进社会和谐稳定、提升政府公信力的重要举措。

第三，满足人民群众日益增长的社会保险需求。近几年社会保障体系建设的加速推进，逐步解决了制度缺失问题，许多参保群众关注的重点已从有没有基本保障转到保障水平和服务是否方便快捷等方面。这既对社会保险服务标准化提出了新要求，又为推动标准化提供了发展空间。我们应当抓住契机，以标准化为基础，推动提高社会保险服务的规范化、信息化水平，为广大人民群众提供“统一的、可追溯的和可检验的”服务，真正实现对参保人员“记录一生、保障一生、服务一生”的目标。

第四，提高社保经办管理效率的必由之路。我国社会保险的管理服务体系建设，随着制度改革与事业发展，走过了近30年的长路。大体的历程是从分散到集中，从粗放到集约，现在提出了精确管理目标。这首先要求我们从以往的经验型服务转变为以人为本的标准化服务，着力解决过去和现在存在的操作随意、信息失范、服务缺失与冗余并存等问题，更有效地利用稀缺的公共服务资源，不断提高管理效率。其次，标准化又是整合管理服务资源、从整体上提高社会保险运行效率的必然路径。由于历史原因，很多地方社会保险经办是按险种分别设置，管理标准各异，有的连名称也不统一，对社会管理来说，实际上是增加了不必要的“摩擦成本”。此外，城乡分治的格局也不可持续。解决这类问题，理顺管理体制，要下大决心；而推进标准化是下决心的有力支撑。最后，标准化还是全社会督促提高管理服务效率的有效工具。标准化提供了公开透明的社会保险服务评价尺度，使社会各界都能据此评价社会保险工作绩效，把内部考核与外部制约结合起来，从而促使我们不断提高经办水平、服务质量和管理绩效，使有限的资源更好地服务于人民群众。

社会保险标准化意义如此重大，我们应当将它摆在今后社会保障体系建设的重要位置。

二、认真做好两项国家标准的贯彻落实工作

贯彻实施两项社会保险国家标准，近期主要任务是学习、对照、规划、协调、宣传，或者反过来讲，要着重解决不懂、不知、不忍、不敢、不广的问题。

（一）认真学习领会两项国家标准

《社会保险服务　总则》（以下简称《总则》）是社会保险标准体系的总纲，是社会保险服务的总体要求，也是社会保险标准化建设顶层设计的重要内容，将对推动社会保险服务的人性化、规范化、精细化，提高社会保险服务品质产生积极影响和持久效应。《总则》共分8个部分，主要包括6方面内容：一是界定了标准适用领域是各级社会保险经办机构的服务活动；二是明确了社会保险服务依法合规、公平规范、优质高效、公开诚信的基本原则；三是提出了社会保险经办机构服务体系的总体要求、组织体系和服务形式；四是规定了社会保险服务要素，即规定了服务人员、服务环境与服务设施、管理保障等方面的基本要求；五是设计了顶层服务流程，包括参保登记、权益记录、保费征缴、待遇给付、待遇转移、档案利用、咨询服务等；六是建立了服务评价框架，提出了质量监督、评价、投诉处理、改进的基本要求。

《社会保障服务中心设施设备要求》对社会保险经办服务场所的标志、设施、设备等作出了明确规定，有利于引导各地建设统一规范的社会保障服务中心，打造社会保险服务品牌。《设施设备要求》分6个部分，可以从3个方面概括：一是界定了标准适用于全国各省级、地级市、县区级社会保险经办机构；二是提出了社会保障服务中心建设的总体要求，如坚持规范统一、经济实用，符合城市规划的原则，选址宜选择交通便捷、公共设施完善的地点，各级社会保障服务中心的建设规模，各功能区的划分及设置要求等；三是明确了社会保障服务中心的主要设施要求和应配备的各项主要设备。

这一软一硬两个标准，对我们大多数同志来说是新事物，连文件格式和表述方式都与日常情况有很大差别，初学乍看，不习惯、不完全理解是正常的。要解决“不懂”的问题，没有别的办法，只有认真反复地学习、钻研，特别是主管社会保险工作的行政领导和经办机构负责人，更要率先垂范，结合工作实际加深理解，争取逐渐融会贯通，并结合《社会保险法》的学习贯彻，组织好所属单位对两项国标的学习、培训工作。

（二）对照两项国标查找自身不足

《礼记·学记》：“学然后知不足……然后能自强也。”过去各人自定标准，参差不齐，落后于人犹浑然不自知。现在有了统一的国标，要先解决“不自知”的问题，即在学习的基础上，对照两项国标，仔细检查目前自身的社会保险服务工作和设施设备，找出差距和不足，结合“创先争优”活动，补齐服务项目，明确服务内容，改进服务设施。当然，有的地区和机构，现有服务已达到甚至高于两项国标了，也要通过对照检查，继续坚持，努力向更高标准迈进。

（三）做好贯彻落实两项国标的规划

贯彻落实两个国家标准，既是一项紧迫任务，又是一个系统工程。真正落实到位，将可能带来业务规程细化、工作流程再造、服务项目重组、管理手段更新等改变，既包括“软件”的梳理，也包括“硬件”的改造，甚至触及管理体制的调整。因此需要有总体规划。社保经办系统的很多同志对已经建立起来的运行体系和机制付出了很多心血和感情，不忍对其“动手术”；有的同志担心变革会造成很多不适应，进而影响正常工作的开展。对此，要从两方面认识和行动。一方面，这两个国家标准不是远离实际的“天外飞仙”，而是全系统实践和智慧的凝聚，它们紧贴实践，并将在今后实践中发挥指导作用。一些先行地区已经大胆迈开步伐，探索了初步经验。如上海市医保中心已经设计完成《上海市医疗保险服务标准体系》，共涵盖 343 个标准；吉林省社保局将标准化试点与服务质量工程同步开展，包括 112 项标准的《吉林省社会保险服务标准体系框架》已经初步形成。各地要充满信心，把“不忍心”的犹豫变为“不满足”的干劲，瞄准国家标准健全服务体系，完善管理机制。另一方面，要统筹安排，分轻重缓急循序渐进。对已具备条件的项目可以立即落实、改进，如服务场所悬挂统一的中国社会保险标志，在经办服务大厅设置统一样式、规格的导向性标志和功能性标志等；而对那些需要进行“大手术”的项目，如改造流程、整合体制等，要在统一规划的框架下创造条件稳步实施。

（四）争取实施两项国标的更多资源

贯彻实施两项国标需要成本投入，特别是有关“硬件”的改造必然涉及新建、改建工程，立项、筹资、管理等难题很多，耗时长，工作量大。有的同志有畏难情绪，不敢提出构想，不敢主动协调和调动资源。对此，我想大家要鼓足勇气，理直气壮地去积极争取党委、政府和有关部门的支持。因为我们争的不是个人私利，也不是部门、小团体的利益，而是人民群众的切身利益。在各级党委、政府深入贯彻落实科学发展观、千方百计为民办实事的大背景下，我们的努力会得到更多理解和支持。现在有了国家标准，我们的“底气”应当更足了。要多向上级机关汇报，对有关责任部门反复沟通、说明、协调，争取把两个标准贯彻实施纳入地方发展规划，投入必要资金，给予政策支持，早日转化为实际成果。当然，地方财力确有难处的，也要理解，不能急于求成，允许分步实施。

（五）搞好两项国标的宣传

社会保险标准不仅是对社保机构和社保工作的规范指引，也事关老百姓的利益，因此不能只“闭门研读”，还要广泛宣传，解决知晓率低、传播不广的问题。要结合《社会保险法》及今年有关社保重大政策的出台，利用多种平台和形式，宣传两项国标及其与群众的直接关系，使更多的社会经济组织和人民群众了解社会保险标准，监督我们做好服务工作。落实国家标准，以统一、清新的形象面对服务对象，本身也是一种很好的宣传。部里今后要把贯彻实施总则情况作为社会保险经办优质服务窗口评选活动的重要依据，并将在适当时机组织专家开展评估，对实施效果突出的单位予以表彰。各地也要参照部里的要求和做法，做好标准实施的检查、评估工作。

三、加快推进社会保险标准化工作步伐

统一的社会保险标准化建设启动已两年多时间，初步完成了总体的基础布局，建立了体系框架，设置了相应的组织机构，培养了部分专业队伍，逐渐形成了东中西并进、全国统筹协调的局面。下一步，要形成以国家标准为引领，以行业标准为重点，以地方标准为补充的社会保险标准体系格局，重点抓好 5 方面工作。

（一）加快进度

标准化是对标准的制定、应用、论证、修复的全过程。推动社会保险标准化，首先就是要解决标准少，标准“缺失”的问题。今年，部里制定发布了《人力资源和社会保障标准化规划（2011—2015年）》，确定“十二五”期间要制定38项社会保险的国标和行标，目前完成的两项，虽有标志性意义，但仅仅是开始起步。我们要进一步充实力量，总结已有经验，在保证质量的前提下加快进度，并采取措施尽可能缩短标准制定周期，力争在5年内取得社会保险标准体系研究制定工作的突破性进展。地方标准的制定也要努力加快进度。

（二）创新模式

标准制定工作技术性强、专业要求高，采用合理的推进模式对保证质量、加快进度作用明显。经过几年的实践，我们已探索出一些行之有效的模式，如充分发挥地方作用，由一个有成熟经验的地方牵头、各层级经办机构共同参与、专家全程指导的模式，被证明是科学高效的；又如，引入系统内的专业研究机构制定标准，将《社会保险术语　基础部分》委托部社保所牵头，将《社会保险术语　医疗保险部分》委托医保研究会牵头，也是一种高效的操作模式。在今后的标准制定中，要集多方智慧，探索出更多、更好的工作模式，推动标准化工作快速稳步协调发展。

（三）整合资源

从系统内部讲，人力资源和社会保障行政部门要担负起统筹内部资源的任务，要以《社会管理和公共服务标准化工作“十二五”行动纲要》和《人力资源和社会保障标准化规划（2011—2015年）》为引领，做好全盘规划，制定工作方案，调动各相关部门以及各层级经办机构的力量，投入到标准化工作中去。从外部讲，要更多地借用外脑外力，发挥专家和专业人士的作用。要加强与对应的标准制定主管部门以及标准研究机构的沟通、交流，争取得到更多地帮助和支持。要探索借助社会机构的资金、技术、经验等力量来共同推动社会保险标准化工作的机制。要通过合作项目等平台，借鉴国内外相关经验。整合好内部和外部资源，营造“心往一处想，劲往一处使”的氛围，才能以良性工作机制促进标准化工作又好又快发展。

（四）创造条件

标准化工作是社会保险工作的一个新领域，必须给予必要的支撑条件。部里在推动标准化工作之始，就批准成立了全国社保标委会，秘书处设在部社保中心，配备了人员，安排了经费，组织人员参加专业培训。吉林省社保局在标准化工作中，也成立了社会保险标准化专业委员会，还增设了服务标准处，在省、市、县三级局共培训了63人组成的标准编写队伍，为标准化试点和标准制定工作提供了组织和人员保证。各地要把对标准化工作的重视落实到在组织机构、人员编制、专业培训、经费保障等方面提供支持的具体措施上。

（五）抓好试点

试点是社会保险领域推动工作较为成熟的方法之一。通过标准化试点，可以带动和辐射周边、全地区乃至全国，为大家提供能够直观地学习标准、理解标准、执行标准的平台和载体。标准化工作试点可以从多角度考虑：一是在时机成熟的情况下，各地可积极主动申请国家级服务业标准化试点；二是各地要积极踊跃参与两项国标的试点；三是对已经制定出台的地方标准开展试点；四是还可以就标准制定模式进行试点。试点城市的选择，经济发达地区要带头，中心城市要带头，但也要充分尊重地方意愿。

同志们，两项国家标准的出台开创先河，意义重大，但同时我们还要清楚地认识到，社会保险标准化刚刚起步，任重而道远，希望大家能够顺应社会保险事业的发展方向，借助两个标准出台的有力东风，加大力度，加快进度，力争在较短时间内开创社会保险经办标准化服务的新局面。

2012年2月24日

政策法规选编

关于推进服务标准化试点工作的意见

国标委农联［2007］7号

各省、自治区、直辖市质量技术监督局，发展和改革委员会，民政厅（局），商务厅，体育局，旅游局：

近年来，各地积极开展服务标准化试点工作，取得了一定的成效。实践证明，服务标准是规范服务行为和服务市场、增强服务企业自律和调整服务企业与消费者关系的重要技术支撑；推进服务标准化工作是构建和谐社会、建立诚信服务的具体措施，也是优化服务产业结构、促进服务业可持续发展的重要手段。为加快服务标准化工作的深入开展，提高我国服务业的整体水平，促进我国和谐社会的建设，经研究，决定在全国范围内进一步推进服务标准化试点工作。现提出如下意见：

一、指导思想

以邓小平理论和“三个代表”重要思想为指导，全面贯彻科学发展观，围绕我国服务业的发展方向，以提升我国服务业的整体水平、满足人民群众日益增长的物质和文化生活的需要为目标，进一步加快服务标准的制定、实施和推广，规范服务业管理，保障服务安全，提高服务质量，为我国服务业的有序、健康、协调发展提供支撑，为构建社会主义和谐社会作出贡献。

二、基本原则

（一）政府推动与中介服务相结合。既要依靠政府的力量，推动服务标准化在全社会得到广泛认同和普遍实施，又要发挥中介服务组织的作用，运用市场机制激发市场主体的积极性和创造性，加快服务标准化进程。

（二）标准的制定与行业发展要求相结合。服务标准的制定过程和实际内容要体现行业特点，满足行业发展需求，内容及时更新。

（三）标准的实施与规范行业行为相结合。服务标准的实施过程要立足于规范服务业行为，提高服务业管理水平和市场竞争力，维护服务提供者和消费者的合法权益。

（四）标准的实施方法与评价相结合。推广实施服务标准要讲究方法，要通过对实施效果的评估，不断摸索和总结经验，将实施过程、实施方法与实施效果的评价有机结合起来。

（五）试点效果与创建服务品牌相结合。将创建服务品牌作为衡量实施效果的重要指标，引导服务企业向标准化、品牌化的方向发展。

三、试点内容

按照国民经济行业分类，服务业共包括 15 个门类、47 个大类、180 个中类、339 个小类，涉及现代物流、旅游、社区服务、物业管理、商贸、餐饮、科技、信息、金融、保险、商务等领域。近期，将选择以下几方面作为试点工作重点：

（一）现代物流标准化。以发展第三方物流为重点，选择建立物流服务标准化试点；围绕现代物流业的发展，建立满足试点单位需求的现代物流标准体系；重点抓好物流标准的宣贯，推动试点单位实施物流标准，使物流技术、装备、信息、管理、服务和安全等环节都有标准可依、按标准实施，为工业及先进制造业的发展提供支撑。

（二）商贸和餐饮住宿业服务标准化。发挥标准化在改造、提升传统商贸、餐饮住宿等服务水平中的引领作用，实施服务标准，推广现代服务技术、经营方式，以标准化手段促使便利店、仓储超市等零售业态采用连锁经营的组织方式，加快餐饮、住宿等服务业的规范化发展和老品牌企业的创新。

（三）旅游标准化。大力实施推广旅游业国家标准、行业标准，规范各类旅游景区景点、度假区及旅游住宿、旅行社、旅游车船和特种旅游项目的经营和服务行为，不断提高旅游服务质量；鼓励各地根据当地旅游业特色，制定和实施旅游地方标准；引导旅游企业在执行国家标准、行业标准、地方标准的基础上，制定实施个性化的企业标准，增强服务提供能力和市场竞争力。

（四）社区、村镇服务标准化。根据各地经济发展水平，围绕社区服务中的物业管理、家政、沐浴、洗染、理发及美容、家电维修、养老、医疗、文体、商业、生活资料再生资源回收、治安等内容，制定、实施社区服务标准，兼顾协调社区内各方的利益，满足不同类型社区、不同层次人群的需求，促进社区服务功能的发展，提高居民群众生活水平，为建设和谐社区服务。

按照村民自治、生产发展、管理有序、服务完善、治安良好、环境优美、文明祥和的要求，根据所在地区农村经济社会发展状况，研究制定村镇服务标准，积极探索建设社会主义新农村和构建和谐村镇的标准化工作，满足不同类型村镇的发展需要。

（五）商务和专业服务标准化。总结、推广承办国际国内会议的实践经验，制定实施会展服务标准；研究制定会展中介服务标准，引导中介机构规范服务行为，促进中介服务市场健康有序发展；结合各地产业特点和行业发展需要，推广实施服务标准，积极培育一批企业化经营、标准化管理、社会化服务的商务服务品牌，提高各类专业技术服务业的服务能力和水平。

（六）体育服务标准化。以健身休闲、竞技表演和运动训练等体育活动为主要内容，制定实施体育场所开放条件、体育场馆等级划分和体育活动组织等服务标准，保证体育服务安全，提升体育服务质量水平，创造体育服务市场健康有序的竞争环境，推动群众体育和竞技体育协调发展。

（七）其他服务标准化。根据实际情况，开展现代农业服务、工业产品售后服务、社会保障和社会福利服务、殡仪服务、婚姻介绍及庆典、教育、卫生等方面的标准化工作，不断拓宽服务标准化领域，兼顾生产服务和生活服务。

四、实施方法

（一）试点选择与申报。服务标准化试点对象主要包括服务性企事业单位、一定行政区域内的服务行业、服务企业较为集中的园区以及区域性综合服务试点。

试点可自愿申报，由省级标准化主管部门受理，并会同省级有关行政主管部门确定后，分别报国家标准化管理委员会和行业主管部门备案。

（二）试点单位应具备的条件。所选择的试点应诚信守法，3 年内未发生重大产品（含服务）质量、安全健康、环境保护等事故，未受到通报、处分、媒体曝光；具有一定的规模和实施服务标准的基本条件，承诺并明示执行现行有效的国家标准、行业标准、地方标准或企业标准。

（三）试点目标和任务。试点工作一般为 2 年，试点工作的主要目标和任务是：

1. 根据服务业发展要求，建立健全适合本单位需要的服务业标准体系，标准覆盖率达到 80％以上，确保服务提供有据可依。

2. 贯彻执行服务国家标准、行业标准、地方标准，从服务设施、标志、环境到服务质量、管理等全过程标准贯彻实施率达到 90％以上。

3. 探索服务标准实施的新机制，为服务业国家标准、行业标准、地方标准的制定提供技术支撑，为全社会推动服务标准化发展提供经验。

（四）试点评估。试点期满，试点单位按照相关评估计分标准（附件 1）自查合格后，可向省级标准化行政主管部门提出评估申请。评估工作应当成立专家和有关行政主管部门人员组成的评估小组，按照《服务标准化试点评估准则》（附件 2）的规定进行评估。省级标准化行政主管部门和行业主管部门可对通过评估的试点单位颁发证书，进行必要的表彰或奖励。

五、措施

（一）提高认识。《国民经济和社会发展第十一个五年规划纲要》把加快服务业发展摆在了十分重要的战略位置上，为服务标准化提供了难得的发展机遇，也对服务标准化工作提出了更新更高的要求。各地一定要认真分析研究服务标准化所面临的形势和任务，积极学习和借鉴国内外开展服务标准化工作的先进经验，加快服务业与国际接轨，为服务业的发展提供技术支撑。

（二）加强组织领导。各地标准化主管部门要在当地政府的领导下，会同有关部门积极开展试点工作，建立有效的工作机制，加强对试点工作的领导。引导试点单位成立相应的组织机构，制定切实可行的工作方案，建立符合实际需要的服务标准体系；充分调动中介组织、行业协会的积极性，协调解决试点过程中遇到的问题；建立激励机制，表彰和鼓励工作中有突出成绩的单位和个人，确保工作取得实效。

（三）争取多方支持。各地要广泛争取政府和社会各方的支持，尤其是试点所在地政府的支持，抓住当前各地发展服务业的契机，将试点工作作为新时期贴近政府、贴近社会、贴近经济的一项重要工作内容，认真抓紧抓好，抓出成效。

（四）加快专家队伍建设。各地要大力开展服务标准化的教育培训工作，分层次培养行业组织、骨干企业中的积极分子，使其成为服务标准化试点工作的重要力量；重点培养基层标准化管理人员，形成既有标准化专业知识、又了解行业情况的服务标准化工作的核心力量，为服务标准化工作的开展提供人力资源保障。

（五）加强试点管理。各级标准化主管部门要会同有关部门做好对试点单位的指导，建立跟踪制度，发现有不符合评估计分标准或发生重大责任事故的，限期整改或撤销其证书。加强调查研究，及时发现和解决试点工作中出现的问题，完善相关措施，总结和推广试点的典型经验，确保试点工作的健康有序发展。要通过试点，推动我国服务业建立完善的标准体系，逐步形成以人为本、诚实守信、管理规范的服务业市场秩序，提升我国服务业的规模和效益，实现我国服务业快速协调健康发展。

附件：1. 服务标准化试点评估计分表

2. 服务标准化试点评估准则

3. 顾客满意度调查方法

2007 年 1 月 19 日

附件 1：

服务标准化试点评估计分表

项目	分项	内容和要求	分值	评分标准	得分	备注
一、标准化工作基本要求（14 分）	1. 领导机构	标准化领导机构和工作机构	3 分	a）有领导机构和工作机构成立的有关文件，1 分 b）领导机构和工作机构应职责、权限明确，并经最高管理者授权，1 分 c）领导机构和工作机构的工作有成效，1 分		
	2. 组织管理工作	制订工作计划、规划和实施方案，利用会议或其他有效形式进行广泛动员，组织有关部门（或单位）有计划、有步骤地开展服务标准化活动	6 分	a）制定工作规划，明确试点内容、目标和总体要求，1 分 b）制订试点实施方案，对总体目标进行分解，明确阶段目标、工作步骤和保障措施，1 分 c）建立明确的监督检查制度（园区试点、区域试点或行业试点内各相关单位还应签订共同遵守的标准化公约或责任书，建立协调自律机制）1 分		

续表

项目	分项	内容和要求	分值	评分标准	得分	备注
一、标准化工作基本要求（14分）				d）制定标准化管理办法或标准，1分 e）试点各部门（或园区、区域、行业内各相关单位）应制订相应的工作计划，任务明确，责任到人，1分 f）召开动员大会或采用其他形式进行广泛动员，1分		
	3. 标准化人员和员工标准化意识	各部门（各单位）应有专（兼）职标准化人员，并经过培训，具备与其工作相适应的标准化知识，职责、权限明确，标准化意识较强	5分	a）有相关文件或材料明确专（兼）职标准化人员，且人员配置满足工作需要，1分 b）有专（兼）职标准化人员接受培训证明材料，或具备与其工作相适应的标准化知识的有关证明材料，1分 c）有明确专（兼）职标准化人员的职责、权限的文字材料，1分 d）员工了解标准和标准化，能自觉按标准要求开展服务工作，2分		
二、服务标准（47分）	1. 服务基础标准	包括服务名词术语、服务分类、服务标准的类型、文件编写要求以及标志、图形符号等方面的通用标准	3分	服务基础标准齐全，能满足企业需要，3分		1. 此类标准，可根据企业实际需要选定，如确不需要，不予扣分

续表

项目	分项	内容和要求	分值	评分标准	得分	备注
二、服务标准（47分）	2. 服务质量标准	针对服务的固有特性满足要求的程度，以及描述服务提供过程所用的方法和程序制定标准	5分	a）每个具体的服务项目都有相应的质量标准，3分 b）服务质量标准能全面、客观地衡量服务质量，2分		2. 在编写时，此类标准可根据需要合并编写，但要求不变
	3. 服务管理标准	针对企业的各项管理事项制定的标准	5分	a）企业的经营、生产、质量、设施设备、原材料采购、安全、资源（能源）、信息等方面的管理标准齐全，3分 b）服务管理标准内容完整，满足企业需要，2分		
	4. 职业资质标准	针对从业人员的职业素质、职业行为、工种类别等要求制定标准	3分	a）从事不同服务工作或服务项目的人员都有相应的标准，服务人员标准齐全，1分 b）职业资质标准明确规定了从业人员的职业素质、行为和工种类别、工种执业资质等方面的要求，内容完整、合理，且符合国家有关行业资质的规定，2分		
	5. 服务提供能力标准	针对服务设备、设施、用品配置基本条件和数量、环境条件等方面制定的标准	5分	a）经营场地、设备、设施、器材、用品配置、环境条件、安全防护措施等方面的标准齐全，3分 b）服务提供能力标准内容完整，满足企业需要，2分		

续表

项目	分项	内容和要求	分值	评分标准	得分	备注
二、服务标准（47分）	6. 服务安全卫生标准	针对服务产品和服务提供过程应具有的安全、卫生要求制定的标准	5分	a）安全、卫生和服务人员健康等方面的标准齐全，3分 b）安全、卫生标准各项规定完整、适用，2分		
	7. 服务环境保护标准	按照国家法律、法规对环境保护方面的规定，制定和采用相应标准	6分	a）环境保护标准齐全，满足企业需要，2分 b）环境技术标准符合国家法律、法规和强制性标准要求，2分 c）环境保护标准对污染物（包括噪声）排放限值、提供服务物品环保要求及自然、生态环境的保护要求等方面作出明确规定，2分		
	8. 服务工艺、流程标准	对于技术性较强的服务项目，应制定科学的工艺、流程标准，保证服务的最终质量	8分	a）有工艺要求的服务项目，对关键工序制定工艺标准，2分 b）工艺标准对各工序操作前的准备、操作步骤、注意事项、操作环境及工具、设备等做出明确规定，2分 c）服务流程标准内容完整，服务程序、服务过程各个环节的要求齐全，满足服务活动要求，4分		

续表

项目	分项	内容和要求	分值	评分标准	得分	备注
二、服务标准（47分）	9. 岗位标准	与服务质量密切相关的重要岗位应制定相应的岗位标准	7分	a）各类人员应有岗位标准，职责明确，2分 b）岗位标准应贯彻服务质量标准、管理标准、职业资质标准、安全卫生标准、环境保护标准和工艺流程标准的有关要求，3分 c）岗位标准内容完整，标准之间相互衔接、协调，1分 d）有考核程序和奖惩办法，1分		
三、标准实施与持续改进（19分）	1. 标准实施	标准的宣贯和培训	3分	a）有宣贯培训记录，全员参训率达到80%以上，1分 b）各岗位人员能掌握相关标准，具有一定标准化知识，2分		
		标准实施准备	2分	a）有标准实施的措施，1分 b）具备标准实施的必要条件，1分		
		标准实施情况	6分	a）有标准实施记录，3分 b）检查服务过程中标准的执行情况，3分		

续表

项目	分项	内容和要求	分值	评分标准	得分	备注
三、标准实施与持续改进（19分）	1. 标准实施	标准实施检查	4分	a）有标准实施检查的制度，1分 b）有标准实施检查的机构和人员，职责、权限明确，1分 c）有开展标准实施检查工作计划（或日常检查程序），1分 d）有标准实施检查记录和问题处理的记录，1分		
	2. 持续改进	不断完善服务标准，增强标准化工作有效性	4分	a）建立服务标准化工作持续改进的程序或制度，2分 b）有持续改进的工作方案或计划，1分 c）有检查、评审、纠错等持续改进的记录，1分		
四、绩效评估（20分）	1. 服务质量	顾客满意度	5分	顾客满意度达到90%以上得5分，达到80%以上得4分，达到60%得3分，顾客满意度达不到60%不得分		
		品牌效应	5分	国家级知名品牌得5分，省级知名品牌得4分，地（市）级知名品牌得3分		

续表

项目	分项	内容和要求	分值	评分标准	得分	备注
四、绩效评估（20分）	2. 效益	经济效益	5分	比试点前提高10%以上得5分，提高5%得3分		
		社会效益	5分	有证据表明社会效益显著提高的得5分		

注：1. 表中各项应具备而不具备的，不得分；不完善的可酌情扣分，但不得负分；确不需具备的项目，不扣分。

2. 知名品牌的认定：以各级政府及有关部门颁发的“服务质量奖”“服务名牌”等为依据。

3. 顾客满意度测评：参照《顾客满意度调查方法》进行。

附件2：

服务标准化试点评估准则（试行）

第一条 为推动服务标准化试点工作，提高服务业标准化水平，保障服务标准化试点评估工作的有序开展，制定本准则。

第二条 服务标准化试点评估工作要围绕《关于推进服务标准化试点工作的意见》，按照推进服务标准化试点工作的总体要求开展。

第三条 服务标准化试点评估工作由省级标准化主管部门会同有关行业主管部门负责，同时应积极发挥中介组织和行业协会的作用。

第四条 试点期满，试点单位可按照《服务标准化试点评估计分表》自查，自查合格的可向省级标准化主管部门提出评估申请。

第五条 试点单位3年内如发生过重大质量、安全、环保等事故的，或受过通报批评、处分、媒体曝光的，将不予受理。

第六条 评估组由有关方面的专家和管理人员组成，成员一般为3～5人。

第七条 评估组依据评估计分表对试点单位进行现场考核评估，并根据试点单位的实际情况制订评估方案。

第八条 现场考核评估程序：

（一）宣布评估组成员、评估程序及有关事宜；

（二）评估组听取试点单位工作汇报；

（三）查阅必备的文件、记录、标准文本等资料；

（四）考核服务现场；

（五）随机调查消费者满意程度；

（六）依据评估计分表进行测评；

（七）形成考核评估结论；

（八）评估组向试点单位沟通评估情况，提出改进意见和建议。

第九条 评估组向省级标准化主管部门提交试点单位评估报告以及考核评估结论。一般现场考核评估得分达到 80 分以上的试点为合格。

第十条 省级标准化主管部门会同有关行业主管部门，根据评估报告、考核评估结论和申请材料，确定并公布试点评估结果。对未通过评估的试点单位提出整改意见，对通过评估的试点单位颁发“服务标准化单位”证书。

第十一条 “服务标准化单位”证书有效期为 3 年。到期须重新申请，并由原发证部门认定。

第十二条 试点合格单位，一经发现与标准不符或给消费者带来利益损害的行为时，发证部门可视情节作出书面警告、通报批评，直至撤销证书的处理。证书被撤销的，两年内不得重新申请试点。

附件 3：

顾客满意度调查方法

一、原则

满意度是衡量企业服务质量优劣的一个指标。顾客满意度调查应坚持全面、客观、尊重顾客意见的原则，使调查结果切实反映企业服务质量状况。

二、调查范围

直接接受服务的个人或单位。

三、调查方法

采用随机抽样调查的方法，通过访谈、发放《服务质量满意度调查表》等方式获得调查结果。

调查内容设置要全面、客观地反映服务质量。

抽样样本应具有代表性，样本大小以一段时间（一天、一个月或一年等）内接受服务的顾客的数量为基数，按（1）式计算。

$$n=10+5\%N \tag{1}$$

式中 n——样本大小；

N——基数。

四、满意度计算

对企业的服务质量满意度可通过设定多个项目来进行测评（见《服务质量满意度调查表》）。对每一项目的调查结果分五档次并量化打分，第一档为“很满意（很好）”，得 10 分；第二档为“比较满意（较好）”，得 8 分；第三档为“满意（一般）”，得 6 分；第四档为“不满意（较差）”，得 3 分；第五档为“非常不满意（很差）”，得 0 分。n 个抽样样本对某一调查测评项目分别打分，其平均值即为该项目的得分，按（2）式计算。

$$\bar{q}_j=\frac{\sum_{j=1}^{n}q_j}{n} \tag{2}$$

式中 q_j——n 个样本中第 j 个顾客对第 i 个调查测评项目的打分；

$\bar{q}_i$——n 个抽样样本对第 i 个调查测评项目打分的平均值（满分为 10 分）；

n——样本大小。

企业服务质量满意度按（3）式计算。

$$M=\frac{\sum_{i=1}^{m}\bar{q}_i}{10\times m}\times 100\% \tag{3}$$

式中 M——服务质量满意度，%；

m——调查表中所列调查测评项数。

对行业试点和园区试点的满意度调查，应对行业或园区内的相关服务企业的 10%（不少于 5 家）分别进行满意度调查，以平均值作为行业试点或园区试点的满意度。

五、服务质量满意度调查表

《服务质量满意度调查表》的内容、式样和要求见示例，其中，调查项目可根据试点特点增加或删减。

服务质量满意度调查表

尊敬的顾客：您好！

这是专门为您设计的一份简单的调查问卷，目的是了解××服务企业的服务质量和管理水平，改进工作。在此，我们提出一些问题，请您根据亲身感受，在每一个问题的五个答案中选择一个答案打“√”，实事求是地反映出您的看法。

填写此表，是不记名的，我们将负责为您保密，请不要有任何顾虑。

本调查问卷由调查人员通过访谈，执笔填写，其他人员不得代填代答。

问卷内容（可根据被调查对象的实际情况，选择项目，也可以增加其他项目）：

1. 您在接受服务期间对服务企业总的印象如何？

a）很好　b）较好　c）一般　d）较差　e）很差

2. 您认为服务企业环境是否清洁卫生？

a）卫生　b）较卫生　c）一般　d）较差　e）很差

3. 您对接待工作是否满意？

a）满意　b）较满意　c）一般　d）不太满意　e）不满意

4. 您进入服务企业时，服务人员接待的态度如何？

a）热情　b）较热情　c）一般　d）较冷淡　e）冷淡

5. 服务人员是否详细地向您介绍或提醒过您应享有的权益和注意事项？

a）详细　b）较详细　c）一般　d）不详细　e）没有

6. 您对服务企业提供的各项服务标准化流程是否了解？

a）很清楚　b）清楚　c）一般　d）不太清楚　e）不清楚

7. 您认为服务企业的服务活动是否符合标准？

a）符合　b）较规范　c）一般　d）较差　e）不符合

8. 您认为服务企业在安全防护方面做得如何？

a）很好　b）较好　c）一般　d）较差　e）很差

9. 您的合理需求是否能在服务企业得到足够满足？

a）能　b）基本能　c）一般　d）不太能　e）不能

10. 您认为服务企业提供的服务是否方便、快捷？

a）很方便　b）较方便　c）一般　d）不太方便　e）不方便

11. 您对服务企业的设施设备、环境是否满意？

a）满意　b）较满意　c）一般　d）不太满意　e）不满意

12. 如果您对服务企业提供的服务有意见，怎样解决您了解吗？

a）很清楚　b）清楚　c）一般　d）不太清楚　e）不清楚

13. 您对服务企业提供的各项服务完成质量、及时性满意吗？

a）满意　b）较满意　c）一般　d）不太满意　e）不满意

关于印发《全国服务业标准2009—2013年发展规划》的通知

国标委服务联［2009］7号

各省、自治区、直辖市质量技术监督局、发展和改革委员会、教育厅、公安厅、民政厅、司法厅、人事劳动保障厅、交通厅、商务厅、文化厅、中国人民银行分行、新闻出版局、体育局、旅游局，地震局、气象局、证监局、保监局、档案局、测绘局、邮政局、文物局、中医药管理局，中国标准化研究院，各有关标准化技术归口单位：

为贯彻落实《国务院关于加快发展服务业的若干意见》（国发［2007］7号）和《国务院办公厅关于加快发展服务业若干政策措施的实施意见》（国办发［2008］11号）文件精神，加快建立健全服务业标准体系，国家标准化管理委员会会同国家发展和改革委员会等部门编制了《全国服务业标准2009—2013年发展规划》（以下简称《规划》）。

《规划》从我国服务业发展的实际需要出发，提出了交通运输、仓储、邮政和物流业，住宿和餐饮业，金融业，租赁和商务服务业，减灾和救灾服务业，科学研究、技术服务和地质勘查业，居民服务和其他服务业，教育服务业，卫生、社会保障和社会福利业，文化、体育业，公共管理和社会组织，旅游服务业，其他服务业等13个重点领域的标准制定、修订任务，旨在推动服务业基础性、通用性标准和当前服务业急需标准的制定、修订工作，健全并完善重点突出、结构合理、层次分明、科学适用、基本满足服务业发展需要的服务业标准体系，充分发挥服务业各相关部门、行业、技术组织的作用，共同推进服务业标准化工作的深入开展。

现将《规划》印发给你们，并对《规划》的实施提出如下要求：

一、各部门、各行业、各地方及有关单位要高度重视服务业标准化工作，根据《规划》中确定的主要任务和重点项目，加强协调合作，切实推动《规划》落实工作。

二、2009—2013年安排服务业标准制定、修订项目时，以《规划》为主要依据，并可根据实际情况作适当调整。

三、国家标准化管理委员会将会同有关部门适时召开服务业标准化工作联席会议，研究和部署《规划》中提出的各项任务，并对《规划》的落实情况进行督促和检查。

四、《规划》实施过程中的意见和建议，请及时与国家标准化管理委员会和有关行业主管部门联系。

2009年2月10日

关于印发《服务业标准化试点实施细则》的通知

国标委服务联［2009］47号

各省、自治区、直辖市质量技术监督局，发展和改革委员会：

现将《服务业标准化试点实施细则》印发你们，请结合本地区实际，认真组织有关部门抓好服务业标准化试点的实施。尽快制定和完善各项配套政策措施，切实加强对试点工作的指导和支持，确保取得实效。

国家标准化管理委员会
国家发展和改革委员会
2009年7月1日

服务业标准化试点实施细则

第一章　总　　则

第一条　为贯彻落实《国务院办公厅关于加快发展服务业若干政策措施的实施意见》（国办发［2008］11号），提高服务业整体发展水平和国际竞争力，促进和谐社会建设，推动服务业标准化试点（以下简称试点）工作的有序开展，更好发挥标准化对服务业发展的促进作用，培育服务品牌，根据国家标准化管理委员会、国家发展和改革委员会等六部委下发的《关于推进服务标准化试点工作的意见》（国标委农联［2007］7号）制定本细则。

第二条 本细则所称的服务业标准化试点是指由国家标准化管理委员会和国家发展和改革委员会牵头并会同国务院有关部门和地方质量技术监督局、地方有关部门共同组织，开展以建立和实施服务业标准体系为主要内容，以实现管理规范、服务质量良好、顾客满意度高为目标的探索性活动。

第三条 试点分为国家级试点和省级试点。国家级试点工作由国家标准化管理委员会和国家发展和改革委员会牵头组织和管理，并会同国务院相关部门共同推进。省级试点工作由各省、自治区、直辖市质量技术监督局及发展和改革委牵头组织和管理，并会同相关部门共同推进。国家级试点原则上应在省级试点工作成功的基础上建设。国家级服务业标准化试点工作由国家标准化管理委员会和国家发展和改革委员会统一领导、国务院有关部门业务指导，地方质量技术监督局组织有关部门具体实施。国家标准化管理委员会负责制定试点工作相关方针政策、编制规划和计划、组织相关工作的协调。地方质量技术监督局负责试点申请的受理和推荐，开展服务性组织建立标准体系及开展标准化工作的咨询服务与指导，受国家标准化管理委员会委托组织地方发展和改革委及相关部门的专家对试点工作情况进行评估和复查。

第四条 各级质量技术监督局应当积极争取所在地政府对试点工作的支持，并会同发展和改革委及有关部门共同推动试点建设工作。试点所在区域的地方政府应作为试点的保证单位或承担单位，提供人、财、物的保障，视情况可成立试点工作领导小组。

第五条 本细则适用于开展国家级服务业标准化试点的建设工作，省级试点建设可参考执行。

第二章 基本原则

第六条 服务业标准化试点工作按照“政府推动，部门联合，企业为主，有序实施”的模式进行推进。

第七条 推进试点工作应遵循以下原则：

（一）标准的制定与行业发展要求相结合。服务标准的制定过程和实际内容要体现行业特点，满足行业发展需求，内容及时更新。

（二）标准的实施与规范行业行为相结合。服务标准的实施过程要立足于规范服务业行为，提高服务业管理水平和市场竞争力，维护服务提供者和消费者的合法权益。

（三）标准的实施效果评价与持续改进相结合。推广实施服务标准要因地制宜、注重实效，要通过对实施效果的评估，不断摸索和总结经验，修订标准、改进实施方法，不断提高服务标准化效果。

（四）试点效果与创建服务品牌相结合。将创建服务品牌作为衡量实施效果的重要指标，引导服务企业向标准化、品牌化的方向发展。

第三章　试点的条件、申请与受理

第八条　试点单位可以是服务性企事业单位、一定行政区域内的服务行业、服务企业较集中的区域及区域性综合服务机构（以下分别简称试点企业、试点行业、试点区域）。

第九条　试点企业具备的基本条件：

（一）具备独立法人资格，能够独立承担民事责任。

（二）诚信守法，企业 3 年内未发生重大产品（服务）质量、安全健康、环境保护等事故，未受到市级以上（含市级）相关部门的通报、处分和媒体曝光。

（三）服务能够体现行业特色，对其他行业具有明显的示范带动作用。

（四）企业的市场占有率和经济效益排名位于本地区同行业前列，具有良好的发展潜力。

（五）具有一定的标准化工作基础，设立标准化管理机构并配备专兼职标准化人员，最高管理者具有较强的标准化意识。

第十条　试点行业和试点区域：

（一）所在地政府重视标准化工作，能够为试点提供政策、资金及其他支持。

（二）开展试点的行业应为当地的支柱产业，在地方国内生产总值中占有较大比例。

（三）试点行业和试点区域应有统一的管理机构作为组织实施部门。

（四）试点行业和试点区域内的主要服务企业应当自愿参与，参与试点的企业数不得少于本行业或本区域内服务企业总数的50%。

第十一条 试点申请由服务性组织/区域自愿提出，填写《服务业标准化试点申请表》（见附件1）、《服务业标准化试点任务书》（见附件2）、实施方案，并经试点承担单位、保证单位、参加单位及管理单位盖章后上报。

第十二条 试点申请由省、自治区、直辖市质量技术监督局负责受理。受理单位应在接到申请后的10日内完成对申请单位提交的申请材料与第九条和第十条要求的符合性进行审核。

第十三条 对于符合条件的申请单位，由省、自治区、直辖市质量技术监督局商发展和改革委等有关部门，并汇总报国家标准化管理委员会，由国家标准化管理委员会商国家发展和改革委员会确定后下达。

第四章 试点工作的实施

第十四条 试点工作主要目标：

（一）试点单位服务提供的各个环节应有标准可依，标准齐全。标准覆盖率达到80%以上。

（二）与本行业、本单位有关的国家标准、行业标准、地方标准和企业标准应得到有效实施，实施率达到90%。

（三）试点单位的服务质量符合标准要求，服务行为规范，顾客满意度达到90%以上。

（四）形成具有行业特点与优势的服务品牌。

第十五条 试点工作的主要任务：

（一）试点单位应成立由主管领导任组长的试点工作领导小组，对试点工作进行统一领导、统一组织、统一协调、统一实施。领导小组的主要任务是：确定试点工作的具体目标，组织编制试点实施方案，结合实际制定试点工作的规划计划、实施步骤和保障措施；协调部门分工，分解目标和任务，督促任务落实；组织标准的宣传培训，开展标准的实施和实施效果的评价；总结各阶段工作。

（二）试点工作的主要任务包括：

1. 建立健全标准体系。试点单位应根据服务提供的实际需要构建科学合理、层次分明、满足需要的标准体系框架，编制标准体系表。标准体系应在组织内部有效运行。

2. 制定相关服务标准。试点单位应围绕顾客需求，结合生产经营实际，确定标准化对象。搜集并采用现行的相关国家标准、行业标准、地方标准及法律法规；若无相应国家标准、行业标准、地方标准的，应制定企业标准。制定企业标准时，应积极采用国际标准。

3. 开展标准的宣传培训。试点单位应有计划地对管理、工作人员开展标准化基本理论和标准化专业知识的培训，提高服务业标准化意识；结合本行业、本单位的实际需要，开展各类相关标准的宣传与培训，使全员了解、熟悉并掌握标准要求，增强执行标准的自觉性。

4. 组织标准实施。试点单位应确保纳入标准体系表的所有标准得到实施，尤其是服务提供过程每个环节的标准均应制定实施方法和措施，确保标准的有效实施。

5. 开展标准实施评价。试点单位应建立标准实施情况的检查、考核机制，定期组织内部检查和自我评价。

6. 制定持续改进措施。试点单位应建立持续改进的工作机制，定期总结试点工作中的方法、经验并在此基础上加以推广应用，对标准实施过程中发现的问题应及时提出修订标准的建议，在不断完善标准中改进和提升服务质量。

7. 创建行业品牌。试点单位应积极开展“标准提升服务质量行动”，以标准化、规范化管理为手段，以提高服务质量和水平为目的，争创本行业服务品牌。

第五章　试点的评估

第十六条　试点的评估由国家标准化管理委员会组织，具体评估工作委托试点所在省、自治区、直辖市质量技术监督局负责，省发展和改革委及相关部门参加。评估工作可适时邀请国家标准委、国家发展和改革委及有关部门共同参与，并积极发挥中介组织和行业协会的作用。

第十七条　试点工作一般为 2 年，标准体系应运行半年以上方可申请评估。试点期满前 3 个月，试点单位应按照试点任务书和服务业标准化试点评估计分表内容进行自查，自查合格的，逐级向省、自治区、直辖市质量技术监督局提出评估申请，并填报《服务业标准化试点评估申请表》（见附件 3）。

第十八条　试点单位试点期间如发生过重大质量、安全、环保等事故的，或受过通报批评、处分、媒体曝光的，将不予受理。

第十九条　根据需要，可成立评估组开展评估工作。评估组由标准化、有关行业专家和管理人员组成，成员一般为 3～5 人。专家的选取应主要来源于各省、自治区、直辖市建立的专家库。

第二十条　评估组依据评估计分表对试点单位进行现场考核评估，并根据试点单位的实际情况制定评估方案。

第二十一条　现场考核评估程序：

（一）宣布评估组成员、评估程序及有关事宜。

（二）评估组听取试点单位工作汇报。

（三）查阅必备的文件、记录、标准文本等资料。

（四）考核服务现场。

（五）随机调查消费者满意程度。

（六）依据评估计分表进行测评。

（七）形成考核评估结论。

（八）评估组向试点单位通报评估情况，提出改进意见和建议。

第二十二条 评估组向省级质量技术监督局提交试点评估报告(见附件4)。评估得分达到80分以上的试点为合格。

第二十三条 省、自治区、直辖市质量技术监督局会同有关行业主管部门，根据评估报告和申请材料，确定并公布对试点评估的结果。对未通过评估的试点单位提出整改意见，对通过评估的试点单位报国家标准化管理委员会。

第二十四条 国家标准化管理委员会会同国务院有关部门对通过评估的国家级试点单位发放“服务标准化（试点）单位”证书，证书有效期为3年。

第六章 试点的管理

第二十五条 试点单位所在省、自治区、直辖市质量技术监督局应当会同当地发展和改革委及行业主管部门，加强对试点工作的管理，指导试点单位按照试点工作的有关要求推动服务标准的实施，及时向国家标准化管理委员会报告试点工作进展情况。

第二十六条 各级质量技术监督局会同发展和改革委及相关行业主管部门应及时总结服务业标准化成功经验，采用多种形式加大服务业标准化试点成果的宣传，不断增强全社会的服务业标准化意识。

第二十七条 各级质量技术监督局会同发展和改革委及相关行业主管部门应对试点合格单位进行跟踪考核，发现不符合标准或发生重大责任事故的单位，将限期整改或上报国家标准化管理委员会。国家标准化管理委员会可视情节作出书面警告、通报批评或撤销证书的处理。证书被撤销的，两年内不得重新申请试点。

第二十八条 各省、自治区、直辖市质量技术监督局应及时总结试点工作取得的成果，推广标准体系建设及标准实施等方面的经验，并向国家标准化管理委员会提出工作建议和意见。

第二十九条 各省、自治区、直辖市应建立专家库。专家一般应具备大专以上学历和中级以上技术职称；从事标准化工作5年以上；具有较扎实的专业知识，具备一定的组织管理和综合评审能力。

第七章　试点的复查

第三十条　复查工作由国家标准化管理委员会统一领导，各省、自治区、直辖市质量技术监督局负责组织实施。

第三十一条　复查对象为已获得“服务标准化（试点）单位”证书且有效期届满的单位。

第三十二条　复查工作应制度化、规范化、程序化，坚持科学、公正、公平、公开的原则，并建立长效机制。

第三十三条　“服务标准化单位”证书有效期届满前3个月，试点单位可向所在地的省、自治区、直辖市质量技术监督局提出复查申请，并提交《服务标准化单位复查自检报告》（见附件5）和《服务标准化单位复查申请表》（见附件6）。逾期不提交的视为自动放弃。

第三十四条　各省、自治区、直辖市质量技术监督局会同有关部门对本区域内提交申请的试点单位进行复查，并在收到申请材料之日起1个月内组织专家完成复查工作。

第三十五条　复查期间如申请单位发生重大质量事故或标准化体系运行出现重大问题，则停止复查工作；如申请单位有弄虚作假行为，一经发现，则停止复查工作并通报批评。

第三十六条　参与复查工作的有关人员如有违规行为，将取消其参与复查工作资格，并通报相关单位。

第三十七条　复查工作在进行时按照以下步骤进行：

（一）成立复查专家组。复查专家组应由标准化、相关专业领域的技术专家以及管理人员组成。专家组成员人数一般为2～3名，在申请单位复查时间一般为1～2天。

（二）复查申请材料评价。专家组对申请单位复查申请材料依据相关标准和文件进行评价。

（三）现场复查。申请材料符合要求的，专家组对申请单位进行现场复查。主要包括对标准体系文件的审查及现场抽查两个方面内容。专家组对申请单位建立标准体系的适宜性、有效性及标准化工作情况予以审查。可采取查阅相关文件、记录、向相关人员提问等方式进行。对不合格项及有关问题做好现场记录，填写评分表。

（四）形成复查结论。专家组根据现场审核结果，集体讨论后，提出结论意见，并就有关问题与被复查单位沟通。

第三十八条 复查工作完成后，各省、自治区、直辖市质量技术监督局应将列入国家试点的《服务标准化单位复查自检报告》《服务标准化单位复查申请表》和《服务标准化单位复查报告》（见附件7）上报国家标准化管理委员会备案。

第三十九条 经复查合格的试点单位，由国家标准化管理委员会换发“服务标准化单位”证书。

附件：服务业标准化试点申请表.doc（略）

关于印发《2011 年全国标准化工作要点》的通知

国标委办［2011］6 号

各省、自治区、直辖市和计划单列市、副省级市及新疆生产建设兵团质量技术监督局，国务院各有关部委、行业协会、集团公司，中国标准化研究院、中国质检出版社、全国组织机构代码管理中心、中国物品编码中心、中国标准化协会、标准信息中心：

为深入贯彻党的十七届五中全会精神，落实中央经济工作会议和全国质检工作会议提出的各项任务，以科学发展观为统领，促进经济社会又好又快发展，国家标准化管理委员会制定了《2011 年全国标准化工作要点》。现印发给你们，请结合工作实际，认真组织落实。

2011 年 2 月 16 日

2011 年全国标准化工作要点

2011 年全国标准化工作的总体要求是：全面贯彻落实党的十七届五中全会和中央经济工作会议精神，以邓小平理论和“三个代表”重要思想为指导，深入贯彻落实科学发展观，紧密围绕服务科学发展这个主题和加快经济发展方式转变这条主线，全面实施标准化战略，统筹国内国际标准化工作，强化工作机制创新，加强管理和协调配合，加快标准研制和体系建设，着力提高标准化工作的适应性和有效性，为实现经济社会又好又快发展发挥基础和导向作用。按照这一总体要求，2011 年的标准化工作要继续落实农业标准强基础、工业标准上水平、服务标准拓领域、安全标准保民生、国际标准谋突破、标准化管理强能力的部署，突出抓好以下工作。

一、围绕现代农业发展和社会主义新农村建设，充分发挥农业标准化的基础作用

（一）突出抓好水利标准制定、修订工作。重点加强农田水利、水土保持、水生态保护、防洪减灾、水质评价、水文气象、水资源管理及配置等标准的研制，为水资源合理开发和利用，推进实施科学治水提供技术支撑。

（二）进一步完善农业国家标准体系。以现代种业、农业投入品、产地环境、农产品流通、检验检测、动植物疫病防控、生态保护和循环农业标准为重点，加快标准制定、修订，为国家粮食安全、农村经济社会可持续发展提供保障。

（三）加快完善农业地方标准体系。以品种改良、安全高效生产技术规程、良好操作规范等方面标准制定、修订为重点，建立适合本地区粮食等主导农产品和优势特色农产品生产的标准体系。

（四）加大蔬菜、水果、肉、蛋、茶等“菜篮子”产品农业标准化示范区的建设力度，促进园艺产品、畜产品、水产品规模种养和设施农业的发展，加快推进农业标准化综合示范市、县建设，促进农业生产经营专业化、标准化、规模化、集约化，完善现代农业产业体系。及时总结示范区建设经验，采取各种行之有效的方式宣传推广典型做法，完善相关措施，加强工作指导。

（五）强化农业标准科研工作。重点开展新品种繁育、先进种养殖技术、农业生物技术、绿色农用生物产品、生物安全、生态保护等生物农业领域和耕地质量、灌溉水质、农业投入品合理使用、畜禽水产养殖环节中有毒有害物质控制等标准的研究，加大农产品流通和农业标准化基础理论研究力度，促进科研成果及时转化为标准。

（六）加大农业标准的宣贯力度。在生产领域重点抓好农田水利基础设施建设、产地环境、良好农业规范以及动植物检验检疫标准的贯彻实施，加强节水灌溉、水资源保护、节地、退耕还林还草、水土保持等标准的应用和推广，强化农业投入品的合理使用和安全控制。在加工领域重点抓好场地环境、良好操作规范、畜禽屠宰卫生安全要求、危害分析与关键控制点等标准的贯彻实施，加快农产品深加工产业标准化工作，促进农产品加工业的发展。在流通领域重点抓好产品包装材料、运输器具、仓储设备、市场建设管理、冷链物流、农产品质量溯源等标准的贯彻实施，保障农产品质量安全，促进农产品流通业的发展。

（七）继续加大对革命老区、民族地区、边疆地区、贫困地区农业标准化示范区的支持力度，有针对性地开展农业标准化知识培训，提高当地的农业标准化工作人员的水平。

二、围绕促进工业由大变强，进一步完善工业标准体系

（八）着力抓好制造业的标准化工作。进一步加大先进装备制造业、原材料工业、消费品工业等产业的重要标准制定、修订力度，着力加强重大战略产品、关键技术、共性技术、基础通用标准的研制，提高基础工艺、基础材料、基础元器件质量和系统集成水平，为支持企业技术改造、提高产品质量、增强企业品牌创建能力和产业竞争力提供支撑。

（九）加强交通运输标准化工作。抓好乘用车燃油消耗量限值标准和重型商用车燃油消耗限值及其测试方法标准的制定、修订工作。继续完善汽车强制性标准体系，进一步推进交通运输管理、交通设施、智能交通系统、汽车维修、民航等领域标准研制。

（十）全面提高信息通信标准化工作水平。加快电子信息技术、信息化应用和信息安全标准体系建设。继续推进电子文件相关基础、通用与管理标准的制定工作。继续推动组织机构代码和物品编码重要基础标准的制定，及其在社会公共管理中的应用。

（十一）继续推动循环经济、高新技术、国家重大工程等标准化试点示范的建设，促进节能减排和新技术新成果标准的实施与推广。

三、围绕推动现代服务业大发展，不断拓宽服务业标准化工作的新领域

（十二）建立健全结构合理、层次清晰、科学实用、指导性强的服务业标准体系，加大服务业标准的实施和推广力度，发挥标准化工作对发展新兴服务业、提升传统服务业和提高服务业发展水平的支撑作用。

（十三）生产性服务业标准化工作要在加强物流、金融、商贸等服务领域的基础上，进一步向研发设计服务、信息服务、数字内容服务、知识产权服务和科技成果转化服务等高技术服务业领域拓展，加强标准的制定、修订和实施推广。

（十四）生活性服务业标准化工作要在加强旅游服务、行政服务、体育等领域的基础上，进一步向文化创意、家庭服务、医疗保健、体育健身、婚庆婚介、人力资源、社会保障、减灾防灾、旅游休闲等社会较为关注的领域拓展，做好生活性服务业标准体系框架和标准的研究，进一步推动社会管理和公共服务的发展。

（十五）扎实稳妥地推进国家级服务业标准化试点，选择一些规模大、综合性强、影响面广的领域开展试点工作。建设标准化试点信息共享平台，积极开展试点工作的动态管理。

四、围绕培育发展战略性新兴产业，带动我国标准总体水平再上新台阶

（十六）推进新一代信息技术领域标准化工作。重点加大高端软件、新一代移动通信、三网融合、软件服务、数字电视演进技术、云计算等领域标准的研制力度。加强物联网基础标准及重点领域的应用标准研究，为物联网产业发展做好技术支撑。

（十七）进一步完善能效和能耗标准体系。重点抓好节能基础、节能管理、能源计量、能源审计、能源经济运行等标准的制定、修订工作。推动废旧产品回收利用共性技术标准的研究，强化煤化工、海水综合利用标准的研究和制定。

（十八）抓好新能源领域的标准化工作。跟踪国内太阳能、氢能和风电产业的发展，重点做好太阳能热利用设备、光伏光热发电、风力发电装备、氢能利用基础标准的制定、修订工作。加强智能电网标准体系研究，制定一批重要技术标准，为保障能源安全、促进能源高效利用提供支撑。

（十九）做好生物技术标准化工作。加强生物育种、生物农药、生物肥料、绿色植物生长调节剂、全降解农膜和生物饲料添加剂等绿色农用生物产品标准制定、修订。加强海水养殖新技术新品种、海洋生物活性物质、海洋生物酶分离提取纯化技术等海洋生物资源开发标准研究工作。加强新型高效工业、食品、医药和环保用酶制剂等发酵工程和代谢工程技术标准研制工作。

（二十）抓好高端装备制造业领域的标准化工作。依托国家重大专项开展大型客机标准化示范工作，推动大型客机标准体系的建立和完善。加强空间基础设施标准化体系建设，不断满足卫星、遥感及其应用产业的发展。密切跟踪海洋工程装备的技术发展，加强海洋工程动力及传动系统等关键系统标准化研究。跟踪轨道交通装备发展趋势，不断完善轨道交通装备标准体系。推进机器人、智能仪器仪表等关键技术标准的研制，推动高档数控机床、智能集装箱等高技术、高附加值产品的发展。

（二十一）抓好新材料领域标准化工作。加强稀土功能材料、高性能膜材料、特种玻璃、功能陶瓷、半导体照明材料标准制定、修订，促进新型功能材料的发展。推进高品质特殊钢、新型合金材料、工程塑料、有色金属特殊材料标准的研制，促进先进结构材料的发展。加快碳纤维、超高分子量聚乙烯纤维标准的研制，提升高性能复合材料的水平。强化纳米材料标准研制，推进共性基础材料的发展。着力加强新材料基础标准、重要新材料产品标准和重要性能检测方法标准的制定、修订，构建新材料产业标准体系。

（二十二）抓好新能源汽车领域的标准化工作。跟踪电动汽车示范工作，制定一批电动汽车标准和电动汽车充电技术及设施标准，完善电动汽车标准体系。跟踪燃料电池汽车相关前沿技术的研发，促进科技创新、产业化与标准化的同步运行。

（二十三）积极探索战略性新兴产业示范试点。探索战略性新兴产业示范试点工作新领域、新模式，力争上规模、上水平，努力做到与产业发展紧密联系，发挥好示范工作的引领带动作用，形成产业化和集约化。

五、围绕保障人民群众生命财产安全，进一步加强涉及公共安全、消费品安全、食品生产加工等领域的标准化工作

（二十四）完善公共安全防范相关安全标准和检测方法标准，重点推动消防管理、火灾防控、灭火救援及消防装备领域的标准化工作，组织完成中小学、幼儿园安全技术防范系统要求等涉及公众安全的重要标准制定、修订工作，为社会治安提供技术支撑。

（二十五）加强涂料、胶黏剂、染料以及橡胶乳胶制品中有害物质限量和检测方法，医用化工材料安全卫生规范和医用制品中有毒有害物质检测方法，废弃化学品处理处置基础标准等涉及人身健康安全的标准制定、修订工作。

（二十六）完善消费品安全标准体系，完成儿童家具、纸巾纸等重要产品标准的制定、修订，完善烟花爆竹产品标准体系。组织编制化妆品标准体系规划，加快化妆品中禁限用物质检测方法标准的制定。密切跟踪涉及具有安全风险的消费品的国内外法律法规及标准变化情况，及时完善相关安全标准和检测方法标准。

（二十七）做好食品领域的基础通用标准、生产过程管理标准、易腐食品生产运输管理标准以及重要产品标准的制定、修订工作。

六、围绕提升产业核心竞争力，谋求我国实质性参与国际标准化活动能力的新突破

（二十八）统筹国内国际，加强参与国际标准化活动的组织协调和管理，重点参与我国具有传统优势领域和市场优势领域、国际热点领域以及涉及战略性新兴产业的标准制定、修订工作，进一步提高我国在国际标准化领域的地位，积极开展 IEC“入常”工作。

（二十九）配合我国外交外贸政策的实施，继续做好与美、俄、德、日、韩、欧盟、东盟等国家和地区高层合作机制下标准化支撑和服务工作。积极做好对中亚五国及独联体国家标准化情况研究工作，与重点国家继续签署标准化合作协议，促进标准化国际交流和合作。

（三十）完善国际标准化活动跟踪研究机制，全面跟踪研究与我国经济社会密切相关的国际标准动态，尽早介入、重点参与事关我产业利益和竞争力的国际标准制定、修订，反映我国利益和要求，有效应对技术性贸易措施，增强我国产业、产品竞争力。

（三十一）积极推进我国技术标准在重点国家和地区的推广应用，在电子信息、通信、高铁、先进装备制造以及对外经济技术合作、对外工程设计和建设等领域，做好重要国家标准英文版翻译出版工作，服务我国优势技术和产业的海外发展，更好地开拓国内和国际两个市场。

（三十二）加快国际标准化人才队伍建设，分层次培养我国国际标准化人才，利用多方资源培养具备担任国际标准化组织领导职务的高层专家。进一步完善国际标准化专家管理系统，提高参与国际标准化活动人员的整体素质水平。

七、围绕国家产业和区域经济发展，充分发挥行业、地方、企业等各方面的作用

（三十三）进一步强化行业协调推进机制。从国家利益和全局出发，统筹国际国内标准化工作，共同制定和实施标准化重大规划和政策，加强标准化工作热点难点问题的交流和研讨，共同推进重点领域的标准制定和实施，形成合力。加强行业标准的备案管理与协调，努力做到行业标准之间、行业标准与国家标准之间的协调统一。

（三十四）建立军民标准化融合机制。深化标准化工作军民结合，寓军于民，探索军民两用标准相互转化的程序和方法，建立标准化技术组织融合机制，促进标准化资源的军民共建共享，尽快形成有机衔接、军民兼容、协调互补的技术标准体系，推进经济建设和国防建设的互动发展。

（三十五）进一步完善地方标准体系。根据地方特色和产业发展实际，编制好地方标准制定、修订规划、计划，加大标准制定、修订力度，建立健全符合地方经济社会发展需要的地方标准体系。

（三十六）建立健全地方标准化工作新机制。协调本地各相关行业的主管部门，发挥各自优势，进一步完善协助管理有关国家标准制定、修订项目和标准科研项目、督促检查专业标准化技术委员会、强化标准实施和信息反馈等方面的工作机制，共同推进标准化工作。加大信息服务和政策支持，建立推动企业、科研机构等参与国际标准化活动和国家标准化活动的工作机制，营造全社会共同做好标准化工作的良好氛围。探索开展多种形式的区域交流与合作，运用标准化手段，引导特色优势产业聚集，优化产业布局，在服务西部大开发、东北老工业基地振兴、中部崛起、东部率先发展战略中发挥好带动作用。

（三十七）进一步推进地方标准化示范试点建设。鼓励地方结合本地区产业发展的特点，开展以增强区域综合实力为重点的标准化示范市、县建设，引导企业以提高产品附加值、延伸产业链、培育品牌为重点开展示范区建设，增强示范区辐射带动作用。

（三十八）进一步提升企业标准化水平。推动企业建立健全符合自身发展需要，包括技术、管理和工作标准在内的企业标准体系。贯彻落实《企业产品标准管理规定》，强化企业产品标准责任主体意识，做好企业标准备案工作。鼓励企业积极采用和参考国际标准，引导企业实质性参与国家标准和国际标准的制定、修订工作。

（三十九）加大标准化宣传与培训力度，提高各级政府、生产者、消费者、经营者对标准化工作的认知度和标准化工作的影响力。重点加强对试点示范项目承担单位相关管理人员、标准化管理机构新上岗人员的标准化基本理论、知识以及试点示范工作内容和要求的培训，提高人员素质和工作的有效性。

（四十）加强标准版权保护有关政策的宣传，增强企事业单位、中介机构、行政执法机构等在生产、经营、服务、执法等活动中使用正版标准的自觉性，有效制止和打击标准侵权盗版行为。

八、围绕提升服务经济社会发展的能力和水平，进一步加强标准化工作管理

（四十一）逐步实现标准化工作法治管理、科学管理和风险管理。提高标准化工作制度的建设质量，严格按程序办事，增强标准化工作公开性和透明度。以科学的态度、科学的思维、科学的方法开展工作，坚持一切从实际出发，坚持公开、公平和公正原则，不断提高标准化工作的科学性、合理性和可操作性。做好风险预测和管理，提高工作的前瞻性和预见性。

（四十二）积极探索建立新形势下的工作机制和模式。不断总结和推广多年来实践的新经验，继续探索联席会议、军民融合、联盟标准等工作新机制和新模式，充分调动各方面的积极性和创造性，共同推进标准化工作。

（四十三）抓好国家标准的立项工作。以通用、基础、强制性以及战略性新兴产业为立项重点，满足产业发展、科技创新和社会事业发展重大需求。坚持公开透明、充分协调、自下而上与自上而下相结合的原则，立项前要广泛听取各方意见和建议。

（四十四）加强公益性科研项目管理工作。在做好顶层设计和整体规划的基础上，抓好公益性科研项目立项、验收和项目实施全过程管理。重点开展战略性新兴产业关键技术标准研究，争取形成一批自主创新的高水平标准。

（四十五）强化标准实施信息反馈和维护更新机制。重点加强通用、基础、方法以及强制性标准的实施和推广，促进标准在全社会的广泛运用。加强对标准实施情况的跟踪、收集和分析，建立健全标准实施信息反馈机制，为标准的修订和废止提供依据。

（四十六）加强对全国专业标准化技术委员会的管理。加快组建与培育和发展战略性新兴产业相关的技术委员会。结合国家标准化体系工程建设，创新技术委员会工作机制，健全技术委员会工作激励和奖惩机制，适时调整设置不合理的技术委员会，对市场竞争性领域的技术委员会秘书处承担单位实行优胜劣汰，提高技术委员会工作有效性。

（四十七）加强机构和队伍建设。各地要加强对标准化研究机构、标准出版发行机构、组织机构代码机构、物品编码机构、标准化协会的领导和支持，提高标准化队伍的凝聚力、创造力和战斗力，打造一支政治过硬、业务精湛、作风扎实、清正廉洁的优秀队伍。

九、围绕标准化事业长远发展，集中力量抓好五件大事

（四十八）制定好标准化“十二五”规划。贯彻落实中央部署，深入分析标准化工作面临的新形势、新任务，广泛听取各方面的意见建议，提出国家“十二五”期间标准化发展的目标任务、重点领域和政策措施，与国家标准化战略的实施做到有机衔接。各部门、各行业和各地方要根据实际情况，编制“十二五”行业和地方标准化发展规划，积极争取各方支持，争取将标准化工作纳入行业和地方“十二五”发展规划。

（四十九）狠抓国家标准化战略纲要的颁布和实施。落实党的十七届五中全会和《国务院关于培养和发展战略性新兴产业的决定》的精神，进一步补充完善纲要草案的内容，提出相应机制和针对措施，加快推进纲要早日颁布与实施。

（五十）加快标准化法的修改。配合国务院法制办，进一步加强标准化法的调研工作，加强与各部门的协调沟通，力争取得实质性进展。

（五十一）整体推进国家标准化体系建设工程。完成国家标准化体系建设工程各项任务，构建起符合我国国情的标准体系、标准化技术组织体系、国际标准化工作推进体系和标准化保障体系。以战略性新兴产业为重点，制定好涵盖各个方面的子规划和子体系，支撑现代产业体系的发展。

（五十二）完成国家技术标准资源服务平台建设任务。按照平台项目第二阶段建设任务要求，加强各资源数据库和各子项目建设的组织协调力度，加快平台各系统的集成和优化，进一步提高信息化管理和服务水平。

关于成立全国社会保险标准化技术委员会（SAC/TC474）的复函

国标委综合函［2009］28号

人力资源和社会保障部：

你部办公厅《关于申请成立全国社会保险标准化技术委员会的函》（人社厅函［2008］245号）收悉。经研究，同意成立全国社会保险标准化技术委员会，其编号为SAC/TC474，英文名称为National Technical Committee 474 on Social Insurance of Standardization Administration of China。第一届全国社会保险标准化技术委员会由29名委员组成（名单见附件），胡晓义任主任委员，李保国任副主任委员，孟昭喜任委员兼秘书长，聂明隽任委员兼副秘书长。秘书处承担单位为人力资源和社会保障部社会保险事业管理中心。

全国社会保险标准化技术委员会主要负责养老保险、失业保险、医疗保险、工伤保险、生育保险等社会保险服务、评价、管理等领域的标准化工作。

请按照《全国专业标准化技术委员会管理规定》进行管理。

附件：第一届全国社会保险标准化技术委员会（SAC/TC474）委员名单。（略）

2009年5月18日

关于印发人力资源和社会保障部标准化工作管理办法的通知

人社厅发［2009］58号

部属各单位，公务员局：

《人力资源和社会保障部标准化工作管理办法》已经2009年4月30日第23次部务会审议通过，现印发给你们，请遵照执行。

2009年5月11日

人力资源和社会保障部标准化工作管理办法

第一章 总 则

第一条 为加强对人力资源和社会保障部标准化工作的管理，促进人力资源和社会保障工作的标准化、规范化，根据《中华人民共和国标准化法》等标准化管理法律法规，制定本办法。

第二条 本办法适用于人力资源和社会保障部相关业务归口管理的标准。

第三条 制定标准的领域：通用术语、符号、标识、技术规范，检验检测方法，公共管理服务规范以及其他需要进行统一规范的通用性规定和要求。

第四条 人力资源和社会保障部规划财务司是人力资源和社会保障部标准化工作的归口管理单位，主要职责是：负责制定标准化管理规章制度，组织制定标准体系及标准项目计划，负责国家标准的审核、申报及行业标准的批准、发布，监督管理部属全国专业标准化技术委员会工作，指导地方开展标准化工作。

第五条 部属各业务单位和部属全国专业标准化技术委员会负责制订本专业领域的标准体系，按照工作需要开展本专业领域的标准化制订工作。

第二章 标准项目计划的制订与管理

第六条 编制标准项目计划要以人力资源和社会保障事业发展规划和标准体系为依据。

第七条 部属各业务单位、部属全国专业标准化技术委员会以及社会团体、科学研究机构、行业协会、企事业单位均可向规划财务司申请标准制定（修订）项目，并填报项目建议书。

第八条 规划财务司对国家标准项目建议书进行审核并报部领导批准后，报国家标准化管理委员会公示、审批后执行；对行业标准项目建议书进行初步审查，签署初审意见，并组织有关专家进行审议，根据专家审议意见编制年度标准项目计划，报部领导批准后执行。

第九条 项目承担单位应按照批准的标准项目计划与规划财务司签订项目任务书，并在每年年底前将项目执行情况报送规划财务司。

第十条 标准项目在执行过程中由于特殊原因需要调整时，须报规划财务司同意方可调整。项目承担单位逾期不能完成任务的，规划财务司有权终止项目。

第三章 标准的编制与审查

第十一条 项目承担单位应按照《标准化工作导则》（GB1.1）的要求起草标准征求意见稿，同时编写《编制说明》。

第十二条 标准征求意见稿和《编制说明》应印发有关生产、使用、科研、检验等主要单位征求意见（涉及公民切身利益的标准，应公开向社会征求意见）。被征求意见单位应在规定期限内回复意见，对重大意见应说明论据，如没有意见也应复函说明。

第十三条 项目承担单位对征集的意见进行归纳和处理后提出标准送审稿、《编制说明》和《意见汇总处理表》，送部属全国专业标准化技术委员会进行审查；未成立全国专业标准化技术委员会的，由规划财务司委托业务部门组织进行审查。

第十四条 标准审查可采用会议审查或函审，对技术、经济意义重大，涉及面广，分歧意见较多的标准应会议审查。参加审查的人员，应包括有关生产、使用、科研、检验等主要单位的代表，其中使用方面的代表不应少于四分之一。

第十五条 会议审查原则上应协商一致，如需表决，必须有不少于出席会议代表人数的四分之三同意为通过；函审时，必须有四分之三回函同意为通过。会议代表出席率或函审回函率不足三分之二时，应重新组织审查。

第十六条 项目承担单位应根据审查意见提出标准报批材料，由业务单位和全国专业标准化技术委员会审核后报规划财务司审定；未成立全国专业标准化技术委员会的，由业务单位审核后报规划财务司审定。

第十七条 标准报批材料包括：标准报批稿、《编制说明》《意见汇总处理表》以及标准审查意见或函审结论；如系采用国际标准或国外先进标准制订的标准，应有该标准原文（复制件）和译文。

第四章　标准的审批与发布

第十八条 国家标准由规划财务司会同相关业务单位报主管部领导批准后，由规划财务司报国家标准化管理委员会审批发布；行业标准由规划财务司会同相关业务单位报主管部领导批准后，进行统一编号并以部发文形式发布。

第十九条 行业标准发布后三十天内，由规划财务司负责向国家标准化管理委员会备案。

第二十条 标准实施后，应根据经济社会发展和实际工作的需要进行复审，确定其继续有效、修订及废止，复审周期一般不超过五年。

第二十一条 标准的复审一般要有参加过该标准审查的单位代表参加。标准复审后，应提出复审报告（内容包括：复审简况、处理意见、复审结论）。

第二十二条 规划财务司会同相关业务单位对国家标准复审报告审核并报部领导批准后，报国家标准化管理委员会审批；对行业标准复审报告审核并报部领导审批后，报国家标准化管理委员会备案。

第二十三条 标准的出版发行执行《标准出版发行管理办法》。

第五章 附 则

第二十四条 本办法由规划财务司负责解释。

第二十五条 本办法自印发之日起实施。

附件：1. 人力资源和社会保障部标准项目建议书（略）

2. 人力资源和社会保障部标准项目任务书（略）

3. 标准项目《编制说明》的要求（略）

关于开展社会保险标准化工作的指导意见

人社厅发［2010］41号

各省、自治区、直辖市人力资源社会保障厅（局），新疆生产建设兵团劳动保障局：

为贯彻落实国家标准化管理委员会等24个部委制定印发的《全国服务业标准2009—2013年发展规划》（国标委服务联［2009］7号）的有关精神，进一步推进社会保险标准化工作，构建与社会保障制度相适应的经办管理服务体系，全面提升社会保险经办管理服务水平，促进社会保险事业健康发展，现就开展社会保险标准化工作提出如下指导意见：

一、充分认识开展社会保险标准化工作的重要性和紧迫性

党中央、国务院高度重视社会保障工作。近年来，覆盖城乡居民的社会保障制度体系不断完善，社会保险覆盖范围不断扩大，保障水平不断提高，开展社会保险标准化工作是贯彻、落实党和国家的社会保险方针政策的重要保证，是建设服务型政府的必然要求，是促进社会保险事业持续健康发展的重要基础工作。各地要充分认识开展社会保险标准化工作的重要性和紧迫性，统一认识、统一思想，加快推进标准化建设，不断提高服务水平和质量，提升服务绩效和公信力，努力实现从经验型操作向标准化操作的转变。

二、开展社会保险标准化工作的指导思想、基本原则和总体目标

开展社会保险标准化工作的指导思想是：以邓小平理论和“三个代表”重要思想为指导，深入贯彻落实科学发展观，围绕建立覆盖城乡居民的社会保障体系的目标，着眼于在社会保险领域建立统一规则和秩序，实现社会保险管理服务均等化和规范化，提高管理服务效率，提供高效优质服务。

开展社会保险标准化工作应坚持以下基本原则：

以人为本——以社会保险系统为主，充分利用各类社会资源，围绕广大参保群众提供优质、高效、便捷服务的目标，制定相关标准。

急用先立——标准化建设任务繁重，要全面分析社会保险发展状况，制定总体规划，先易后难，先急后缓，先程序后实体，争取在较短时间内搭建起基本标准体系框架。

上下联动——中央、地方各司其职，既有分工，又有合作，共同推进。

试点先行——标准化工作技术性强，涉及面广，非常复杂，为稳妥起见，应先选择部分县市试点，总结经验，逐步推广。

总体目标：从现在起到2020年，基本建立结构合理、层次分明、重点突出、科学适用的社会保险国家标准体系，行业标准、地方标准与国家社会保险标准协调配套，将社会保险服务、评价、管理等领域的全过程纳入标准化管理轨道，实现对关键环节和关键因素的有效监控，以标准化手段提升社会保险经办管理服务能力。

三、积极参与全国社会保险标准化技术委员会的各项工作

2009年5月，经国家标准化管理委员会批准，我部已成立全国社会保险标准化技术委员会（编号为SAC/TC474），主要负责组织制定社会保险标准化发展规划，组织制定社会保险标准体系，负责养老保险、失业保险、医疗保险、工伤保险、生育保险的服务、评价、管理等领域的标准化工作。各地要充分利用全国社会保险标准化技术委员会这一工作平台，支持并积极参与全国社会保险标准化技术委员会的工作，可以根据标委会的统一安排牵头有关工作组，制定有关标准；也可以参加有关工作组工作。

四、有序开展地方标准制定工作

各地要研究制定本地标准化工作总体规划和方案，并报送全国社会保险标准化技术委员会。各地可依据本地实际，在国家社会保险标准体系框架下开展地方标准的制定工作。开展地方标准化工作要积极稳妥，有序推进，地方标准制定出来后，要先选择部分市县进行试点，成熟后，经全国社会保险标准化技术委员会同意，再在本地推广贯彻。要积极向当地标准化主管部门汇报，争取支持，有条件的地区要积极申请国家标准委的试点。

要有计划地招录标准化方面的大学毕业生，增加标准化人才储备，举办标准化方面的培训班，在系统内普及标准和标准化知识，提高队伍的能力水平，造就推进社会保险标准化工作可持续发展的中坚力量。

要多方筹集标准化工作经费，有条件的地方要列出标准化建设专项经费。

各地要把标准化建设列入年终考核项目中，重点考核。

五、切实加强对社会保险标准化建设工作的组织领导

标准化建设是一项长期工作。各省（区、市）人力资源社会保障厅（局）要成立社会保险标准化建设领导小组，由主管厅（局）长任组长，统一组织协调本省（区、市）的社会保险标准化工作。各省级社会保险经办机构要抓紧组建或明确本单位负责标准化工作的职能部门，并在2010年6月1日前，将各地明确的职能部门和负责人名单报部社会保险事业管理中心。

2010年4月23日

人力资源和社会保障标准体系

改革开放以来，我国人力资源和社会保障事业不断开拓进取、改革创新，基本建立了适应社会主义市场经济体制要求的人力资源和社会保障制度体系。目前，我国已进入全面建设小康社会的新阶段，开发人力资源和推进民生建设的良好社会氛围已经形成，人力资源和社会保障工作面临前所未有的发展机遇和挑战。

实践证明，标准化是促进人力资源和社会保障事业健康有序发展的重要技术支撑，是建设服务型政府，为人民群众提供高效、便捷、优质服务的有效手段之一。开展人力资源和社会保障标准化工作的首要前提是建立科学、系统的标准体系。为此，我部根据《全国服务业标准2009—2013年发展规划》《国家标准化体系建设工程指南》等文件精神，构建了人力资源和社会保障标准体系，充分发挥标准化对人力资源和社会保障事业的规范、促进和带动作用。

一、人力资源和社会保障标准体系的构建依据

（一）法律法规

1.《中华人民共和国标准化法》

2.《中华人民共和国劳动法》

3.《中华人民共和国行政许可法》

4.《中华人民共和国公务员法》

5.《中华人民共和国劳动合同法》

6.《中华人民共和国就业促进法》

7.《中华人民共和国劳动争议调解仲裁法》

8.《中华人民共和国失业保险条例》

9.《社会保险费征缴暂行条例》

10.《中华人民共和国劳动保障监察条例》

11.《中华人民共和国工伤保险条例》

12.《中华人民共和国劳动合同法实施条例》

（二）部门规章

1.《就业服务与就业管理规定》

2.《人才市场管理规定》

3.《社会保险稽核办法》

4.《专业技术人员资格考试违纪违规行为处理规定》

5.《劳动人事争议仲裁办案规则》

6.《社会保险业务档案管理规定（试行）》

（三）其他

1.《胡锦涛在中国共产党第十七次全国代表大会上的报告》

2.《国家中长期人才发展规划纲要（2010—2020年）》

3.《全部经济活动的国际标准产业分类（ISIC Rev. 4）（草案）》

4.《服务标准制定导则　考虑消费者需求》（GB/T 24620—2009）

5.《国民经济行业分类》（GB/T 4754—2002）

6.《人力资源和社会保障部主要职责内设机构和人员编制规定》（国办发［2008］68号）

7.《人力资源和社会保障部关于进一步加强公共就业服务体系建设的指导意见》

二、人力资源和社会保障标准体系的构建原则

（一）全面系统，重点突出

立足人力资源和社会保障全部业务领域，把握当前和今后标准化工作的重点领域，确保人力资源和社会保障标准体系的结构完整和重点突出。

（二）层次清晰，避免交叉

把握人力资源和社会保障业务的科学分类，按照体系协调、职责协调、管理有序的要求编制人力资源和社会保障标准体系，确保总体系与子体系之间、子体系之间、部门之间的相互协调，避免交叉与重复。

（三）科学合理，开放兼容

基于人力资源和社会保障事业发展的内在规律，运用标准化基本原理和系统工程理论，建立人力资源和社会保障标准体系。同时，保持标准体系的开放性和可扩充性，为新的标准项目预留空间，满足未来人力资源和社会保障事业的发展需要。

（四）基于现实，适度超前

考虑当前经济社会发展水平以及人力资源和社会保障工作的现实需求，建立具有可操作性的标准体系。同时，分析人力资源和社会保障事业未来发展趋势，确保标准体系的适度超前。

三、人力资源和社会保障标准体系

人力资源和社会保障标准体系由标准体系结构图和标准明细表两部分组成。其中，标准体系结构图是人力资源和社会保障标准体系的核心组成部分，由1个总体系结构图和若干分体系、子体系结构图构成。标准明细表列出人力资源和社会保障领域已颁布、待修订、在研、待制定的国家标准和行业标准，可以作为编制人力资源和社会保障标准制定、修订计划的依据之一。

（一）标准体系结构图

1. 总体系

人力资源和社会保障标准总体系如图1所示，主要涉及基础标准、管理标准、服务标准、技术标准和工作标准五类标准。按照借鉴国际、立足现实、保持兼容原则，该体系除了设置人力资源标准、社会保障标准分体系之外，还单独设置了业务支撑标准分体系，以适应我部联网数据集中管理、社保关系跨地区转移接续等实际业务的需求，从而借助标准化手段进一步提高信息共享程度、提升业务协同能力。

2. 分体系

（1）人力资源标准分体系

人力资源标准分体系主要包括“公共就业服务与就业管理标准”

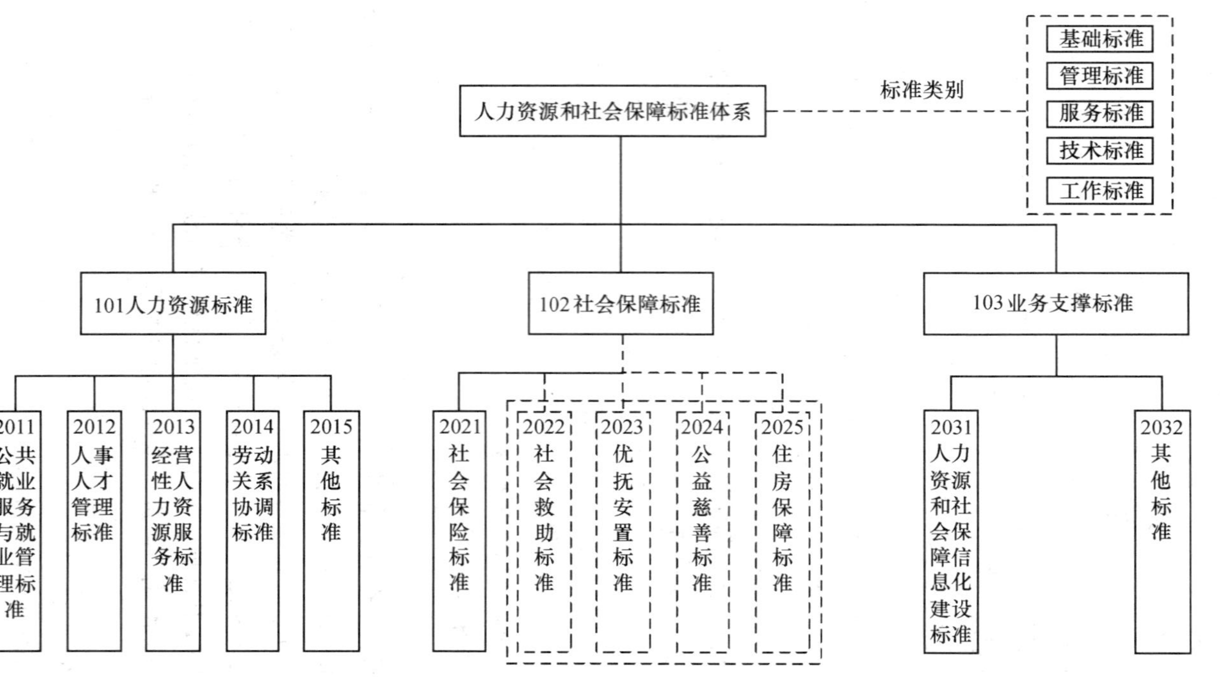

图1　人力资源和社会保障标准总体系

“人事人才管理标准”“经营性人力资源服务标准”“劳动关系协调标准”等子体系，分别如图 2～图 5 所示。

1）公共就业服务与就业管理标准

“公共就业服务与就业管理标准”子体系侧重于制定由政府出资、向劳动者提供的公益性就业服务的相关标准，具体包括公共就业服务与就业管理通用标准，公共职业介绍与职业指导标准，外国人、台港澳人员就业服务标准，就业援助服务标准，公共创业服务标准，公共就业培训标准，人力资源和社会保障事务代理服务标准，就业与失业管理标准等。

2）人事人才管理标准

“人事人才管理标准”子体系侧重于制定由政府主导的，对公务员、专业技术人员、技能人才和农村实用人才等几类人才的考试认定、教育培训、考核评价等标准。

3）经营性人力资源服务标准

“经营性人力资源服务标准”子体系侧重于制定由经营性市场主体主导的，为个人或企事业单位提供的职业中介服务、人才测评服务、劳务派遣服务、人力资源管理咨询、人力资源外包服务、高级人才寻访等方面的标准以及家庭服务标准。

4）劳动关系协调标准

“劳动关系协调标准”子体系侧重于制定保护劳动者权益、发展和谐劳动关系等方面的标准，具体包括劳动定员定额标准、劳动管理与保护标准、劳动人事争议调解仲裁标准以及劳动保障监察标准。

（2）社会保障标准分体系

依据“十七大”报告中对“加快建立覆盖城乡居民的社会保障体系”的具体要求，社会保障工作主要包括社会保险、社会救助、优抚安置、公益慈善、住房保障五大类业务。但是，鉴于社会救助、优抚安置、公益慈善、住房保障不属于我部职责范畴，故本体系仅对社会保险标准体系进行细化，具体包括社会保险通用标准和养老、医疗、工伤、失业、生育五个专业险种的标准子体系，如图 6 所示。

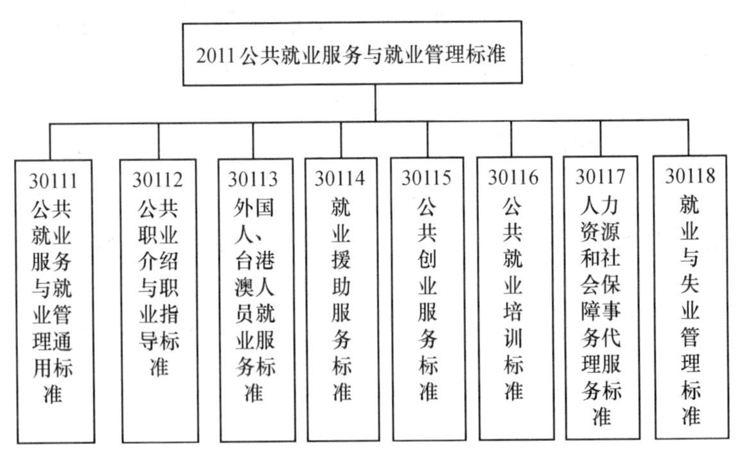

图 2　公共就业服务与就业管理标准子体系

1）社会保险通用标准

“通用标准”是对多个险种共性问题的抽取。因此，适用于多个险种的标准划入“社会保险通用标准”范畴，各险种可以在经办服务、基金监管等方面制定通用标准。

2）养老、医疗、工伤、失业和生育保险标准

仅适用于某一具体险种的标准。包括五大基本险种的待遇审核、支付等经办环节，以及不同险种所涉及的其他标准应划入具体的专业险种标准范畴。

（3）业务支撑标准分体系

目前，人力资源和社会保障业务支撑标准分体系主要是关于人力资源和社会保障信息化建设方面的标准，人力资源和社会保障信息化建设子体系由信息技术基础、信息资源、网络基础设施、信息安全和应用等方面的标准组成，如图 7 所示。

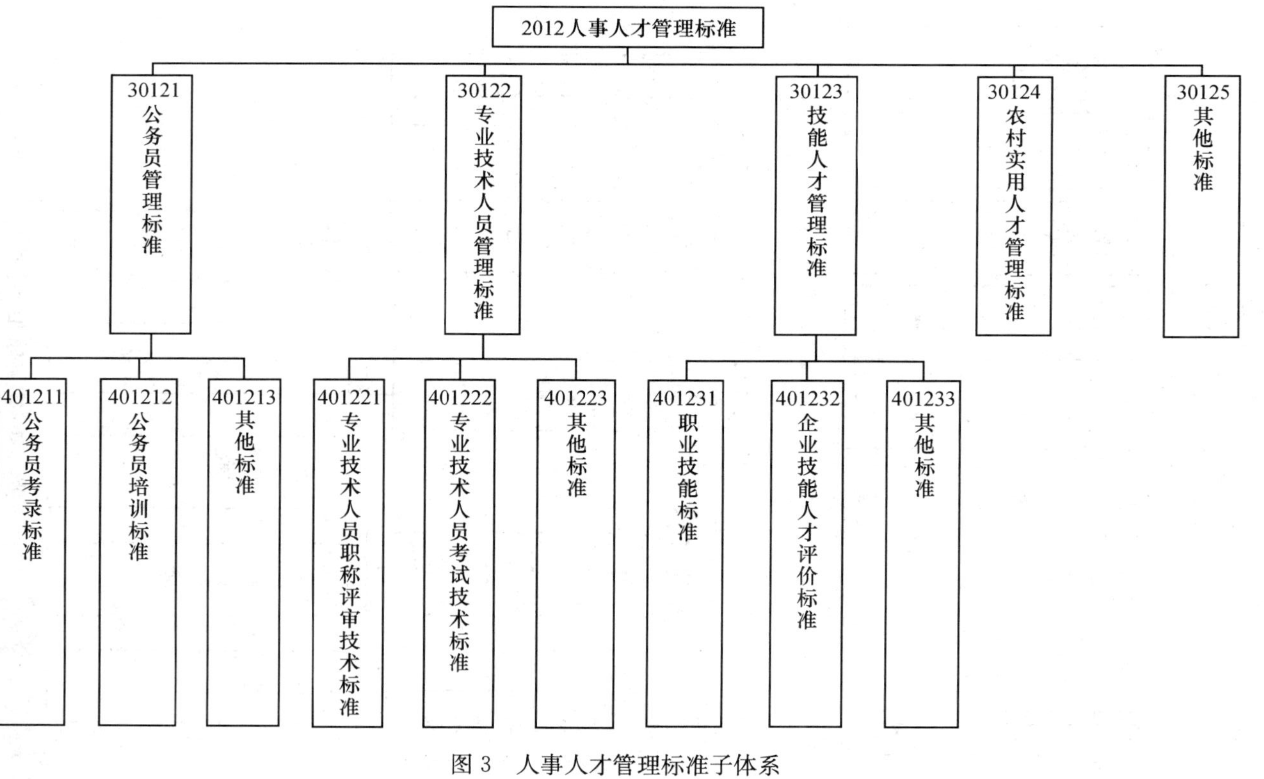

图3 人事人才管理标准子体系

2013经营性人力资源服务标准
30131 人力资源服务通用标准
30132 职业中介服务标准
30133 人才测评标准
30134 劳务派遣标准
30135 人力资源管理咨询标准
30136 人力资源外包标准
30137 高级人才寻访标准
30138 家庭服务标准
30139 其他标准

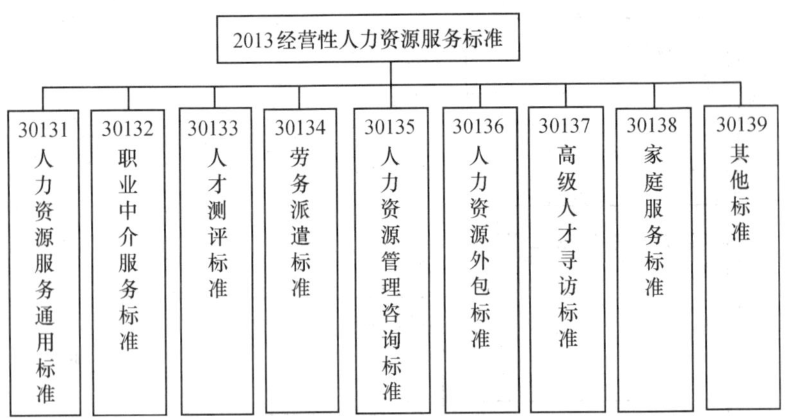

图 4　经营性人力资源服务标准子体系

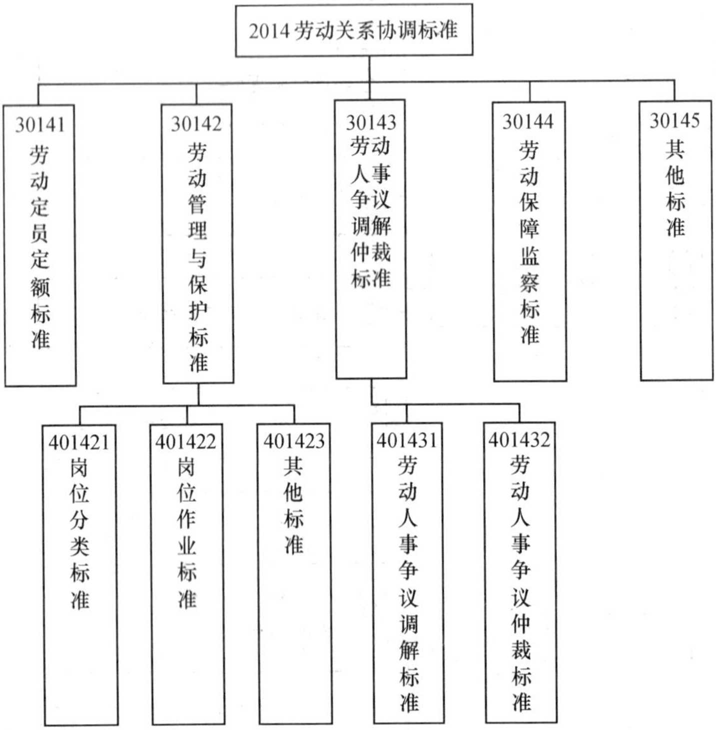

2014劳动关系协调标准
30141 劳动定员定额标准
30142 劳动管理与保护标准
30143 劳动人事争议调解仲裁标准
30144 劳动保障监察标准
30145 其他标准
401421 岗位分类标准
401422 岗位作业标准
401423 其他标准
401431 劳动人事争议调解标准
401432 劳动人事争议仲裁标准

图 5　劳动关系协调标准子体系

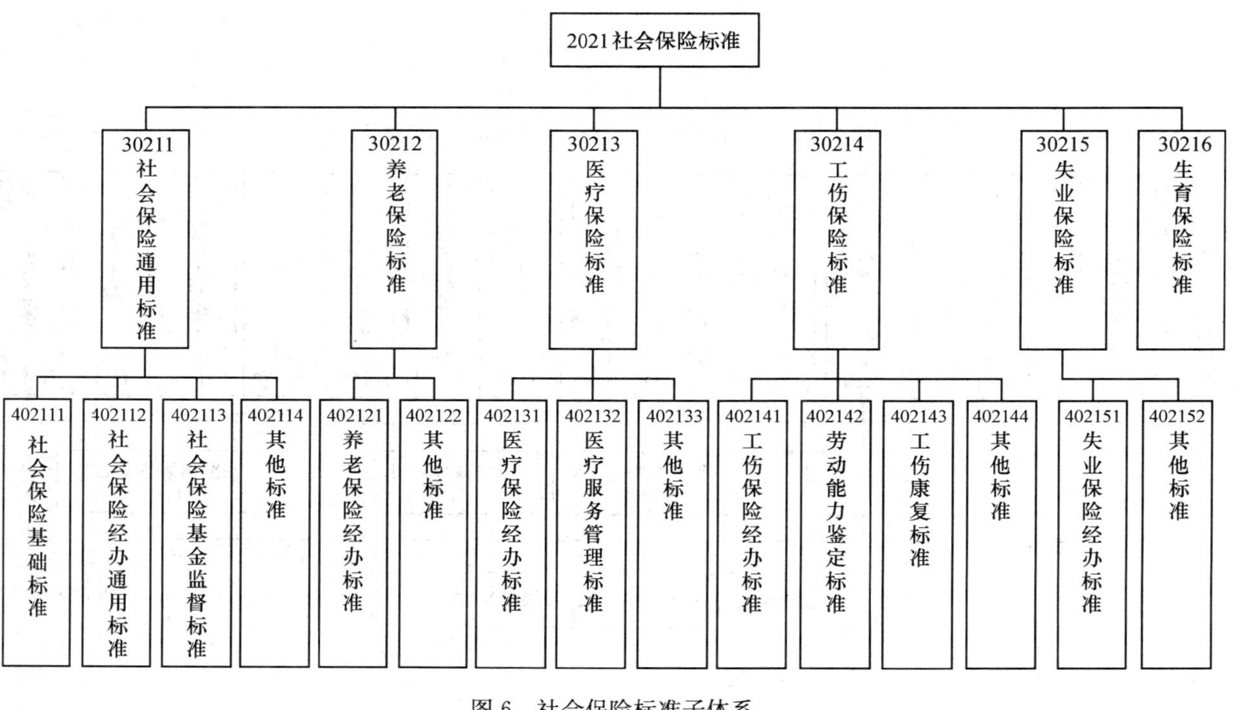

图6　社会保险标准子体系

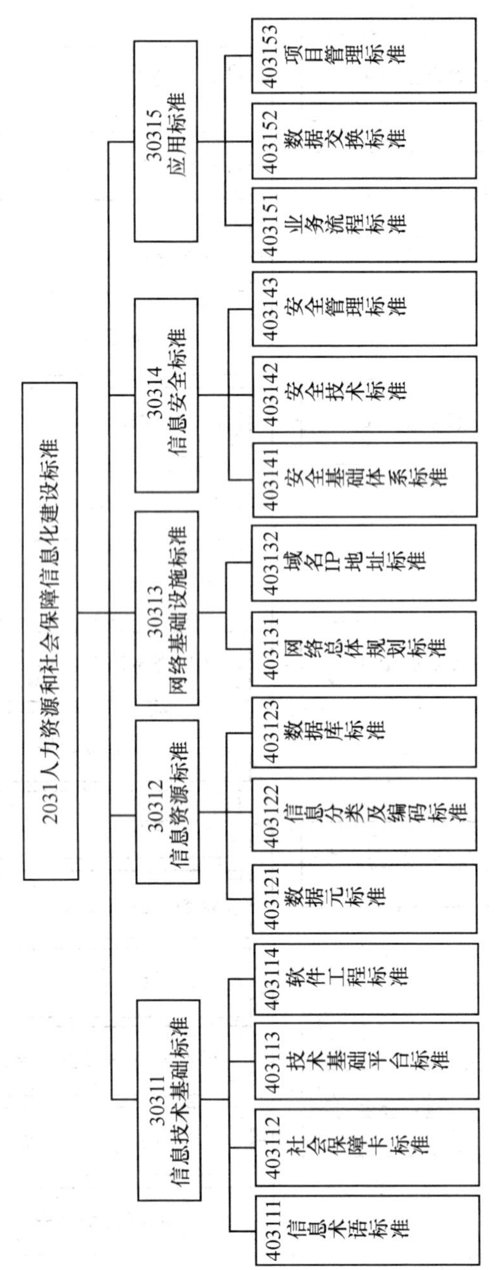

图 7 人力资源和社会保障信息化建设标准子体系

（二）标准明细表

分体系	子体系	细目	标准名称	标准级别	标准性质	标准类别	标准状态
公共就业服务与就业管理标准	公共就业服务与就业管理通用标准		公共就业服务术语	国标	推荐	基础	待制定
			公共就业服务机构设置规范	国标	推荐	管理	待制定
			公共就业服务机构等级评定	国标	推荐	管理	待制定
			公共就业服务绩效考核规范	国标	推荐	管理	待制定
	公共职业介绍与职业指导标准		公共职业介绍服务规范	行标	推荐	服务	待制定
			公共职业指导服务规范	行标	推荐	服务	待制定
	外国人、台港澳人员就业服务标准		外国人、台港澳人员就业服务规范	行标	推荐	服务	待制定
	就业援助服务标准		就业援助服务规范	行标	推荐	服务	待制定
	公共创业服务标准		开业指导服务规范	行标	推荐	服务	待制定
	公共就业培训标准		就业培训服务规范	行标	推荐	服务	待制定
	人力资源和社会保障事务代理标准		人力资源社会保障事务代理服务规范	国标	推荐	服务	待制定
	就业与失业管理标准		就业登记管理规范	行标	推荐	管理	待制定
			失业登记管理规范	行标	推荐	管理	待制定
			就业困难人员登记管理规范	行标	推荐	管理	待制定
			失业预警基本要求	行标	推荐	服务	待制定
			失业人员就业服务基本要求	行标	推荐	服务	待制定

续表

分体系	子体系	细目	标准名称	标准级别	标准性质	标准类别	标准状态
人事人才管理标准	公务员管理标准	公务员考录标准	公务员考试质量要求	国标	推荐	管理	待制定
			公务员考试安全规范	国标	推荐	管理	待制定
		公务员培训标准	公务员培训管理和质量评估	国标	推荐	管理	待制定
	专业技术人员管理标准	专业技术人员职称评审技术标准	专业技术人员职称评审规范	国标	推荐	管理	待制定
		专业技术人员考试技术标准	专业技术人员考试规范	国标	推荐	管理	待制定
	技能人才管理标准	职业技能标准	职业技能培训多媒体课程开发	行标	推荐	技术	已颁布
			职业技能实训和鉴定设备通用技术规范	行标	推荐	技术	已颁布
			“电气维修专业”职业技能实训设备暨“维修电工”职业技能鉴定设备配置规范	行标	推荐	管理	已颁布
			“电梯安装维修工”职业技能实训和鉴定设备技术规范	行标	推荐	技术	已颁布
			“家用电器维修”职业技能实训和鉴定设备配置规范	行标	推荐	管理	已颁布
			“家用电子产品维修工”职业技能实训和鉴定设备技术规范	行标	推荐	技术	已颁布
			“家用电子维修”职业技能实训和鉴定设备配置规范	行标	推荐	管理	已颁布

续表

分体系	子体系	细目	标准名称	标准级别	标准性质	标准类别	标准状态
人事人才管理标准	技能人才管理标准	职业技能标准	“空调机装配工（制冷工）”职业技能实训和鉴定设备技术规范	行标	推荐	技术	已颁布
			“维修电工”职业技能实训和鉴定设备技术规范	行标	推荐	技术	已颁布
			“制冷与空调专业”职业技能实训设备暨“空调机装配工（制冷工）”职业技能鉴定设备配置规范	行标	推荐	管理	已颁布
			机电一体化专业职业技能实训设备暨装配钳工、机修钳工、电机装备工、可编程序控制系统设计师、数控机床维修工职业技能鉴定设备配置	行标	推荐	管理	待制定
			机电一体化专业职业技能实训设备暨装配钳工、机修钳工、电机装备工、可编程序控制系统设计师、数控机床维修工职业技能鉴定设备技术	行标	推荐	技术	待制定
			汽车维修专业职业技能实训设备暨汽车维修工职业技能鉴定设备配置	行标	推荐	管理	待制定
			汽车维修专业职业技能实训设备暨汽车维修工职业技能鉴定设备技术	行标	推荐	技术	待制定

续表

分体系	子体系	细目	标准名称	标准级别	标准性质	标准类别	标准状态
人事人才管理标准	技能人才管理标准	职业技能标准	楼宇自动控制设备安装与维修专业职业技能实训设备暨智能楼宇管理师职业技能鉴定设备配置	行标	推荐	管理	待制定
			楼宇自动控制设备安装与维修专业职业技能实训设备暨智能楼宇管理师职业技能鉴定设备技术	行标	推荐	技术	待制定
			职业技能鉴定（所）站设置规范	行标	推荐	管理	待制定
			职业技能鉴定（所）站等级评定	行标	推荐	管理	待制定
			职业技能鉴定质量督导人员要求	行标	推荐	管理	待制定
			公共实训基地规范	行标	推荐	管理	待制定
		企业技能人才评价标准	企业技能人才考评规范	行标	推荐	管理	待制定
	农村实用人才管理标准		农村实用人才鉴定规范	行标	推荐	管理	待制定

续表

分体系	子体系	细目	标准名称	标准级别	标准性质	标准类别	标准状态
经营性人力资源服务标准经营性人力资源服务标准	人力资源服务通用标准		人力资源服务术语	国标	推荐	基础	在研
			人力资源服务图形标识	国标	推荐	基础	在研
			人才服务机构等级评定	国标	推荐	管理	在研
	职业中介服务标准		人力资源信息服务规范	国标	推荐	服务	在研
			现场招聘会服务规范	国标	推荐	服务	在研
			招聘信息收集规范	国标	推荐	管理	待制定
			招聘信息发布规范	国标	推荐	管理	待制定
			平面媒体招聘服务规范	国标	推荐	服务	待制定
			职业中介机构等级评定	国标	推荐	管理	待制定
			职业中介机构规范	国标	推荐	管理	待制定
			职业介绍服务基本要求	国标	推荐	服务	待制定
			毕业生就业指导服务规范	国标	推荐	服务	在研
			职业生涯规划服务规范	国标	推荐	服务	待制定
			职业心理咨询服务规范	国标	推荐	服务	待制定
			人力资源培训服务规范	国标	推荐	服务	在研
			人力资源培训机构等级评定	国标	推荐	管理	待制定
	人才测评标准		人才测评服务规范	国标	推荐	服务	在研
			人才测评机构等级划分与评定	国标	推荐	管理	待制定
			人才测评工具标准	国标	推荐	技术	待制定
	劳务派遣标准		人才派遣服务规范	国标	推荐	服务	在研
			劳务派遣机构等级评定	国标	推荐	管理	待制定
	人力资源管理咨询标准		人力资源管理咨询服务规范	国标	推荐	服务	待制定

续表

分体系	子体系	细目	标准名称	标准级别	标准性质	标准类别	标准状态
经营性人力资源服务标准经营性人力资源服务标准	人力资源外包标准		人力资源外包服务规范	国标	推荐	服务	在研
			人力资源外包服务机构等级评定	国标	推荐	管理	待制定
			流动人员人事档案管理服务规范	国标	推荐	服务	在研
	高级人才寻访标准		高级人才寻访服务规范	国标	推荐	服务	在研
			高级人才寻访服务机构等级划分与评定	国标	推荐	管理	待制定
	家庭服务标准		家庭服务机构规范	国标	推荐	管理	待制定
			家庭服务合同规范	国标	推荐	服务	待制定
劳动关系协调标准	劳动定员定额标准		工时消耗分类、代号和标准工时构成	国标	推荐	基础	已颁布
			工作抽样方法	国标	推荐	管理	已颁布
			劳动定员定额术语	国标	推荐	基础	已颁布
			轨道交通工程大型设备制造综合劳动定额	国标	推荐	管理	已颁布
			轨道交通工程构件制造劳动定员定额	国标	推荐	管理	已颁布
			劳动定额测时方法	国标	推荐	管理	已颁布
			城市轨道交通劳动定员定额系列标准（共4项）	国标	推荐	管理	已颁布
			烟草工业劳动定额定员　打叶复烤	行标	推荐	管理	已颁布
			青藏高原铁路工程施工工作日长度和构成	行标	推荐	管理	已颁布

续表

分体系	子体系	细目	标准名称	标准级别	标准性质	标准类别	标准状态
劳动关系协调标准	劳动定员定额标准		劳动定员定额标准的结构和编写规则	行标	推荐	管理	已颁布
			铁路劳动定员定额系列标准（路基工程、桥涵工程、隧道工程、轨道工程、给水排水工程等，共13项）	行标	推荐	管理	已颁布
			轨道交通装备制造业劳动定额系列标准（车床加工、镗床加工、铣床加工、插刨机床加工等，共13项）	行标	推荐	管理	已颁布
			建设工程劳动定额系列标准（建筑工程、市政工程、装饰工程、安装工程、园林绿化工程，共30项）	行标	推荐	管理	已颁布
			供电劳动定员	行标	推荐	管理	待修订
			汽车运输劳动定员	行标	推荐	管理	待修订
			运输船舶劳动定员术语系列标准（内河、海洋等）	行标	推荐	管理	待修订
			民航航空定额定员系列标准（空勤人员、航空器维修人员、气象人员、油料人员、航空安全检查人员等，共10项）	行标	推荐	管理	待修订
			冶金劳动定员定额系列标准（冶炼生产、炼钢生产、大型轧钢生产等，共20项）	行标	推荐	管理	待修订

续表

分体系	子体系	细目	标准名称	标准级别	标准性质	标准类别	标准状态
劳动关系协调标准	劳动定员定额标准		烟草工业劳动定额定员系列标准（制丝生产、卷制包装、雪茄烟生产等，共6项）	行标	推荐	管理	待修订
			铁路工业劳动定额系列标准（电机线圈工、冲压工、电机绝缘品工等，共24项）	行标	推荐	管理	待修订
			工作岗位分析法	国标	推荐	管理	在研
			工作岗位评价法	国标	推荐	管理	在研
			工时评定方法	国标	推荐	管理	在研
			工作日写实方法	国标	推荐	管理	在研
			产品机械加工零件岗位分类方法	国标	推荐	管理	在研
			机械冷加工劳动定额系列标准	行标	推荐	管理	待制定
			机械热加工与成型劳动定额系列标准	行标	推荐	管理	待制定
			特种设备操作劳动定额系列标准	行标	推荐	管理	待制定
			表面处理操作劳动定额系列标准	行标	推荐	管理	待制定
			机械设备装配劳动定额　机械设备部件装配	行标	推荐	管理	待制定
			机电设备安装与修理劳动定额　汽车修理	行标	推荐	管理	待制定
			仪器仪表安装与修理劳动定额系列标准	行标	推荐	管理	待制定

续表

分体系	子体系	细目	标准名称	标准级别	标准性质	标准类别	标准状态
劳动关系协调标准	劳动定员定额标准		光机电产品装配劳动定额 光机电精密仪器装配	行标	推荐	管理	待制定
			电力设备运行及维修劳动定额 电安装与维修	行标	推荐	管理	待制定
			铁路专线运输劳动定额系列标准	行标	推荐	管理	待制定
			机械操作劳动定额（起重装卸、索道运输）	行标	推荐	管理	待制定
			铁路调度劳动定额系列标准	行标	推荐	管理	待制定
	劳动管理与保护标准	岗位分类标准	岗位分类、设置和岗位定员指南	国标	推荐	基础	待制定
			专门技能岗位分类	国标	推荐	基础	待制定
			专业技术岗位分类	国标	推荐	基础	待制定
			岗位分类、代码	国标	推荐	基础	待制定
		岗位作业标准	岗位作业系列标准	国标	推荐	工作	待制定
			面谈分析方法	国标	推荐	管理	待制定
		其他标准	观察分析方法	国标	推荐	管理	待制定
			建筑工地农民工宿舍基本要求	行标	推荐	管理	待制定
			农民工综合服务中心基本要求	行标	推荐	管理	待制定
	劳动人事争议调解仲裁标准		劳动人事争议仲裁机构及仲裁庭设置规范	行标	推荐	管理	待制定
			劳动人事争议仲裁员、调解员考核及评价规范	行标	推荐	管理	待制定
			劳动人事争议仲裁委员会办事机构评价规范	行标	推荐	管理	待制定

续表

分体系	子体系	细目	标准名称	标准级别	标准性质	标准类别	标准状态
劳动关系协调标准	劳动人事争议调解仲裁标准		劳动人事争议调解仲裁档案管理	行标	推荐	管理	待制定
			仲裁庭审流程规范	国标	推荐	管理	待制定
	劳动保障监察标准		劳动保障监察机构评价规范	行标	推荐	管理	在研
			劳动保障监察工作质量评价	行标	推荐	管理	待制定
			劳动保障监察案卷管理规范	行标	推荐	管理	待制定
社会保险标准	社会保险通用标准	社会保险基础标准	社会保险基本术语	国标	推荐	基础	待制定
			社会保险标识通则	国标	推荐	基础	待制定
		社会保险经办通用标准	社会保险服务　总则	国标	推荐	服务	在研
			社会保障服务中心设备、设施要求	国标	推荐	管理	在研
			社会保险经办机构分等定级规定	国标	推荐	管理	待制定
			社会保险岗位工作系列规范［行政岗位、登记（审核）岗位、征缴岗位、个人账户管理岗位、待遇审核岗位等］	行标	推荐	工作	待制定
			社会保险经办业务流程　总则	国标	推荐	服务	待制定
			社会保险登记（审核）服务规范	国标	推荐	服务	待制定
			社会保险征缴服务规范	国标	推荐	服务	待制定
			社会保险征缴稽核服务规范	国标	推荐	服务	待制定
			社会保险咨询服务规范	国标	推荐	服务	待制定
			社会保险档案管理规范	国标	推荐	服务	待制定
			社会保障卡（证）管理规范	国标	推荐	服务	待制定

续表

分体系	子体系	细目	标准名称	标准级别	标准性质	标准类别	标准状态
社会保险标准	社会保险通用标准	社会保险经办通用标准	社会保险信息披露规范	国标	推荐	服务	待制定
			社会保险投诉举报处理规范	国标	推荐	服务	待制定
			社会保险经办绩效评价规范	国标	推荐	管理	待制定
			社会保险数据质量管理要求	国标	推荐	管理	待制定
			社会保险基金预算管理业务规范	国标	推荐	管理	待制定
		社会保险基金监督标准	企业年金受托合同规范	行标	推荐	管理	待制定
			企业年金基金账户管理合同规范	行标	推荐	管理	待制定
			企业年金基金投资管理合同规范	行标	推荐	管理	待制定
			企业年金托管合同规范	行标	推荐	管理	待制定
			企业年金基金信息披露基本要求	行标	推荐	管理	待制定
			企业年金数据交换规范	国标	推荐	管理	待制定
	养老保险标准	养老保险经办标准	养老保险个人账户管理规范	国标	推荐	管理	待制定
			养老保险待遇审核服务规范	国标	推荐	服务	待制定
			养老保险待遇支付服务规范	国标	推荐	服务	待制定
			养老保险待遇支付稽核服务规范	国标	推荐	服务	待制定
			退休人员社会化管理服务规范	国标	推荐	服务	待制定
	医疗保险标准	医疗保险经办标准	医疗保险个人账户管理规范	国标	推荐	管理	待制定
			医疗保险待遇支付服务规范	国标	推荐	服务	待制定
			医疗保险待遇支付稽核服务规范	国标	推荐	服务	待制定

续表

分体系	子体系	细目	标准名称	标准级别	标准性质	标准类别	标准状态
社会保险标准	医疗保险标准	医疗服务管理标准	基本医疗保险医药管理服务术语	国标	推荐	基础	待制定
	工伤保险标准	工伤保险经办标准	工伤保险待遇支付服务规范	行标	推荐	服务	待制定
			工伤保险待遇支付稽核服务规范	国标	推荐	服务	待制定
		劳动能力鉴定标准	劳动能力鉴定　职工工伤与职业病致残等级	国标	推荐	管理	已颁布
		工伤康复标准	工伤康复基本术语	行标	推荐	基础	待制定
			工伤康复综合评价	行标	推荐	管理	待制定
			工伤康复诊疗规范	行标	推荐	服务	待制定
			工伤康复服务项目	行标	推荐	服务	待制定
	失业保险标准	失业保险经办标准	失业保险服务规范	国标	推荐	服务	待制定
			失业保险设备设施规范	国标	推荐	管理	待制定
	生育保险标准		生育保险待遇支付服务规范	行标	推荐	服务	待制定
			生育保险待遇支付稽核服务规范	行标	推荐	服务	待制定
人力资源和社会保障信息化建设标准	信息技术基础标准	信息术语标准	人力资源和社会保障信息化术语	行标	推荐	基础	待制定
		社会保障卡标准	社会保障（个人）卡系列规范	行标	推荐	技术	待制定
		技术基础平台标准	业务系统核心平台技术标准	行标	推荐	技术	待制定
		软件工程标准	信息系统开发代码编写规范	行标	推荐	技术	待制定
			金保工程软件开发过程管理指南	行标	推荐	技术	待制定
			金保工程软件工程文档编制规范	行标	推荐	技术	待制定

续表

分体系	子体系	细目	标准名称	标准级别	标准性质	标准类别	标准状态
人力资源和社会保障信息化建设标准	信息技术基础标准	软件工程标准	应用系统集成测试规范	行标	推荐	技术	待制定
			应用系统实施与运行管理规范	行标	推荐	技术	待制定
	信息资源标准	信息分类及编码标准	职业分类与代码	国标	推荐	基础	已颁布
			用人单位用人形式分类与代码	国标	推荐	基础	已颁布
			全国干部、人事管理信息系统指标体系与数据结构　第1部分：指标体系分类与代码	国标	推荐	基础	已颁布
			劳动能力鉴定　职工工伤与职业病致残等级代码	行标	推荐	基础	已颁布
			人力资源和社会保障信息化指标体系	行标	推荐	基础	待制定
			全国人力资源信息分类代码与数据结构	行标	推荐	基础	待制定
			社会保险管理信息系统指标体系	行标	推荐	基础	待制定
			公共就业信息资源目录体系	行标	推荐	基础	待制定
			公共就业服务信息系统指标体系	国标	推荐	制定	待制定
			公共就业信息服务标准	国标	推荐	制定	待制定
			公务员管理信息指标体系	行标	推荐	基础	待制定
			国家荣誉表彰管理信息指标体系	行标	推荐	基础	待制定
			劳动保障监察业务代码	行标	推荐	基础	待制定
			仲裁业务代码	行标	推荐	基础	待制定

续表

分体系	子体系	细目	标准名称	标准级别	标准性质	标准类别	标准状态
人力资源和社会保障信息化建设标准	信息资源标准	信息分类及编码标准	国家医疗保险药品代码、服务项目代码、疾病代码	行标	推荐	基础	待制定
			工伤康复业务分类与代码	行标	推荐	基础	待制定
			社会保险分类与代码	国标	推荐	基础	待制定
			人力资源服务分类与代码	国标	推荐	基础	待制定
			人事考试信息标准	国标	推荐	基础	待制定
			统计业务分类体系与标准	行标	推荐	基础	待制定
			统计台账设计和分类	行标	推荐	基础	待制定
		数据库标准	全国干部、人事管理信息系统指标体系与数据结构　第 2 部分：数据结构	国标	推荐	基础	已颁布
	网络基础设施标准	网络总体规划标准	金保工程网络建设规范	行标	推荐	技术	待制定
		域名 IP 地址标准	IP 地址统一规范	行标	推荐	技术	待制定
			DNS 域名统一规范	行标	推荐	技术	待制定
	信息安全标准	安全基础体系标准	人力资源和社会保障部网络信任体系	行标	推荐	技术	已颁布
			人力资源和社会保障系统等级保护实施规范	行标	推荐	技术	待制定
		安全管理标准	人力资源和社会保障信息安全体系规范	行标	推荐	技术	待制定
			授权管理标准体系	行标	推荐	技术	待制定
	应用标准	业务流程标准	12333 电话咨询服务中心标准规范	行标	推荐	技术	待制定
			政府网站域名规范	行标	推荐	技术	待制定
			网上政务公开设计规范	行标	推荐	技术	待制定
			信息系统业务流程规范	行标	推荐	技术	待制定

续表

分体系	子体系	细目	标准名称	标准级别	标准性质	标准类别	标准状态
人力资源和社会保障信息化建设标准	应用标准	数据交换标准	内网与外网系统数据交换规定	行标	推荐	技术	待制定
			行业内部数据交换格式	行标	推荐	技术	待制定
			行业对外数据交换格式	行标	推荐	技术	待制定
		项目管理标准	金保工程项目管理规范	行标	推荐	技术	待制定
			金保工程项目验收规范	行标	推荐	技术	待制定
			人力资源和社会保障信息化绩效评价标准规范	行标	推荐	技术	待制定

关于印发人力资源和社会保障标准化规划（2011—2015年）的通知

人社部发［2012］6号

各省、自治区、直辖市及新疆生产建设兵团人力资源社会保障厅（局），各副省级市人力资源社会保障局，福建省、厦门市公务员局，部属各单位，公务员局：

为贯彻落实党的十七大和十七届五中、六中全会精神，依据《人力资源和社会保障事业发展“十二五”规划纲要》，我部组织制定了《人力资源和社会保障标准化规划（2011—2015年）》。现印发给你们，请结合实际认真贯彻执行。

2012年1月17日

人力资源和社会保障标准化规划（2011—2015年）

为充分发挥标准化工作的作用，保障人力资源和社会保障事业全面协调可持续发展，根据《人力资源和社会保障事业发展“十二五”规划纲要》，编制《人力资源和社会保障标准化规划（2011—2015年）》，主要阐明“十二五”时期人力资源和社会保障标准化工作的指导思想、基本原则、总体目标、主要任务、保障措施等，指导未来五年人力资源和社会保障标准化工作顺利开展。

一、规划背景

标准化是促进人力资源和社会保障事业科学发展、提高公共服务质量的重要技术支撑。“十一五”时期，人力资源和社会保障标准化工作取得突出成绩。截至“十一五”末，人力资源和社会保障领域已颁布国家标准 15 项，行业标准 231 项，标准制定（修订）成效显著。但是，从整体上看，人力资源和社会保障标准化工作仍处于起步阶段，存在标准数量较少、标龄较长、标准结构不合理等问题，还不能适应人力资源和社会保障的新形势和新要求，“十二五”期间必须进一步解放思想，继续加大工作力度，推动人力资源和社会保障标准化工作取得突破性进展。

二、指导思想

以邓小平理论和“三个代表”重要思想为指导，深入贯彻落实科学发展观，以提升人力资源和社会保障公共服务能力为导向，坚持“民生为本、人才优先”的主线，进一步完善标准体系，加大标准宣传贯彻力度，推进公共服务标准化建设进程，有效发挥标准化对人力资源和社会保障事业的基础保障作用，为开创人力资源和社会保障事业发展新局面提供有力支撑。

三、基本原则

（一）整体推进。着眼于人力资源和社会保障工作的整体性，统一规划，整体推进，努力做到各个领域标准化工作相互协调、全面提升。

（二）适度超前。促进标准化工作与事业发展、科技创新相结合，提高标准的技术含量和前瞻性，支撑人力资源和社会保障事业未来发展。

（三）重点突破。集中力量尽快制定一批工作中急需、质量水平较高的标准，为实现人力资源和社会保障工作新发展提供保障。

（四）务求实效。把标准的应用效果作为标准化工作重要评价指标。加大已制定（修订）标准的推广实施力度，通过宣传培训、试点示范、督促检查等多种手段促进标准的落实。

四、总体目标

到 2015 年年底，实现以下目标：

（一）制定（修订）一批重要标准。制定（修订）146 项国家标准和行业标准，标准覆盖所有重点领域，与人力资源和社会保障法律、法规、制度体系相辅相成的标准体系初步建立。

（二）提升标准实施水平。通过加强宣传贯彻、开展试点示范、督促检查等方式，建立常态化、可量化、制度化的标准实施机制，启动一批标准化试点，标准化技术支撑作用得到充分发挥。

（三）完善标准化工作机制。推动标准化技术委员会秘书处配备专（兼）职工作人员，省级人力资源社会保障部门应建立或明确标准化负责机构，明确职责，完善工作机制。

五、主要任务

（一）完善人力资源和社会保障标准体系

进一步完善人力资源和社会保障标准体系，加快构建人力资源、社会保险等业务领域的专项标准体系框架，及时指导标准化工作实践。

（二）推动重点领域标准制定（修订）工作

制定业务支撑标准。以社会保障一卡通为重点，制定相关信息资源、安全及应用标准，为发行全国统一的社会保障卡提供技术保障，推动建设覆盖全国、连通城乡、安全可靠的信息系统。

制定人力资源和社会保障业务领域标准。制定统一的人力资源市场服务等规范，整合劳动力市场和人才市场标准；制定（修订）劳动定员定额、工作条件、劳动合同、集体合同等标准，切实维护劳动者合法权益；制定社会保险基础工作平台和经办业务标准，提升社会保险经办能力和效率。

（三）加大标准复审力度

对现有标准开展复审工作，对不能满足经济社会发展需要的标准及时予以修订或废止，优化标准结构。

建立标准复审的常态工作机制，使复审工作制度化、规范化，标龄控制一般在 5 年以内。

（四）构建标准实施推广机制

加大标准宣传贯彻力度，通过召开动员会、举办培训班等方式，提高人力资源和社会保障系统内部的标准化意识；利用网站、报刊等媒体，加大标准化工作对外宣传力度。

制定标准实施情况监督检查和评估管理办法，完善监督检查工作机制，提高标准实施质量。

（五）支持和引导地方标准化工作

加强对地方标准化工作的指导，推动指导省级人力资源和社会保障部门建立标准化专门机构，通过专家指导等方式，确保地方标准与国家标准、行业标准之间的配套与衔接，积极引导各地参与国家标准和行业标准制定（修订）工作。

（六）逐步开展标准化试点工作

选择一批公共服务机构作为国家级服务业标准化试点项目，在此基础上总结经验、逐步推广，通过示范作用全面带动我国人力资源和社会保障标准化工作水平的整体提升。

六、保障措施

（一）加强对标准化工作的领导

部属业务单位、标准化技术委员会和省级人力资源社会保障部门要加强对标准化工作的领导，结合实际，制订具体的标准化工作计划，推动规划的贯彻落实。

（二）强化标准化技术组织建设

适时建立全国公共就业服务、人事考试等标准化技术委员会或分技术委员会。标准化技术委员会要加强制度建设和秘书处日常管理，优化委员专家队伍，保障标准化技术委员会的有效运转。

（三）培养高素质标准化人才队伍

把相关行业协会、科研院所、公共服务机构和企业的专家聚集起来，建立标准化专家库。每年举办标准化培训班或研讨会，普及标准化知识，尽快在系统内形成一支既精通业务、又熟悉标准化工作的骨干队伍。

（四）拓宽标准化工作经费筹措渠道

加大财政对人力资源和社会保障标准制定（修订）工作的经费支持力度，积极争取相关部门对人力资源和社会保障标准化工作的经费支持。建立以政府投入为导向、社会投入为补充的多元化的资金筹措机制，拓宽标准化工作资金来源渠道。

（五）开展标准化基础理论研究

开展人力资源和社会保障公共服务标准化基础理论和重要领域国际标准跟踪研究，对拟制定的重点标准开展预研究。探索人力资源和社会保障标准化工作方法，总结相关经验并形成理论研究成果。

（六）广泛参与国际合作和交流

建立与国际劳工组织、国际标准化组织和发达国家的人力资源和社会保障标准信息交流与合作渠道，跟踪了解人力资源和社会保障标准化发展动向，积极借鉴国际先进经验。

附件：人力资源和社会保障制定（修订）标准项目（2011—2015年）

附件：

人力资源和社会保障制定（修订）标准项目（2011—2015年）

标准领域	分体系	序号	标准名称	标准性质	标准类别	制定/修订	承担单位	制定/修订时间
人力资源和社会保障业务支撑标准	基础标准	1	基层（县以下）人力资源和社会保障综合服务中心设施设备	推荐	国标	制定	规划司、就业司、社保中心	2013
		2	人力资源和社会保障图形标识	推荐	行标	制定	规划司、就业司、市场司、社保中心	2012
		3	人力资源市场服务术语	推荐	国标	制定	规划司、就业司、市场司	2015
		4	人力资源市场机构基本要求	推荐	国标	制定	规划司、就业司、市场司	2015
		5	人力资源市场服务规范	推荐	国标	制定	规划司、就业司、市场司	2015
	人力资源和社会保障信息化建设标准	6	公共就业和人才服务信息系统指标体系	推荐	国标	制定	就业司、信息中心	2014
		7	劳动用工备案管理信息指标体系	推荐	行标	制定	劳动关系司、信息中心	2013
		8	劳动用工信息交换规范	推荐	行标	制定	劳动关系司、信息中心	2013
		9	劳动保障监察管理信息系统指标体系	推荐	行标	制定	劳动监察局、信息中心	2015
		10	劳动保障监察指挥中心建设技术规范	推荐	行标	制定	劳动监察局、信息中心	2015

续表

标准领域	分体系	序号	标准名称	标准性质	标准类别	制定/修订	承担单位	制定/修订时间
人力资源和社会保障业务通用及支撑标准	人力资源和社会保障信息化建设标准	11	劳动人事争议仲裁管理信息系统指标体系	推荐	行标	制定	调解仲裁司、信息中心	2015
		12	公务员管理信息指标体系	推荐	行标	制定	公务员局、信息中心	2012
		13	人事考试信息规范	推荐	行标	制定	人事考试中心	2012
		14	社会保险管理信息系统指标体系	推荐	行标	制定	社保中心、信息中心	2013
		15	社会保障（个人）卡系列规范	推荐	行标	制定	信息中心	2014
		16	人力资源社会保障电话咨询服务标识	推荐	行标	制定	信息中心	2012
		17	12333电话咨询服务中心标准规范	推荐	行标	制定	信息中心	2014
		18	人力资源社会保障公共服务信息资源库分类和编码规范	推荐	行标	制定	信息中心	2012
		19	人力资源信息分类代码与数据结构	推荐	行标	制定	信息中心	2013
		20	人力资源社会保障管理信息系统信息结构通则	推荐	行标	制定	信息中心	2013
		21	网上政务公开设计规范	推荐	行标	制定	信息中心	2012
		22	DNS域名统一规范	推荐	行标	修订	信息中心	2014

续表

标准领域	分体系	序号	标准名称	标准性质	标准类别	制定/修订	承担单位	制定/修订时间
人力资源和社会保障业务通用及支撑标准	人力资源和社会保障信息化建设标准	23	金保工程交换区统一应用软件实施标准规范	推荐	行标	制定	信息中心	2015
		24	人力资源和社会保障电子认证体系规范	推荐	行标	修订	信息中心	2015
		25	数据中心运维管理规范	推荐	行标	制定	信息中心	2015
		26	人力资源和社会保障授权管理标准体系	推荐	行标	制定	信息中心	2015
		27	人力资源和社会保障信息安全体系规范	推荐	行标	制定	信息中心	2015
人力资源标准	公共就业人才服务管理标准	28	公共就业和人才服务术语	推荐	国标	制定	就业司	2012
		29	公共就业和人才服务机构标识	推荐	国标	制定	就业司	2012
		30	公共就业和人才服务总则	推荐	国标	制定	就业司、就业指导中心	2012
		31	公共就业和人才服务中心设备要求	推荐	国标	制定	就业司、就业指导中心	2012
		32	职业指导服务规范	推荐	国标	制定	就业司、就业指导中心	2013
		33	职业介绍服务规范	推荐	国标	制定	就业司	2015
		34	毕业生就业指导服务规范	推荐	国标	制定	就业司、人才交流中心	2012
		35	就业援助服务规范	推荐	国标	制定	就业司	2015

续表

标准领域	分体系	序号	标准名称	标准性质	标准类别	制定/修订	承担单位	制定/修订时间
人力资源标准	公共就业人才服务管理标准	36	就业登记管理服务规范	推荐	国标	制定	就业司	2013
		37	失业登记管理服务规范	推荐	国标	制定	就业司、失业司	2013
		38	失业人员就业服务基本要求	推荐	国标	制定	失业司	2015
		39	失业预警工作规范	推荐	国标	制定	失业司	2015
		40	开业指导规范	推荐	国标	制定	就业司、技术指导中心	2012
		41	人力资源社会保障事务代理服务规范	推荐	国标	制定	就业司、人才中心	2012
		42	社会人员人事档案管理规范	推荐	国标	制定	就业司、人才中心	2013
		43	职业技能实训基地建设规范	推荐	行标	制定	职业能力司、技术指导中心	2013
		44	机床切削加工职业技能实训设备配置规范	推荐	行标	制定	技术指导中心	2012
		45	机床切削加工职业技能实训设备技术规范	推荐	行标	制定	技术指导中心	2012
		46	钳加工职业技能实训设备配置规范	推荐	行标	制定	技术指导中心	2012
		47	钳加工职业技能实训设备技术规范	推荐	行标	制定	技术指导中心	2013
		48	数控加工职业技能实训设备配置规范	推荐	行标	制定	技术指导中心	2013

续表

标准领域	分体系	序号	标准名称	标准性质	标准类别	制定/修订	承担单位	制定/修订时间
人力资源标准	公共就业人才服务管理标准	49	数控加工职业技能实训设备技术规范	推荐	行标	制定	技术指导中心	2013
		50	汽车维修职业技能实训设备配置规范	推荐	行标	制定	技术指导中心	2013
		51	汽车维修职业技能实训设备技术规范	推荐	行标	制定	技术指导中心	2014
		52	机电一体化职业技能实训设备配置规范	推荐	行标	制定	技术指导中心	2014
		53	机电一体化职业技能实训设备技术规范	推荐	行标	制定	技术指导中心	2014
		54	楼宇自动控制设备安装与维护职业技能实训设备配置规范	推荐	行标	制定	技术指导中心	2014
		55	楼宇自动控制设备安装与维护职业技能实训设备技术规范	推荐	行标	制定	技术指导中心	2012
	经营性人力资源服务标准	56	人力资源服务术语	推荐	国标	制定	人力资源标委会、市场司	2012
		57	人力资源服务图形标识	推荐	国标	制定	人力资源标委会、规划司、市场司	2012
		58	人力资源服务机构等级评定	推荐	国标	制定	人力资源标委会、市场司	2013
		59	人力资源服务分类与代码	推荐	国标	制定	人力资源标委会、市场司	2015
		60	人力资源服务业务代码	推荐	国标	制定	人力资源标委会、市场司	2015

续表

标准领域	分体系	序号	标准名称	标准性质	标准类别	制定/修订	承担单位	制定/修订时间
人力资源标准	经营性人力资源服务标准	61	人力资源培训服务规范	推荐	国标	制定	人力资源标委会、市场司	2012
		62	人力资源网站服务规范	推荐	国标	制定	人力资源标委会、市场司	2013
		63	人力资源管理咨询服务规范	推荐	国标	制定	人力资源标委会、市场司	2012
		64	职业生涯规划服务规范	推荐	国标	制定	人力资源标委会、市场司	2012
		65	职业心理咨询服务规范	推荐	国标	制定	人力资源标委会、市场司	2012
		66	人才测评服务规范	推荐	国标	制定	人力资源标委会、市场司	2013
		67	人才测评机构等级划分与评定	推荐	国标	制定	人力资源标委会、市场司	2015
		68	人才测评工具质量要求	推荐	国标	制定	人力资源标委会、市场司	2015
		69	现场招聘会服务规范	推荐	国标	制定	人力资源标委会、市场司	2013
		70	平面媒体招聘服务规范	推荐	国标	制定	人力资源标委会、市场司	2014
		71	高级人才寻访服务机构等级划分与评定	推荐	国标	制定	人力资源标委会、市场司	2014
		72	劳务派遣机构基本要求	强制	国标	制定	劳动关系司、劳科院	2012
		73	劳务派遣服务规范	推荐	国标	制定	劳科院、人才中心	2012
		74	劳务派遣服务评价要求	推荐	国标	制定	劳科院	2013

续表

标准领域	分体系	序号	标准名称	标准性质	标准类别	制定/修订	承担单位	制定/修订时间
人力资源标准	经营性人力资源服务标准	75	劳务派遣行业协会服务规范	推荐	国标	制定	劳科院	2015
		76	劳务派遣单位等级划分与评定	推荐	国标	制定	劳科院、劳动关系司	2015
		77	家庭服务规范	推荐	行标	制定	农民工司	2013
		78	家庭服务机构规范	推荐	行标	制定	农民工司	2014
	劳动关系协调标准	79	劳动保障监察机构评价规范	推荐	行标	制定	劳动监察局	2012
		80	劳动保障监察执法规范	推荐	行标	制定	劳动监察局	2014
		81	劳动人事争议仲裁院效能建设评价规范	推荐	行标	制定	调解仲裁司	2013
		82	劳动人事争议仲裁员考核规范	推荐	行标	制定	调解仲裁司	2013
		83	劳动人事争议调解仲裁档案管理规范	推荐	行标	制定	调解仲裁司	2014
		84	劳动合同规范	推荐	国标	制定	劳动关系司	2012
		85	集体合同规范	推荐	国标	制定	事业单位管理司	2012
		86	集体合同审查流程规范	强制	国标	制定	劳动关系司	2012
		87	事业单位聘用合同规范	推荐	国标	制定	劳动关系司	2012
		88	劳动用工管理规范	推荐	国标	制定	劳动关系司	2013
		89	劳务派遣用工报备规范	强制	国标	制定	劳动关系司	2014

续表

标准领域	分体系	序号	标准名称	标准性质	标准类别	制定/修订	承担单位	制定/修订时间
人力资源标准	劳动关系协调标准	90	劳动用工备案服务规范	推荐	国标	制定	劳动关系司	2014
		91	面谈分析方法	推荐	国标	制定	劳动管理与保护标委会	2012
		92	观察分析方法	推荐	国标	制定	劳动管理与保护标委会	2012
		93	工作标准编写方法	推荐	国标	制定	劳动管理与保护标委会	2012
		94	企业岗位设置和岗位定员指南	推荐	国标	制定	劳动管理与保护标委会	2013
		95	专门技能岗位分类	推荐	国标	制定	劳动管理与保护标委会	2014
		96	专业技术岗位分类	推荐	国标	制定	劳动管理与保护标委会	2013
		97	企业岗位作业系列标准	推荐	国标	制定	劳动管理与保护标委会	2015
		98	产品机械加工零件分类方法	推荐	国标	制定	定员定额标委会	2012
		99	工时评定方法	推荐	国标	制定	定员定额标委会	2012
		100	供电劳动定额	推荐	行标	修订	定员定额标委会	2013
		101	民航岗位定员	推荐	行标	修订	定员定额标委会	2013
		102	数控加工工时定额	推荐	行标	制定	定员定额标委会	2013
		103	电站锅炉制造工时定额	推荐	行标	制定	定员定额标委会	2013
		104	工业锅炉制造工时定额	推荐	行标	修订	定员定额标委会	2014

续表

标准领域	分体系	序号	标准名称	标准性质	标准类别	制定/修订	承担单位	制定/修订时间
人力资源标准	劳动关系协调标准	105	商用车制造工时定额（系列标准）	推荐	行标	制/修订	定员定额标委会	2014
		106	乘用车制造工时定额（系列标准）	推荐	行标	制/修订	定员定额标委会	2013
		107	电缆制造工时定额（系列标准）	推荐	行标	制/修订	定员定额标委会	2015
		108	铁路工业劳动定额（系列标准）	推荐	行标	制/修订	定员定额标委会	2015
社会保险标准	社会保险通用标准	109	企业年金基金数据交换规范	推荐	国标	制定	基金监督司	2012
		110	社会保险基金预算管理业务规范	推荐	国标	制定	社保中心	2013
		111	社会保险术语　基础术语部分	推荐	国标	制定	社保中心	2012
		112	社会保险术语　医疗保险部分	推荐	国标	制定	社保中心、医保司	2012
		113	社会保险术语　养老保险部分	推荐	国标	制定	社保中心、养老司	2012
		114	社会保险术语　工伤保险部分	推荐	国标	制定	社保中心、工伤司	2013
		115	社会保险术语　失业保险部分	推荐	国标	制定	社保中心、失业司	2014
		116	社会保险术语　生育保险部分	推荐	国标	制定	社保中心、医保司	2013
		117	社会保险业务档案管理规范	推荐	国标	制定	社保中心	2012

续表

标准领域	分体系	序号	标准名称	标准性质	标准类别	制定/修订	承担单位	制定/修订时间
社会保险标准	社会保险通用标准	118	社会保险核心业务数据质量规范	推荐	国标	制定	社保中心	2013
		119	社会保险信息披露要求	推荐	国标	制定	社保中心	2013
		120	社会保险经办机构分等定级规范	推荐	国标	制定	社保中心	2013
		121	社会保险服务总则	推荐	国标	制定	社保中心	2011
		122	社会保障服务中心设施设备要求	推荐	国标	制定	社保中心	2011
		123	社会保险经办业务流程　总则	推荐	国标	制定	社保中心	2013
		124	社会保险登记（审核）服务规范	推荐	国标	制定	社保中心	2013
		125	社会保险征缴稽核业务规范	推荐	国标	制定	社保中心	2012
		126	社会保险申报缴纳管理规范	推荐	国标	制定	社保中心	2014
		127	社会保险咨询服务规范	推荐	国标	制定	社保中心	2014
		128	社会保险经办绩效评价规范	推荐	国标	制定	社保中心	2015
		129	社会保险精算业务规范	推荐	行标	制定	社保中心	2015
		130	社会保险岗位分类与代码	推荐	国标	制定	社保中心、信息中心	2013
		131	社会保险业务分类与代码	推荐	国标	制定	社保中心、信息中心	2013

续表

标准领域	分体系	序号	标准名称	标准性质	标准类别	制定/修订	承担单位	制定/修订时间
社会保险标准	养老保险标准	132	新型农村养老保险服务规范	推荐	国标	制定	社保中心、农保司	2014
		133	养老保险个人账户管理规范	推荐	国标	制定	社保中心	2015
		134	养老保险待遇支付稽核业务规范	推荐	国标	制定	社保中心	2015
		135	养老保险待遇支付服务规范	推荐	国标	制定	社保中心	2015
	医疗保险标准	136	国家医疗保险服务项目代码	推荐	行标	制定	医保研究会、医保司	2012
		137	基本医疗保险药品代码	推荐	行标	制定	医保研究会、医保司	2012
		138	医疗保险待遇享受稽核业务规范	推荐	国标	制定	社保中心	2015
	工伤保险标准	139	工伤康复诊疗规范	推荐	行标	制定	工伤司	2012
		140	工伤康复服务项目	推荐	行标	制定	工伤司	2012
		141	工伤保险职业康复规范	推荐	行标	制定	工伤司	2013
		142	工伤康复基本术语	推荐	行标	制定	工伤司	2013
		143	劳动能力鉴定 职工工伤与职业疾病致残等级	推荐	国标	修订	工伤司	2012
		144	工伤康复业务分类与代码	推荐	行标	制定	工伤司	2013
		145	工伤康复综合评价	推荐	行标	制定	工伤司	2013
	失业保险标准	146	失业保险服务规范	推荐	国标	制定	失业司	2012

关于贯彻实施
社会保险服务总则和社会保障服务中心设施设备要求国家标准的通知

人社部发［2012］10号

各省、自治区、直辖市人力资源和社会保障厅（局）、新疆生产建设兵团人力资源和社会保障局：

根据中华人民共和国国家标准2011年第23号公告，国家标准《社会保险服务　总则》和《社会保障服务中心设施设备要求》已通过国家质量监督检验检疫总局、国家标准化管理委员会审查批准，编号分别为GB/T 27768—2011和GB/T 27769—2011，自2012年2月1日开始实施。现就这两项国家标准宣传贯彻实施的有关事项通知如下：

一、充分认识贯彻实施社会保险国家标准的重要意义。加快社会保险标准化建设是加强和创新社会管理，实现公共服务均等化的基础性工作，也是实现社会保险管理服务规范化和信息化，推动和促进社会保险事业健康发展的必由之路。《国民经济和社会发展第十二个五年规划纲要》把实现社会保障精确管理作为“十二五”期间的一项重要任务，标准化是实现精确管理的关键要素之一。两个标准作为首批社会保险领域国家标准，填补了社会保险国家标准的空白，标志着社会保险工作由经验型服务开始向标准化服务的转变。贯彻实施好这两个国家标准对于完善社会保险服务、实现政府公共服务均等化、推进社会保障基础设施建设都具有重要的现实意义和深远的历史意义。

二、以改进服务为主旨，认真贯彻实施服务总则。《社会保险服务　总则》规定了社会保险服务的基本原则，以及服务体系、服务保障、服务提供、服务监督、评价与改进的基本要求，是社会保险标准体系的总纲，也是社会保险标准化建设顶层设计的重要内容。各地要认真对照总则的要求，结合“创先争优”活动，开展自查活动，寻找差距和不足，补齐服务项目，明确服务内容，健全社会保险服务体系。现有服务已高于或达到总则要求的，要继续坚持，努力向更高标准迈进；尚未达到总则要求的，要制定完善和改进的措施，并认真贯彻落实。今后要把贯彻实施总则情况作为社会保险经办优质服务窗口评选活动的重要依据。

三、以打造品牌为核心，认真贯彻实施服务中心建设标准。《社会保障服务中心设施设备要求》规定了社会保障服务中心的术语和定义、选址、建筑面积、功能区、服务与办公设施、设备配置及标志要求。建设统一、规范的社会保障服务中心是统一服务形象、规范服务行为的重要内容，也是打造社会保险服务品牌的重要举措。各地要以县级及以上社会保障服务中心建设为重点，全面贯彻实施本国家标准。已经建成的社会保障服务中心，要对照检查功能区配置、服务与办公设施、设备配置及标志情况，逐步改进完善，向国家标准靠齐；正在建设的社会保障服务中心，要根据标准调整设计方案和施工方案；尚未建设社会保障服务中心的地区，要积极向党委、政府和有关部门汇报，争取立项建设。立项后，要严格按照标准开展项目设计、布局和建设。

四、加强指导检查，促进两项国家标准的贯彻实施。各地要认真研究制定标准推广实施方案，指导各级经办机构贯彻实施标准。作为贯彻实施两个国家标准的第一步，各地要立即全面开展标准所要求的服务项目，在社会保险经办服务场所悬挂统一的中国社会保险标志，在经办服务大厅按照统一的样式规格和规定设置导向性标志和功能性标志。部里将在适当时机组织专家评估标准实施效果，对实施效果突出的单位予以表彰，各地人力资源社会保障厅（局）要将标准贯彻实施情况列入主要业务工作年度考核指标。各地要在 2012 年 6 月 30 日前将标准推广实施方案报送部社会保险事业管理中心。

五、以贯彻实施两个国家标准为契机，加快社会保险标准制定步伐。社会保险标准化建设要形成以国家标准为引领，以行业标准为重点，以地方标准为补充的社会保险标准格局。当前，社会保险标准数量少已经成为加快社会保险标准化建设的瓶颈。各地要结合刚刚印发的《人力资源和社会保障标准化规划（2011—2015 年）》（人社部发［2012］6 号）确定的指导思想和基本原则，以贯彻实施两个国家标准为契机，积极参加国家标准和行业标准的研究制定工作，对国家标准或行业标准制定条件尚不成熟的，各地可以先行研究制定地方标准，争取在五年内形成社会保险标准体系框架，取得标准化工作的突破性进展。当前要按照急用先立的原则，重点加快社会保险领域基础标准、通用标准和经办工作中急需的专业标准的制定工作。要积极争取标准化业务主管部门支持，发挥专家作用，探索借助社会机构的资金、技术、经验等力量共同推动社会保险标准化工作。

六、采取多种形式，开展社会保险标准宣传和培训。要制定常规报道与重点报道相结合的新闻宣传方案，采取新闻发布会、电视专题节目等形式进行深度报道，广泛宣传实施社会保险标准化建设的目的、意义、措施和效果，提升参保企业和个人对社会保险标准化的认知度，扩大社会保险品牌效应。要切实加强国家标准和标准化知识培训，采取多种方式，有计划、分层次地做好培训工作。

社会保险标准化建设是全新的工作、全新的任务，各地要切实加强对这项工作的领导，明确职能部门，配备得力人员，保障相应的工作经费。各地在贯彻实施两个国家标准和开展社会保险标准化建设过程中遇到的情况和问题，请及时与部社会保险事业管理中心联系。

2012 年 2 月 2 日

关于印发社会保险标准体系的通知

人社险中心函［2010］86号

各省、自治区、直辖市社会保险经办机构，新疆生产建设兵团社会保险基金管理中心：

今年7月，我部下发了《关于印发人力资源和社会保障标准体系的通知》（人社部发［2010］53号），该文件是今后一段时间人力资源和社会保障系统推行标准化建设的重要指南，其中有关社会保险的标准共91项，国家标准有40项，行业标准有51项。为便于社会保险经办系统推进社会保险标准化工作，我们将其中有关社会保险标准的部分抽取出来，形成社会保险标准体系（如图1所示），现予以印发。并就贯彻执行，提出如下要求：

一、高度重视社会保险标准体系的贯彻执行。社会保险标准体系是开展社会保险标准化工作的纲领性文件，是研究制定社会保险标准的指南。各地要认真组织学习，领会其精神，并在省、自治区、直辖市人力资源社会保障厅局社会保险标准化建设领导小组的领导下，将贯彻执行社会保险标准体系作为当前社会保险“三化”建设的一项重要工作来抓，制定专门规划，组织专门班子，保障工作经费，有步骤、有重点地推进。

二、积极参与社会保险国家标准研究制订工作。推进社会保险标准化工作，要按照《关于开展社会保险标准化工作的指导意见》（人社厅发［2010］41号）中确定的原则，统筹规划，有序推进。为有针对性地做好下一步社会保险国家标准的制定工作，请各地从社会保险标准体系中，选出至少五个当前急需制定的社会保险标准并说明原因。在统筹考虑各地意见的基础上，我们将研究制定近五年社会保险

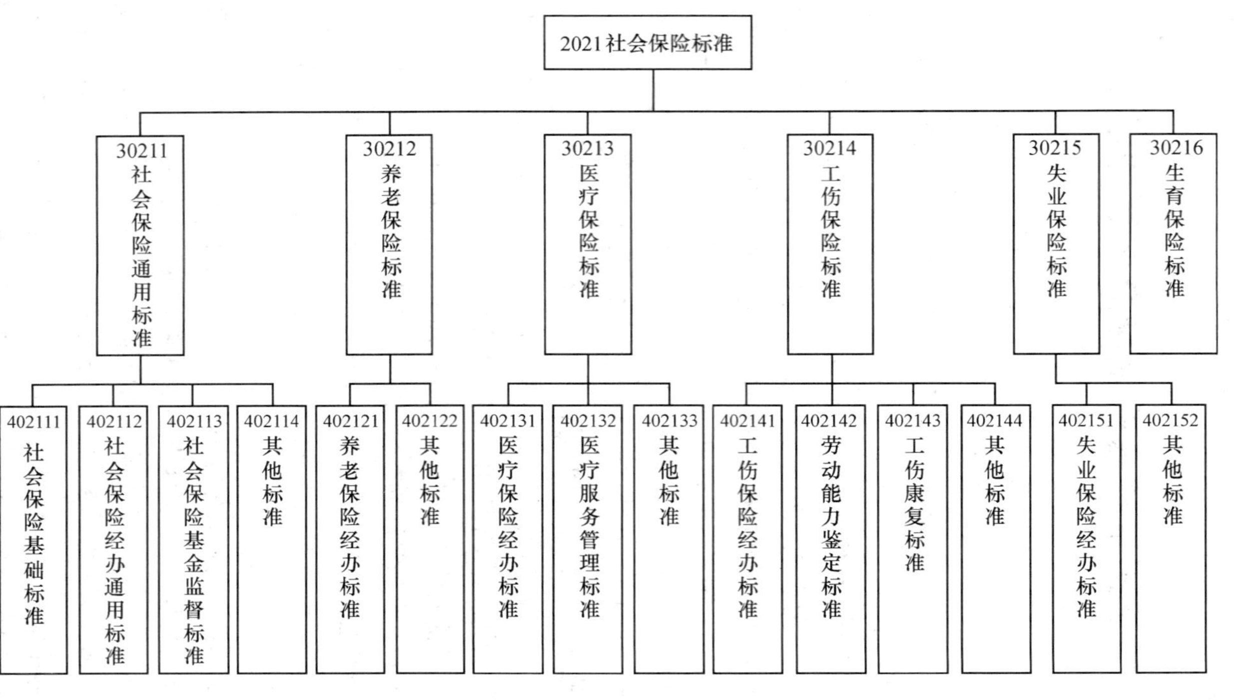

图1 社会保险标准子体系

国家标准和行业标准研究制订计划，经部领导同意后通过全国社会保险标委会向国家标准委申报。国家标准委批准后，我们将成立若干工作组，启动有关标准的研究制定工作。要依据实际，挑选本地具有一定工作基础的标准，报名或推荐本省（自治区、直辖市）内经办机构参加工作组，经批准后开展标准研究制定工作。请于 2010 年 11 月 15 日前将当前急需制定的社会保险标准报全国社会保险标准化技术委员会秘书处。

三、鼓励研究制定社会保险地方标准。对于社会保险标准体系尚未列入，实际工作中确需制定的标准，各地可组织力量先行研究制定地方标准。各地拟自行研究制定的社会保险地方标准，要报我中心备案。地方标准制定出来后，要先选择部分市县进行试点，成熟后再在本地推广。对经试点并证明可行的地方标准，我们将直接向部或国家标准委申报，申请批准成为行业标准或者国家标准，在全国范围推广执行。

各地对社会保险标准化工作的意见和建议，请及时报告我们。

全国社会保险标准化技术委员会秘书处联系人：苗芳

联系电话：（010）84211128－5121

传　　真：（010）84225806

通信地址：北京市东城区和平里五区 10 号楼

邮政编码：100013

附件：一、社会保险标准体系

　　　二、急需制定的社会保险标准推荐表

附件一：社会保险标准体系

（一）标准体系结构图

目前，人力资源和社会保障业务支撑标准分体系主要是关于人力资源和社会保障信息化建设方面的标准，人力资源和社会保障信息化建设子体系由信息技术基础、信息资源、网络基础设施、信息安全和应用等方面的标准组成，如图 2 所示。

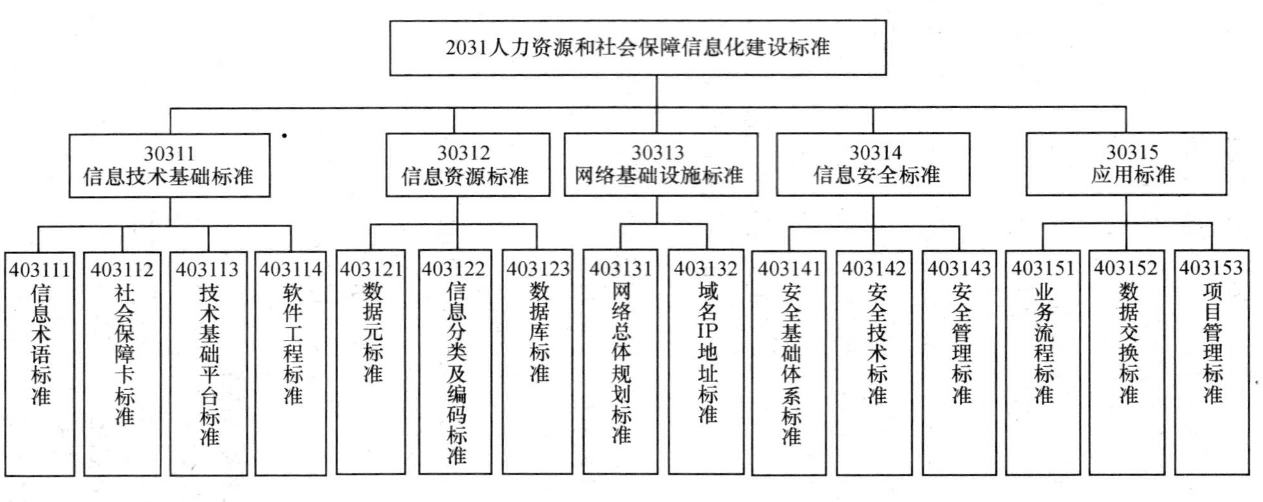

图 2　人力资源和社会保障信息化建设标准子体系

（二）社会保险相关标准明细表

<table>
<tr><th>分体系</th><th>子体系</th><th>细目</th><th>标准名称</th><th>标准级别</th><th>标准性质</th><th>标准类别</th><th>标准状态</th></tr>
<tr><td rowspan="18">社会保险标准</td><td rowspan="18">社会保险通用标准</td><td rowspan="2">社会保险基础标准</td><td>社会保险基本术语</td><td>国标</td><td>推荐</td><td>基础</td><td>待制定</td></tr>
<tr><td>社会保险标识通则</td><td>行标</td><td>推荐</td><td>基础</td><td>待制定</td></tr>
<tr><td rowspan="16">社会保险经办通用标准</td><td>社会保险服务　总则</td><td>国标</td><td>推荐</td><td>服务</td><td>在研</td></tr>
<tr><td>社会保障服务中心设备、设施要求</td><td>国标</td><td>推荐</td><td>管理</td><td>在研</td></tr>
<tr><td>社会保险经办机构分等定级规定</td><td>国标</td><td>推荐</td><td>管理</td><td>待制定</td></tr>
<tr><td>社会保险岗位工作系列规范［行政岗位、登记（审核）岗位、征缴岗位、个人账户管理岗位、待遇审核岗位等］</td><td>行标</td><td>推荐</td><td>工作</td><td>待制定</td></tr>
<tr><td>社会保险经办业务流程　总则</td><td>国标</td><td>推荐</td><td>服务</td><td>待制定</td></tr>
<tr><td>社会保险登记（审核）服务规范</td><td>国标</td><td>推荐</td><td>服务</td><td>待制定</td></tr>
<tr><td>社会保险征缴服务规范</td><td>国标</td><td>推荐</td><td>服务</td><td>待制定</td></tr>
<tr><td>社会保险征缴稽核服务规范</td><td>国标</td><td>推荐</td><td>服务</td><td>待制定</td></tr>
<tr><td>社会保险咨询服务规范</td><td>国标</td><td>推荐</td><td>服务</td><td>待制定</td></tr>
<tr><td>社会保险档案管理规范</td><td>国标</td><td>推荐</td><td>服务</td><td>待制定</td></tr>
<tr><td>社会保障卡（证）管理规范</td><td>国标</td><td>推荐</td><td>服务</td><td>待制定</td></tr>
<tr><td>社会保险信息披露规范</td><td>国标</td><td>推荐</td><td>服务</td><td>待制定</td></tr>
<tr><td>社会保险投诉举报处理规范</td><td>国标</td><td>推荐</td><td>服务</td><td>待制定</td></tr>
<tr><td>社会保险经办绩效评价规范</td><td>国标</td><td>推荐</td><td>管理</td><td>待制定</td></tr>
<tr><td>社会保险数据质量管理要求</td><td>国标</td><td>推荐</td><td>管理</td><td>待制定</td></tr>
<tr><td>社会保险基金预算管理业务规范</td><td>国标</td><td>推荐</td><td>管理</td><td>待制定</td></tr>
</table>

续表

分体系	子体系	细目	标准名称	标准级别	标准性质	标准类别	标准状态
社会保险标准	社会保险通用标准	社会保险基金监督标准	企业年金受托合同规范	行标	推荐	管理	待制定
			企业年金基金账户管理合同规范	行标	推荐	管理	待制定
			企业年金基金投资管理合同规范	行标	推荐	管理	待制定
			企业年金托管合同规范	行标	推荐	管理	待制定
			企业年金基金信息披露基本要求	行标	推荐	管理	待制定
			企业年金数据交换规范	国标	推荐	管理	待制定
	养老保险标准	养老保险经办标准	养老保险个人账户管理规范	国标	推荐	管理	待制定
			养老保险待遇审核服务规范	国标	推荐	服务	待制定
			养老保险待遇支付服务规范	国标	推荐	服务	待制定
			养老保险待遇支付稽核服务规范	国标	推荐	服务	待制定
			退休人员社会化管理服务规范	国标	推荐	服务	待制定
	医疗保险标准	医疗保险经办标准	医疗保险个人账户管理规范	国标	推荐	管理	待制定
			医疗保险待遇支付服务规范	国标	推荐	服务	待制定
			医疗保险待遇支付稽核服务规范	国标	推荐	服务	待制定
		医疗服务管理标准	基本医疗保险医药管理服务术语	国标	推荐	基础	待制定
	工伤保险标准	工伤保险经办标准	工伤保险待遇支付服务规范	行标	推荐	服务	待制定
			工伤保险待遇支付稽核服务规范	国标	推荐	服务	待制定
		劳动能力鉴定标准	劳动能力鉴定　职工工伤与职业病致残等级	国标	推荐	管理	已颁布

续表

分体系	子体系	细目	标准名称	标准级别	标准性质	标准类别	标准状态
社会保险标准	工伤保险标准	工伤康复标准	工伤康复基本术语	行标	推荐	基础	待制定
			工伤康复综合评价	行标	推荐	管理	待制定
			工伤康复诊疗规范	行标	推荐	服务	待制定
			工伤康复服务项目	行标	推荐	服务	待制定
	失业保险标准	失业保险经办标准	失业保险服务规范	国标	推荐	服务	待制定
			失业保险设备设施规范	国标	推荐	管理	待制定
	生育保险标准		生育保险待遇支付服务规范	行标	推荐	服务	待制定
			生育保险待遇支付稽核服务规范	行标	推荐	服务	待制定
人力资源和社会保障信息化建设标准	信息技术基础标准	信息术语标准	人力资源和社会保障信息化术语	行标	推荐	基础	待制定
		社会保障卡标准	社会保障（个人）卡系列规范	行标	推荐	技术	待制定
		技术基础平台标准	业务系统核心平台技术标准	行标	推荐	技术	待制定
	信息资源标准	信息分类及编码标准	劳动能力鉴定　职工工伤与职业病致残等级代码	行标	推荐	基础	已颁布
			人力资源和社会保障信息化指标体系	行标	推荐	基础	待制定
			社会保险管理信息系统指标体系	行标	推荐	基础	待制定
			国家医疗保险药品代码、服务项目代码、疾病代码	行标	推荐	基础	待制定
			工伤康复业务分类与代码	行标	推荐	基础	待制定
			社会保险分类与代码	国标	推荐	基础	待制定
			统计业务分类体系与标准	行标	推荐	基础	待制定
			统计台账设计和分类	行标	推荐	基础	待制定

续表

分体系	子体系	细目	标准名称	标准级别	标准性质	标准类别	标准状态
社会保险标准	网络基础设施标准	网络总体规划标准	金保工程网络建设规范	行标	推荐	技术	待制定
	信息安全标准	安全管理标准	授权管理标准体系	行标	推荐	技术	待制定
		安全基础体系标准	人力资源和社会保障部网络信任体系	行标	推荐	技术	已颁布
			人力资源和社会保障系统等级保护实施规范	行标	推荐	技术	待制定
			人力资源和社会保障信息安全体系规范	行标	推荐	技术	待制定
	应用标准	业务流程标准	12333电话咨询服务中心标准规范	行标	推荐	技术	待制定
			网上政务公开设计规范	行标	推荐	技术	待制定
			社会保险业务流程规范	行标	推荐	技术	待制定
		数据交换标准	内网与外网系统数据交换规定	行标	推荐	技术	待制定
			行业内部数据交换格式	行标	推荐	技术	待制定
			行业对外数据交换格式	行标	推荐	技术	待制定

附件二：

急需制定社会保险标准推荐表

序号	标准名称	原因

填表日期：2010 年 11 月　日　　　　　　　　　　　　盖章

后　记

为普及标准化基础知识，方便社会保险工作人员掌握了解社会保险标准化工作的程序和要求，推动社会保险标准化工作开展，人力资源和社会保障部社会保险事业管理中心以及全国社会保险标准化技术委员会秘书处在总结回顾五年来社会保险标准化工作经验基础上，组织有关专家和从事社会保险标准化工作的人员编写了本书。

编写工作于2011年7月启动，历时将近一年。编写过程中，集思广益，博采众长，力求做到普及知识，注重实用性和可操作性，并体现社会保险标准化建设的最新成果。

人力资源和社会保障部副部长、全国社会保险标准化技术委员会主任委员胡晓义同志对本书的编写工作高度重视，做出指示，并亲自为本书作序。

全书分主要内容和附录两个部分。主要内容共有十章，分别介绍标准化基础知识、社会保险标准的编写宣贯评价、社会保险标准体系和人力资源社会保障标准化规划、地方探索等。其中第一章由王丹彤编写，第二、三章由王长林、曾毅编写，第四章由韩学雷编写，第五章由李淑玉编写，第六章由汪卫国编写，第七章由赵学军、龚忆莼、乔静文、汪卫国等编写，第八章由王莹编写，第九章由龚忆莼编写，第十章由赵学军编写，附录由苗芳选编。全书由聂明隽策划，刘玉璞负责第一章至第五章统稿，龚忆莼负责第六章至第十章统稿，王发运负责总统稿。

在本书的编写过程中，得到了国家标准技术审查部、中国标准化研究院、人力资源和社会保障部规划财务司、人力资源和社会保障部社会保障能力建设中心、天津市社会保险基金管理中心、上海市医疗保险事务管理中心、陕西省社会保障局、吉林省社会保险事业管理局的积极配合和支持。国家标准技术审查部的王红、王玮、王晓强、金燕芳、殷立欣为本书的编纂提供了帮助。中国劳动社会保障出版社的仲艳平同志也为本书的编辑和出版做了大量工作，在此一并表示衷心感谢！

由于社会保险标准化工作起步时间不长，可供借鉴的案例尚不够丰富，加之我们能力有限，编写工作难免存在很多纰漏及不当之处，敬请批评指正。

编　者

2012年9月